Doris Leupold, Juni 75

Über dieses Buch

Helmut Dahmer ist mit seinen jetzt 36 Jahren (1973) längst kein »Klassiker«. Wenn hier gleichwohl eine Sammlung seiner Aufsätze und Notizen aus den letzten zehn Jahren zu so verschiedenen soziologisch-politischen Problemen wie »Marxismus und Stalinismus«, »Politische Pädagogik«, »Außerparlamentarische Opposition« und »Psychoanalyse und Gesellschaft« vorgelegt wird, so liegt der Grund dafür in der besonderen Bedeutung dieser Arbeiten:
Sie machen zum einen deutlich, daß, wo die grundsätzliche Fähigkeit zur Analyse und die Konzentration auf bestimmte wissenschaftliche Bereiche einander wechselseitig bedingen, am ehesten die Gefahr eines schlechten Professionalismus vermieden wird. Zum anderen zeigen sie, daß soziologische Reflexion und politische Auseinandersetzung sich immer erneut an der je aktuellen Situation zu bewähren haben. Schließlich vermitteln sie Anstöße zur Klärung offener Fragen unserer politischen Gegenwart.
Dahmer selbst nennt seine Arbeiten »Orientierungsversuche«, von denen er hofft, daß sie auch anderen nützlich sind. Über das, was sie verbindet, schreibt er: »Im Zeitalter der permanenten Revolution gehen die Kämpfe der sozialen Klassen um Realisierung oder Vereitelung der historischen Chance, an die Stelle der Herrschaft der Verhältnisse über die Menschen die der Menschen über ihre Verhältnisse zu setzen. Aufgabe der Intellektuellen, die gegen den jeweils herrschenden status quo Partei nehmen, ist es, dem Bestehenden den Natur-Schein abzustreifen, der es vor dem denkenden Probehandeln und der verändernden Praxis derer bewahrt, die an seiner Auflösung interessiert sein könnten. In solcher Kritik von Pseudo-Natur kommen die Marxsche und die Freudsche Theorie überein. Beider destruktive Anstrengung ist darauf gerichtet, das Leben der sozialen Fetische — des Privateigentums hier, der usurpatorischen Herrschaft der Parteibürokratie dort — zu verkürzen. Die eine leitet dazu an, sich der Zwangsjacke antiquierter Produktions- und Herrschaftsverhältnisse zu entwinden, die andere geht darauf aus, die Individuen instand zu setzen, sich inneren Zwängen zu entziehen, die jenen äußeren komplementär sind.«

Der Autor

Helmut Dahmer, geb. 1937, studierte Soziologie, Philosophie und Politik in Göttingen und Frankfurt a. M. Er arbeitet als Soziologe an der Technischen Hochschule in Darmstadt und redigiert die von A. Mitscherlich herausgegebene psychoanalytische Fachzeitschrift *Psyche*.
Weitere Veröffentlichungen: Psychoanalyse und historischer Materialismus. In: »Psychoanalyse als Sozialwissenschaft«, Frankfurt (Suhrkamp), 1971. — Libido und Gesellschaft. Studien über Freud und die Freudsche Linke, Frankfurt (Suhrkamp), 1973. — Herausgabe einer auf ca. 12 Bände berechneten Trotzki-Edition (»Gesammelte Werke«), von der Bd. 1 bereits vorliegt: L. Trotzki, Schriften über Deutschland (1929—1940), Frankfurt (Europäische Verlagsanstalt), 1971.

Helmut Dahmer

Politische Orientierungen

Marxismus und Stalinismus
Politische Pädagogik
Außerparlamentarische Opposition
Psychoanalyse und Gesellschaft

Fischer
Taschenbuch
Verlag

Originalausgabe

Fischer Taschenbuch Verlag
Juli 1973
Umschlagentwurf: Jan Buchholz/Reni Hinsch
Fischer Taschenbuch Verlag GmbH, Frankfurt am Main

Gesamtherstellung: Hanseatische Druckanstalt GmbH, Hamburg
Printed in Germany
ISBN 3 436 01728 0

Inhalt

Marxismus und Stalinismus

Politische Pädagogik

Außerparlamentarische Opposition

Psychoanalyse und Gesellschaft

Marxismus und Stalinismus

Zur Geschichte der »Permanenten Revolution«

»Den historischen Materialismus habe ich zuerst in einer nicht dogmatischen Form aufgenommen.«
Trotzki[1]

I

Die marxistische Kritik der Ideologie will den Weg freimachen zur illusionslosen Erforschung der widersprüchlichen Totalität der bürgerlichen Gesellschaft in revolutionärer Absicht. Durch Aufdeckung der strukturellen Krisenhaftigkeit des sozialen Systems weist sie dessen Opfer auf die objektive Notwendigkeit ihres kollektiven Handelns hin und demonstriert die reale Möglichkeit einer wirksamen Verbesserung ihrer Lage durch Veränderung der Produktionsverhältnisse. Durch Kritik der hypostasierten Bewußtseinsformen erlangt der historische Materialismus Einsicht in den komplementären Zusammenhang von ökonomischer und geistiger Struktur der Gesellschaft; wie jede Dialektik lehrt er die widersprüchliche Einheit von Theorie und Geschichte, von der die Möglichkeit wissenschaftlicher Politik, umwälzender Praxis abhängt. »Die theoretischen Sätze der Kommunisten ... sind nur allgemeine Ausdrücke tatsächlicher Verhältnisse eines existierenden Klassenkampfes, einer unter unsern Augen vor sich gehenden geschichtlichen Bewegung.«[2]

Marx entwarf seine Theorie der Revolution im Rückblick auf das Modell der klassisch-bürgerlichen, französischen Revolution — und in Erwartung der »verspäteten« deutschen von 1848. Die Verhältnisse im Deutschland des Vormärz bildeten nicht eine einfache Wiederholung der französischen Situation von 1789, sondern vereinigten in »ungleichzeitiger Gleichzeitigkeit« heterogene Elemente: eine materielle Struktur, charakterisiert durch rückständige Ökonomie und vorgeschrittene soziale Klassenbildung (neben einer schwachen Bourgeoisie bildete sich bereits ein Proletariat von geringem sozialen Gewicht heraus); dazu ein absolutistisches Regime und — als geistige Struktur — sozialphilosophische und politische Theorien, die vom Geist der jakobinischen Revolution und von frühen sozialistischen Träumen durchdrungen waren. Marx sah die Chance der durch die ungleichmäßige kapitali-

[1] Leo Trotzki, Mein Leben. Berlin (S. Fischer) 1930, S. 119. — Trotzki begann sein Studium der marxistischen Theorie, indem er während der ersten politischen Haft (1898/99) »mit Begeisterung in der Zelle zwei berühmte Abhandlungen des italienischen Hegelianer-Marxisten Antonio Labrida las« (ebd., S. 115).

[2] Marx-Engels, Manifest der Kommunistischen Partei. Marx-Engels-Werke, Bd. 4, S. 475. Berlin (Dietz) 1959.

stische Entwicklung der europäischen Staaten bedingten deutschen Zurückgebliebenheit, die so widersprüchlich von »modernen« Momenten durchsetzt war, in der Möglichkeit »kombinierter Entwicklung«[3]. In der »Einleitung« zur »Kritik der Hegelschen Rechtsphilosophie« antwortete er im Dezember 1843 auf die Frage: »Kann Deutschland zu einer Praxis à la hauteur des principes gelangen, d. h. zu einer Revolution, die es nicht nur auf das offizielle Niveau der modernen Völker erhebt, sondern auf die menschliche Höhe, welche die nächste Zukunft dieser Völker sein wird?« mit der These: »In Deutschland ist die universelle Emanzipation conditio sine qua non jeder partiellen.«[4] Marx erwartete, daß die fällige radikaldemokratische Revolution in Deutschland von dem sich gerade als Klasse konstituierenden Proletariat einen mächtigen Anstoß erhalten werde, und daß, über den Kopf der deutschen Bourgeoisie hinweg, die noch ausstehende politische Emanzipation kraft überholender Zielsetzung nur erkämpft würde, um sie sogleich zu transzendieren. Die »Kommunisten« sollten in solchem Prozeß einer »permanenten Revolution«[5] »der entschiedenste, immer weiter treibende Teil der Arbeiterparteien aller Länder« sein.[6] Unter international entwickelteren sozialökonomischen Verhältnissen war die Gesellschaft der Freien und Gleichen zur objektiv realen Möglichkeit geworden, die die Jakobiner mit Hilfe des Terrors, die Babouvisten und Blanquisten durch Verschwörung und Aufstand hatten vorzeitig herbeiführen wollen, und von der die ersten Sozialisten nur utopisch träumen konnten. Die revolutionäre Emanzipationsbewegung jener »Klasse der bürgerlichen Gesellschaft, welche keine Klasse der bürgerlichen Gesellschaft ist«[7], vermochte den unterm Thermidor fixierten bürgerlichen status quo durch »Expropriation der Expropriateure« aufzuheben und damit den Idealen von 1789 praktische Geltung zu ver-

[3] Der Begriff stammt von Trotzki. »Die Ungleichmäßigkeit, das allgemeinste Gesetz des historischen Prozesses, enthüllt sich am krassesten und am verwickeltsten am Schicksal verspäteter Länder. Unter der Knute äußerer Notwendigkeit ist die Rückständigkeit gezwungen, Sprünge zu machen . . .« Vgl. Trotzki, Geschichte der russischen Revolution, Berlin (S. Fischer) 1931, Bd. 1 (Februarrevolution), S. 17.

[4] MEW, Bd. 1, S. 385 und 389 f.

[5] Die Losung der »permanenten Revolution« geht zurück auf Blanqui, der sie an Marx und Engels weitergab. Der Artikel 1 des von August Willich entworfenen »Grundvertrages« der »Weltgesellschaft der revolutionären Kommunisten«, zu der sich im April 1850 Blanquisten, revolutionäre Chartisten und Marx und Engels vom Bund der Kommunisten zusammenschlossen, lautet: »Das Ziel der Assoziation ist der Sturz aller privilegierten Klassen, ihre Unterwerfung unter die Diktatur der Proletarier, in welcher die Revolution in Permanenz erhalten wird, bis zur Verwirklichung des Kommunismus, der die letzte Organisationsform der menschlichen Familie sein wird.« Vgl. MEW, Bd. 7, S. 552 f., 415 und 614 (Anm. 276). Der Terminus »permanente Revolution« taucht in den Schriften dieser Jahre öfter auf; vgl. z. B. MEW, Bd. 2, S. 130 (Die heilige Familie); Bd. 7, S. 88 f (Die Klassenkämpfe in Frankreich 1848 bis 1850); Bd. 7, S. 254 (Ansprache der Zentralbehörde an den Bund).

[6] Marx-Engels, Manifest . . ., MEW, Bd. 4, S. 474.

[7] Ebd., S. 390.

schaffen. So schien am Vorabend der achtundvierziger Revolution die »Brechung *jeder* Art von Knechtschaft« nahe bevorzustehen.

Nach dem Mißlingen selbst einer partiellen Emanzipation in Deutschland – nach der Pariser »Junischlacht«, in der Bourgeoisie und Konterrevolution gemeinsam die aufständischen Proletarier blutig niederschlugen und so dem bonapartistischen Regime des dritten Napoleon den Weg bereiteten – wurden die »Totengräber« des Kapitals auf Jahrzehnte von der Dynamik des sich mächtig entfaltenden Kapitalismus verschlungen, zum bloßen Objekt des historischen Prozesses degradiert, ehe in neuen, tiefergreifenden Krisen des Systems die Klasse abermals Gelegenheit erhielt, sich zum Subjekt der Veränderung, zum Herrn der Gesellschaft zu machen, – aus dem Bann der Vorgeschichte und ihrer Klassenverhältnisse auszubrechen.

Der Übergang der Führung der demokratischen Emanzipationsbewegung an das Industrieproletariat, der Versuch, die radikaldemokratische Diktatur zur Beseitigung der kapitalistischen Klassenherrschaft zu nutzen, die Durchbrechung des nationalen Rahmens der Revolution – das ist das Programm der »permanenten Revolution« bei Marx. »Während die demokratischen Kleinbürger die Revolution möglichst rasch zum Abschlusse bringen wollen, ist unser Interesse und unsere Aufgabe, die Revolution permanent zu machen, so lange, bis alle mehr oder weniger besitzenden Klassen von der Herrschaft verdrängt sind, die Staatsgewalt vom Proletariat erobert und die Assoziation der Proletarier nicht nur in einem Lande, sondern in allen herrschenden Ländern der ganzen Welt so weit fortgeschritten ist, daß die Konkurrenz der Proletarier in diesen Ländern aufgehört hat und daß wenigstens die entscheidenden produktiven Kräfte in den Händen der Proletarier konzentriert sind.«[8]

Diese um 1848 entwickelte Marxsche Theorie der Revolution (die durch die praktische Erfahrung der Pariser Kommune modifiziert und konkretisiert wurde) blieb, nachdem der Umschlag in eine sie bewährende Praxis mißglückt war, als ein Stück revolutionärer Tradition erhalten, während die historische Wirklichkeit, auf die sie zugeschnitten war, sich wandelte. Die ehemals realen Möglichkeiten revolutionärer Aktion blieben jahrzehntelang verstellt; »die in einer früheren Epoche schon einmal theoretisch formulierte Aufgabe war für die nunmehrigen Verhältnisse transzendent geworden.«[9] Die marxistischen Parteien der I. und II. Internationale hielten an

[8] Marx-Engels, Ansprache der Zentralbehörde an den Bund vom März 1850. MEW, Bd. 7, S. 247 f.

[9] Karl Korsch, Marxismus und Philosophie. 2. erw. Aufl. Leipzig (Hirschfeld) 1930, S. 80.

der ehemals realitätsgerechten Revolutionstheorie dogmatisch fest, indem sie sie zum »Maximalprogramm« erklärten, das mit dem »Minimalprogramm« ihrer reformistischen Alltagspraxis gar nicht oder doch nur durch einen Glaubensakt verbunden war.

Die deutschen Sozialdemokraten der sechziger und siebziger Jahre des vorigen Jahrhunderts waren bestenfalls Lassalleaner, und noch das »Gothaer Programm« von 1875 bezeugt nur das Fehlen marxistischen Denkens. »Es dauerte noch fast ein Jahrzehnt, ehe eine Schule wirklicher Marxisten auftauchte«, schrieb Karl Kautsky.[10] Aber auch diese »Marxisten« rezipierten die Marxsche Theorie nur in verstümmelter und vergröberter Form. Ihre Aneignung des »Marxismus« war notwendigerweise eine zeitbedingte Selektion, die durch die Publikationsgeschichte der Marxschen Texte dokumentiert wird, und deren Versäumnisse und Irrtümer durch die zwischen den beiden Kriegen vorgenommenen theoretischen Arbeiten zur »Wiederherstellung« des originären Marxismus aufgedeckt worden sind.[11] Beurteilt man die Marx-Rezeption Kautskys anhand seines Alterswerkes (»Die materialistische Geschichtsauffassung«, 2 Bände, Berlin 1927), so läßt sich sagen, daß Kautsky, der »orthodoxe« Marxist, die Marxsche Theorie zeit seines Lebens mit einer vulgärdarwinistisch gefärbten, naturalistischen Evolutionsphilosophie verwechselt hat.[12] Auch in der Form, wie sie die Theoretiker der II. Internationale aus Engels' »Anti-Dühring« herauslasen, war die Marxsche Theorie zweifellos eine produktive Form des sich bildenden Selbstbewußtseins der deutschen Arbeiterklasse; allerdings kein aus der Klassenlage und Klassenaktion der Vorkriegszeit herausgewachsenes Klassenbewußtsein, sondern eine fix und fertig übernommene (und darum ideologische) »Weltanschauung«. Die marxistische »Orthodoxie« hielt, nach dem Ableben der beiden Stifter des »wissenschaftlichen Sozialismus«, an einer *ihrem* Verständnis angepaßten und dann kanonisierten Version der Marxschen Lehren dogmatisch fest, neben der als ihr Korrelat nur der begriffslose Bernsteinsche

[10] Karl Kautsky, Marx und seine ersten Schüler. In: Der Kampf. Sozialdemokratische Monatsschrift, Jg. XXVI, Heft 3/4, Wien 1933, S. 144. Ferner: Karl Friedrich Brockschmidt, Die deutsche Sozialdemokratie bis zum Fall des Sozialistengesetzes. Stuttgart (Kohlhammer) 1929.

[11] Gedacht ist vor allem an Lenins »Staat und Revolution« (1917), Karl Korschs »Marxismus und Philosophie« (1923, 1930), Georg Lukács' »Geschichte und Klassenbewußtsein« (1923), an die Arbeiten von Ernst Bloch, Herbert Marcuse und Max Horkheimer, schließlich an die »Wiederentdeckung« und Veröffentlichung der Marxschen Frühschriften in der MEGA (D. Rjasanow), sowie die Edition der »Grundrisse zur Kritik der politischen Ökonomie, Rohentwurf« durch das Moskauer MEL-Institut.

[12] Vgl. Karl Korsch, Die materialistische Geschichtsauffassung. Eine Auseinandersetzung mit Karl Kautsky. Leipzig (Hirschfeld) 1929; Neuaufl. Frankfurt (E. V. A.) 1971; vor allem die Seiten 124–130 des VI. Kapitels (Die geschichtliche Bedeutung des Kautskyanismus).

Versuch gedeihen konnte, die »Abweichungen« der sozialen Entwicklung von der langfristigen Marxschen Prognose zu markieren. Das abstrakte (»kryptorevisionistische«) Festhalten am »Maximalprogramm« führte zum gleichen Resultat wie der offene reformistische Praktizismus Bernsteins. Die Theorie verlor die Fähigkeit, die sich wandelnde soziale Wirklichkeit kritisch zu durchdringen und die Möglichkeiten revolutionären Handelns aufzuzeigen. Theorie und Praxis der Arbeiterbewegung gerieten wieder in ein bloßes, unreflektiertes Nebeneinander, die Theorie nahm einen kontemplativ-erbaulichen Charakter an und regredierte zur »Integrationsideologie« der proletarischen Organisationen.[13] Zwischen Orthodoxie und Revisionismus bemühte sich die kleine Grüppe der »Linken« (Luxemburg, Liebknecht, Mehring, Zetkin u. a.) um eine dialektische Vermittlung von Reform und Revolution, um eine adäquate Imperialismus-Analyse und um die Verhinderung des drohenden Krieges durch Generalstreik.[14] — Die offizielle Führung hingegen opferte 1914 die Klasse dem imperialistischen Krieg um des Fortbestandes der Organisation willen auf; die Blindheit und Borniertheit des »Rates der Volksbeauftragten«, der es 1918/19 ein paar Monate lang in der Hand hatte, die Revolution der deutschen Arbeiter durch Sozialisierung der Produktionsmittel und Aufbau einer revolutionären Armee zu verteidigen, und der sich statt dessen auf die Realisierung des sozialpolitischen und wahlrechtlichen Reformprogramms der SPD beschränkte, bezeugt drastisch den Bruch zwischen Theorie und Praxis der II. Internationale.[15]

II

Das russische Pendant zur Dreiteilung der SPD in Linke, Revisionisten und Zentrum war die Spaltung der SDAPR (des

[13] Vgl. Karl Korsch, ebd., und Marxismus und Philosophie, a.a.O. (v. a. S. 17, 20, 85 und 90).
Ferner: Wolfgang Abendroth, Das Problem der Beziehungen zwischen politischer Theorie und politischer Praxis in Geschichte und Gegenwart der deutschen Arbeiterbewegung. In: Die neue Gesellschaft, V. Jg., Heft 6, Dezember 1958 (v. a. S. 467 f.).

[14] Unter ihnen verdient der russische Revolutionär Parvus-Helphand besondere Beachtung, der zeitweilig mit Rosa Luxemburg und Trotzki befreundet war. Parvus eröffnete 1894 und 1897 die Auseinandersetzung mit den revisionistischen Konzeptionen Georg v. Vollmars und Eduard Bernsteins. Später griff er den ungedeckten Optimismus und die Passivität der Parteiführung Bebel-Kautsky an, erklärte die Zusammenbruchstheorie für falsch und verdammte die daraus hergeleitete Vorstellung eines in ferner Zukunft liegenden Endkampfes, der alle Untätigkeit in der Gegenwart rechtfertige. Die praktische Verbindung zwischen Tageskämpfen und Endziel sah Parvus in einer »permanenten revolutionären Kette« zugkräftiger Übergangsforderungen, für deren Durchsetzung die Organisationen kämpfen sollten. Paul Frölich charakterisierte diese Konzeption (in der »Roten Fahne« v. 21. 1. 1923) zutreffend als »revolutionären Realismus«.
Vgl. die Parvus-Helphand-Biographie von W. B. Scharlau und Z. A. Zeman, Freibeuter der Revolution, Köln (Verlag f. Wissenschaft und Politik) 1964. (Zur Charakterisierung besonders S. 124 ff.). Dazu in diesem Band S. 106–113.

[15] Vgl. Arthur Rosenberg, Geschichte der Weimarer Republik, Kapitel II, S. 27 ff., Frankfurt (E. V. A.) 1961.

Jahres 1903) in eine bolschewistische und eine menschewistische Fraktion, die sich 1917 als Partei der Revolution und Partei der Reform unversöhnlich gegenüberstehen sollten. Die russische Situation von 1905 weist, worauf Arthur Rosenberg aufmerksam gemacht hat, gewisse Analogien zur deutschen von 1848 auf.[16] So gewann die Marxsche Revolutionstheorie im Rußland der Jahrhundertwende eine neue Aktualität. Es ist bezeichnend, daß die deutschen »Linken« die erste russische Revolution als »permanente« Revolution interpretierten (Luxemburg, Parvus, Mehring[17], Kautsky). Die konkurrierenden Konzeptionen der russischen Revolution, wie sie die Fraktionen der SDAPR entwickelt hatten, wurden 1905 einem ersten Test durch die politischen Ereignisse unterworfen.

Nach der menschewistischen Auffassung, wie sie von Plechanow und Martynow vertreten wurde, stand Rußland 1905 bzw. 1917 vor einer normalen bürgerlich-demokratischen Revolution. Getreu dem westeuropäischen historischen Fahrplan sollte der Zarismus von einer Republik abgelöst werden, unter der sich der Kapitalismus dann frei entfalten könnte. Die Führung dieser Revolution müsse beim liberalen Bürgertum liegen, das von den sozialdemokratisch organisierten Arbeitern zu unterstützen sei. Die menschewistische Theorie der russischen Revolution ist ein schlagendes Beispiel dafür, wie festgehaltene historische Vorbilder und Begriffe den Zugang zur politischen Wirklichkeit und zur politischen Aktion verstellen. Erst wenn eine starke bürgerliche Klasse den Kapitalismus unter republikanischer Staatsform zu voller Entfaltung gebracht und wenn die fortschreitende Konzentration des Kapitals die Mehrheit der Bevölkerung in Proletarier verwandelt hat, sind die Voraussetzungen einer »reinen« Arbeiterrevolution gegeben, behauptete die russische »Orthodoxie«.

Trotzki kritisierte die methodisch unzulässige Verwandlung historisch-konkreter Aussagen von Marx in für alle Zeiten und Gesellschaften gültige Axiome.[18] »Die Weltwirtschaft in ihrer Gesamtheit ist zweifellos für den Sozialismus reif. Das

[16] Vgl. Arthur Rosenberg, Geschichte des Bolschewismus. Berlin (Rowohlt) 1932, S. 26 und passim. Ders., Demokratie und Sozialismus. Frankfurt (E. V. A.) 1962, S. 280 ff.

[17] Franz Mehring, Die Revolution in Permanenz (1. 11. 1905). In: Die Neue Zeit, 24. Jg., Bd. 1, Nr. 6, S. 169 ff., Stuttgart 1905/06.

[18] Leo Trotzki, The Permanent Revolution and Results and Prospects. London (New Park Publications) 1962, S. 196 und 198. Vgl. Ergebnisse und Perspektiven/Die permanente Revolution. Frankfurt (E. V. A.) 1971, S. 66 und 68.
Karl Korsch hat in seinem bedeutenden Essay »Why I am a Marxist« aus dem Jahre 1934 als ersten Grundzug der marxistischen Theorie die These formuliert: »Alle Lehrsätze des Marxismus, auch die augenscheinlich allgemeiner Natur, sind spezifisch.« Vgl. die Erläuterung dieses Satzes anhand der deutschen Übersetzung im Heft 41 der Zeitschrift »alternative« (Berlin, 8. Jg.), April 1965, S. 69 ff. (Eine andere deutsche Fassung des Textes ist in dem von W. Dreßen hg. Sozialist. Jb. 2, Bln. (Wagenbach) 1970, S. 7–17, erschienen.)

bedeutet aber nicht, daß jedes Land einzeln reif ist ... Ein Land kann für die Diktatur des Proletariats ›reif‹ werden, nicht nur bevor es für den selbständigen Aufbau des Sozialismus, sondern auch bevor es für weitgehende Sozialisierungsmaßnahmen reif ist.« Die Möglichkeit der proletarischen Machteroberung sei nicht von der Reife der nationalen Ökonomie zur Sozialisierung abhängig, sondern von der Fähigkeit des Proletariats, die Führung der nationaldemokratischen Revolution zu übernehmen, die einzig durch proletarische Diktatur vollendet werden könne. Das Schicksal solcher »Diktaturen« werde ebenfalls nicht im nationalen Rahmen entschieden, sondern, selbst wenn es sich um hochentwickelte Länder handele, durch das Tempo der internationalen Revolution.[19] Nur im Weltmaßstab ließen sich die durch ungleichmäßige und kombinierte Entwicklung hervorgerufenen Diskrepanzen von Ökonomie und Politik ausgleichen.

Lenin und Trotzki stimmten darin überein, daß die mit den Großgrundbesitzern liierte, schwache liberale Bourgeoisie allenfalls eine konterrevolutionäre Rolle spielen werde. Die russische Revolution werde in erster Linie eine Agrarrevolution sein. Lenin sah die entscheidende revolutionäre Potenz in der Bauernschaft, die die überwältigende Majorität der Bevölkerung darstellte. Im Falle eines revolutionären Sieges würde das politische Resultat nach Lenin eine »demokratische Diktatur« der Bauern unter Beteiligung der Arbeiterschaft sein. Auch für Lenin, dessen »algebraische Formel« die politischen Beziehungen zwischen den beiden revolutionären Klassen offenließ, konnte die russische Revolution (als Bauernrevolution) ihren Zielen nach nur eine bürgerliche sein. Wie Mehring, Luxemburg, Parvus und Kautsky gebrauchte auch Lenin 1905 gelegentlich den Terminus »permanente Revolution«[20]. Die genannten Theoretiker stimmten darin überein, daß die russische Revolution eine »proletarische Revolution mit bürgerlichen Aufgaben«[21] sei, daß sie den Anstoß zur sozialistischen Revolution in Westeuropa geben werde, aber *in* Rußland nicht über den Rahmen bürgerlicher Eigentumsverhältnisse hinausgehen *könne*.[22]

[19] Vgl. Trotzki, Die permanente Revolution. Berlin 1930 (Frankfurt 1965, 1971), S. 136 ff. und S. 144 f.

[20] Eine detaillierte Darstellung gibt Heinz Brahm im 3. Kapitel (»Prognosen der russischen Revolution«) seines Buches: Trotzkis Kampf um die Nachfolge Lenins. Die ideologische Auseinandersetzung 1923–1926. Köln (Verlag f. Wissenschaft und Politik) 1964. Vgl. besonders S. 36–38.

[21] Rosa Luxemburg, Die Krise der Sozialdemokratie (»Junius-Broschüre«), zit. nach Ausgew. Reden und Schriften in 2 Bänden. Berlin (Dietz) 1955. Bd. I, S. 355: ». . . eine proletarische Revolution mit bürgerlichen Aufgaben, oder wenn man will, eine bürgerliche Revolution mit proletarisch-sozialistischen Kampfmitteln, . . . eine Frucht sowohl der verspäteten Entwicklung der Klassenverhältnisse in Rußland wie deren Überreife in Westeuropa«.

[22] N. I. Bucharin vertrat während des Ersten Weltkrieges eine ultralinke Version der Theorie »permanente Revolution«: in Rußland sei die bürgerliche Revolution

Trotzki verließ im Sommer des Jahres 1904, mit beiden Fraktionen der russischen Sozialdemokratie zerstritten, Genf und wohnte bis Anfang 1905 in München im Hause von Parvus-Helphand.[23] Parvus hatte bereits 1892 (in einem Aufsatz über die russische Hungersnot) im »Vorwärts« geschrieben, es sei eine Illusion, die politische Revolutionierung Rußlands vom Bürgertum zu erwarten.[24] 1904 entwickelte er seine eigene Konzeption der russischen Revolution in einer Artikelserie unter dem Titel »Krieg und Revolution« in der »Iskra«: »Der Weltprozeß der kapitalistischen Entwicklung führt zum politischen Umsturz in Rußland – dieser Umsturz muß sich auf die politische Entwicklung der kapitalistischen Länder der ganzen Welt ausdehnen. Die russische Revolution erschüttert die kapitalistische Welt in ihren politischen Grundlagen, und das russische Proletariat kann die Avantgarde der sozialen Revolution übernehmen.«[25] Diese Sätze machen den »Löwenanteil« aus, den Parvus zur Trotzkischen Theorie beisteuerte. Trotzki schrieb später dankbar: »Seine alten Arbeiten haben mir ... die Machteroberung des Proletariats aus einem astronomischen ›Endziel‹ in eine praktische Aufgabe unserer Zeit verwandelt.«[26] In dem berühmten »Vorwort«, das Parvus 1905 zu Trotzkis Broschüre »Vor dem 9. Januar« schrieb (und das man als die »Aprilthesen« der ersten Revolution bezeichnet hat), heißt es: »Nur die Arbeiter können in Rußland den revolutionären Umschwung vollenden. Die revolutionäre provisorische Regierung in Rußland wird eine Arbeiterdemokratie sein« (31. 1. 1905).[27] Parvus rechnete im Unterschied zu Lenin (der an eine Koalition der Sozialdemokratie mit einer Bauernpartei dachte) mit einer sozialdemokratischen Mehrheitsregierung. Er schrieb, daß, »wenn auch Rußland zum Sozialismus noch nicht reif genug ist, es doch für eine Arbeiterdemokratie Raum genug besitzt ..., die imstande sein wird, die Interessen der Arbeiterklasse und der arbeitenden Massen überhaupt bei der Entwicklung der Industrie zu wahren, diese Entwicklung zu beschleunigen und den Grund zu einer Sozialisierung der Produktion zu legen«[28]. Die bedeutende Rolle der Arbeiterklasse in der bürgerlichen Revolution erlaube es, den russischen Kapitalismus durch verfassungsmäßig verankerte soziale Grundrechte zu zähmen. Die Industrialisierung

bereits beendet, und die rein sozialistische sei die unmittelbare politische Aufgabe. Trotzki erwähnt, daß 1916 auch Radek und Pokrowski diese These vertraten. Vgl. Die permanente Revolution, S. 58.

[23] Vgl. Kap. 4 des ersten Bandes der Trotzki-Biographie von Isaac Deutscher (»Eine geistige Partnerschaft«). Stuttgart (Kohlhammer) 1962.

[24] Scharlau/Zeman, Parvus-Biographie (s. Anm. 14), S. 33.

[25] Ebd., S. 71.

[26] Leo Trotzki, Mein Leben, a.a.O., S. 159.

[27] Das »Vorwort« ist im Anhang der Parvus-Biographie von Scharlau/Zeman abgedruckt, a.a.O., S. 358.

[28] A.a.O., S. 297

des Landes, die die Voraussetzungen zur Einführung des Sozialismus schaffen werde, könne dann ohne große Opfer der arbeitenden Bevölkerung vollendet werden. *Sozialismus sei Umgestaltung, nicht Aufbau einer Industriegesellschaft.*[29]
Trotzki reiste schon im Februar 1905 nach Rußland und wurde so der einzige sozialdemokratische Führer, der in der ersten Revolution eine bedeutende Rolle spielte. Mit sechsundzwanzig Jahren war er der Inspirator des berühmten Petersburger Arbeiterrates. Nach dessen Verhaftung im Dezember 1905 machte sich Trotzki, der in einer Zelle der Peterpaulsfestung auf seinen Prozeß wartete, an die Analyse der revolutionären Ereignisse. Sein 1906 publiziertes Buch »Unsere Revolution« enthielt Aufsätze und Chroniken aus dem Jahre 1905; das Schlußkapitel war überschrieben: »Ergebnisse und Perspektiven – Die treibenden Kräfte der Revolution.« Es enthielt die konzentrierte Darlegung der neuen Theorie, für die Miljukow, der liberale Historiker und spätere Führer der »Konstitutionellen Demokraten« (»Kadetten«), den Namen »Trotzkismus« erfand.[30] Während Parvus auch nach 1905 daran festhielt, daß eine sozialdemokratische Revolutionsregierung in Rußland keine sozialistische Umwälzung vollziehen könne, prognostizierte Trotzki jetzt, die einmal an die Macht gelangte Arbeiterklasse werde durch die Logik der Situation gezwungen sein, sozialistische Maßnahmen zu ergreifen. In dieser Gestalt durchbrach der Gedanke der »permanenten Revolution« endgültig die Dogmen und Schemata des »orthodoxen« Marxismus und eröffnete eine kühne Perspektive auf revolutionäre Praxis. »Seit der Vorhersage, die Marx im Kommunistischen Manifest gemacht hatte, also seit 1848, haben wir es hier mit der radikalsten Neuformulierung, wenn nicht Revision zu tun ... Verglichen mit dieser Vision ... sind die politischen

[29] Ebd., S. 119.
[30] Trotzkis berühmter Essay ist erst 1967 vollständig ins Deutsche übertragen worden. Vgl. Trotzki, Ergebnisse und Perspektiven. Frankfurt (Verlag Neue Kritik) 1967 (Bd. 6 des »Archivs sozialistischer Literatur«); Neuaufl. 1971 (E. V. A.). Eine brauchbare englische Übersetzung findet sich in dem Band »The Permanent Revolution and Results and Prospects« (s. Anm. 18), S. 160–254. Eine instruktive Zusammenfassung gibt I. Deutscher im Kapitel 6 des ersten Bandes seiner Trotzki-Biographie, a.a.O. (vgl. Anm. 23).
Trotzki hat später in einer Reihe von Aufsätzen seine Theorie verteidigt und expliziert. »Unsere Revolution« erschien im Jahre 1909 in einer stark veränderten deutschen Fassung; unter dem Titel »Die russische Revolution von 1905« kam 1923 eine 2. erweiterte Auflage im Berliner VIVA-Verlag heraus. Die theoretischen Passagen dieses Buches (»Einleitung«, S. 15–20, und Anhang zum ersten Teil, S. 211–237) sowie das erste Kapitel (»Die Eigenarten der Entwicklung Rußlands«) und die dokumentarischen Anhänge zum ersten und zweiten Band der großen »Geschichte der russischen Revolution« (Berlin, S. Fischer, 1931/33) geben eine gute Vorstellung von Trotzkis Theorie. Der Anhang zum 2. Band der Revolutionsgeschichte enthält Auszüge aus »Ergebnisse und Perspektiven«, die auch das theoretische Skelett von »Die permanente Revolution« bilden. Eine vorzügliche Darstellung seiner Konzeption gibt Trotzki schließlich im Anhang zur deutschen Ausgabe seiner Stalin-Biographie (»Drei Konzeptionen der russischen Revolution«, S. 538–559), die 1952/53 im Kiepenheuer-Verlag, Köln, publiziert wurde. (Neuaufl., hg. v. H. Mehringer, Reinbek 1971, Rowohlt-Taschenbücher).

Voraussagen seiner erlauchtesten und weisesten Zeitgenossen, Lenin und Plechanow eingeschlossen, zaghaft oder konfus« (Isaac Deutscher)[31].

Was ist nun die Essenz der Trotzkischen Analyse?

Die russische demokratische Revolution wird getragen von 100 Millionen Bauern und dem 4 Millionen starken, in den großen Städten konzentrierten Proletariat. Die Geschichte der Bauernrevolutionen lehrt, daß die amorphe, über weite Territorien zerstreute Bauernschaft sich nicht aus eigener Kraft in nationalem Maßstab politisch organisieren kann. Alle Bauernrevolutionen bedurften städtischer Führung – sie alle endeten mit der Machtergreifung einer revolutionären städtischen Klasse. So wird auch in Rußland die Führung der Agrarrevolution dem Industrieproletariat zufallen. Nur diese Koalition (»der revolutionäre Arbeiter, gestützt auf den Bauern – in Gestalt des Soldaten«) ist imstande, die Aufgaben der bürgerlichen Revolution ohne revolutionäre Bourgeoisie zu bewältigen. Ausgehend von seiner Analyse der Triebkräfte der Revolution, richtet Trotzki den Blick – über die unmittelbaren, bürgerlichen Aufgaben der Revolution hinaus – auf deren weitere Perspektiven. Gelingt es der Arbeiterklasse, mit Hilfe der Bauern die Staatsmacht zu erobern und zu behalten, so ändert sich der soziale Inhalt der demokratischen Revolution. Die proletarische Hegemonie führt zum »Hinüberwachsen« (Lenin) der bürgerlichen in die proletarisch-sozialistische Revolution. Die Arbeiterregierung wird, statt den russischen Kapitalisten die Macht abzutreten, die weitere Industrialisierung des Landes mit sozialistischen Mitteln selbst in die Hand nehmen. Gegen den Zarismus, die Gutsbesitzer und die Liberalen wird die Bauernschaft ein treuer Verbündeter der Industriearbeiter sein. Sobald aber die Arbeiterregierung den Sozialismus aufs Land trägt, sobald sie die produktivitätshemmende Parzellierung des verstaatlichten Bodens (die Aufteilung in 25 Millionen bäuerliche Privatwirtschaften) durch Kollektivierung rückgängig machen will, muß sie mit der Gegnerschaft der kleinbürgerlich bäuerlichen Mehrheit rechnen, die erbittert ihr neuerworbenes Privateigentum verteidigen wird.

Die entscheidenden Passagen aus »Ergebnisse und Perspektiven« lauten: »Die Vorstellung von irgendeiner automatischen Abhängigkeit der proletarischen Diktatur von den technischen Kräften und Mitteln des Landes bildet ein Vorurteil des bis zum äußersten versimpelten ›ökonomischen‹ Materialismus. Mit Marxismus hat diese Ansicht nichts gemein . . . Der Marxismus ist vor allem eine Methode zur Analyse sozialer Beziehungen und keine Textauslegung . . . In einem ökonomisch zurückgebliebenen Lande kann das Proletariat eher an die

[31] Deutscher, Trotzki-Biographie. Bd. I, a.a.O., S. 161.

Macht kommen als in den kapitalistisch fortgeschritteneren Ländern.[32] Man kann sich bei der Idee beruhigen, daß die sozialen Bedingungen in Rußland noch nicht für die sozialistische Wirtschaft reif sind und kann dann auch ganz übersehen, daß das Proletariat, einmal an der Macht, einfach durch die Logik der Situation unvermeidlich dazu wird übergehen müssen, die Wirtschaft für Rechnung des Staates zu betreiben ... An welchem Punkt wird das Proletariat in dieser Richtung aufgehalten werden? Das hängt vom Kräfteverhältnis ab ... Eins kann man mit Sicherheit sagen: ohne direkte staatliche Unterstützung des europäischen Proletariats kann sich die russische Arbeiterklasse nicht an der Macht halten ...«[33]

Trotzkis Buch wurde 1906 bald nach Erscheinen konfisziert – die neue Theorie hatte in der Phase der Reaktion keine Wirkung. Lenin z. B. hat »Ergebnisse und Perspektiven« wohl erst im Jahre 1919 gelesen.[34] Während des Krieges unterzog er aber seine eigene Prognose einer Revision. Er begann die russische Revolution mehr aus internationaler Perspektive zu sehen (»die Kette der imperialistischen Länder bricht an ihrem schwächsten Glied«). »Entscheidend erschien ihm nun nicht, daß Rußland für den Sozialismus nicht reif war, sondern daß es einen Teil des für reif gehaltenen Europas bildete. Es bestand daher für ihn kein Grund mehr, daß sich die russische Revolution auf ihre sogenannten bürgerlichen Ziele beschränken sollte.«[35] In seinen »Aprilthesen« forderte er 1917 die Übernahme der Staatsmacht durch die Arbeiterräte, die die gesamte nationale Produktion unter ihre Kontrolle nehmen sollten. Die Übernahme des Trotzkischen Programms, die sogenannte »Umbewaffnung« der Partei, wurde gegen den heftigen Widerstand der alten »Leninisten« (Kamenjew, Stalin) durchgesetzt, die an der bolschewistischen Losung der »demokratischen Diktatur der Arbeiter und Bauern« aus dem Jahre 1905 festhielten. Die neue gemeinsame Plattform führte im Juli 1917 zum Anschluß der Trotzki-Gruppe (der »Meshrayonzy«) an die Partei Lenins.

Noch vor Ende des Jahres 1917 gingen die Fabrikarbeiter spontan über die bolschewistische Losung der »Arbeiterkontrolle« hinaus und enteigneten die meisten Industrieunterneh-

[32] Im Jahre 1928 formulierte Trotzki den gleichen Gedanken folgendermaßen: »Bei dem zugespitzten Agrarproblem und bei der Unerträglichkeit der nationalen Unterjochung in den Kolonialländern kann das junge und verhältnismäßig nicht zahlreiche Proletariat auf der Basis einer national-demokratischen Revolution früher zur Macht kommen als das Proletariat eines fortgeschrittenen Landes auf der Basis einer rein sozialistischen Revolution« (»Die permanente Revolution«, S. 137).

[33] Trotzki, »The Permanent Revolution ...«, a.a.O., S. 195 f., 212 und 237. Vgl. S. 65 f., 69, 82 und 109 der dt. Ausgabe von 1967 bzw. 1971.

[34] A. A. Joffe berichtet, daß Lenin in einem Gespräch anerkannte, daß Trotzki in der Frage der »permanenten Revolution« rechtbehalten habe. Vgl. Deutscher, Trotzki, Bd. II, a.a.O., S. 366.

[35] Deutscher, Trotzki, a.a.O., Bd. I, S. 248.

mungen, deren Leitung gewählten Fabrikkomitees übertragen wurde. Die Sowjetregierung legalisierte diese Maßnahmen im Juni 1918 durch das Verstaatlichungsdekret, das den »Kriegskommunismus« einleitete. Die Prognose Trotzkis, daß die »Arbeiterdemokratie« sozialistische Konsequenzen haben würde, hatte sich in ungeahntem Ausmaß bestätigt.

»Die Theorie der permanenten Revolution war für das Jahr der Revolution zweifach bedeutsam. Als Richtschnur der bolschewistischen Strategie ermutigte sie zur Machtergreifung und lieferte die doktrinäre Rechtfertigung dieser ›Arbeiter‹revolution in einem Land, das für den Sozialismus eingestandenermaßen noch nicht reif war. Gleichzeitig war sie eine bemerkenswert genaue Vorhersage und Beschreibung des Verlaufs der revolutionären Ereignisse – nämlich im Landesinnern. Insoweit bot sie das zweifellos einzigartige Schauspiel der praktischen Erprobung einer Gesellschaftstheorie: es wurde zu bestimmten Handlungen aufgerufen, die durch ihren Erfolg die Theorie bestätigten.«[36]

III

Die revolutionäre Entwicklung in Rußland und der Fortgang der internationalen Revolution begannen nach 1917 die Implikationen der Trotzkischen Theorie zu entfalten – ihre allgemeinen Formeln mit historischem Leben zu füllen. Die Revolutionen unseres Jahrhunderts haben Trotzkis Thesen immer wieder bestätigt; zugleich aber sind all diese Revolutionen »Abweichungen« vom Modell der Oktoberrevolution gewesen. Die zunehmend ungleichmäßige Entwicklung der einzelnen Länder hat die internationale Revolution zu gänzlich »unorthodoxen« Mitteln und Wegen gezwungen, von denen sich die Marxisten des vergangenen Jahrhunderts nichts träumen ließen.

Die Erwartung siegreicher sozialistischer Revolutionen in Westeuropa war die Voraussetzung, unter der die Bolschewiki ihre Revolution begonnen hatten.[37] Die kommunistische (III.) Internationale wurde 1919 gegründet, um die revolutionären Anstrengungen in den europäischen und außereuropäischen Ländern zu koordinieren und die proletarische Diktatur in Rußland so rasch wie möglich zu entsetzen. Die revolutionären Bewegungen in den westeuropäischen Industrieländern, wo starke Klassenorganisationen bestanden, schienen in den

[36] Diese Einschätzung gibt R. V. Daniels in seinem Buch über die kommunistische Opposition in Sowjetrußland, »Das Gewissen der Revolution«, Köln (Kiepenheuer) 1962, S. 58.

[37] »Wenn wir, die bolschewistische Partei, das ganze Werk allein in unsere Hände genommen haben, so haben wir das in der Überzeugung getan, daß die Revolution in allen Ländern heranreift . . . Unsere Rettung aus all diesen Schwierigkeiten ist, wie gesagt, die Revolution in ganz Europa.« Lenin (7. 3. 1918), Werke, Bd. 27, S. 80. Berlin (Dietz) 1961.

Jahren 1918/19 den bolschewistischen Hoffnungen zu entsprechen.[38] Auch die deutsche Novemberrevolution von 1918 war eine Arbeiterrevolution mit — zunächst — bürgerlichen Aufgaben (Herstellung einer auf gleichem Wahlrecht basierenden parlamentarischen Republik). Im industriell hochentwickelten Deutschland mußte aber die Bewegung sogleich »rein« sozialistischen Charakter annehmen. Die Rolle der deutschen Sozialdemokratie bestand überraschenderweise darin, diese sozialistische Revolution — im Bunde mit den Generalen und Offizieren der kaiserlichen Armee — gewaltsam niederzuschlagen und die kapitalistische »Ordnung« gegen den »Bolschewismus« zu verteidigen. Nach Niederschlagung des »Spartakusaufstandes« und militärischer Eroberung der Münchener wie der ungarischen Räterepublik machten die Bolschewiki verzweifelte Versuche, die sozialistische Revolution über die Grenzen Sowjetrußlands zu tragen und den noch fehlenden Masseneinfluß der kommunistischen Gruppen und Parteien durch militärische Aktionen zu kompensieren. Der Vormarsch der Roten Armee auf Warschau im Jahre 1920, die Besetzung Georgiens im Februar 1921 und die »Märzaktion« in Deutschland waren Versuche, der historischen Entwicklung gewaltsam nachzuhelfen.

Bayern wie Ungarn waren, gemessen am europäischen Niveau, rückständige Gebiete mit überwiegend bäuerlicher Bevölkerung. Trotzki schrieb 1919 über diese beiden Räterepubliken: »Die Geschichte hat sich längs der Linie des geringsten Widerstands bewegt. Die revolutionäre Epoche ist durch die am wenigsten verbarrikadierten Türen eingedrungen.«[39] Obwohl er — wie Lenin — bis an sein Lebensende die Rettung der russischen Revolution durch das westeuropäische Proletariat erwartete, erwog er in einem Memorandum für das Zentralkomitee (vom 5. 8. 1919) die Möglichkeit, »daß der Weg der Revolution nach Paris und London über Kabul, Kalkutta und Bombay führen könnte«[40]. Das sollte in der Tat der historische Umweg der Revolution im 20. Jahrhundert werden!

Der II. Kominternkongreß rief 1920 das Industrieproletariat der hochentwickelten kapitalistischen Länder und die bäuerlichen Massen der unterentwickelten Gebiete als dessen »Reserve« auf, gemeinsam den Imperialismus zu bekämpfen. Lenins »Thesen zur nationalen und kolonialen Frage« gaben dem Bündnis der russischen Arbeiter und Bauern internatio-

[38] »Jetzt, wo wir diese Zeilen niederschreiben, hat die Dritte Internationale als ihre Hauptbasis bereits drei Sowjetrepubliken: In Rußland, in Ungarn und in Bayern ... Nach Jahresfrist werden wir bereits zu vergessen beginnen, daß es in Europa einen Kampf für den Kommunismus gegeben hat, denn nach einem Jahr wird ganz Europa kommunistisch sein«, meinte Sinowjew, der Präsident der Internationale (»Die Kommunistische Internationale«, 1919, Nr. 1, S. 9 und 12).
[39] Trotzki, zit. nach Deutscher, Trotzki, Bd. I, a.a.O., S. 426.
[40] Ebd., S. 427.

nale Dimensionen.[41] »Selbstverständlich kann den endgültigen Sieg nur das Proletariat aller fortgeschrittenen Länder der Welt erringen, und wir Russen beginnen das Werk, das vom englischen, französischen oder deutschen Proletariat gefestigt werden wird. Wir sehen aber, daß sie ohne die werktätigen Massen aller unterdrückten Kolonialvölker, und in erster Linie der Völker des Ostens, nicht siegen werden.«[42]

Die Niederschlagung der sozialistischen Revolution im Westen führte zur Isolierung der proletarischen Diktatur im rückständigen Rußland. Bis zum Jahre 1921 war durch Bürgerkrieg, Hunger und Arbeitslosigkeit das russische Proletariat als selbständiger politischer Faktor nahezu aufgerieben worden. Die Ohnmacht der geschwächten Arbeiterschaft vor der Aufgabe der politischen und ökonomischen Selbstverwaltung erzwang die Re-Bürokratisierung von Staat und Wirtschaft. Die Partei, die das Land unter diktatorischer Kontrolle hielt, war nun zum einzigen politischen Forum des Landes geworden, zur letzten Zelle der revolutionären Demokratie. Sie trat nicht mehr nur im Namen der russischen Arbeiterklasse auf, sondern als deren Stellvertreter.[43] — Während die Stalinfraktion seit 1922 daran arbeitete, das innerparteiliche Leben durch eine Hierarchie ernannter Sekretäre zu lähmen, kämpfte die »Linke Opposition«, die sich im Jahre 1923 um Trotzki bildete, für innerparteiliche Demokratie und rasche Industrialisierung des Landes, um so die Lebensinteressen der Arbeiter zu verteidigen und der Klasse eine reale Chance der Selbstbestimmung offenzuhalten. Sowjetrußland stand, nachdem der Zerfall der Wirtschaft durch den Übergang zur NEP aufgehalten worden war, vor der Aufgabe einer beschleunigten, »nachholenden« Industrialisierung, vor dem neuartigen Problem der Lösung vor-sozialistischer Aufgaben mit sozialistischen Mitteln (verstaatlichte Produktionsmittel, zentralistische Planwirtschaft, staatliches Außenhandelsmonopol, Rätemacht). Trotzki und Preobraschenski, der der bedeutendste ökonomische Theoretiker der »Linken« war, forderten seit Anfang der zwanziger Jahre die Industrialisierung auf der Grundlage eines umfassenden nationalen Plans, der große Investitionen vor allem für die Schwerindustrie vorsah, die im Wege einer »ursprünglichen sozialistischen Akkumulation« (Preobraschenski) in erster Linie durch Besteuerung der wohlhabenden Bauern auf-

[41] Lenin schrieb die »Thesen« im Juni 1920 für den II. Kominternkongreß. Vgl. Werke, Bd. 31, S. 132–139.

[42] Lenin, Referat auf dem II. Kongreß der kommunistischen Völker des Ostens, 22. 11. 1919 .Werke, Bd. 30, S. 146 f.

[43] Schljapnikow, der Führer der »Arbeiteropposition«, sprach im März 1922 von der »Avantgarde einer nicht existierenden Klasse« (s. Deutscher, Trotzki, Bd. II, S. 459). Vgl. zum Problem des Substitutionalismus die zwischen Lenin, Trotzki und R. Luxemburg im Jahre 1904 ausgetragene Debatte über Jakobinismus und Sozialdemokratie (Deutscher, Trotzki, Bd. I, S. 94–102).

gebracht werden sollten.[44] Die sozialistische Revolution mußte die Produktivkräfte erst ins Leben rufen, die den durch die Revolution geschaffenen Rahmen sozialistischer Produktionsverhältnisse ausfüllen konnten, und damit zugleich ein neues Industrieproletariat hervorbringen, das einmal stark genug sein wird, sich der bürokratischen Diktatur zu entledigen.

Das Scheitern der deutschen Revolution im Herbst 1923 besiegelte die Hoffnungen auf eine baldige Hilfe aus den westlichen Industrieländern. Gleichzeitig erlitt die gegen die »thermidorianische Troika« (Stalin-Sinowjew-Kamenjew) und den vom Sekretariat gesteuerten Parteiapparat ankämpfende Linke Opposition eine schwere Niederlage. Im Herbst des folgenden Jahres veröffentlichte Trotzki, als Einleitung zu seinen Schriften aus dem Jahre 1917, den Aufsatz »Die Lehren des Oktober«, in dem er die Führer von KPD und Internationale angriff, die gerade die deutsche Niederlage verschuldet hatten. Die Antwort der attackierten »Triumvirn« im sogenannten »Literaturstreit« war der Auftakt zur großen stalinistischen Geschichtsfälschung. Im Lichte des neugeschaffenen Lenin-Kults nahmen sich die vor- und nachrevolutionären Meinungsverschiedenheiten zwischen Trotzki und Lenin wie eine lange Reihe krimineller Delikte aus. Die Quelle aller »trotzkistischen Abweichungen« schien die »Theorie der permanenten Revolution« zu sein, der Stalin im Herbst 1924 seine eigene »Theorie« vom »Sozialismus in einem Lande« entgegenstellte.[45] Die neue Doktrin schmeichelte dem Nationalstolz und kam der Sehnsucht der Massen nach Frieden und Sicherheit scheinbar entgegen. Stalin nahm für seine These, die mit der marxistisch-bolschewistischen Tradition völlig unvereinbar war, die Autorität Lenins in Anspruch und verankerte sie an einem aus dem Zusammenhang gerissenen Zitat.[46] Auf der 15. Parteikonferenz im November 1926 wiesen ihm Vertreter der »Vereinigten Opposition« die Fälschung nach.[47]

Trotzkis Kritik der »national-sozialistischen« Lehre Stalin-Bucharins läßt sich folgendermaßen zusammenfassen: Unter

[44] E. Preobraschenskis Hauptwerk »Nowaja Ekonomika«, von dem nur der erste Teil 1926 in Moskau erschienen ist, ist der bedeutendste Versuch, die Marxsche ökonomische Theorie auf den Prozeß der sozialistischen Industrialisierung unterentwickelter Länder anzuwenden. Preobraschenskis theoretischer Gegenspieler war Bucharin, dessen Industrialisierungskonzeption den Aufbau des Sozialismus »im Schneckentempo« vorsah, und der als Motor der Industrialisierung die großbäuerliche Nachfrage einsetzen wollte. (Preobraschenskis Buch ist inzwischen endlich in einer deutschen Übersetzung herausgekommen: »Die Neue Ökonomik«. Bln. [Vlg. Neuer Kurs] 1971. Vgl. auch die Abhandlung von Alexander Erlich über »Die Industrialisierungsdebatte in der Sowjetunion 1924–1928«. Frankfurt [E. V. A.] 1971.)

[45] Vgl. den von Giuliano Procacci herausgegebenen Sammelband: »Staline contre Trotzky. 1924–1926: la révolution permanente et le socialisme en un seul pays«. Paris (Maspero) 1965.

[46] Aus der Leninschen Arbeit »Einige Thesen« von 1915. Werke, Bd. 21, S. 408 bis 411.

[47] Vgl. Daniels, Das Gewissen der Revolution, a.a.O. (s. Anm. 36), S. 346 ff.

»Sozialismus« wird in der marxistischen Theorie eine ökonomische Organisation verstanden, die eine höhere Produktivität der Arbeit gewährleistet als der jeweils bestentwickelte Kapitalismus. Schon die kapitalistische Wirtschaft hat den Weltmarkt und eine internationale Arbeitsteilung geschaffen. Der imperialistische Krieg lehrt, daß der nationalstaatliche Rahmen für die kapitalistisch entwickelten Produktivkräfte längst zu eng geworden ist. Das Ziel einer »sozialistischen« Wirtschaftsautarkie ist unter diesem Aspekt eine reaktionäre Utopie. Allein durch Kooperation der sozialistisch organisierten hochentwickelten Länder der Erde kann eine materielle Basis entstehen, die die Abschaffung des Mangels real möglich macht, die Klassenunterschiede zum Ausgleich bringt und den Staat »absterben« läßt. »Wir müssen (den Arbeitern und armen Bauern) sagen, daß wir nur dann auf den Weg eines wirklichen sozialistischen Aufbaus gelangen werden, wenn das Proletariat in den fortgeschrittenen Ländern die Macht ergreifen wird, und daß wir ... unermüdlich daran arbeiten müssen ... mit zwei Hebeln: sowohl mit dem kurzen Hebel unserer inneren Anstrengungen wie mit dem langen Hebel des internationalen Kampfes des Proletariats ... Man kann oft von hervorragenden Mitarbeitern der Komintern die Begründung hören: Die Theorie des Sozialismus in einem Lande ist selbstverständlich unhaltbar, aber sie gibt den russischen Arbeitern unter den schweren Bedingungen eine Perspektive, welche sie ermutigt ... Eine Vertröstungstheorie, welche sich im Widerspruch mit den Tatsachen befindet, gehört in das Gebiet der Religion und nicht der Wissenschaft. Und Religion ist Opium für das Volk.«[48] Könnte man mit den beschränkten materiellen und kulturellen Mitteln des isolierten Rußlands eine sozialistische Gesellschaft aufbauen, so erübrigte sich die internationale Revolution, »und deshalb führt die ganze Stalinsche Konzeption eigentlich zur Liquidierung der Kommunistischen Internationale«[49]. Was den Zusammenbruch der II. Internationale ausgelöst hatte, würde auch der III. den Hals brechen: der Rückfall auf den (bürgerlichen) Nationalismus — auf eine nationalistische, »messianische« Konzeption des Sozialismus. Eine Politik, die von der Möglichkeit der Vollendung des »Sozialismus« in Rußland ausging, konnte nicht nur auf das Weitertreiben der internationalen Revolution verzichten, sondern setzte eine langfristige Aufrechterhaltung des weltpolitischen status quo voraus. Das konservative Selbsterhaltungsinteresse der neuen sowjetischen Bürokratie, deren privilegierte Position durch weitere sozialistische Revolutionen

[48] Trotzki, Die internationale Revolution und die Kommunistische Internationale. Berlin 1929, S. 67 f.
[49] Die permanente Revolution, S. 12.

nur gefährdet werden konnte, setzte sich, mittels des Kominternapparates, als Sabotage und schließlich offener Verrat sozialistischer Revolutionen in anderen Ländern durch.

Trotzki interpretierte in den Jahren 1926/27 die Ereignisse in China als »permanente Revolution«. Während das Politbüro unter Führung Stalin-Bucharins der chinesischen KP Tschen Tu-hsius das Bündnis mit der (rechten und linken) Kuomintang aufzwang, von der man annahm, sie werde so etwas wie eine »demokratische Diktatur der Arbeiter und Bauern« in China zuwege bringen, forderte Trotzki eine unabhängige Politik der chinesischen Kommunisten, die Bewaffnung der Arbeiter, die Bildung von »Sowjets«. Die Kominternführung wiederholte die alte schematische Auffassung von den beiden historischen, aufeinander folgenden »Etappen« der demokratischen und der sozialistischen Revolution. So erlebte das Konzept, mit dem die Menschewiki in der russischen Revolution gescheitert waren, in der ersten chinesischen Revolution seine stalinistische Auferstehung. Nach dem größten proletarischen Aufstand, den es in Asien je gegeben hatte, befahlen die russischen »Berater« – im Zeichen der »demokratischen Etappe« – den kommunistischen Arbeitern die Ablieferung ihrer Waffen und die Übergabe der Kommune Schanghai an die Truppen Tschiang Kai-scheks. Das Abenteuer endete mit einem Massaker, das Zehntausenden von chinesischen Arbeitern im April 1927 das Leben kostete. Diese Niederlage verzögerte den Sieg der chinesischen Revolution um volle zwanzig Jahre.[50]

Die hier am Beispiel der Sabotage der chinesischen Revolution aufgezeigte Generallinie der Kominternpolitik wurde in den dreißiger Jahren unter der Losung der »Volksfront« in Spanien und Frankreich fortgesetzt. Die Ereignisse in Indonesien, deren Zeuge wir im Jahre 1965 wurden, bilden eine schreckliche Reprise des Desasters der ersten chinesischen Revolution. »Stalin und seine Bürokratie hatten Angst vor einer Revolution im Ausland, die auch die Arbeiterklasse der Sowjetunion wachrütteln und den Absolutismus der Bürokratie und ihre Privilegien gefährden könnte ... Der Mangel an

[50] Vgl. Harold R. Isaacs, The Tragedy of the Chinese Revolution. 1938 (2. veränderte Auflage. Stanford 1961). Ferner:
Trotzki, Problems of the Chinese Revolution. N. Y. (Paragon Book Gallery) 1962. La question chinoise dans l'Internationale communiste (1926–1927). Hrg. v. Pierre Broué, Paris (E. D. I.) o. J. Erik Nohara, Arbeiter und Bauern. Die Wurzeln des chinesisch-sowjetischen Konflikts. In: Der Monat, Heft 189 (16. Jg., Juni 1964), S. 33–42. Isaac Deutscher, Maoism – its Origins and Outlook. In: Ironies of History. Essays on Contemporary Communism. London (Oxford University Press) 1966, S. 88–120. (Eine vollständige Dokumentation von Trotzkis Analysen der chinesischen Revolution in den zwanziger und dreißiger Jahren erscheint als Band 3 der von mir herausgegebenen Trotzki[Ges. Werke]-Edition.)

Führung war für die lange Reihe der Niederlagen verantwortlich ...«[51]

Im Frühjahr 1928, nachdem die linken Oppositionellen aus der Partei ausgeschlossen und verbannt worden waren, vollzog die Stalin-Führung unter dem Druck der von den »Linken« seit Jahren vorausgesagten Getreidekrise eine jähe Linksschwenkung. Die Zwangskollektivierung, die von den Bauern mit einer systematischen Zerstörung ihres lebenden und toten Inventars beantwortet wurde, artete in einen grausamen Bürgerkrieg der GPU gegen die renitente Landbevölkerung aus. Von diesem Schlag konnte sich die sowjetische Landwirtschaft bis in die fünfziger Jahre hinein nicht erholen. Um die neuen Kollektivfarmen wenigstens notdürftig mit technischem Material versorgen zu können, setzte Stalin ein Industrialisierungstempo durch, das die kühnsten Pläne der linken »Superindustrialisierer« in den Schatten stellte.

Die Mehrheit der in den Verbannungsgebieten lebenden »Linken« erblickte in Stalins »zweiter Revolution« (Deutscher) die verspätete Verwirklichung des Programms, für das sie seit 1923 gekämpft hatten. Sie sahen nicht oder wollten nicht sehen, daß Stalin weder an die Wiederherstellung der innerparteilichen und Arbeiterdemokratie ging, noch eine revolutionäre Außenpolitik einschlug[52]; sie ignorierten, daß seine Methoden allen sozialistischen Prinzipien Hohn sprachen.[53] Sie widerriefen ihre oppositionelle Kritik und stellten sich der Stalin-Regierung zur Verfügung. Unter den »Kapitulanten« befanden sich auch Preobraschenski und Karl Radek. Beide begannen ihren Rückzug von der Front der Opposition damit, daß sie sich von Trotzkis Theorie und deren Anwendung auf die chinesische Revolution distanzierten. Radek verfaßte im Jahre 1928 eine lange Abhandlung über »Entwicklung und Bedeutung der Losung der proletarischen Diktatur«, die Trotzki, der nach Alma Ata verbannt worden war, mit einer umfangreichen historisch-theoretischen Verteidigung seiner Theorie beantwortete (»Die permanente Revolution«). Er veröffentlichte das Buch im folgenden Jahr von Prinkipo aus. In Deutschland übernahm es Franz Pfemferts »Aktions«-Verlag in einer Übersetzung von Alexandra Ramm-Pfemfert. Trotzki versuchte, seine Theorie, den »Bolschewismus von 1917«, philologisch exakt mit Hilfe »alter Zitate« zu rekonstruieren und sie von den im Laufe eines sechsjährigen Kampfes gegen

[51] Deutscher, Trotzki, Bd. III, a.a.O., S. 397.

[52] Die ultralinke Wendung des VI. Weltkongresses der Komintern (1928), der den »Sozialfaschismus« zum Hauptfeind erklärte, begünstigte den kampflosen Sieg der Nationalsozialisten über die gespaltene Arbeiterbewegung.

[53] Christian Rakowski, der bis zum Jahre 1934 in der Verbannung aushielt, schrieb 1929: »Solange der politische Teil unseres Programms unerfüllt bleibt, droht dem ganzen sozialistischen Aufbauwerk die Gefahr, von Grund auf zerstört zu werden« (zit. nach Deutscher, Trotzki, Bd. III, S. 84).

den »Trotzkismus« tausendfach wiederholten Entstellungen zu reinigen. Er bezog sich dabei häufig auf die gleichzeitig formulierte Kritik des Komintern-Programms[54] und die Erfahrung mit der chinesischen Revolution. Das Buch »Die permanente Revolution« hat Trotzkis Theorie in Deutschland bekannt gemacht; sein Erscheinen eröffnete den bedeutendsten politischen Kampf, den Trotzki nach seiner Vertreibung aus Rußland geführt hat – den Kampf um die Mobilisierung der Arbeitereinheitsfront gegen den deutschen Faschismus.[55]

Stalins »zweite Revolution« war eine brutale Bestätigung der Prognose der »permanenten Revolution«, daß die »Arbeiterregierung« genötigt sein werde, Wirtschaft »auf Rechnung des Staates zu treiben« und »den Kollektivismus auf die Tagesordnung zu setzen«. Die Eigendynamik des »sozialistischen Sektors« der Wirtschaft, der verstaatlichten Industrieunternehmen, schrieb einer bis zuletzt widerstrebenden Führung das Handeln vor: die Zerstörung des privatwirtschaftlichen (Agrar-)Sektors. So setzte sich die objektive Tendenz der Oktoberrevolution gewaltsam über den Kopf der KPdSU-Führung hinweg durch, die längst aufgehört hatte, bewußtes Agens der revolutionären Umwandlungen der Sowjetgesellschaft zu sein.[56]

IV

Der internationale Transformationsprozeß der Gesellschaft vollzog sich nach dem Zweiten Weltkrieg auf Wegen, die auch Trotzki nicht vorausgesehen hatte.

1944/45 besetzte die Rote Armee ganz Osteuropa. Nachdem einige Jahre hindurch antifaschistisch-demokratische Koalitionen mit Rückendeckung der sowjetischen Besatzungsmacht regiert hatten, ging die sowjetische Führung unter dem Druck des »kalten Krieges« dazu über, mit Hilfe der kommunistischen Parteien eine »Revolution von oben« durchzuführen, deren Resultat die Angleichung der ökonomischen Struktur der »Satelliten«-Länder an die der Sowjetunion war. So sprengte der »Sozialismus in einem Lande« seinen nationalen Rahmen und erweiterte sich zum »Sozialismus in einem Block«. Die (»napoleonische«) Revolutionierung durch Eroberung und selbst die Ausbeutung der Randstaaten der UdSSR im Interesse des Wiederaufbaus der Sowjetwirtschaft (DDR!) stellen praktische Negationen des »Sozialismus in einem Lande« dar.

[54] Vgl. Anm. 48.
[55] Vgl. Deutscher, Trotzki, Bd. III, 2. Kapitel (»Vernunft und Unvernunft«), und Trotzki, Schriften über Deutschland (1929–1940). Ges. Werke 1. Frankfurt (E. A. V.) 1971. – In diesem Band S. 124–129.
[56] Vgl. Deutscher, Stalin. Stuttgart (Kohlhammer) 1962, Kap. 8 (»Die große Wende«).

Die alliierten Mächte hielten nach dem Sieg über Hitlerdeutschland gemeinsam die revolutionären Bewegungen in Frankreich, Italien und Griechenland nieder; Stalin, indem er die westliche »Einflußsphäre« respektierte und die Politik der ihm hörigen großen kommunistischen Résistance-Bewegungen auf eine antifaschistisch-demokratische Linie festlegte, — die Westmächte, indem sie die Rekapitalisierung der vom Faschismus befreiten Länder durchsetzten und den kommunistischen Aufstand in Griechenland vor den Augen der Sowjetunion mit militärischer Übermacht niederschlugen. Der Klassenkampf in den einzelnen Ländern wurde durch die militärische Gewalt der Großmächte niedergehalten; zugleich aber nahm der »kalte Krieg« der beiden Blöcke selbst Züge eines Klassenkampfs an.

Das westeuropäische Proletariat vermochte es auch nach dem Zweiten Weltkrieg nicht, die genuine sozialistische Revolution in den altkapitalistischen Ländern zu vollbringen. Der Weg der internationalen Revolution führte tatsächlich über Peking und Havanna.

Trotzki hatte stets angenommen, daß die chinesische Revolution von den städtischen Arbeitern getragen werden würde. Nach der Niederlage von 1927 aber, und nachdem die Japaner die von ihnen besetzten Gebiete Chinas industriell ausgeplündert hatten, »vertraten« Maos Bauernarmeen das chinesische Proletariat. Die Revolution eroberte zunächst das flache Land und bemächtigte sich erst in ihrer letzten Phase der großen Städte. Das Resultat dieser Bauernrevolution war gleichfalls die Verstaatlichung der Produktionsmittel und die politisch-ökonomische Angleichung an die Struktur der Sowjetunion: »Da das chinesische Proletariat fast aufgelöst und von der politischen Bühne abwesend war, verwandelte die Schwerkraft der Sowjetunion Maos Bauernarmeen in Werkzeuge des Kollektivismus« (Deutscher)[57].

Die chinesische Revolution siegte 1949 gegen den Willen Stalins. Mao Tse-tung, der in den frühen dreißiger Jahren gelegentlich mit dem Trotzkismus sympathisiert hatte, hütete sich, den Moskauer Anweisungen zu folgen. Er wahrte die formelle Loyalität und mobilisierte die Bauernarmeen, die ihm der Garant des Sieges zu sein schienen. Die maoistische Revolutionslehre bringt die Einsicht zum Ausdruck, daß die einst von Lenin erdachte »demokratische Diktatur der Arbeiter und Bauern« in der Praxis nie existiert hat, es sei denn als proletarische Diktatur. Maos Doktrin betont die Hegemonie der kommunistischen Partei, die die revolutionären Klassen durch die beiden »Etappen« der Revolution führt. Es handelt sich um eine eklektische, durch die chinesische Erfahrung von 1927

[57] Deutscher, Trotzki, Bd. III, S. 480.

motivierte Vermischung der obligaten menschewistisch-stalinistischen »Etappen«-Konzeption mit der marxistischen Auffassung vom »Hinüberwachsen« der »demokratischen« in die »sozialistische« Revolution.[58] Großes Gewicht wird auf das Nacheinander beider Etappen gelegt sowie auf die Selbständigkeit der »neudemokratischen« Revolution in der ersten Etappe. Mao polemisiert gegen die »Phantasterei«, man könne beide Etappen »in einer Schlacht vollenden«[59]. Der russisch-chinesische, politisch-ideologische Konflikt, dessen Hauptthemen seit dem 20. Parteitag der KPdSU von 1956 die Ent-Stalinisierung in der UdSSR, die Kolonialrevolution, die »friedliche Koexistenz« und die »friedlichen, parlamentarischen Wege zum Sozialismus« (in kapitalistischen Gesellschaften) gewesen sind, führte dazu, daß beide Parteiführungen gegeneinander wegen »trotzkistischer Abweichungen« zu Felde zogen.[60] Die Chinesen warfen den Russen »trotzkistische« Innenpolitik (Entstalinisierung), die Russen den Chinesen »trotzkistische« Außenpolitik (»ununterbrochene Revolution«) vor. Der in der kommunistischen Welt lange verpönte Terminus »ununterbrochene Revolution« wurde von den chinesischen Ideologen vor allem im Zusammenhang mit dem »großen Sprung nach vorn« des Jahres 1958 häufig gebraucht.[61] Er ist Ausdruck der nationalen und internationalen Dynamik der chinesischen Revolution in ihrer »sozialistischen Etappe«: »In der Durchführung neuer revolutionärer Aufgaben zur richtigen Zeit haben das Zentralkomitee der KP und Genosse Mao Tse-tung die chinesische Revolution stets im Sinne dieser marxistisch-leninistischen Theorie von der ununterbrochenen Revolution geführt, so daß es auf dem revolutionären Vormarsch des Volkes keinen Halt auf halbem Wege gibt, die revolutionäre Begeisterung der Massen durch Unterbrechungen der Revolution nicht nachläßt und die Funktionäre der Partei und des Staates nicht zufrieden auf den erreichten Erfolgen ausruhen und arrogant und apathisch werden.«[62] Bringt der »innenpolitische« Aspekt der chinesischen »ununterbrochenen Revo-

[58] Vgl. Mao Tse-tung, Die chinesische Revolution und die KP Chinas (Winter 1939). In: Ausgew. Schriften, Bd. 3, S. 117 und 122. Berlin (Dietz) 1958.

[59] Vgl. Mao Tse-tung, Über die neue Demokratie (Januar 1940), ebd., S. 154.

[60] Die Meinungsverschiedenheiten wurden zuerst intern von den beiden Führungen diskutiert, die 1957 und 1960 den Versuch unternahmen, den Konflikt durch Kompromißdeklarationen stillzustellen.. Schließlich trug die KPCh, die von den chruschtschowistisch orientierten Parteien majorisiert wurde, den Streit in die kommunistische und Weltöffentlichkeit. Im Sommer 1963 erreichte er seinen Höhepunkt in der Proklamierung zweier unvereinbarer »Generallinien« für die kommunistische Weltbewegung. Im Zusammenhang mit dem Krieg in Vietnam und der chinesischen »Kulturrevolution« hat sich die Kluft zwischen Moskau und Peking so sehr erweitert, daß gegenwärtig eine politische Kooperation der beiden etablierten Führungen kaum vorstellbar erscheint.

[61] Vgl. dazu die Studie von Stuart R. Schram, Die permanente Revolution in China. Dokumente und Kommentar. Frankfurt (Suhrkamp) 1966.

[62] Liu Schao-tschi, Bericht während der 2. Sitzung des 8. Parteitags der KPCh im Mai 1958. Zit. nach Donald S. Zagoria, Der chinesisch-sowjetische Konflikt

lution« die Bestrebungen der KPCh zum Ausdruck, die Massen für kollektive Ziele zu mobilisieren (Industrialisierungskampagne, Volkskommunen-Bewegung, Stärkung der Verteidigungsbereitschaft, »Kulturrevolution«) und beim Aufbau des »Sozialismus« das größtmögliche Tempo anzuschlagen, so zielt die außenpolitische Version[63] auf die Beschleunigung der internationalen Revolution, vor allem — nach chinesischem Modell — in den unterentwickelt gehaltenen Ländern. Unter dem ständigen Druck der USA muß die Volksrepublik China mit allen Mitteln versuchen, ihre Basis zu verbreitern, revolutionäre Verbündete für militärische und technische Zusammenarbeit zu gewinnen, zumal die Sowjetunion seit 1958 alle Hilfe eingestellt hat, um die »Abweichler« zum Gehorsam zu zwingen. Der Konflikt zwischen China und der Sowjetunion erinnert in manchen Zügen an die Auseinandersetzung zwischen »rechten« und »linken« Kommunisten der KPdSU in der Zeit der großen Fraktionskämpfe von 1924 bis 1928. Verließen sich Stalin und Bucharin auf eine lange »Atempause«, um den »Sozialismus« evolutionär, »im Schneckentempo« aufzubauen, so drängten die Linken auf rasche Industrialisierung und internationale Ausbreitung der Revolution. Heute ist es das erklärte Hauptziel der Außenpolitik der KPdSU, die »friedliche Koexistenz« mit dem Westblock, also den weltpolitischen status quo aufrechtzuerhalten, um den Aufbau des »Kommunismus« in einem Lande und des »Sozialismus« in einem Block fortsetzen zu können. Die Kolonialrevolution erscheint in dieser Perspektive zunächst nur als ein Störfaktor. Die chinesischen Kommunisten sprechen dagegen für die verelendeten Massen der unterentwickelten Gebiete, die nicht auf den Tag warten können, an dem die sowjetische Wirtschaft die amerikanische Pro-Kopf-Produktion einholt und überholt.

Zehn Jahre nach dem Sieg der chinesischen Revolution machte die permanente Revolution einen Sprung auf den amerikanischen Kontinent. Auf Kuba siegte eine sozialistische Revolution ohne Führung durch eine kommunistische Partei. Die Castro-Gruppe bestand in ihren Anfängen vorwiegend aus rebellierenden Studenten, deren Ziel es war, den Diktator Batista zu stürzen und die Verfassung des Jahres 1940 wieder in Kraft zu setzen. Zusätzlich hofften sie, einige Sozialreformen durchsetzen zu können, die mit kapitalistischen Verhältnissen durchaus vereinbar schienen. Das politische Vorbild der Gruppe

1956–1961. München (Rütten & Loening) 1964, S. 98. — Vgl. dazu Trotzki über den »zweiten Aspekt« der permanenten Revolution (Die permanente Revolution, S. 28).

[63] Vgl. »Ein Vorschlag zur Generallinie der internationalen kommunistischen Bewegung« (14. 6. 1963). Peking (Verlag f. fremdsprachige Literatur) 1963. Vor allem Punkt 9 und 10.

waren die Helden des Unabhängigkeitskampfes gegen Spanien vom Ausgang des vorigen Jahrhunderts. Während die Castro-Partisanen bereits ihren Einfluß auf die Städte ausdehnten, stand die kubanische KP, die sich mit Batista abgefunden hatte, noch immer untätig abseits. Die »Fidelisten« waren auf die Unterstützung armer Bauern und Plantagenarbeiter angewiesen, deren soziale Forderungen sie sich zu eigen machten. Nach dem Sieg stießen sie auf Schritt und Tritt auf den Widerstand der besitzenden Schichten des Landes, der bald durch massiven imperialistischen Druck der USA-Regierung ergänzt wurde. Indem sie auf diesen Druck reagierten, improvisierten sie die ersten Enteignungsmaßnahmen; die demokratischen Intellektuellen wuchsen in die Rolle marxistischer Revolutionäre hinein. Ihre Geschichte ist ein Lehrstück über die These, daß der Weg zur wirklichen nationalen Unabhängigkeit über sozialistische Maßnahmen führt, die die bestehenden imperialistischen Abhängigkeitsverhältnisse beseitigen.

V

»Der Marxismus geht von der Weltwirtschaft aus, die nicht als Summe von Nationalwirtschaften aufgefaßt wird, sondern als eine gewaltige, selbständige Realität, die durch internationale Arbeitsteilung und Weltmarkt konstituiert worden ist . . . Der nationale Kapitalismus kann nur als Bestandteil der Weltwirtschaft verstanden und umgestaltet werden.«[64] Die Marxsche Prognose einer »kompensatorischen« Entwicklung historisch »verspäteter« Länder ist an der Koexistenz nationaler Gesellschaften verschiedensten Entwicklungsgrades im Rahmen der Weltwirtschaft orientiert. Das internationale Nebeneinander hochentwickelter und rückständiger Ökonomien reproduziert sich im nationalen Rahmen wenig oder einseitig entwickelter Länder als widersprüchliche Vereinigung archaischer und moderner Strukturen (»kombinierte Entwicklung«). Deren Spannung setzt sich in die Dynamik einer »permanenten Revolution« um, die zur Herstellung sozialistischer Produktionsverhältnisse führt. Die »Nachzügler« der kapitalistischen Entwicklung werden so zu Pionieren der neuen Gesellschaft.

Die Theorie der »permanenten Revolution« begreift die Kette sozialer Umwälzungen in Ländern, die an der Peripherie des kapitalistischen Weltsystems liegen, als Beginn der Transformation dieses Systems: Die sozialistische Weltrevolution entfaltet sich als Kette »nationaler« Revolutionen, die an den jeweils schwächsten Punkten des kapitalistischen Systems ausbrechen. Je mehr Länder auf diese Weise in den Sog der inter-

[64] Trotzki, Die permanente Revolution, S. 7 und S. 9.

nationalen Revolution geraten, desto schwächer wird der Druck der Gegenrevolution, desto leichter wird es den Revolutionären, die Macht zu behalten. Die antikapitalistischen Regimes können heute mit militärischer und technischer Unterstützung seitens der entwickelteren Länder des »sozialistischen Lagers« rechnen. (Übergang der nationalen in die internationale Revolution.)

Der revolutionäre Prozeß folgt der Linie des geringsten Widerstandes. Die Revolution siegt als nationaldemokratische Revolution unter proletarischer Führung zuerst in ökonomisch rückständigen Ländern, deren Bourgeoisie als revolutionäre Potenz nicht in Betracht kommt, so daß die feudalen und imperialistischen Strukturen von der bäuerlichen Bevölkerungsmajorität unter Führung des städtischen Proletariats zertrümmert werden müssen. Die nationale Befreiung wird konsolidiert durch eine Reihe von Sozialisierungsmaßnahmen, die die Produktionsmittel den Arbeitern und Bauern übereignen. Eine revolutionäre Partei, die die Interessen der Bevölkerungsmehrheit vertritt, kann, wie das Beispiel Chinas, Kubas, Algeriens oder Süd-Vietnams lehrt, erfolgreich auch gegen Militärdiktaturen oder imperialistische Armeen einen langdauernden Partisanenkrieg führen, der mit der Eroberung der städtischen Zentren endet. (Übergang der nationalen Befreiungsbewegung in die sozialistische Revolution.)

Die Revolution, die den produktiven Kräften des Landes einen weiten Spielraum eröffnet, macht eine mächtige Welle individueller und kollektiver Energien frei und erlaubt die rationelle Ausnutzung aller vorhandenen materiellen Ressourcen. Arbeitslosigkeit, Hunger und Elend lassen sich nur durch eine rasche, planwirtschaftlich geleitete Industrialisierung auf der Basis verstaatlichter Produktionsmittel überwinden. Die Industrialisierung mit sozialistischen Mitteln auf dem Wege einer »ursprünglichen sozialistischen Akkumulation« wird der Bevölkerung um so weniger Opfer abverlangen, je schwächer der imperialistische Druck wird, der zu unproportional hohen Verteidigungsausgaben zwingt, und je mehr internationale Hilfe zur Verfügung steht. (Transformation der nachrevolutionären Gesellschaft.)

Trotzkis Theorie der permanenten Revolution ist in erster Linie auf halb- und unterentwickelte Gesellschaften zugeschnitten. Die Voraussetzungen der russischen Revolution, an denen seine Theorie festhält (Vorhandensein eines aktiv-revolutionären Proletariats und einer erfahrenen, gut organisierten, marxistischen Partei) sind, wie wir heute wissen, nicht unter allen Umständen unentbehrlich. Am Ende des Zweiten Weltkrieges wurden wir Zeugen der Umformung der osteuropäischen Gesellschaft durch Eroberung mit nachfolgender »Revolution von oben« — Mittel, die die Revolutionäre verschmäht hatten. Unter den spezifischen Bedingungen der chinesischen und der kubanischen Revolution wurden im einen Fall das revolutionäre Industrieproletariat, im andern die kommunistische Partei durch andere historische Faktoren »ersetzt«. Die »kombinierte Entwicklung« der zurückgebliebenen Länder wird noch überraschendere Lösungen hervorbringen.

Nirgendwo ist freilich bis heute eine wirkliche Arbeiterdemokratie, eine Gesellschaft freier Individuen entstanden. Die materielle Armut, die Furcht vor imperialistischer Aggression, die militärisch-technische, politische und ideologische Abhängigkeit von der sowjetischen Bürokratie, die widerstrebend zum Schutzpatron der revolutionären Bewegungen geworden ist, haben allen sozialistischen Experimenten ihren Stempel aufgedrückt. Den marxistischen Vorstellungen von einer revolutionären Übergangsgesellschaft wird gegenwärtig wohl am ehesten Kuba gerecht. Aber die Entwicklung der Sowjetgesellschaft lehrt, daß bürokratische Regimes dieses Typs sich auf lange Sicht nicht erhalten können. Das partikulare Interesse der Bürokratie als privilegierter sozialer Schicht ist amalgamiert mit dem kollektiven Interesse der Verteidigung des staatlichen Eigentums an den Produktionsmitteln und der Steigerung der Produktivität. Ist die »ursprüngliche sozialistische Akkumulation« geleistet, eine neue, starke Arbeiterklasse entstanden, die internationale Isolierung durchbrochen, so muß die Bürokratie den Terror abbauen, das Lebensniveau heben. Gut ernährte und kultivierte Arbeiter aber haben bessere Chancen als pauperisierte und terrorisierte, die irrationalen Züge der bürokratischen Planung und politischen Bevormundung zu durchschauen und sich der Usurpatoren zu entledigen. Indem sie sich verteidigt, schafft die Sowjetbürokratie nolens die Voraussetzungen zu ihrer Abschaffung. Die internationale Revolution wird sich ihren Weg von der Peripherie ins Zentrum des imperialistischen Systems bahnen; die Befreiung der Arbeiterklasse wird schließlich das Werk der Arbeiter selbst sein.

(1965, 1968)

Hoffen auf Kuba

Die Sozialisten aller Länder setzen heute ihre Hoffnung auf die kubanische Revolution: Sie siegte nicht nur, wie die jugoslawische und chinesische Revolution, gegen den Willen der sowjetischen Parteibürokratie, sondern produzierte eine revolutionäre Führung von Intellektuellen, die zunächst — selbst in der Barttracht — als Neuauflage der kubanischen Unabhängigkeitskämpfer vom Ende des vorigen Jahrhunderts auftraten. Dann aber begannen sie, im Bunde mit den ärmsten Schichten der Landbevölkerung, einen kühnen Partisanenkrieg, während die offiziellen Kommunisten, Nutznießer des Batista-Regimes, sie noch als kleinbürgerliche Putschisten und Abenteurer verlachten. Die wenigen hundert Fidelisten zeigten, welche revolutionären Möglichkeiten vorhanden sind, wenn man nur einmal aus dem Bannkreis der kommunistischen status-quo-Politik ausbricht. »Um endgültig die Hypnose des Stalinismus zu durchbrechen, war es nötig, auf allen vieren durch den Dschungel der Sierra Maestra zu kriechen ... Die wichtigste Lehre, die sich aus der kubanischen Erfahrung ziehen läßt, ist, daß man nicht in Moskau eine Führung zu suchen braucht« (J. Hansen)[1]. Die kubanische Revolution siegte aus eigenen Kräften und konnte bis heute ihre Unabhängigkeit in den entscheidenden Fragen bewahren (was durch ihre geographische Lage, den Ost-West-Konflikt und den politisch-ideologischen Konflikt zwischen Moskau und Peking ermöglicht wurde). Die Castro-Führung ist — nach dem Rat der Volkskommissare unter Führung von Lenin und Trotzki — die erste revolutionäre Regierung, die die hungernden und ausgebeuteten Massen eines ganzen Kontinents zum Kampf aufgerufen hat: »Wo der Fortschritt den Völkern verschlossen ist, ist es erste und wichtigste Aufgabe zu begreifen, daß es falsch und unredlich ist, die Völker in der eitlen und versöhnlerischen Illusion zu wiegen, daß man die herrschende Klasse auf legalem Wege entmachten könnte. Jetzt wird die Geschichte mit den Armen von Amerika rechnen müssen. Schon sieht man sie von allen Seiten und auf allen Wegen in endlosen Märschen über Hunderte von Kilometern zum ›Olymp‹ der Herrschenden ziehen, ihre Rechte zu fordern. Schon sieht man, wie sie täglich und an vielen Orten, bewaffnet mit Steinen,

[1] The Theory of the Cuban Revolution. New York (Pioneer Publ.) 1962.

Knüppeln und Haumessern, den Boden besetzen ... Jedes Jahr, das die Revolution unnötig verliert, bedeutet ein Meer von Schmerzen, die den Völkern erspart bleiben können« (II. Deklaration von Havanna, 4. 2. 1962).

Die kubanische Revolution hat die Bevölkerung bewaffnet (Miliz-System), jenes »unerhört undisziplinierte und kritische Volk, das Ideal-Volk für den Sozialismus« (E. Mandel). Sie hat in einem Jahr (1961) den Analphabetismus ausgerottet, so daß Kuba das einzige Land des Kontinents wurde, in dem jedermann lesen und schreiben kann, sie hat in ausreichendem Maße Schulen gebaut, sie hat Tausenden von Arbeitern den Weg zum Studium geebnet. Sie hat den Lebensstandard der Bevölkerung — trotz aller USA-Boykottmaßnahmen und eigener, bereitwillig zugestandener Fehler — schon in den ersten Jahren ihres Bestehens nicht gesenkt, sondern gehoben. Das wurde ermöglicht durch die Nutzung brachliegender Hilfsquellen aller Art, die einzigartige Fruchtbarkeit des Landes (mehrere Ernten pro Jahr!), durch den nicht-unterentwickelten Zustand der kubanischen Wirtschaft, die — obschon fehlentwickelt — zu den entwickeltsten des Kontinents gehört, schließlich durch die fortlaufende sowjetische Wirtschaftshilfe, die die Folgen des Bruchs mit den USA gemildert hat. »Indem sie der Bevölkerung sofort gab, was sie ersehnte — mehr Nahrung, Wohnungen, Schulen, Krankenhäuser — kann die kubanische Regierung mehr als jedes frühere revolutionäre Regime auf die Loyalität und Unterstützung der breiten Volksmassen rechnen. Daher kann sie die weitreichendste Umwandlung der menschlichen Geschichte, den Übergang vom Kapitalismus zum Sozialismus, mit einem Minimum von Unterdrückung und Gewalt, in einer Atmosphäre der Freiheit und der begeisterten Teilnahme einer wieder aufgerichteten Nation durchführen« (Paul A. Baran)[2].

Die Alternative zur Atmosphäre und zu den Formen des stalinistischen »Sozialismus« zeigt sich überall: Es gibt keinen »sozialistischen Realismus«, keine Gängelung der Kunst, keinen Monumentalbaustil, sondern vielfältige Experimente, die Buchläden bleiben »Inseln der Freiheit« (Allemann)[3], man tanzt Cha-cha-cha zur »Internationale« (Goldenberg)[4], der Gleichheitsgrundsatz herrscht, ohne in Puritanismus auszuarten. Die Regierung Castro hat die Gefahr bürokratischer Entartung erkannt und offen ausgesprochen, was zur Ausschaltung der stalinistischen Gruppe um Escalante im Frühjahr

[2] Reflections on the Cuban Revolution. New York (Monthly Review Press) 1961, S. 24. (Die deutsche Fassung in Baran, Unterdrückung und Fortschritt, Frankfurt [Suhrkamp] 1966, ist stilistisch etwas verändert; vgl. dort S. 37 f.).

[3] Fritz René Allemann, Fidel Castro. Die Revolution der Bärte. Hamburg (Rütten & Loening) 1961.

[4] Boris Goldenberg, Lateinamerika und die kubanische Revolution. Köln (Kiepenheuer & Witsch) 1963.

1962 führte: »Die angewandten Methoden haben der Revolution einen ungeheuren Schaden zugefügt ... Es handelt sich nicht nur um Sektierertum – sondern um Privilegien, Kastengeist, Nepotismus, ja sogar um Keime der Korruption ... Wir haben die ORI gebildet, aber die revolutionären Massen draußen gelassen! Was wir geschaffen haben, ist nicht eine revolutionäre Partei, sondern ein Joch, eine Zwangsjacke ... Wie blind waren wir gegenüber den wirklichen Gefahren« (zitiert nach Goldenberg, S. 398 ff.).
Die Hoffnungen, die sich an die kubanische Revolution heften, können enttäuscht werden. Es ist nötig, die Ereignisse der vergangenen fünf Jahre möglichst genau kennenzulernen, um die Lage richtig einzuschätzen. Gegenwärtig ist Kuba von noch schärferen Boykott- und Interventionsmaßnahmen bedroht, die die USA auf der Konferenz der lateinamerikanischen Staaten durchsetzen werden. Kuba wird dadurch zur permanenten Mobilisierung gezwungen, zur Unterhaltung eines großen defensiven Militärapparats, der notwendige Arbeitskräfte aus der Produktion abzieht, Konsum- und Investitionsmittel beschränkt. Dieser außenpolitische Druck beeinflußt unweigerlich auch die innenpolitischen Auseinandersetzungen zwischen bürokratischen Tendenzen und Arbeiterdemokratie. »Karl Marx sagt in seinem kommunistischen Manifest, daß der Kapitalismus sein eigenes Grab grabe. Aber er gräbt zwei Gräber, nicht nur eines für sich selbst, sondern auch noch ein zweites für jene Gesellschaft, die nach ihm kommt.
Beeilen wir uns, das Loch zuzuschütten, damit das Erbe des Kapitalismus nicht auch den Sozialismus zerstöre und beerdige« (F. Castro am 14. 5. 1962).
Die Möglichkeiten der Information über Kuba sind recht beschränkt. Von den wichtigeren fremdsprachigen Berichten und Analysen (Huberman & Sweezy, J. P. Sartre, C. W. Mills, J. P. Morray, Adolf Gilly, René Dumont etc.) wurde bisher nichts übersetzt. Die Selbstdeutungen der kubanischen Revolutionäre (Castro-Reden, A. N. Jiménez, »Che« Guevaras Buch über den Partisanenkrieg) wurden, mit Kürzungen, in Ostberlin in deutscher Sprache publiziert. Guevara, der als »Kopf« der fidelistischen Bewegung gilt, hat die Lehren der Revolution folgendermaßen zusammengefaßt:
»Sie hat gezeigt: Erstens, daß die Kraft des Volkes den Sieg über die reaktionären Truppen erringen kann. Zweitens: daß wir nicht warten müssen, bis alle Vorbedingungen für eine revolutionäre Bewegung herangereift sind und daß das Zentrum des Aufstandes solche revolutionären Bedingungen hervorbringen kann. Drittens: daß in der Regel in den unterentwickelten Gebieten Amerikas die Dörfer das Schlachtfeld für eine bewaffnete Auseinandersetzung sein sollten.

Dies sind die Beiträge der kubanischen Revolution zur Entwicklung der revolutionären Auseinandersetzung in Amerika. Sie sind anwendbar in jedem Land des Kontinents, in dem es möglich ist, einen Guerillakrieg zu führen.«
Der westdeutsche Leser kann zu seiner Information gegenwärtig drei Darstellungen des Themas »Lateinamerika und die kubanische Revolution« heranziehen:
Das kleine Taschenbuch von Fritz René Allemann, das 1961 herauskam, ist lebendig geschrieben und schließt sich an die Interpretation Boris Goldenbergs an, auf die noch näher einzugehen ist. Nach Allemann hat die Revolution in knapp zwei Jahren »die Bahn von der demokratischen Reform zur totalitären Revolution durchmessen«. Der Übergang vom »Humanismus« (»Freiheit mit Brot und ohne Terror«) zum »Kommunismus« wird teils auf den Pragmatismus, teils auf die Taktik der fidelistischen Führung zurückgeführt. Hauptthese von Allemann-Goldenberg ist: »Die Radikalisierung der Revolution . . . ging ganz und gar von der Spitze aus. Es waren nicht die ›Massen‹, die sie weitertrieben, sondern die Führer.« Die Revolutionäre hatten tatsächlich, mögen immerhin einige von ihnen mit marxistischen Theorien vertraut gewesen sein, anfangs kein sozialistisches Übergangsprogramm, sondern eine radikal-demokratische Ideologie, sie hatten nichts als den unbeugsamen Willen, die Batista-Diktatur zu verjagen und das Land wirksam zu demokratisieren. Dazu hatten sie die »Guajiros« hinter sich, die Landarbeiter, die mit ihnen für ein besseres Leben gekämpft hatten. Es zeigte sich, daß auch die bescheidensten demokratischen Reformen mit den bestehenden Produktionsverhältnissen unvereinbar waren, daß die Realisierung der Bestimmungen der 1940er Verfassung zu energischen Eingriffen in die sozialökonomische Struktur zwangen. Es ist erheiternd zu sehen, wie Allemann, indem er die politische Praxis der Fidelisten, etwa in der Wohnungsfrage, beschreibt, seine eigene Generalthese widerlegt: »Die Revolutionäre hatten allenthalben Hoffnungen erweckt, die sie auf ›normalem‹ Wege nicht zu befriedigen wußten, und sahen sich nun einer Flut vielfältiger Forderungen gegenüber . . . Aber indem sie in einer oft dilettantischen Weise in die Wirtschaft eingriffen, vielleicht ohne sich allzu viele Gedanken über die Auswirkungen dieses oder jenes Vorgehens zu machen, riefen sie neue Schwierigkeiten herauf, die dann nur mit weitergehenden, extremeren Maßnahmen zu beseitigen waren . . . Man wird die Rolle solcher Automatismen nicht unterschätzen dürfen.« Die Fidelisten selbst bezeichneten ihre Maßnahmen in der ersten Zeit als »Improvisationen«: »Die Revolution ist eine Praxis, die ihre Ideen in der Aktion schmiedet.« Zu den inneren »Automatismen« kam die Notwendigkeit, auf die

bald einsetzenden Boykottmaßnahmen der USA-Regierung zu reagieren, und es gibt Autoren, die diesem äußeren Druck sogar die Rolle des wichtigsten Motors der Sozialisierung zuschreiben (Baran).

Frank Tannenbaum[5] gibt eine kenntnisreiche Einführung in die allgemeinen Probleme des südamerikanischen Kontinents. Im Zentrum seiner Darstellung steht ein interessantes Kapitel, das sich mit der für Lateinamerika typischen Institution des Agrarfeudalismus, der »Hacienda« beschäftigt: »Sie läßt sich als ein System umschreiben, das die Selbstversorgung und Autarkie auf lokaler Ebene anstrebt ... Sie hat die Arbeitskraft an den Gutsbesitz gebunden und die Freizügigkeit auf ein Minimum beschränkt. Sie steht fast ganz außerhalb des Bereichs der Geldwirtschaft. Sie wirkte auf die wirtschaftliche Entwicklung lähmend, weil sie auf dem Markt wenig umgesetzt hat. In den zwei Ländern, in denen die Hacienda abgeschafft wurde, in Mexiko und Bolivien, geschah es auf revolutionärem Wege.« Unter solchen Verhältnissen sieht Tannenbaum für die »Demokratie« keine Chance: »Das Weiterbestehen der Sklaverei, des Frondienstes der Indianer, der allumfassenden Hacienda und der wichtigen Rolle, die das Militär spielt — all das trug zur Aufrechterhaltung eines politischen Systems bei, das nicht lernte, wie man die Gewalten teilt oder Macht delegiert.« Die US-Investitionen seien aber gerade an diese gegenwärtige Ordnung gebunden. Eben deshalb begingen die Amerikaner »den großen Fehler, alle Feinde des Kommunismus als Demokraten zu betrachten«. Was Tannenbaum sonst zum Thema »Politik« zu sagen hat, ist läppisch; seine Kuba-Interpretation deckt sich mit der von Allemann-Goldenberg: »Was Kuba brauchte, war eine ehrenhafte Regierung ... Wenn Castro eine soziale Revolution in die Wege leitet, so nur, weil er sie durchzuführen wünscht ... Die Kubaner haben sicherlich nie nach den Änderungen verlangt, die er ihnen jetzt aufzwingt.« Ist die Bedeutung der beiden genannten Bücher für ein tieferes Eindringen in die Probleme der kubanischen Revolution gering, so hat der deutsche Leser mit Boris Goldenbergs Buch eine wichtige soziologische Arbeit vor sich. Der Autor behandelt auf 500 Seiten zuerst Fragen der Fehlentwicklung und des Imperialismus, der sozialen Klassen und Schichten in Lateinamerika, dann in einem zweiten Teil lateinamerikanische Revolutionen vor Castro (Mexiko, Guatemala, Argentinien, Bolivien, Venezuela). Besonders der Abriß der mexikanischen Revolution von 1910, die bei uns kaum beachtet wurde, obwohl sie — neben der russischen von 1905 — die erste soziale Revolution des Jahrhunderts war, ist interes-

[5] Lateinamerika. Kontinent zwischen Castro und Kennedy. Stuttgart (Kohlhammer) 1963.

sant. Im 3. Teil wird »Kuba bis zur Revolution« behandelt (Wirtschaft und Gesellschaft, Kubas Kommunisten, Castros Weg zur Macht). Der 4. Teil gibt eine sehr detaillierte Darstellung der Entwicklung in den Jahren 1959—1962, der fünfte behandelt das Verhältnis zu den USA und den anderen lateinamerikanischen Staaten. Goldenberg will einen »möglichst objektiven« Bericht geben. »Allein die Tatsache, daß ich als kubanischer Staatsbürger 1960 die Insel verlassen habe, beweist schon, daß ich der Revolution kritisch gegenüberstehe, ohne allerdings ihre progressiven Aspekte zu übersehen ... Der Vorteil, ein ›Fremder‹ in Kuba gewesen zu sein, verbindet sich mit meiner marxistischen Vergangenheit und meiner Enttäuschung über den Leninismus« (Vorwort). Zum ersten Mal werden in dieser Ausführlichkeit zwei besonders interessante Perioden der kubanischen Revolution dargestellt: die Auseinandersetzung mit der KP, mit der Gruppe um Escalante (S. 393 ff.) und die Raketenkrise vom Herbst 1962 (S. 408 ff.); die meisten Darstellungen reichen nicht bis zu diesem Zeitpunkt.
Goldenbergs Darstellung entfaltet die ganze Kompliziertheit des revolutionären Prozesses und kann als ein Lehrstück dafür dienen, wie behutsam soziologische Kategorien auf eine neue Entwicklung angewandt werden müssen, um sich nicht gerade durch ein einfaches Schema den Blick für das Neue und Nichtschematische zu verstellen. Leider ist Goldenberg selber aber an einem entscheidenden Punkt seiner Analyse der Gefahr erlegen, die er sonst so bewußt vermeidet. Sein Totalitarismus-Begriff wird durch die versuchten Definitionen nicht klarer und bleibt, was er bei den meisten Autoren ist: ein Asyl der Unwissenheit, ein Asyl der Ideologie. Die Anwendung des Begriffs »Totalitarismus« auf die sozialistische Etappe der kubanischen Revolution verwischt den noch bestehenden, entscheidenden Unterschied zu den übrigen sogenannten »Arbeiterstaaten« des Ostblocks und zählt das kubanische System blind zu den bekannten stalinistischen Karikaturen auf den Sozialismus. Es ist aber nicht einzusehen, wieso ein »Humanismus«, der keiner der politischen Phrase, sondern einer der »umwälzenden Praxis« ist, zwangsläufig in »Totalitarismus« übergehen soll. Hier kommt alles auf die internationalen und nationalen Bedingungen an! Der charismatische Führer kann nicht abstrakt verurteilt werden, sondern nur anhand seiner Taten. Der Begriff »totalitäre Demokratie« ist ein nonsens, der alles und nichts bedeuten kann. Interessant ist gerade die widersprüchliche Wirklichkeit, die sich hinter der »totalitären Demokratie« verbirgt.
Die Thesen Goldenbergs verdienen gründliche Diskussion. Richtig ist die allgemeine Charakteristik, die er von der kubanischen Revolution gibt: In ihr »mischten sich von Anfang an

politisch-demokratische mit sozial-revolutionären Bestrebungen. So kam es in Kuba zu einer ›permanenten Revolution‹, die als ›demokratische‹ begann und zu einer ›sozialistischen‹ wurde und gleichzeitig den nationalen Rahmen überschreiten mußte, um sich in eine lateinamerikanische zu verwandeln.«
Joseph Hansen schreibt: »Die Kühnheit und Sicherheit der kubanischen Revolutionäre auf dem Feld der Aktion hat keine Entsprechung im Bereich der Theorie gefunden. Die theoretischen Lehren der kubanischen Revolution müssen erst noch gezogen werden.«

(28. 7. 1964)

Chruschtschow und die Künstler

Der VI. Parteitag der SED und die Chruschtschow-Rede vor sowjetischen Künstlern leiteten eine außerordentliche Wendung der offiziellen Kulturpolitik der kommunistischen Parteien in den Ostblockländern ein — den Versuch, hinter das »Tauwetter« zurückzugehen und die künstlerische Intelligenz unter Kontrolle zu bringen. Dieser Versuch, an alte stalinistische Tradition anzuknüpfen, ist weder national (Meinungsdifferenzen innerhalb der KPdSU, Widerstand der Gemaßregelten) noch international (Rumänien!) widerspruchslos hingenommen worden. An der Oberfläche aber zeigte sich zunächst das altbekannte Bild: grenzenlose Borniertheit, Ignoranz und Banausentum einerseits, Widerrufe und Beichten anderseits, wobei man sich hütete, die »Sünden« (Formalismus, Abstraktionismus, Subjektivismus, Pessimismus, Kosmopolitismus usw.) näher zu definieren, um nicht in Verlegenheit zu geraten.
Daß Chruschtschows Kunstverstand der eines zur Macht gekommenen, in der Mühle des bürokratischen Apparats geläuterten Bauers ist, dessen höchste ästhetische Sensationen landschaftliche Idyllen, das verlogene Pathos und der unaufgeklärte Optimismus von Schlacht- und Arbeitsliedern bilden, ist, 45 Jahre nach der Oktoberrevolution, ebenso bezeichnend wie beschämend. Im Namen des »Volkes« diesen Kunstverstand als den »normalen« zur Zwangsjacke aller künstlerischen Produktion zu machen bedeutet, die stalinistische »Epoche der Stümper, Laureaten und Leisetreter« um weitere Jahre zu verlängern. »Die Bürokratie fürchtet abergläubisch alles, was ihr nicht unmittelbar dient, oder was sie nicht versteht«, und sieht heute hinter der Lyrik Jewtuschenkos und den Memoiren Ehrenburgs die Gespenster der antibürokratischen Revolution, des »menschlichen Sozialismus«, der objektiven Geschichtsschreibung.
Kunst ist, der marxistischen Theorie zufolge (wie alle Ideologie) ein — notwendiger — Schein, der Momente des Wahren enthält, indem er den vergesellschafteten Menschen ihre Situation (die Produktionsverhältnisse) kritisch oder affirmativ repräsentiert. Dadurch ist sie zugleich (wie Philosophie und Religion) Hort aller utopischen Hoffnungen, aller unterdrückten Fähigkeiten und Möglichkeiten der Menschen, Heimstätte der

idealen Begriffe von Freiheit, Glück, Gerechtigkeit, die, solange sie im »Sein« der Menschen nicht verwirklicht sind, wenigstens im Bewußtsein und in den Wunschphantasien als Hoffnung und Forderung wachgehalten werden. Marx erwartete von der sozialistischen Revolution die Aufhebung der Kunst (Religion) als des bloß illusorischen Glücks des Volkes. Jene ihrer selbst mächtig gewordenen Massen einer herrschaftslosen Gesellschaft der Zukunft wären *wirklich* im Glück, ihr alltägliches Leben würde künstlerisch, sie könnten die Vorspiegelungen und Tröstungen der »Kunst« der »Vorgeschichte« entbehren. Seit Stalin 1932 den Eintritt des Landes in die sozialistische Phase dekretierte, Chruschtschow auf dem 22. Kongreß den Aufbau des »Kommunismus« verkündete, gilt die sowjetische als die »beste aller Welten«. Unerträglich für die herrschende Gruppe, für die Doktrin vom erreichten »Sozialismus« in einem Lande, werden jedoch Kunst und Philosophie auch in der SU immer wieder zum utopisch-kritischen Ort, wo das »richtige« Leben gegenüber der »falschen« Realität seine Zuflucht nimmt. Damit wird die Welt der Kunst abermals zum permanenten Vorwurf gegen eine Gesellschaft, die die Menschen vergewaltigt, wird selbst ein Stück Opposition. Das kann das Regime nicht dulden und löst so immer wieder den traditionellen Zusammenhang zwischen Realität und Kunst (Philosophie) dadurch auf, daß es letztere polizeilich abschafft und an ihre Stelle die staatliche Doktrin setzt. Die fortdauernde Diskrepanz zwischen Theorie und Praxis kann dann nicht mehr verzeichnet, der »sozialistische« Charakter der Sowjetgesellschaft nicht mehr in Frage gestellt werden. Daher auch jetzt der heftige Kampf an der »ideologischen Front« für »Parteilichkeit«, »Volksverbundenheit« und die anderen Fetische der Gleichschaltung — vor allem aber gegen die »friedliche Koexistenz auf dem Gebiet der Ideologie«, die Georg Lukács 1956 in der Vorbereitungsphase der ungarischen Revolte proklamierte.
Es ist nützlich, gegenüber den reaktionären Tendenzen der Stalin-Epigonen einige Thesen des revolutionären Marxismus in Erinnerung zu bringen, die angesichts der Chruschtschow-Rede vom 8. März von größter Aktualität sind. Sie wurden — noch zu Lebzeiten der bolschewistischen Partei — in Trotzkis Buch über »Literatur und Revolution« (1923) formuliert und später (1938) im Exil, als er gemeinsam mit André Breton das Manifest »Für eine unabhängige revolutionäre Kunst« herausbrachte, erneuert:[1]
1. »Kunst, wenn sie diesen Namen in Anspruch nimmt, va-

[1] Vgl. dazu jetzt: L. Trotzki, Literatur und Revolution. Berlin (Gerhardt) 1968; Frankfurt (Fischer) 1972; ders., Literaturtheorie und Literaturkritik. München (Fink) 1973.

riiert nicht vorgebaute Modelle, sie muß revolutionär bleiben, weil sie als geistige Schöpfung die Ketten zerbricht, die den Menschen daran hindern, das Niveau zu erreichen, das einige privilegierte Geister festgesetzt haben.«

2. »Wenn durch die Entwicklung der produktiven Kräfte materieller Natur die Revolution ein *sozialistisches* Regime mit zentralisierter Planung erreichen muß, muß sie für die geistige Arbeit schon von Anfang an ein *anarchisches* Regime individueller Freiheit garantieren. Keine Autorität, keine Beschränkung, nicht die geringste Spur von Befehlen!«

3. Die Revolution braucht die Experimente, das Suchen und die Kämpfe der Schulen; nur auf diesem Wege kann die neue Kulturepoche vorbereitet werden.

4. »Unser Zeitalter ist kein Zeitalter einer neuen Kultur, sondern höchstens die Vorstufe zu ihr. Die Diktatur des Proletariats ist keine kulturell-produktive Organisation einer neuen Gesellschaft, sondern eine revolutionäre Kampfesordnung zu deren Erkämpfung.«

5. Es kommt nicht darauf an, die Kunst populär zu machen, sondern darauf, das Proletariat ästhetisch zu erziehen.

6. »In der Dichtung haben wir es mit gestalteter Weltauffassung, nicht mit wissenschaftlicher Welterkenntnis zu tun ... Die Methoden des Marxismus sind nicht die Methoden der Kunst.«

7. »Die Unabhängigkeit der Kunst – für die Revolution, die Revolution – für die endgültige Freiheit der Kunst.«

(14. 7. 1963)

Der Sturz Chruschtschows

»... er ist der letzte Muschik, der die Schwelle des Atomzeitalters erreicht hat, der letzte Muschik, der im Namen Rußlands sprechen und es auf der Weltbühne vertreten kann.« (Isaac Deutscher, 1960)

In den zehn Jahren nach Stalins Tod wurde Chruschtschow zum Symbol der »Ent-Stalinisierung« und der Politik der »friedlichen Koexistenz«, d. h.: der Selbstverteidigung der Sowjetbürokratie durch Abbau des Terrors und Hebung des Lebensniveaus der Massen, und der konsequenten Fortsetzung der von Stalin eingeleiteten internationalen Politik der Aufrechterhaltung des status quo — der Ersetzung der weltrevolutionären Aktion durch »Einholen und Überholen« der Pro-Kopf-Produktion der USA in 20, 30 oder mehr Jahren.
Der Repräsentant dieser Politik verschwand nach über sieben Jahren anscheinend unbeschränkter Machtausübung von einem Tag auf den andern unter ungeklärten Umständen in der Versenkung. Die ersten offiziellen Erklärungen sprachen von Unfähigkeit, Alter und Sklerose — dann beeilten sich die Nachfolger, ihre Treue zur Verständigungspolitik und zur Linie des 20. und 22. Parteitages zu bekräftigen. Das bedeutete: die Politik der Sowjetführung würde sich in keinem prinzipiellen Punkte ändern — man hatte lediglich eine Person zum Sündenbock für die seitherigen Fehlschläge eben dieser Politik gemacht. Erst Tage später kreidete man dem Gestürzten »Subjektivismus«, »Autoritarismus« und »Phantasterei« an, worunter man alles und nichts verstehen kann.
Chruschtschow wurde gestürzt als Sündenbock für die Fehlschläge der russischen Landwirtschaftspolitik. Die 1962 nötig gewordene Erhöhung der Preise für Fleisch und Milch, die Menschenschlangen vor den Brotbäckereien standen in peinlichem Kontrast zu der Versicherung: »Die heutige Generation wird im *Kommunismus* leben.« Beseitigung des Terrors und Erhöhung des Lebensstandards waren nach 1953 der Kaufpreis für die Fortdauer der Einparteiherrschaft, der bürokratischen Bevormundung der Sowjetgesellschaft. Jeder Schritt rückwärts in diesen Fragen bedroht unmittelbar die Machtposition der herrschenden Schicht. Die Chruschtschow-Nachfolger begannen denn auch mit Preissenkungen und einem Widerruf der Gesetze, die vor zwei Jahren den bäuerlichen Privatbesitz eingeschränkt hatten.
Chruschtschow wurde gestürzt als Exponent der harten Linie in der ideologisch-politischen Auseinandersetzung mit den chinesischen Kommunisten, als Zielscheibe der Angriffe gegen

»Revisionismus« und Verrat der Sowjetführung. Seit 1956 ist die Einheit des Weltkommunismus unter sowjetischer Führung immer mehr zur Legende geworden. Jugoslawien, China, Kuba gingen eigene Wege, das Prestige der KPdSU wurde durch Chruschtschows Enthüllungen über »die Zeit des Personenkults« schwer geschädigt, der ideologische Konflikt zwischen Moskau und Peking zersprengte den monolithischen Block nicht nur in nationale Trümmer, sondern führte zu »chinesischen«, nämlich links-kommunistisch orientierten Abspaltungen und Fraktionen in den meisten Ländern der Welt, so daß sich heute zwei ungefähr gleich starke Strömungen im Lager der 42 Millionen organisierten Kommunisten gegenüberstehen. Nachdem die chinesischen Kommunisten ihre Kritik an der KPdSU immer radikaler formulierten und mehrfach die Absetzung Chruschtschows gefordert hatten, lenkten Präsidium und ZK in dem Augenblick ein, als feststand, daß sich auf der geplanten internationalen kommunistischen Konferenz keine eindeutige Mehrheit für die Chruschtschow-Linie ergeben würde. Sie hofften, durch Absetzung des »Erzrevisionisten« und »größten Spalters der Geschichte« den Weg zu ebnen zu einer Wiederaufnahme der internen Diskussion der beiden Führungen, zur neuerlichen Verschleierung der Differenzen, zur Formulierung von Kompromiß-Deklarationen im Stil derer von 1957 und 1960.

Der Spielraum einer Änderung der Politik der KPdSU ist gering: ein Zurück zur terroristischen Phase ist unmöglich, eine Senkung des Lebensstandards erst recht. Die Bürokratie kämpft mit dem Rücken zur Wand; es geht darum, Zeit zu gewinnen für neue Balanceakte. Die in den letzten Wochen vorgenommenen personellen und taktischen Veränderungen lassen erkennen, daß die neuen Machthaber den Versuch machen, durch Straffung der Einparteiherrschaft die Kontrolle über die innere Entwicklung zu behalten, in der Frage des russisch-chinesischen Konflikts einen neuen Kompromiß herbeizuführen, und die Fortsetzung der bisherigen Politik dadurch zu ermöglichen, daß man den bisherigen Repräsentanten dieser Politik zum Sündenbock der negativen Resultate dieser Politik macht.

Was waren die unmittelbaren Auswirkungen der Absetzung Chruschtschows, und was läßt sich daran ablesen über das gegenwärtige Kräfteverhältnis zwischen Bürokratie und Massen?

Die Beseitigung Chruschtschows erwies sich zunächst als ein neuer, vernichtender Schlag gegen die bereits lädierte Autorität der KPdSU. War es den Führungen der europäischen KPen nach 1956 mühsam gelungen, die Autorität Stalins auf Chruschtschow zu transponieren, so reagierten diesmal beinahe alle Parteien nicht mit reflexartiger Anpassung an die neuen Verhältnisse, sondern mit Unzufriedenheit und Kritik an den undemokratischen Methoden des Führungswechsels; Delegationen wurden nach Moskau entsandt, um Rechenschaft zu fordern und exakte Informationen zu erlangen, Italiener und Norweger zeigten sich mit dem Ergebnis dieser Orientierungsfahrten unzufrieden, selbst in der stockkonservativen KPF setzte das Unbehagen der Mitgliedschaft erste autonome Regungen der Führung in Gang.

Die KPCh quittierte die Absetzung Chruschtschows, des »Meisterintriganten, der die Führung von Partei und Staat an sich gerissen hatte«, durch den Besuch Tschu En-lais. Die Chinesen halten jedoch an ihrem Vorschlag zur Generallinie der kommunistischen Weltbewegung vom 14. Juni 1963 ebenso nachdrücklich fest, wie die Chruschtschow-Nachfolger an den Bestimmungen des Parteiprogramms von 1961 über die Ablösung der Diktatur des Proletariats und den Übergang zum »Volksstaat«.

Albaner und Chinesen forderten in den letzten Tagen die Rehabilitierung Stalins. Wenn die KPCh ihre Anklagen jetzt nicht zu bloßen Beschimpfungen entwertet, gilt weiterhin die These, daß »die revisionistische Chruschtschow-Clique . . . die Herrschaft des Proletariats abschafft . . . und den Weg für eine Restauration des Kapitalismus ebnet«. Chruschtschow ist gestürzt – die »Clique« herrscht.

Der Chruschtschow-Sturz zeigt überdeutlich die Diskrepanz zwischen der in der SU erreichten technischen Rationalität (Raumflug der »Woschod«) und der anachronistischen Struktur des politischen Apparats, der keine demokratischen, institutionellen Wege zur Ablösung von Führungen kennt. Das politische Leben der SU ist weit von jener »durchsichtigen Klarheit aller Verhältnisse« entfernt, die sich die Bolschewiki vom Sozialismus erhofften.

Immerhin zeigt die *Absetzbarkeit* Chruschtschows durch eine einfache ZK-Mehrheit, wie sehr sich die politischen Verhältnisse in den vergangenen Jahren verändert haben. Stalin mußte eines natürlichen Todes sterben, bevor entstalinisiert werden konnte, Beria wurde erschossen, die in die Minderheit versetzten Gegner des Chruschtschow-Kurses wurden als »Parteifeinde« ausgestoßen und verbannt. Chruschtschow wird überstimmt und in Pension geschickt. Zudem trennen die Nachfolger neuerlich die Funktionen von Partei- und Regierungschef, um die »Kollektivität« der Führung zu wahren. Hier ist also eine Zivilisierung der Prozeduren zu verzeichnen.

Gemessen an den Normen des geltenden Parteiprogramms ist dieser Fortschritt allerdings ärmlich. In der Doktrin hat die Arbeiterklasse (mehr noch: das ganze Volk) die Macht (»allseitige Entfaltung und Vervollkommnung der sozialistischen Demokratie, aktive Beteiligung aller Bürger an der Staatsverwaltung«). Aber die Bürger und die Millionen Mitglieder der KP erfuhren von der Ablösung Chruschtschows erst durch Rundfunk und Prawda, nachdem alles vorüber war. Niemand weiß bis heute, wieviel ZK-Mitglieder in der entscheidenden Sitzung vom 14. Oktober anwesend waren, niemand kennt die wirklichen Argumente der Präsidiums- und ZK-Majorität, die tatsächlich verhandelten Streitpunkte – niemand hat die Verteidigung Chruschtschows gehört. Die hoch über der Bevölkerung stehende winzige power elite des Präsidiums (10, 11 Männer), die im ZK versammelten Spitzenvertreter der bürokratischen Machtapparate von Staatsverwaltung, Industrie, Landwirtschaft und Armee tagen geheim, unkontrollierbar. Die Massen werden nur durch die groben Winke der Bildersprache darüber instruiert, wer jeweils als »leninistisches ZK« unbegrenztes Vertrauen beansprucht. Die Porträts werden ausgetauscht, die Bücher eingestampft, kein Nachruf begleitet den Mann, der bis gestern die SU repräsentierte und jetzt der Vergessenheit überantwortet wird, die Bevölkerung wird mit ein paar Tricks abgefertigt, die Historiker und Biographen bekommen neue Arbeit.

Wenige Wochen vor dem Chruschtschow-Sturz veröffentlichte die Prawda das Memorandum Togliattis, das wegen einiger Kritikpunkte von Interesse ist. Dort heißt es: »Der allgemeine Eindruck ist der der Langsamkeit und eines Widerstandes, zu den leninistischen Normen zurückzukehren, die innerhalb der Partei und außerhalb breite Freiheit der Meinung und der Diskussion ... sicherten. Diese Langsamkeit und dieser Widerstand sind für uns schwer erklärbar ...«

Wenn das Programm eines »Zurück zu Lenin« praktiziert werden soll, so ist im »Fall Chruschtschow« die restlose Publizität der Vorgänge zu fordern, damit alle Details des Führungswechsels in der interessierten Öffentlichkeit diskutiert werden können:

die Veröffentlichung des stenografischen Protokolls der Präsidiums- und ZK-Sitzung vom 13./14. Oktober, –

die Möglichkeit für den Abgesetzten, sich über Presse, Rundfunk und Fernsehen zu verteidigen.

Für Sozialisten und Kommunisten zeigt der Chruschtschow-Sturz einmal mehr, wie prekär es ist, sich auf die Moskauer Führung zu verlassen, wie notwendig es ist, das stalinistische Einparteisystem in der SU zu ersetzen durch eine funktionierende Arbeiterdemokratie mit konkurrierenden sozialistischen Parteien.

(17. 10. 1964)

Prozesse – von Kirow bis Chruschtschow

Vor dreißig Jahren, am 1. Dezember 1934, wurde der erste Sekretär des Leningrader Bezirks, S. M. Kirow, von einem jungen Kommunisten namens Nikolajew erschossen. Dieser Mordanschlag, der von der GPU ermöglicht und von Stalin gewünscht wurde, hatte in Sowjetrußland die gleiche Funktion wie der von den Nazis inszenierte Reichstagsbrand. Nikolajew befand sich in der Rolle van der Lubbes. Beide Ereignisse sollten eine geplante Terrorwelle rechtfertigen. In Rußland bezeichnet der Kirowmord den Übergang zur terroristischen Phase des Stalinismus, zur »Jeschowschtschina«, die in den berüchtigten vier Moskauer Prozessen der Jahre 1936–38 gipfelte.

Chruschtschow, der auf dem 22. Parteitag (1961) die Errichtung eines Denkmals für die Opfer Stalins versprach, ist unter ungeklärten Umständen im Zentralkomitee in die Minderheit versetzt und in Pension geschickt worden, ohne sein Versprechen einlösen zu können. Die albanischen und chinesischen Kommunisten fordern von den neuen Männern im Kreml die Rehabilitierung Stalins. Nach 1953 waren die Liberalisierungsmaßnahmen und die Hebung des Lebensstandards der Massen der Kaufpreis, der für die Fortdauer der Einparteiherrschaft gezahlt werden mußte. Jeder Schritt rückwärts in einer dieser beiden Fragen gefährdet unmittelbar die Machtstellung der Bürokratie, deren politischer Repräsentant die KPdSU-Führung ist. So werden auch die neuen Machthaber weitergehen müssen auf der Linie, die Togliatti in seinem Memorandum aufzeigte:

»Bei dem Problem, dem man im Hinblick auf die anderen sozialistischen Länder heute die größte Aufmerksamkeit schenkt, handelt es sich ... vor allem um die Überwindung des von Stalin eingeführten Regimes der Beschränkung und Unterdrückung der demokratischen und persönlichen Freiheiten. Der allgemeine Eindruck ist, daß man nur langsam und widerstrebend zu den leninistischen Normen zurückkehrt ... Darüber hinaus wird im allgemeinen das Problem der Ursachen des Stalinkults und der Möglichkeit seiner Entstehung als ungelöst betrachtet ... Diese Debatte findet zwischen Historikern und qualifizierten Kadern der Partei statt.«

Der Wiederaufrollung der Moskauer Prozesse kommt bei die-

ser Suche nach den Ursachen des »Personenkults« erstrangige Bedeutung zu. Aber wenn Togliatti schreibt: »Wir empfehlen jedoch Vorsicht bei den Schlußfolgerungen und raten, die in der Sowjetunion veranstalteten Veröffentlichungen und Forschungen zu beachten«, spricht nur ein aufgeklärter Stalinist. Eine kritische Aufarbeitung der Moskauer Prozesse ist bisher einzig in nicht-stalinistischen Ländern lebenden Historikern und Sozialisten möglich, die ohne Rücksicht auf Tabus und die jeweils abgesteckte Rückzugslinie der KPdSU-Führung operieren können.[1]
Angesichts der großen historischen Bedeutung der Ereignisse von vor dreißig Jahren ist es nützlich, sich die Zeit der großen Prozesse anhand von zwei kürzlich erschienenen kritischen Dokumentationen[2] zu vergegenwärtigen:
Stalins Politik in den Jahren 1933 bis 1936 war ein raffiniertes Gemisch von immer schärferen Terrormaßnahmen und Liberalisierungsmanövern. 1932 waren die Führer der ehemaligen Linken Opposition ein zweites Mal aus der Partei ausgeschlossen und verbannt worden. Im März 1933 erhielten sie nach Widerruf und Reuebekenntnissen die Erlaubnis, nochmals zurückzukehren. Stalin arbeitete daran, sie systematisch zu zermürben und die Opposition moralisch zu diskreditieren. Hunderttausende von Partei- und Komsomolmitgliedern wurden ausgestoßen. Im Juni 1934 wurden die Anzeigepflicht für Familienangehörige und die Sippenhaft eingeführt. Am 1. Dezember 1934 wurde Kirow, ein liberalerer Stalinist, der Leningrad von Oppositionellen gesäubert hatte, von einem jungen Komsomol-Mitglied (Nikolajew) erschossen. Stalin ließ ihn, seine Gesinnungsgenossen und eine Gruppe von GPU-Leuten hinrichten. Sinowjew und Kamenjew wurden in einem Geheimprozeß zu Zwangsarbeit verurteilt, da man ihnen die geistige Urheberschaft am Kirow-Mord vorwarf. Für ihre Freilassung forderte Stalin ein Schuldbekenntnis, worin die Führer der ehemaligen Opposition erklären sollten, sie hätten die Wiederherstellung des Kapitalismus angestrebt. Die großen Prozesse warfen ihre Schatten voraus. Die Kompromißformel, die schließlich ausgehandelt wurde, lautete: »Die frühere Tätigkeit der früheren Opposition mußte unter dem Zwang objektiver Umstände die Degeneration dieser Verbrecher fördern.« Dann schlug der Diktator wild um sich: Schdanow wurde nach Leningrad entsandt, um abermals zu säubern. Zehntausende verdächtiger Bolschewiken und Kom-

[1] Erst 1971 ist in New York in russischer Sprache eine Aufarbeitung der stalinistischen Vergangenheit aus der Feder eines sowjetischen Historikers erschienen, die in der SU unterdrückt wurde und deren Autor aus der KPdSU ausgeschlossen worden ist: Roy A. Medwedew, Die Wahrheit ist unsere Stärke (dt. Ausg. Frankfurt [S. Fischer] 1973).
[2] Die Moskauer Schauprozesse 1936–1938. Hg. v. Theo Pirker. München (dtv) 1963; Les Procès de Moscou. Hg. v. Pierre Broué. Paris (Julliard) 1964.

somolzen wurden samt ihren Familien nach Nordsibirien deportiert, Gefängnisse und Lager füllten sich im ganzen Lande mit sogenannten »Kirow-Mördern«.
Chruschtschow eröffnete auf dem 22. Parteitag 1961 erneut die kriminalistische Untersuchung im Fall Kirow und beschuldigte andeutungsweise die GPU und Stalin der Mittäterschaft. Trotzki, der vom Ausland aus in seinem »Bulletin der Opposition« die Entwicklung in der Sowjetunion mit scharfsichtigen Analysen verfolgte, war 27 Jahre zuvor zum gleichen Resultat gekommen.
In der langen Reihe der öffentlichen und geheimen Prozesse, die dem Kirow-Mord folgten, sind vier, die die Periode der »großen Säuberung« blutig markierten, von besonderer Bedeutung: der Prozeß gegen Sinowjew, Kamenjew, Smirnow u. a. im August 1936; der Prozeß gegen Radek, Pjatakow u. a. im Januar 1937; der Geheimprozeß gegen Tuchatschewski und andere Führer der Roten Armee im Juni 1937; der Prozeß gegen Bucharin, Rakowski, Radek, Rykow, Krestinsky, Jagoda u. a. im März 1938. »Im Laufe dieser Prozesse erschienen auf der Anklagebank alle die Männer, die einst das Politbüro Lenins gebildet hatten, mit Ausnahme von Stalin selber und von Trotzki. Der letztere war der Hauptangeklagte« (Deutscher). Die Rote Armee verlor ein Viertel ihres Offiziersbestandes. »Es wurde festgestellt, daß von den 139 Mitgliedern (und Vertretern), die auf dem 17. Parteitag ins ZK der Partei gewählt worden waren, 98 (also 70 Prozent) verhaftet und erschossen wurden (die meisten in den Jahren 1937–38) ... Dieses Schicksal teilten nicht nur die Mitglieder des ZKs, sondern die Mehrheit der Delegierten des 17. Parteitags (von 1934). Von den 1956 Delegierten wurden 1108 unter der Beschuldigung konterrevolutionärer Verbrechen verhaftet, d. h. mehr als die Hälfte ...« (Chruschtschows »Geheimbericht« von 1956.) Von 1918 bis 1921 waren 31 Bolschewiki Mitglieder des ZK. Von diesen starben 8 eines natürlichen Todes, einer wurde von Konterrevolutionären ermordet, einer von Stalin in den Selbstmord getrieben, achtzehn wurden Opfer des Stalinschen Terrors, einer überlebte den Terror, einer verschwand spurlos, einer lebt noch und konnte sich im ZK halten.
Bisher war vorwiegend von den Führern die Rede. Die Säuberungswelle erstreckte sich aber auf alle Anhänger und Verdächtigen, samt ihren Familien. Chruschtschow selber schätzte die Zahl der Liquidierten aus der Zeit von 1935–1938 auf »einige Millionen«.
Die Opposition wurde als Sündenbock für die katastrophalen Folgen der ersten Fünfjahrpläne geopfert. Stalin vernichtete sie, um jede mögliche Alternativ-Führung auszuschalten.

Nach der großen »Reinigung« war die Stalin-Führung zur einzig denkbaren geworden. Andernfalls wäre spätestens im Jahre 1941, als die Nazi-Wehrmacht im ersten Anlauf bis Kiew vordringen konnte, die Stalingruppe von den Resten der Opposition gestürzt worden! »Der soziale und politische Sinn der ›Säuberungen‹ ist klar: Die regierende Schicht hat alle jene aus ihrer Mitte ausgeschieden, die sie an die revolutionäre Vergangenheit erinnerten, an die Prinzipien des Sozialismus, an Freiheit, Gleichheit, Brüderlichkeit, an die ungelösten Fragen der Weltrevolution. Die bestialische Grausamkeit der Abrechnung verrät den Haß, den die privilegierte Kaste gegen Revolutionäre hegt . . .« (Trotzki, »Stalins Verbrechen«)
Die Anklage gegen die Opfer der Schauprozesse lautete auf Zusammenarbeit mit imperialistischen Geheimdiensten, Versuch einer Wiederherstellung des Kapitalismus in der SU, Pläne für eine imperialistische Aufteilung des Gebiets der SU — aber auch Massenvergiftung von Arbeitern, geplante Attentate auf Mitglieder der Stalingruppe, Ermordung Gorkis usw. usw. Die Angeklagten, die in den höchsten Regierungsämtern gesessen hatten, hatten von all dem jedoch nur den Kirow-Mord zuwege gebracht — »es war, als hätte man die ganze Kraft des Niagarafalls für den Antrieb eines Kinderschiffchens verwendet« (Deutscher).
Die grotesken Anschuldigungen wurden durch die Selbstanklagen der Opfer der großen Prozesse noch überboten. Die alten bolschewistischen Führer gestanden alles, was die Anklage ihnen vorwarf, überschütteten sich selber mit Schmutz und lobten den Fuß, der sie zertrampelte. Die Weltöffentlichkeit schenkte (von wenigen Ausnahmen abgesehen) den Anschuldigungen Glauben; Faschismus, Bürgertum und stalinistische Bürokratie waren sich in der gemeinsamen Gegnerschaft gegenüber den Verfechtern der Weltrevolution einig. Man kann sich anhand von Zeitungen und Zeitschriften der damaligen Zeit von dieser leichtgläubigen, interessierten Einmütigkeit überzeugen. Die Aufmerksamkeit der proletarischen Massen, die angesichts der Naziherrschaft in Deutschland, des spanischen Bürgerkrieges und des heraufziehenden Zweiten Weltkriegs verzweifelt auf die Sowjetunion setzten, wurde von diesen großen historischen Katastrophen voll beansprucht, so daß die stalinistische Version weithin Glauben fand. Die Öffentlichkeit der Prozesse, die »Überführung« der Angeklagten durch den Staatsanwalt Wyschinski (einen ehemaligen Menschewisten) in offener Verhandlung, die Publikation der dickleibigen Prozeßprotokolle in verschiedenen Sprachen — das alles schien den Verdacht einer Fälschung zu widerlegen. Kurt Hiller widerrief seine Justizmord-Anschuldigung in Nr. 40 der »Weltbühne«: »Nach gründlichem Studium des

amtlichen Prozeßberichts bin ich zu der Überzeugung gelangt, daß die Verurteilten jene Taten und Tatversuche begangen haben, derentwegen sie verurteilt und hingerichtet worden sind ...« Ernst Bloch beruhigte sich und andere philosophie-historisch: »Die Welt ist eine wunderliche Einrichtung und nichts ist vollkommen auf Erden, auch nicht auf dem Sechstel der Erde ... Als Sokrates über gewisse Dunkelheiten des Heraklit befragt wurde, antwortete er: ›Was ich verstanden habe, ist vortrefflich, daraus schließe ich, daß das andere, was ich nicht verstanden habe, ebenso vortrefflich sei; das Ganze aber braucht einen tüchtigen Schwimmer.‹ Gerade der Antifaschismus, der auf die Objektivität seines Urteils über Rußland Wert legt, fährt mit diesem Satz eines weisen Mannes nicht übel.«[3]

Der von Trotzki angestrengte Gegen-Prozeß der Dewey-Kommission, die aus liberalen Professoren und politischen Trotzki-Gegnern bestand, sprach ihn – und damit die Angeklagten der Moskauer Prozesse – von den erhobenen Anklagen frei.[4] Die GPU aber mordete nicht nur innerhalb der SU, sondern auch im Ausland. Ungezählte oppositionelle Kommunisten und Anarchisten wurden hinter der republikanischen Front in Spanien umgebracht oder verschleppt, dasselbe geschah in Frankreich, in aller Welt. Am 20. August 1940 ermordete ein GPU-Agent schließlich auch Trotzki in seinem mexikanischen Exil. Besonders hart traf die Terrorwelle die vielen Kommunisten, die sich auf der Flucht vor Faschismus und Konterrevolution in ihren Heimatländern nach Moskau begeben hatten. Die polnische Parteiführung wurde geschlossen liquidiert, Hunderte von deutschen Kommunisten, Oppositionelle und Ex-Oppositionelle aus allen Ländern fielen dem Terror zum Opfer.

Die großen Figuren des Bolschewismus waren 1936 Männer, die durch die Mühle mehrfachen Widerrufs, Haft in Stalins Gefängnissen, Deportation und Selbsterniedrigung gegangen waren. Sie erschienen vor Gericht als politisch und moralisch erledigte Kapitulanten. Sie hofften, durch ihre hysterischen Geständnisse das Leben ihrer Familien, wenn nicht das eigene zu retten. Zur Angst vor dem Tod mag bei manchen von ihnen die Kapitulation vor der Macht des Diktators getreten sein, der nach ihrem Verschwinden als einziger die verstaatlichte Wirtschaft (die Basis des Sozialismus) verteidigen würde und den man deshalb im Abgehen durch Widerruf mit maximaler

[3] Blochs Stellungnahmen zu den Moskauer Prozessen sind in dem Band »Vom Hasard zur Katastrophe. Politische Aufsätze aus den Jahren 1934–1939«, Frankfurt (Suhrkamp) 1972, nachgedruckt worden: Kritik einer Prozeßkritik (4. 3. 1937) – daraus das Zitat, S. 183 f. –, Jubiläum der Renegaten (11. 11. 1937), Bucharins Schlußwort (5. 5. 1938).

[4] The Case of Leon Trotsky, Report of Hearings on the Charges Made Against Him in the Moscow Trials (10.–17. 4. 1937). [Neuauflage: New York (Merit Publ.) 1968.]

Legitimität ausstatten mußte (Radek). Jene Häftlinge der Zwangsarbeitslager, von denen Susanne Leonhard (»Gestohlenes Leben«) berichtet, sie seien der Meinung gewesen, die alten Bolschewiki wären bei den Prozessen durch geschickte Schauspieler vertreten worden, waren nicht so weit von der Wahrheit entfernt. Die Angeklagten erschienen tatsächlich als Marionetten ihrer selbst. Alle Anklagen beruhten auf Geständnissen, die die GPU in monatelanger Arbeit von ihnen erpreßt hatte. Das Gesamtgewebe der schlecht ineinandergreifenden Aussagen hatte die GPU zusammengestellt. Die Rollen waren verteilt und Wyschinski brauchte nur die »Geständnisse« der Reihe nach abzufragen. Wir wissen heute, nicht zuletzt durch Chruschtschow selber, daß die Angeklagten, die nicht mitspielen wollten, nicht nur moralisch, sondern physisch grausam gefoltert wurden. Die Standhaften wurden vor Prozeßbeginn erschossen. So traf die GPU die Auslese.

Dennoch machten einige Angeklagte verzweifelte Versuche, aus der Mechanik der Prozesse auszubrechen, das Räderwerk bloßzulegen. Bucharin bekannte nur »objektive« Schuld, Gedankenverbrechen, und weigerte sich, irgendwelche kriminellen Taten auf sich zu nehmen: »Der Bürger Staatsanwalt hat in seiner Anklagerede auseinandergesetzt, daß die Mitglieder einer Räuberbande an verschiedenen Stellen rauben können und doch einer für den anderen verantwortlich ist. Das letztere ist gerecht, aber die Mitglieder einer Räuberbande müssen einander kennen, um eine Bande zu sein . . . Aber ich sah zum erstenmal in der Anklageschrift den Namen Scharangowitsch, und ihn selbst sah ich zum erstenmal vor Gericht . . . Der ›Block der Rechten und Trotzkisten‹ ist vor allem ein Block Rechter und Trotzkisten. Wie kann dazu überhaupt Lewin gehören, der hier vor Gericht ausgesagt hat, daß er auch jetzt noch nicht weiß, was Menschewiki sind? . . .«

Karl Radek gab vor Gericht folgende Darstellung der Prozeßvorbereitung: »Wenn hier die Frage danach aufgeworfen wurde, ob man uns während der Voruntersuchung gequält hat, so muß ich sagen, daß nicht ich gequält wurde, sondern daß ich die Untersuchungsrichter gequält habe, indem ich ihnen unnütze Arbeit aufbürdete. Zweieinhalb Monate lang zwang ich den Untersuchungsrichter dadurch, daß ich mich verhören und mir die Aussagen anderer Angeklagter vorhalten ließ, mir die ganze Situation aufzudecken, damit ich sehe, wer gestanden, wer nicht gestanden und wer was aufgedeckt hat . . .« Als ihn Wyschinski für unglaubwürdig erklärte, erwiderte Radek rasch: »Ja, wenn man die Tatsache außer acht läßt, daß Sie über Programm und Instruktionen Trotzkis nur durch mich erfuhren, dann ist natürlich das von mir Gesagte in Zweifel gestellt.« Radek verstand es auch, mit Kunst aus

der Rolle zu fallen, was Wyschinski peinliche Minuten bereitete; er führte die Anklagen ad absurdum, indem er noch im Gerichtssaal mehr bekannte, als man von ihm verlangte.
Andere Ausbrecher, wie Smirnow oder Krestinsky wurden durch Verlesen ihrer Aussageprotokolle, Konfrontation mit Mitangeklagten (etwa ihren Frauen oder Geliebten) und Bearbeitung hinter den Kulissen wieder zur Räson gebracht.
Dies war der Tenor der Anklagen Wyschinskis, der später Freisler als Vorbild diente: »Das ist keine politische Partei. Das ist eine Bande von Verbrechern, die eine einfache Agentur von ausländischen Spionagediensten darstellen ... Sie sprengen Gruben, setzen Fabrikabteilungen in Brand, zertrümmern Züge, verstümmeln, morden Hunderte der besten Menschen, Söhne unserer Heimat ... Im buchstäblichen Sinne des Wortes eine Horde von Banditen, Räubern, Dokumentenfälschern, Diversanten, Spitzeln, Mördern! ... Lügner und Clowns, elende Pygmäen, Möpse und Kläffer, die sich über den Elefanten erbosten — so sieht diese Kumpanei aus! ... Ich fordere, daß diese tollgewordenen Hunde allesamt erschossen werden!«
Chruschtschow, der sich die Sporen 1938 als Säuberer der Ukraine verdiente, sprach im Januar 1937 anläßlich des zweiten der großen Prozesse vor einer Massenversammlung von 200 000 Menschen: »Diese Mörder zielten auf das Herz und den Kopf unserer Partei ... Indem sie ihre Schurkenhände gegen den Genossen Stalin erhoben, erhoben sie sie gegen das Edelste, was die Menschheit besitzt. Denn Stalin ist die Hoffnung, er ist die Erwartung, er ist das leuchtende Signal, das die fortschrittliche Menschheit leitet ...«
Der »Kurze Lehrgang der Geschichte der KPdSU (B)«, der unter Stalins Leitung 1938 verfaßt wurde und bis 1956 das offizielle Lehrbuch der Parteigeschichte darstellte, verbreitete sich über die Prozesse wie folgt: »Hauptinspirator und Hauptorganisator dieser ganzen Bande von Mördern und Spionen war der Judas Trotzki ... Sie bereiteten die Niederlage der Sowjetunion für den Fall eines Angriffs der Imperialisten vor, sie waren gegenüber dem Arbeiter- und Bauernstaat zu Defätisten, zu verabscheuungswürdigen Lakaien und Agenten der deutschen und japanischen Faschisten geworden ...«
Die neue »Geschichte« der KPdSU von 1959 verschweigt die Moskauer Prozesse. Aus gutem Grund, denn die Mittäter von damals sind die Ent-Stalinisierer von heute. Wie alle stalintreuen KP-Führer, die in Moskau das Ende ihrer verhafteten Genossen mit ansahen, ist auch Ulbricht durch die Zeit der Säuberungen schwer belastet. Stalin übertraf Hitler bei der Vernichtung der KPD-Spitze. Er ließ 4 Politbüro-Mitglieder

und 10 ZK-Mitglieder liquidieren. Ulbricht verhinderte bisher jede Rehabilitierung dieser Opfer.
Trotzki prophezeite 1937: »Die Revolution wird alle Geheimschränke öffnen, alle Prozesse nachprüfen, die Verleumdeten freisprechen, den Opfern der Willkür Denkmäler errichten und die Namen der Henker mit ewigem Fluch bedecken.« 1956 stürzten die Budapester Arbeiter und Studenten Stalin von seinem Postament; kurz vorher hatte Chruschtschow »das Edelste, was die Menschheit besitzt« als einen vom Verfolgungswahn besessenen mörderischen Despoten entlarvt, die Säuberungen für unnötig erklärt, die Opfer der Prozesse, »viele aufrechte Kommunisten«, pauschal rehabilitiert. Der 22. Parteitag vervollständigte die »Entstalinisierung von oben«.
Die herrschende Gruppe hat mit der Losung »Zurück zu Lenin« selbst das Stichwort gegeben, unter dem Jugend und Intelligenz, bald auch die bisher politisch stumme russische Arbeiterschaft, sich der bürokratischen Bevormundung entledigen werden. Dann erst ist die Stunde gekommen für eine umfassende Wiederherstellung der wirklichen Geschichte der KPdSU.

(1. 12. 1964)

Die Zukunft des sowjetischen Kommunismus

»Vergangenes historisch artikulieren . . . heißt, sich einer Erinnerung bemächtigen, wie sie im Augenblick einer Gefahr aufblitzt.« (Walter Benjamin)

Als die revolutionär-marxistische Partei Lenins und Trotzkis im November 1917, legitimiert durch ihre Mehrheit in den »Sowjets«, in bewaffnetem Aufstand die Staatsmacht eroberte, die der Provisorischen Regierung im Laufe des Sommers entglitten war — und als es dieser bolschewistischen Regierung, deren Machtbereich zunächst auf die Städte Petersburg und Moskau beschränkt war, gelang, in einem dreijährigen Bürgerkrieg gegen »Weiße« und Interventionisten diese Staatsmacht — im Unterschied zur Pariser Kommune — auch zu behalten, da wurde dieses Experiment von den Erniedrigten und Beleidigten in aller Welt, von Sozialisten und Progressiven mit unerhörten Hoffnungen befrachtet. Hier war eine Partei zur Regierung gekommen, auf deren Sofortprogramm die Abschaffung der Ungleichheit und der Herrschaft stand, und deren Führung aus Männern bestand, die ihr Leben lang nichts anderes getan hatten, als in Theorie und Praxis für diese Ziele zu arbeiten. Wie stark diese Hoffnungen waren, wie stark der Wunsch, die freie Gesellschaft der Zukunft wenigstens an einer Stelle der Erde aus Utopie in Realität überführt zu sehen, das lehrt die Wirksamkeit des »Sowjet-Mythos«, auf den trotz des materiellen Elends in Rußland, trotz der Moskauer Prozesse, trotz Komintern-Politik und Stalin-Hitler-Pakt Millionen von Parteimitgliedern und Sympathisanten in aller Welt — bis zum Jahre 1956 im wesentlichen unangefochten — hereinfielen, und dessen Glanz auch nach dem 22. Parteitag nicht erloschen ist. Selbst der bornierte Antikommunismus lebt von der Gewalt dieses Mythos, indem er die Gleichung Rußland = Sozialismus, den Volksbetrug der Sowjetführung, listig akzeptiert. Seit der 14. Parteitag der russischen KP im Dezember 1925 den »*Kampf gegen den Unglauben* an den Aufbau des Sozialismus in unserem Lande«[1] zur Hauptaufgabe der Parteimitglieder machte, muß die Parteiführung ständig mehr versprechen, als sie unter den durch ihre Politik zementierten Bedingungen halten kann. »Sozialismus« (1935), »Kommunismus« (1961), »entfaltete Demokratie« (1919), »Einholen« (1928), »Überholen« (1961) lauten

[1] Zit. nach Robert Vincent Daniels, Das Gewissen der Revolution. Kommunistische Opposition in Sowjetrußland. Köln–Berlin (Kiepenheuer & Witsch), 1962, S. 311.

die Verheißungen – Opium fürs Sowjetvolk, das die Bevormundung derer, die es ins gelobte Land zu führen versprechen, willig ertragen soll und nicht nach dem Sinn der Opfer fragen darf.
Kronzeuge jener Hoffnungen, die sich an das sozialistische Experiment der Bolschewiki hefteten, ist Rosa Luxemburg, deren im Breslauer Gefängnis 1918 entstandenen kritischen Essay über die russische Revolution Ossip K. Flechtheim vor kurzem erneut zugänglich gemacht hat.[2] Hier ihr Plädoyer für die russischen Kommunisten: »Die Bolschewiki sind die historischen Erben der englischen Gleichmacher und der französischen Jakobiner ... Was eine Partei in geschichtlicher Stunde an Mut, Tatkraft, revolutionärem Weitblick und Konsequenz aufzubringen vermag, das haben Lenin, Trotzki und Genossen vollauf geleistet ... Sie haben sich ... das unvergängliche geschichtliche Verdienst erworben, zum erstenmal die Endziele des Sozialismus als unmittelbares Programm der praktischen Politik zu proklamieren« (S. 55). »In Rußland konnte das Problem nur gestellt werden. Es konnte in Rußland nicht gelöst werden. Und in *diesem* Sinne gehört die Zukunft überall dem Bolschewismus« (S. 80). Die harte Kritik Luxemburgs an einzelnen Maßnahmen der bolschewistischen Partei (Landverteilung, Parlamentsauflösung, Nationalitätenpolitik), die sie später selbst milderte, wurde, nachdem Paul Levi das Manuskript im Jahre 1922 unvollständig publiziert hatte, lebhaft diskutiert[3] und hat längst an Aktualität verloren. Was in Rußland mißriet, legte Luxemburg dem Versagen der sozialdemokratischen Parteien in den westlichen Industrieländern zur Last. In dem beigefügten »Fragment über Krieg, nationale Frage und Revolution« (S. 81 ff.) heißt es dazu formelhaft und prophetisch: »Die Schwierigkeit liegt im Proletariat selbst, in seiner Unreife, vielmehr in der Unreife seiner Führer, der sozialistischen Parteien« (S. 88). Historisch unabgegolten ist Luxemburgs anti-jakobinische Wendung, die bereits in ihrer Auseinandersetzung vom Jahre 1904 mit Lenins Parteikonzeption sichtbar wird[4]: »In Rußland ist der Sozialdemokratie die Aufgabe zugefallen, einen Abschnitt des historischen Prozesses durch bewußtes Eingreifen zu ersetzen ...« (S. 24) »Doch ist es unseres Erachtens verkehrt, zu

[2] Rosa Luxemburg, Die russische Revolution. Eingeleitet und herausgegeben von Ossip K. Flechtheim. Frankfurt (E. V. A.) 1963. Die in dieser Ausgabe von zwei kleineren Arbeiten flankierte Schrift ist nun zum fünften Male erschienen (1922, 1939, 1948, 1957, 1963). Selbstverständlich fehlt sie in den in Ostberlin bisher publizierten Auswahlausgaben.
[3] Vgl. Georg Lukács, Geschichte und Klassenbewußtsein. Berlin 1923, S. 276 ff.; Adolf Warski, Rosa Luxemburgs Stellung zu den taktischen Problemen der Revolution. Hamburg 1922; Clara Zetkin, Um Rosa Luxemburgs Stellung zur russischen Revolution. Hamburg 1922.
[4] Ihr Aufsatz »Organisationsfragen der russischen Sozialdemokratie« erschien im 22. Jahrgang der »Neuen Zeit«. In Flechtheims Ausgabe S. 22 ff.

denken, daß sich die noch unausführbare Majoritätsherrschaft der aufgeklärten Arbeiterschaft innerhalb ihrer Parteiorganisation ›vorläufig‹ durch eine ›übertragene Alleinherrschaft‹ der Zentralgewalt der Partei ersetzen lasse und daß die fehlende öffentliche Kontrolle der Arbeitermassen über das Tun und Lassen der Parteiorgane ebensogut durch die umgekehrte Kontrolle der Tätigkeit der revolutionären Arbeiterschaft durch ein Zentralkomitee ersetzt wäre« (S. 30). Diese Warnung vor jakobinischem »Substitutionalismus« kehrt 14 Jahre später wieder: »Sozialistische Demokratie beginnt . . . nicht erst im gelobten Lande, wenn der Unterbau der sozialistischen Wirtschaft geschaffen ist, als fertiges Weihnachtsgeschenk für das brave Volk, das inzwischen die Handvoll sozialistischer Diktatoren unterstützt hat . . . Sie beginnt mit dem Moment der Machteroberung durch die sozialistische Partei. Sie ist nichts anderes als die Diktatur des Proletariats . . . Aber diese Diktatur muß das Werk der *Klasse* und nicht einer kleinen führenden Minderheit im Namen der Klasse sein . . .« (S. 78)
Die hier bezeichnete Alternative liefert den Interpretationsrahmen für das Phänomen »Stalinismus«. Daß »die Befreiung der Arbeiter nur das Werk der Arbeiter selber« sein kann, wurde seit den zwanziger Jahren zum Schibboleth aller antistalinistischen Marxisten.

»Die aufeinanderfolgenden ›Entstalinisierungswellen‹ in der Sowjetunion und die periodisch wiederkehrenden Schwierigkeiten, die der ›Revisionismus‹ den Ländern des kommunistischen Blocks bereitet, haben die Geschichte der sowjetischen Kommunistischen Partei und ihrer Fraktionen zu einem Thema von unmittelbarem politischem Interesse gemacht.«[5] Zur Geschichte der KPdSU liegen in deutscher Sprache zwei größere Arbeiten vor. Während Leonhard Schapiro[6] mit einem Überblick über die revolutionären Bewegungen im Rußland des 19. Jahrhunderts (S. 14–30) ansetzt und mit dem Jahre 1958 schließt (vgl. seinen »Epilog«, S. 575–619) — also die Gesamtgeschichte »der« KPdSU gibt —, erforscht Robert V. Daniels[7] die Binnenstruktur der Partei. Sein Interesse gilt den verschiedenartigen politischen Elementen, die sich um die Resultante der »Generallinie« zu variablen Konstellationen gruppierten, solange die Partei noch Raum bot für Auseinandersetzungen, solange sie noch nicht zum »Monolithen« erstarrt war. Die Geschichte der russischen KP als *Geschichte von Fraktionskämpfen* reicht von 1917 bis 1929; deren Vorgeschichte bilden die Auseinandersetzungen zwischen (rech-

[5] Daniels, a.a.O., S. 15.
[6] Leonhard Schapiro, Die Geschichte der Kommunistischen Partei der Sowjetunion. Frankfurt (S. Fischer) 1961.
[7] Das Gewissen der Revolution, vgl. Anm. 1.

ten und linken) Bolschewisten und Menschewisten im Schoße der alten SDAPR seit dem Jahre 1903; den blutigen Schlußstrich ziehen die Moskauer Prozesse der Jahre 1936–38.
Es liegt nahe, die Parteigeschichte um den bedeutendsten Parteiführer, um Lenin als ruhenden Pol zu zentrieren. An allen entscheidenden Wendepunkten der Parteipolitik vollzog indessen auch Lenin selbst einen jähen Kurswechsel, wobei er sich jeweils auf eine andere Gruppierung seiner Partei stützte und deren Thesen zu den seinen machte. »Es war Lenin, der eine Schwenkung vollzog und dabei eine ganze Gruppe von Mitarbeitern und Ideen gegen eine andere austauschte – im Frühjahr 1917 und in umgekehrter Richtung Anfang 1918« (S. 93). So gibt es genau besehen keinen »ruhenden Pol«, und da eigentlich *alle* führenden Personen im Laufe der Parteigeschichte die erstaunlichsten Sprünge auf der Rechts-Links-Skala vollführten, Fraktionen wechselnder Zusammensetzung sich ständig neu bildeten und wieder auflösten, ist eine Schematisierung außerordentlich schwierig. Daniels löst das Problem, indem er aus zwei Rechts-Links-Skalen ein Koordinatenkreuz konstruiert und Personen und Gruppen einteilt in a) (politisch-methodisch) »Harte« (Autoritäre) und »Weiche« (»Versöhnler«, Verfechter der Arbeiterdemokratie), – und b) programmatisch »Harte« (prinzipientreue Verfechter des sozialistischen Maximalprogramms) und »Weiche« (Kompromißler, »Possibilisten«). Auch diese Differenzierung bleibt theoretisch unbefriedigend, doch bewährt sie sich bei der graphischen Darstellung der Fraktionsgeschichte der KPR[8]. Die wichtigsten Gruppierungen, deren Entwicklung Daniels verfolgt, sind die »Leninisten« und die »gemäßigten Linken«, letztere flankiert von den »Ultralinken«. Unter »Leninisten« versteht er jene Gruppe der »harten« Parteigänger Lenins, die sich seit dem 2. Parteitag von 1903 kompromißlos der zentralistisch-konspirativen Berufsverschwörer-Organisation eingliederten, die politisch auf eine »demokratische Diktatur der Arbeiter und Bauern« hinarbeiteten, deren »Bibel«[9] Schriften wie Lenins »Was tun?« und »Ein Schritt vorwärts, zwei Schritte zurück« waren, die die selbständige Existenz *ihrer* Fraktion energisch verteidigten und den Kriegsausbruch von 1914 mit »revolutionärem Defätismus« und dem Aufruf zum »Bürgerkrieg« beantworteten. Nach dem Kronstädter Aufstand im März 1921, als die Parteiführung in der Aufrechterhaltung der Einheit um jeden Preis die einzige Garantie ihrer Herrschaft und des Kommunismus in Rußland sah, erfolgte eine Restauration des »organisatorischen« Leninismus, die Stalin[10]

[8] A.a.O., Anhang III, S. 508–511.
[9] So Sinowjew im Jahre 1925, zit. nach Daniels, a.a.O., S. 279.
[10] Zit. nach Daniels, a.a.O., S. 204.

inaugurierte, indem er — 1920! — erklärte, daß der von Lenin in den genannten Schriften entwickelte Plan »der russischen Wirklichkeit völlig entsprach«. Lenins Parteikonzept, entworfen im Jahre 1902 für eine illegale Kaderorganisation im zaristischen Rußland, mußte so als Rechtfertigungsideologie für den Aufbau einer bürokratisch-terroristischen, millionenstarken Kommandoorganisation herhalten, die Verwaltung und Wirtschaft eines riesigen Landes, politisches und kulturelles Leben monopolistisch beherrschte. Die fetischisierte Parteikonzeption unterlag einem totalen Funktionswandel. Aus einem Werkzeug zur Eroberung der Macht im Interesse der Bevölkerungsmehrheit wurde die Partei zu einem Werkzeug der Niederhaltung der Bevölkerungsmehrheit — zur Sicherstellung der Monopolstellung der Parteibürokratie. Diese Umfunktionierung der Leninschen Organisationsprinzipien vollzog sich unter dem Deckmantel »leninistischer« Orthodoxie — der wirksamsten Waffe gegen jede innerparteiliche Opposition. Vergebens warnte L. B. Krassin auf dem 12. Parteitag von 1923: »Ich sage euch, ihr seid jetzt keine Untergrundpartei mehr, ihr seid die Regierung eines riesigen Landes . . .«, und forderte »die Partei von Verschwörern auf, sich in eine Partei von Staatsmännern zu verwandeln« (S. 232).

Die »gemäßigten Linken« traten zum erstenmal programmatisch in Erscheinung, als sie in der »Iskra« von 1904 das Leninsche Parteikonzept einer harten anti-jakobinischen Kritik unterzogen (Trotzki, Luxemburg, Axelrod u. a.).[11] Arthur Rosenberg[12] hat sie als »Männer der dritten Etappe« der Entwicklung des Marxismus bezeichnet, die »in der Gegenwart des Proletariats schon seine Zukunft vertreten«; Max Werner nannte sie die russischen Vertreter des »europäischen Linksmarxismus«[13]. Zur antijakobinischen Kritik gesellte sich im linken Programm 1905/06 die Theorie der »permanenten Revolution« als (1917 bestätigte) Prognose der Klassendynamik der russischen Revolution.[14] Im Weltkrieg bezog diese (»linksmenschewistische«) Gruppe ebenfalls die »internationalisti-

[11] Zur Kritik Rosa Luxemburgs vgl. Anm. 4. Zu Trotzkis Schrift »Unsere politischen Aufgaben« (Genf 1904) siehe das Referat Isaac Deutschers im 1. Bd. seiner Trotzki-Biographie (Der bewaffnete Prophet), Stuttgart (Kohlhammer) 1962, S. 94—102. — Eine dt. Übers. erschien 1970 in dem von H. Mehringer hg. Band: Trotzki, Schriften zur revolutionären Organisation. Reinbek (Rowohlt), S. 7—134.

[12] Geschichte des Bolschewismus. Von Marx bis zur Gegenwart. Berlin (Rowohlt) 1932, S. 63 f.

[13] Vgl. Max Werner (= A. Schifrin), »Der Sowjetmarxismus«. In: Die Gesellschaft, IV. Jg. (1927), Heft 7, S. 42—67. Hier S. 60 ff.

[14] Die Theorie der »permanenten Revolution« wurde — entsprechend der Marxschen Konzeption von 1850 — von A. I. Helphand (»Parvus«) und Leo Trotzki gemeinsam in den Jahren 1904 und 1905 für Rußland entwickelt. Vgl. dazu die Kapitel 4 und 6 im 1. Bd. der Trotzki-Biographie Isaac Deutschers (a.a.O.) und die Parvus-Helphand-Biographie von W. B. Scharlau und Z. A. Zeman, Freibeuter der Revolution. Köln (Vlg. f. Wissenschaft und Politik), 1964, Kap. 3 und 4. — (Vgl. dazu im vorliegenden Band S. 16 f. und S. 108 f.)

sche« Position und sammelte sich um die Pariser Zeitschrift »Nasche Slowo« (1915/16), die – in Gestalt des Petersburger »Interdistriktskomitees« (der sog. »Meshrayonzy«) – über einen innerrussischen Brückenkopf verfügte.

Die Basis zur Vereinigung der beiden genannten Gruppen, die im Sommer 1917 stattfand, bildete der ihnen gemeinsame Internationalismus und der – von Lenin im April gegen die »Leninisten« durchgesetzte – Kurs auf *sozialistische* Revolution in Rußland. Die damit entstandene Koalition, der »Bolschewismus von 1917«, die Kombination von »leninistischer Energie und linkem Programm« (Daniels, S. 112), wurde zur ausschlaggebenden revolutionären Potenz. »Zwischen Mai und Juli nahm die bolschewistische Partei eine Schar namhafter linker Menschewiki in ihre Reihen auf, allen voran Trotzki. Die Neuen, die weit entschlossener waren als die meisten alten Gefolgsleute Lenins, spielten bei der Machtergreifung eine Schlüsselrolle« (S. 65 f). Die durch den Eintritt der »Meshrayonzy« (der Männer der Bezirke) entstandene »neue Parteiführung war alles andere als eine Ansammlung disziplinierter Jasager« (S. 70); die »gemäßigten Linken« – bereits vor 1917 »Abweichler« vom organisatorischen »Leninismus« – stellten denn auch in den zwanziger Jahren das Hauptreservoir der Oppositionellen. Die ununterscheidbare Vermischung Leninscher und Trotzkischer Konzeptionen während der Vorbereitungsphase der bolschewistischen Machtergreifung[15] war es, die Trotzki später als »wahren Bolschewismus« zu Recht gegen den als orthodoxer »Leninismus« verkappten Stalinismus ausspielte. »Jakobinische« und »anti-jakobinische« Marxisten setzten in der Oktoberrevolution gemeinsam den Sozialismus in Rußland auf die Tagesordnung. Die alte Streitfrage »Jakobinismus oder Selbstregierung der mündigen Massen«, die 1904 als eine Frage der innerparteilichen Organisation disku-

[15] Vgl. hierzu Lenins Programmschrift »Staat und Revolution« (1917), wo die Partei nur ein einziges Mal – als Element im Prozeß der Revolution – erwähnt wird. Seine Vorstellungen von »Arbeiterkontrolle« und »Demokratismus für die Massen« unterscheiden sich in nichts von denen der »Linksmarxisten«. Lenins Vertrauen auf die organisatorische Potenz der revolutionären Massen wird durch die folgenden, »luxemburgistischen« Sätze gut belegt: »Der Sozialismus wird nicht auf Befehl von oben geschaffen. Staatsbürokratischer Automatismus ist seinem Geiste fremd; Sozialismus ist etwas Lebendiges – er ist die Schöpfung der Volksmassen selbst« (Lenin am 4. 11. 1917; zit. nach Daniels, a.a.O., S. 107). Die Tendenz, Lenin trotz solcher Wandlungen als eine Art »ruhenden Pol« der Parteigeschichte zu betrachten, erleichtert eine perspektivische Verzerrung, von der kaum einer der heutigen Historiographen der russischen Partei frei ist. Ihnen allen erscheint, mehr oder weniger, die Vergangenheit im Lichte der Zukunft. Da der Stalinismus das »Endprodukt« der Parteigeschichte war, erscheinen alle früheren Auseinandersetzungen als »Vorbereitung«, erscheint vor allem Lenin (nolens volens) als Schrittmacher der terroristischen Diktatur. Dieser perspektivischen Verzerrung unterliegt auch Daniels – wider besseres Wissen – in seiner Gesamtwertung Lenins. – Auch Trotzki wird zum »Wegbereiter«, wenn Daniels schreibt: »In seinem ökonomischen Denken war Trotzki der erste Stalinist«, und als »Beleg« dessen Empfehlung anführt, die Truppen der »Roten Armee« als Arbeitsarmeen einzusetzen (vgl. Daniels, S. 152).

tiert worden war, wurde nun im Maßstab eines ganzen Landes durch die inneren und äußeren Schicksale der Revolution entschieden. In welchem Grade sich das Verhältnis zwischen Partei und Klasse, zwischen Partei und Bevölkerung »jakobinisch« gestalten würde, war abhängig vom sozialen Gewicht und von der politischen Reife der Arbeiterschaft, abhängig vor allem auch davon, ob die russische Revolution zum »Signal der Weltrevolution« würde oder ob — womit keiner der russischen Marxisten rechnete — ein Vierteljahrhundert lang der Machtbereich des »Sozialismus« auf Rußland beschränkt bleiben würde.

Die Niederlage der Revolution im »Westen« (und »Osten«) und die Rückständigkeit des Landes verhinderten in der Folge eine Entfaltung der »Rätedemokratie«, wie sie in der Verfassung vom 10. Juli 1918 vorgesehen war, und nötigten die bolschewistische Partei mehr und mehr, zu »jakobinischen« Methoden überzugehen. Seit September 1917 haben die verschiedenen linken und rechten Oppositionen als Kritiker der offiziellen Parteilinie jede Abweichung vom marxistischen Programm deutlich markiert. Baustein für Baustein bildete sich aus ihren Protesten die kritische Selbstreflexion der Revolution, bis hin zur Stalinismus-Theorie, wie sie in den »Plattformen« der »Vereinigten Opposition«, den Analysen Rakowskis und Trotzkis vorliegt. Die (gemäßigten) marxistischen Linken, deren Verschmelzung mit der Partei Lenins den Oktoberaufstand ermöglichte, und die als Anwälte der Arbeiterdemokratie in den zwanziger Jahren einen verzweifelten Kampf gegen die herrschende Fraktion (als die blinde Exekutive der innerrussischen Verhältnisse) führten, bezeugen die Leistungsfähigkeit des undogmatischen marxistischen Denkens. Es befähigte diese Männer zur realistischen Erfassung ihrer unmittelbaren Gegenwart, machte sie »geistesgegenwärtig«, jenen vorher unbekannten Prozeß der Lösung der Industrialisierungsaufgaben mit quasi-sozialistischen Mitteln und den parallel laufenden Prozeß der Zersetzung der Massendemokratie durch den terroristischen Parteiapparat zu durchschauen, der sie, die nein-rufenden Zeugen, verschlang. Die Gefahr der Aufrichtung einer bürokratischen Diktatur wurde den verschiedenen Oppositionsgruppen (unter dem Namen »Thermidor«) freilich jeweils erst dann deutlich, wenn sie selbst an die Wand gedrückt wurden. Fast alle Oppositionellen standen seit 1921 im Banne der Einheitsforderung; »das antifraktionelle Prinzip sollte sich als unüberwindliches Hindernis für die Opposition erweisen«[16]. Mit Recht bemerkt Daniels: »Konsequent wäre nur eines gewesen: Die Opposition hätte den leninistischen Zentralismus rundheraus ablehnen und der Sache

[16] Daniels, a.a.O., S. 263.

nach ein Zweiparteiensystem im Rahmen des Sowjetstaates fordern müssen« (S. 271). Diesen Schritt über die eigene Partei hinaus scheute jeder Oppositionelle; lieber ließen sie sich — angesichts des drohenden Parteiausschlusses — immer wieder zum Widerruf zwingen und verspielten darüber politischen Kredit und ihre Interventionschance. Erst im Exil (1933) akzeptierte Trotzki diese Lösung, die die KAPD und andere »Ultralinke« der deutschen KP[17] während der zwanziger Jahre mehrfach proklamiert hatten. —

Eine Woche nach dem Oktoberaufstand von 1917 forderte eine breite oppositionelle Strömung eine *Koalitionsregierung aller Sowjetparteien*: »Wir erklären, daß es andernfalls nur einen Weg gibt: die Aufrechterhaltung einer rein bolschewistischen Regierung mit dem Mittel des bolschewistischen Terrors« (Schljapnikow).[18] Im folgenden Frühjahr erhob Uritzki anläßlich der Kontroverse um den Frieden von Brest-Litowsk gegen Lenin den Vorwurf, er denke »vom Standpunkt Rußlands und nicht vom internationalen Standpunkt aus« (S. 96). *Die linken Kommunisten* meinten, da ohne siegreiche Revolutionen im Westen Sowjetrußland ohnehin das Schicksal der Pariser Kommune erleiden werde, könne man auch die bolschewistische Macht im Interesse der Weltrevolution in einem revolutionären Kriege aufs Spiel setzen. Gleichzeitig unterzogen sie (vor allem Bucharin, Radek, Ossinski, W. Smirnow) die Leninsche Innenpolitik einer harten Kritik. Sie schlugen sich für »Arbeiterkontrolle« gegen »staatskapitalistische« Tendenzen: »Wenn der Stock gegen die Arbeiter erhoben wird, wird er in den Händen einer gesellschaftlichen Kraft sein, die entweder unter dem Einfluß einer anderen Gesellschaftsklasse steht oder in den Händen der Sowjetmacht ist; dann wird die Sowjetmacht gezwungen sein, bei einer anderen Klasse (z. B. der Bauernschaft) Unterstützung gegen das Proletariat zu suchen, und dadurch wird sie sich selbst als Diktatur des Proletariats zerstören« (Ossinski, S. 111). Von den »linken Kommunisten« spalteten sich *die »demokratischen Zentralisten«* ab, die als Maßnahme gegen den zunehmenden Zentralismus in der Phase des »Kriegskommunismus« die Demokratisierung der Industrie forderten (Arbeiterselbstverwaltung). Lehrreich ist die bekannte »Gewerkschaftsdiskussion« des Jahres 1920/21, in deren Verlauf Lenin die Formel vom »bürokratisch deformierten Arbeiterstaat« prägte. *Die »Arbeiteropposition«* (Schljapnikow, Medwedew, Kollontai) forderte autonome Leitung der Industrieunternehmen durch die Gewerkschaften, die »gemäßigten Linken« der Trotzki-Gruppe wollten zum glei-

[17] Z. B. die Gruppe »Internationale Kommunisten« um Karl Korsch in ihrem Organ »Kommunistische Politik« (1926/27).
[18] Dieses und alle folgenden Zitate von Oppositionellen nach Daniels. Hier S. 89.

chen Zwecke die Gewerkschaften in Staatsorgane umwandeln. »Sie meinten, beides zu berücksichtigen: die Möglichkeit, schnell eine sozialistische Gesellschaft zu verwirklichen, und die Notwendigkeit, für dieses Ziel eine gewaltige, militärisch organisierte nationale Anstrengung zu unternehmen . . .« (S. 167) Lenin formulierte – angesichts des Rückzugs zur NEP –: »Unser gegenwärtiger Staat ist so, daß sich das gesamte organisierte Proletariat verteidigen muß; wir müssen die Arbeiterorganisationen zur Verteidigung der Arbeiter gegen ihren Staat und zur Verteidigung unseres Staates durch die Arbeiter benutzen« (S. 163). Die Kommunisten kamen im Zuge dieser Diskussion der Einführung eines Mehrparteiensystems in ihren eigenen Reihen sehr nahe, da die Delegierten zum Parteitag aufgrund der verschiedenen »Plattformen« gewählt wurden. Unter dem Eindruck der *Kronstädter Erhebung* (»dritte Revolution« gegen die »Kommissarokratie«) und der ökonomischen Krise verurteilte jedoch der 10. Parteitag die Fraktionsbildung und versetzte mit dieser Notmaßnahme der innerparteilichen Demokratie einen tödlichen Schlag. Dennoch entstanden zunächst weitere oppositionelle Gruppierungen: Der Führer der *»Arbeitergruppe«*, Mjasnikow, trat für Pressefreiheit ein, forderte den Abbruch der NEP und demokratisch-gewerkschaftliche Industrieverwaltung. Seine Gruppe, die also im wesentlichen das Programm der »Arbeiteropposition« aufrechterhielt, spielte in der Streikwelle des Sommers 1923 eine Rolle und wurde dann von der GPU zerschlagen (vgl. S. 194). Die von Bogdanow beeinflußte Gruppe *»Arbeiterwahrheit«* sprach vom Sieg der »neuen Klasse« der »technischen Intelligenz« und erhob als erste den Ruf nach einer neuen, wirklichen Arbeiterpartei (S. 225). Die nächste Welle der Opposition wurde von der Gruppe um Trotzki getragen, die in der Folge des Übergangs zur NEP eine erhebliche Machteinbuße erlitten hatte (Ausbootung der Linken aus dem Parteisekretariat nach dem 10. Parteitag). Sie machte sich weitgehend die Kritik der »Ultralinken« zu eigen und formulierte sie neu in der *»Erklärung der 46«* und in Trotzkis Artikelserie *»Der neue Kurs«* (1923/24). Zielscheibe dieser Kritik war der Ende 1922 erstarkte Sekretärsapparat der Partei und die Anti-Trotzki-Koalition im Politbüro. *Lenin und Trotzki* einigten sich auf einen »Feldzug gegen den Bürokratismus im Sowjetapparat« und »gegen den Bürokratismus im Organisationsbüro der Partei« (S. 223). »Wiederherstellung der Parteidemokratie« war ihre zentrale Losung. »Wie schon einmal, nämlich vor der Machtergreifung im Jahre 1917, machte Lenin gemeinsam mit den Linken Front gegen seine eigenen willfährigen und mithin engstirnigen Schüler. Die Gruppierung, die sich hier anbahnte, galt auch für Probleme der Partei und des gan-

zen Staatsaufbaus. Wäre nicht Lenins Gesundheit am Ende gewesen, vielleicht hätte die sowjetische Politik einen ganz anderen Weg eingeschlagen« (Daniels, S. 223).[19] *Preobraschenski*, der damals seine Theorie der Industrialisierung des unterentwickelten Rußland ausarbeitete, leitete die Opposition: »Es war notwendig, die militärischen Methoden in der Partei zu liquidieren ...«[20] »Der ›neue Kurs‹ muß damit beginnen, daß jedermann das Gefühl hat, daß von jetzt an niemand mehr wagen wird, die Partei zu terrorisieren« (Trotzki)[21].
Nach dem Feldzug gegen den »Trotzkismus« und dem Zerbrechen der »Troika« (Sinowjew-Kamenjew-Stalin) kämpfte *die Sinowjewsche Opposition* gegen die Sekretariatsdiktatur, die sie selbst zu errichten geholfen hatte.
Kamenjew war es, der als erster – vor dem 14. Parteitag von 1925 – den Ruf erhob: »Zurück zu Lenin! ... Wir sind gegen die Theorie der Einmannherrschaft; wir sind gegen die Schaffung eines ›Führers‹ ...« (S. 313) Sinowjew spezifizierte im Streit um den »Sozialismus in *einem* Lande«: »Wir sind uns nur darüber uneinig, ob es möglich ist, den Aufbau des Sozialismus in einem Lande zu vollenden ...« (S. 309)
Nachdem Sinowjews Opposition geschlagen war, verband sie sich mit den Trotzkisten in den Jahren 1926/27 zur *»Vereinigten Linksopposition«*, die ihre Kritik in drei großen Erklärungen vortrug, ehe sie im November/Dezember 1927 aus der Partei ausgeschlossen und verbannt wurde. »Mit der Vernichtung der Linken Opposition verlor der russische Kommunismus seinen Doppelcharakter. Die linke Denkrichtung war ausgelöscht, der unverfälschte Leninismus triumphierte. Die westlich orientierte, intellektuelle, idealistische Tendenz im russischen radikalen Marxismus verschwand, und die bodenständige, praktische und machtorientierte Bewegung, der Lenin die Form gegeben hatte, trat dier absolute Herrschaft an. Die Mittel der Revolution waren am Ende Selbstzweck geworden« (Daniels, S. 372). Ein Teil der »Linken« kapitulierte, als Stalin nach dem 15. Parteitag im Jahre 1928 Kurs auf rasche Industrialisierung nahm und damit scheinbar das Programm der geschlagenen Opposition erfüllte. Der konsequenteste führende Oppositionelle neben Trotzki war *Christian Rakowski*, der erst 1934 den Kampf aufgab. Er hielt daran fest, daß die ökonomischen und kulturellen Voraussetzungen des *Sozialismus* in Rußland nicht gegeben seien. Die russische Gesellschaft verwandelte sich in eine bürokratische Sozialordnung, deren herrschende, privilegierte Kaste aus einer sozialen Differenzierung des Proletariats selber hervorgegangen sei. »Abgese-

[19] Inzwischen ist zu dieser Frage die gründliche Untersuchung von Moshé Lewin, Lenins letzter Kampf, Hamburg (Hoffmann und Campe) 1970, erschienen.
[20] Preobraschenski im Herbst 1923, zit. nach Daniels, S. 261.
[21] Zit. nach Daniels, S. 265.

hen von den vorübergehenden Befürchtungen einiger Linker Kommunisten im Jahre 1918, hatten die Oppositionsführer so gut wie keinen Blick für eine dritte Möglichkeit neben der proletarischen Diktatur und der kapitalistischen Konterrevolution, bevor sich der verbannte Rakowski theoretisch Rechenschaft darüber ablegte, warum er Stalins unbarmherzige Revolution nicht unterstützte« (Daniels, S. 432). *Die »Rechte Opposition«* (Bucharin-Rykow-Tomski) wagte es schon nicht mehr, überhaupt offen gegen Stalin aufzutreten. Ihre Plattform kritisierte im Frühjahr 1929 die »militärisch-feudale Ausbeutung der Bauern«; wie die Gosplan-Ökonomen wandten sie sich gegen eine voluntaristische Wirtschaftspolitik, und auch sie legten – spät – ihr Credo für die Parteidemokratie ab. Rechte und Linke starben während der großen »Tschistka«, der »Säuberung« der Jahre 1933 bis 1939, als Sündenböcke für die Fehlschläge von Stalins »zweiter Revolution«, als die lebenden Reminiszenzen des »Bolschewismus von 1917« – der großen marxistischen Hoffnung –, als Kandidaten potentieller Opposition gegen die Stalinfraktion.

Die interessantesten Partien von Leonhard Schapiros »Geschichte der KPdSU«[22] sind diejenigen, die das Verhältnis zwischen Bolschewiki und Menschewiki in der Phase 1905–1914 schildern, dann die Kapitel 20 (»Die Niederlage Bucharins«) und 21 (»Die dritte Revolution«), schließlich der »Epilog« (»Nach Stalins Tod«), der die Entwicklung der Jahre 1953–1958 resümiert. Von großer Wichtigkeit sind die zu selbständigen Kapiteln zusammengestellten Angaben über die innere Struktur der Partei, also über Alter, Geschlecht, soziale Herkunft und faktische Berufstätigkeit der Parteimitglieder, über das Kräfteverhältnis von Arbeitern, Intellektuellen, Bürokraten und Bauern innerhalb der Partei.[23] Schapiro stützt sich dabei vor allem auf die von der statistischen Abteilung des ZK bis 1929 publizierten Untersuchungen. Exemplarische Daten über die sozialstatistische Binnenstruktur lassen sich aus jenen 500 Aktenstücken der Parteiorganisation von Smolensk gewinnen, die von der Naziwehrmacht erbeutet wurden und später den Angloamerikanern in die Hände fielen.[24] Schapiros Leistung ist um so höher zu veranschlagen, als die Quellen zur russischen Parteigeschichte seit etwa 1930 »der Kontrolle einer Autorität unterliegen, die das Geschehen der Vergangenheit ihren gegenwärtigen politischen Zwecken

[22] Vgl. Anm. 6.
[23] Vgl. die Kapitel 13 (für die Zeit von 1917–22), 17 (1923–28), 24 (1929–41), 28 (1930–53), besonders auch die Angaben über Größe und Zusammensetzung der Partei während der acht entscheidenden Monate des Jahres 1917 (S. 188 f.).
[24] Diese Materialien wurden von Merle Fainsod in seinem Buche »Smolensk under Soviet Rule« (1958) ausgewertet.

dienstbar macht«[25]. Sein Buch legt — wie das von Daniels — Zeugnis davon ab, in welchem Grade es gelungen ist, die von der Stalin-Bürokratie, von Heerscharen parteilicher Historiker aufgerichtete Mauer der Fälschung zu durchbrechen. Sollte die gegenwärtige Führung der KPdSU abermals versuchen, die Aufdeckung der historischen Wahrheit zu bremsen oder rückgängig zu machen, so wäre das schon darum vergeblich, weil — begünstigt durch den »Kalten Krieg« — die Zeitgeschichte kaum eines anderen Landes mit so großem Interesse durchforscht wird wie die der Sowjetunion.

Die Arbeiten von Daniels und Schapiro basieren vor allem auf den Protokollen der Parteitage und -konferenzen, die meist in Buchform erschienen sind und z. T. in den dreißiger Jahren vom MEL-Institut wissenschaftlich ediert worden sind. Hinzu kommen die illegale und die Sowjetpresse, die wenigen Dokumentensammlungen, Zeitschriften und Informationsmaterialien der Partei, die dritte Ausgabe von Lenins Werken (1935—37), die ergänzende Sammlung »Leninski Sbornik«, welche seit 1924 unregelmäßig herauskommt, die frühen sowjetischen Parteigeschichten, die in den zwanziger Jahren unvollständig edierten Werke Trotzkis, Sinowjews, Plechanows, die ebenfalls unvollständigen Werke Stalins (die nur bis zum Jahre 1934 reichen), die erste Ausgabe der großen Sowjetenzyklopädie; schließlich die nachgelassenen Papiere Trotzkis (in der Harvard-Bibliothek), Axelrods und Kautskys (in Amsterdam). Die beiden Autoren konnten ferner eine ganze Reihe gedruckter und unveröffentlichter Spezialuntersuchungen heranziehen (E. H. Carr, I. Deutscher; Fedotoff-White über die Rote Armee, T. H. Rigby über die Auswahl des leitenden Personals in Partei und Staat, Dallin/Nikolajewski über Zwangsarbeit, R. Pipes über russische Politik, Gankin/Fisher und Jane Degras [Dokumentation] über die III. Internationale etc.).

Schapiro schreibt, er wolle dem Leser die Grundlage für ein selbständiges Urteil schaffen (S. 10). Gerade die gute Quellenbasierung läßt aber sichtbar werden, daß eine Reihe der vom Autor vorgetragenen Wertungen und Ansichten keinen Zusammenhang mit dem vorgetragenen Material haben. Auch bei ihm setzt sich die Tendenz durch, alle kommunistische Theorie und Praxis als »Vorbereitung« auf den Stalinismus zu interpretieren, obwohl die »Jeschowschtschina« den blutigen Nachweis erbracht hat, daß Marxismus und Stalinismus Todfeinde sind. So schreibt Schapiro etwa über die Partei, obschon es unter Lenin relativ demokratischer hergegangen sei, »hat es doch in ihrer ganzen Geschichte keinen Abschnitt gegeben, in dem die Massen an der Führung beteiligt gewe-

[25] Daniels, a.a.O., S. 584.

sen wären« (S. 328). Der Satz verwischt, worauf es ankommt: Es ist entscheidend, ob die Führung von den Massen gestützt wurde, ob sie kontrollierbar war oder ob sie den Massen *ihren* Kurs aufzwingen konnte. Ohne das Eintreten der Petersburger »Massen« für die Bolschewiki hätten Kerenski-Krasnow schon eine Woche nach dem bewaffneten Aufstand deren Herrschaft ein Ende bereitet. Ohne Beleg bleiben Schapiros Aussagen über »Wahlbetrug« und »Terror« in der Frühzeit der Revolution[26], auch fehlen die »unumstößlichen Beweise« dafür, »daß es schon 1917 Lenins feste Absicht gewesen war, in der ihn Trotzki rückhaltlos unterstützte, die beiden sozialistischen Parteien zu vernichten« (S. 329). Schapiros These: »Stalins Konflikt mit den Führern der linken Opposition war im Grunde ein Machtkonflikt . . ., wie sich allein aus der Tatsache entnehmen läßt, daß er, als sie noch kaum besiegt waren, ihre Politik übernahm« (S. 401), wird durch die Untersuchung Daniels' widerlegt. Die theoretischen Bemühungen der bolschewistischen Führer werden von Schapiro als bloße Derivate, Verschleierungen politischer Aktionen, behandelt. Er meint: »Die Frage, ob Stalins Leistung, die in der Umformung des Landes bestand, den Verlust und die Leiden, die er ihm dabei auferlegte, aufwiegt, ist sinnlos«, weil ihre Beantwortung von der Unmöglichkeit der Beantwortung der anderen Frage abhänge, »ob nämlich die gleichen oder bessere Resultate nicht von anderen Menschen mit anderen Methoden hätten erreicht werden können« (S. 455). Der damit bekundete historische Agnostizismus steht im Widerspruch zu Schapiros eigenen historiographischen Überlegungen, die er im »Vorwort« mitteilt: »Ein Trugschluß . . . scheint mir . . . die Voraussetzung, daß die Dinge ungeachtet der politischen Handlungen der Menschen sich in einer bestimmten Weise abspielen mußten, eben weil sie sich so abgespielt haben« (S. 8).

Augenzeuge des Stalinismus wurde Milovan Djilas. Er hatte – als jugoslawischer Partisanengeneral und Mitglied des Politbüros seiner Partei – Gelegenheit, 1944, 1945 und 1948 nach Moskau zu reisen und – begeistert, zweifelnd, enttäuscht – die Männer im Zentrum der Sowjetmacht kennenzulernen. Djilas ist kein bedeutender Theoretiker[27], doch seine in einfacher Sprache niedergeschriebenen Aufzeichnungen vermitteln ein ehrliches Bild seiner wechselnden Einstellungen und Eindrücke. Für die »Gespräche mit Stalin«[28], die einen Teil

[26] Vgl. Schapiro, S. 199, 217, 219, 233.
[27] Vgl. sein Buch: Die neue Klasse. Eine Analyse des kommunistischen Systems. München (Kindler) 1963. Er ist stärker als moralisches Barometer denn als Analytiker; seine besten politischen Arbeiten sind zweifellos die kurzen »Borba«-Artikel aus dem Jahre 1953, die in dem Bändchen »Anatomie einer Revolution«, Frankfurt (Fischer) 1963, abgedruckt sind.
[28] Milovan Djilas, Gespräche mit Stalin. Frankfurt (S. Fischer) 1962.

seiner Memoiren bilden, hat er weitere Jahre der Inhaftierung auf sich genommen. Seine erste Einreise in die Sowjetunion war so etwas wie ein mystisches Erlebnis, das von der Gewalt des »Sowjet-Mythos« Zeugnis ablegt: »Ich zitterte innerlich vor Freude beim Gedanken an die unmittelbar bevorstehende Begegnung mit der Sowjetunion, dem Land, das als erstes in der Geschichte — so glaubte ich noch fester als felsenfest — dem Traum von Visionären, der Entschlossenheit von Kriegern und dem Leiden von Märtyrern einen Sinn verliehen hatte ...« (S. 25 f.) Was Djilas hellsichtig machte für die sowjetische Realität, war die menschliche Enttäuschung, die der Diktator ihm bereitete. Der Mechanismus Bekehrung — Verleugnung der disparaten Realität — Erwachen, der aus vielen Berichten von intellektuellen Ex-Kommunisten bekannt ist, wurde hier durch eine persönliche Erfahrung gesteigert. Djilas kritisierte das brutale Verhalten der Sowjetsoldaten bei ihrem Durchmarsch durch Nordostjugoslawien (im Herbst 1944); diese Kritik wurde von den Sowjetführern beleidigt zurückgewiesen (S. 122 ff.). Das kleine Ereignis brachte die latenten Spannungen zwischen Russen und Jugoslawen zum Ausbruch, und Djilas wurde zum Objekt von Stalins Kritik. Von diesem Augenblick an begann er die Dinge anders zu sehen; »das Leben war möglich auch ohne Stalins Liebe« (S. 133). Djilas erzählt von den Ritualen der Geheimhaltung, von plötzlich angeordneten Fahrten im gepanzerten Regierungsautomobil, von der routinemäßigen Aushorchung der Gäste durch die GPU, von der ebenso routinemäßigen redaktionellen Gleichschaltung ihrer Meinungen, von der unsäglichen Kriecherei der Sowjetgrößen um Stalin. Chruschtschow zeigte 1956 ein realistisches Bild Stalins, Djilas zeigt uns die Physiognomien der Stalinisten. Er schildert die Mediokrität der »Erben der Revolution«, Stalins Faktotum Molotow, den mit Dekreten über Musik und Literatur beschäftigten Schdanow, den Henker Berija. Am Gehabe dieses Menschen ging ihm die charakterologische Identität der Folterknechte und Massenmörder auf der Rechten und auf der »Linken« auf (S. 139 und 102). Djilas' dritter Moskaubesuch im Jahre 1948, kurz vor dem Kominform-Konflikt, war der interessanteste, fiel er doch in den Beginn der letzten Phase von Stalins Herrschaft, deren Irrationalität und Grausamkeit viele Zeugen an die Jahre der großen Säuberung (1934—1938) erinnerte. Der Antisemitismus der Führungskreise gab schon den Vorgeschmack der geplanten neuen Massensäuberungen. Eindrücklich erzählt Djilas von den ausgedehnten Nachtessen bei Stalin, während deren »inoffiziell ein bedeutender Teil sowjetischer Politik Gestalt gewann« (vgl. S. 100 f.). Die Jugoslawen grübelten darüber, »weshalb die sowjetischen oberen Zehntausend so verzweifelt und entschlossen tranken ...« (S. 148) Djilas kam darüber »plötzlich die Abgeschlossenheit, Hohlheit und Sinnlosigkeit des Lebens zum Bewußtsein, das diese um ihren gealterten Chef gescharten Sowjetgrößen führten, während sie gleichzeitig eine für die Menschheit entscheidende Rolle spielten. Ich mußte daran denken, daß auch der russische Zar Peter der Große solche Bankette mit seinen Höflingen veranstaltete, bei denen sie sich durch Schlemmerei und Völlerei in einen Dämmerzustand hineinsteigerten, während sie über das Schicksal Rußlands und des russischen Volkes entschieden« (S. 193).

Lazar Pistraks Chruschtschow-Biographie[29], »eine rückblikkende Analyse der politischen Vergangenheit Chruschtschows im Licht seiner gegenwärtigen Stellung« (S. 304), erschien — zunächst in englischer Sprache — im Jahre 1961 und macht den Versuch, durch Mosaiktechnik aus sowjetischen Dokumenten der letzten vierzig Jahre den Werdegang Chruschtschows verläßlich zu rekonstruieren, und das heißt vor allem: »Chruschtschow unter Stalin« zu zeigen. Das Ergebnis dieses Puzzle-Spiels ist für denjenigen, der eine Biographie im üblichen Sinne erwartet, enttäuschend. Es geht Pistrak so wie manchen Malern von Heiligenlegenden, auf deren Bildern der Heilige, der eigentlich gemeint war, zur Leerstelle geworden ist, während seine Peiniger ihn als lebensvolle Charakterköpfe umgeben. Solche Blässe will von Chruschtschows Porträt nicht weichen. Hier und dort im Verlauf der Parteigeschichte kann man seiner habhaft werden — es steht fest: *er* hat diese Rede gehalten, *er* war in dieser Stadt, bei jenem Kongreß; aber was er sagte, hebt sich kaum von der Generallinie, vom »Zeitgeist« ab. »Selbst dann, wenn die politische Entwicklungsgeschichte eines Sowjetführers offiziell festgelegt wird, ist das Ergebnis keine Zusammenstellung von Tatsachen, sondern eher eine Legende, die in die größere Legende der Entwicklung des Kommunismus und des Sowjetstaates eingewoben wird« (S. 11). Welche Qualitäten ermöglichten Chruschtschows steile Karriere, warum wurde gerade er zum Autor der Entstalinisierung? Er besaß einen untrüglichen Instinkt für den jeweils fälligen Kurs, der es ihm gestattete, der Führung immer noch um einen halben oder Viertelschritt zuvorzukommen, und er besaß die für einen guten Stalinisten erforderlichen Antreiberqualitäten. Heliotropisch orientierte er sich an der jeweils stärksten Macht, ließ seine Gedanken in den geltenden Schablonen laufen. Er verstand es, die Menschen als Le Bonsche Masse zu traktieren, sie mit Terror und synthetisch erzeugter Begeisterung aufzuheizen, mit härtester Brutalität die Durch-

[29] Lazar Pistrak, Chruschtschow unter Stalin (engl. unter dem Titel »The Grand Tactician«). Stuttgart (DVA) 1962.

führung der Generallinie gegen jeden Widerstand zu erzwingen.[30] Automatische Unterordnung und Bedenkenlosigkeit geleiteten ihn sicher durch die Säuberungen bis hin zum Oktober 1964, als auch er — von noch farbloseren Nachfolgern — gestürzt wurde, die ihn nun der Vergessenheit überliefern wollen. Pistraks Buch wird möglicherweise der erste und letzte Versuch einer Darstellung von Chruschtschows Leben sein, die der Faktizität entspricht — auch darin, daß es sich um eine Biographie ohne Subjekt handelt.

Pistraks Untersuchung weist Chruschtschow als Hauptschuldigen in Sachen Stalinismus (»Personenkult«) aus. Im Jahre 1894 wurde er als Sohn eines proletarisierten Bauern geboren, der 1908 die Landwirtschaft ganz aufgab und ins Donbas übersiedelte. Chruschtschow arbeitete als Hütejunge und Landarbeiter, wurde dann gelernter Maschinenschlosser im Bergwerk. 1918 trat er in die Partei ein und diente seit dem März unter Woroschilow in der Roten Armee. Vor dem 14. Parteitag (1925) unterstützte er mit einer Rede seinen Mentor Kaganowitsch, der sich in der Auseinandersetzung mit sinowjewistischen Oppositionellen gegen die innerparteiliche Demokratie ausgesprochen hatte. Im Jahre 1929 wurde er von Kiew nach Moskau versetzt, wo er es bis März 1935 zum ersten Sekretär der beiden Stadtkomitees brachte. Die »Prawda« charakterisierte ihn damals wie folgt: »Er ist ein hervorragender Vertreter der nachrevolutionären Generation der Parteiarbeiter, die von Stalin erzogen worden ist.«[31] In der Zeit des Massenterrors, an dessen Ingangsetzung er auf Grund seiner Stellung in der Hierarchie bereits Anteil hatte[32], nahm Chruschtschows Karriere ihren steilsten Verlauf. »Unter allen Prominenten, die Stalin überlebten«, war Chruschtschow »das stimmgewaltigste Sprachrohr der stalinistischen Terrorpolitik«. Nach der erfolgreichen Organisation des Moskauer U-Bahn-Baus (den er gemeinsam mit Kaganowitsch leitete), wurde ihm die Säuberung der Ukraine übertragen, und er löste diese Aufgabe so gut, daß er 1939 zum Vollmitglied des Politbüros aufrückte. »Und erst, nachdem der gläubige Stalinist Nikita Sergejewitsch Chruschtschow in die Ukraine kam, hat die Vernichtung der Volksfeinde ernsthaft begonnen«, heißt es in einer Wahlrede des NKWD-Chefs der Ukraine aus dem Jahr 1938 (S. 180). Noch während des Verfahrens gegen die Sinowjew-Kamenjew-Gruppe (im August 1936) forderte Chruschtschow öffentlich Todesurteile. »Wir ziehen unser proletarisches Schwert, um die Köpfe dieser ekelhaften Kreaturen, Falschspieler, Mörder und Agenten des Faschismus abzuhak-

[30] Vgl. das Kapitel über »Die Verbesserung des stalinistischen Arbeitsstils«, a.a.O., S. 101 ff.
[31] Prawda vom 3. 3. 1935, zit. nach Pistrak, S. 81.
[32] Chruschtschow war seit Februar 1934 im ZK.

ken ...«[33] Pistrak nennt Chruschtschow den »Manager des Stalinkults«[34]. In einer Rede vor 200000 Menschen im Januar 1937, während des Prozesses gegen Pjatakow-Radek, sagte Chruschtschow: »Indem sie ihre Hände gegen den Genossen Stalin erhoben, erhoben sie sie gegen das Edelste, was die Menschheit besitzt. Denn Stalin ist Hoffnung, er ist Erwartung, er ist das leuchtende Signal, das die fortschrittliche Menschheit leitet. Stalin ist unser Banner! Stalin ist unser Wille! Stalin ist unser Sieg!« (S. 197) Pistrak konfrontiert das mit Passagen aus Chruschtschows Geheimrede vor dem 20. Parteitag. Die Kontrastwirkung hat offenbar auch die chinesischen Kommunisten gereizt, die im vergangenen Jahr mit der Herausgabe einer Chruschtschow-Gesamtausgabe begannen. Vor und nach dem Kriege war Chruschtschow der Statthalter des »Woschd« in der Ukraine. »Niemals hatte ein einzelnes Mitglied des Politbüros soviel Macht über mehr als ein Fünftel der Bevölkerung der Sowjetunion« (S. 265). Die landwirtschaftliche Misere der Nachkriegszeit führte vorübergehend zu einer Machteinbuße Chruschtschows, der sich aber rasch wieder fing und seit Dezember 1949 in Moskau wirkte. Sein Beitrag zur letzten Phase der Stalinherrschaft bestand in dem unrealisiert gebliebenen Projekt der »Agro-Städte«. Die bereits angelaufene Umsiedlungsaktion auf dem Lande, die — wie 1929 — ohne alle technischen Voraussetzungen erfolgen sollte, wurde aber abgestoppt, da — durch Malenkow — die Mißstimmung der Bauern ein Echo im Politbüro fand. Damals wurde Chruschtschow schon einmal der Vorwurf der »Phantasterei« und »Gigantomanie« gemacht, der auch seine Absetzung im Oktober 1964 begründete. Nach Stalins Tod leitete Chruschtschow die Bestattungsfeierlichkeiten, rückte dann zum Landwirtschaftsexperten auf, säuberte die Partei von seinen Konkurrenten, die er mit der Verantwortung für die gemeinsam begangenen Untaten belastete, setzte die »Chruschtschowschen Reformen« in Gang und herrschte seit März 1958, als er die Nachfolge Bulganins (als Ministerpräsident) antrat, ohne sein Amt als Generalsekretär der Partei niederzulegen, scheinbar ebenso unangefochten wie sein Vorgänger.

In den zehn Jahren nach Stalins Tod wurde Chruschtschow zum Symbol der »Ent-Stalinisierung« und der Außenpolitik der »friedlichen Koexistenz«. Als Politbüro und ZK ihn im Wege eines Geheimverfahrens stürzten, verschwand mit ihm der Exponent der harten Linie in der ideologischen Auseinandersetzung mit den chinesischen Kommunisten. Es gelang

[33] Chruschtschow am 23. 11. 1936, zit. nach Pistrak, S. 153.

[34] »Chruschtschow war ... weniger ein blinder Gefolgsmann Stalins als ein Wegbereiter von Umständen, die für die Entwicklung der diktatorischen Herrschaft Stalins nötig waren« (Pistrak, S. 62). Vgl. besonders das Kapitel: »Die Geschichte eines Kults«, S. 189 ff.

seinen Kollegen und Nachfolgern indessen nur, eine Atempause einzuhandeln. Sehr bald schrieben die Albaner – als Sprachrohr Pekings – wieder gegen den »Chruschtschowismus ohne Chruschtschow« und forderten die Rehabilitierung Stalins. – Inzwischen hat die neue Führung zu einer partiellen Revision der Verdammung Stalins angesetzt, man betont neuerlich seine »positiven Seiten«. Auch außenpolitisch macht die Breschnew-Kossygin-Führung von Zeit zu Zeit »chinesische« Gesten (in der Vietnam-Frage). »Koexistenz« und »Unterstützung der nationalen Befreiungskämpfe« tauschten in den jüngsten Verlautbarungen der KPdSU wieder einmal die Rangplätze. Die offiziellen Erklärungen zum Chruschtschow-Sturz ließen schon nach wenigen Tagen erkennen, daß sich die Grundlinien der Parteipolitik nicht ändern würden. Innenpolitisch wurde Chruschtschow für die Fehlschläge der Wirtschaftspolitik geopfert, die – im Rahmen bürokratischer Leitung und unter der Last der seit 40 Jahren begangenen politischen und Planungsfehler – weitgehend unvermeidlich sind. Auch die neuen Führer werden die Wohlstandsversprechungen des 22. Parteitags nicht einlösen können; die Landwirtschaft bleibt die Achillesferse der Sowjetwirtschaft. Das wirkliche Ausmaß der Agrarmisere wagte die Partei allerdings (auf der ZK-Plenarsitzung vom 24.–26. März 1965) erst zuzugeben, als sie des Sündenbocks sicher war, den sie für phantastische Fehlinvestitionen (Kasachstan) und kostspielige Reorganisationen verantwortlich machen konnte.[35]
Chruschtschows durch diese Fehlschläge (und das Kuba-Abenteuer) gesunkenes Prestige machte das rigorose Vorgehen der Führungsgremien möglich, die den Mann, der über sieben Jahre lang die Sowjetunion repräsentiert hatte, von einem Tag auf den anderen in der Versenkung verschwinden ließen. Die *Absetzbarkeit* Chruschtschows »auf kaltem Wege« bezeugt eine im letzten Jahrzehnt erreichte Zivilisierung der politischen Prozeduren, die ihrem Autor zugute kam.

Durch Anwendung von Massenterror siegte in den dreißiger Jahren die stalinistische Fraktion der KPdSU als politische Repräsentantin der neu entstandenen leitenden und privilegierten Bürokratie in Staat und Wirtschaft definitiv über den oppositionellen Flügel der gleichen Partei, der in den zwanziger Jahren für die Selbstregierung der Massen gekämpft hatte. »Bürokratie« als Staats- und Wirtschaftsverwaltung *über* der Bevölkerung (angeblich in deren Auftrag und Interesse) und »Arbeiterdemokratie« als Selbstorganisation der mündigen Massen: das ist seither – im Lichte der Parteigeschichte – die *politische* Alternative, um die in der Sowjetunion der bald

[35] Vgl. dazu »Ost-Probleme«. 17. Jg., Nr. 8, Bonn, 23. 4. 65, S. 241 ff.

latente, bald offene Kampf geführt wird. Die Bürokratie war nach Stalins Tod um der Fortdauer ihrer Herrschaft willen gezwungen, die Rechtssicherheit wiederherzustellen und den Lebensstandard beträchtlich zu steigern. In den für ihre Selbsterhaltung *entscheidenden* Positionen ist sie indessen keinen Schritt zurückgewichen: Es gibt keine Arbeiterselbstverwaltung in den Betrieben wie es keine demokratische Rolle der Wirtschaftsplanung im Großen gibt, es gibt keine Möglichkeit einer spontanen Beteiligung der Bevölkerung an den relevanten politischen und ökonomischen Fragen der sowjetischen Politik (keine aktiven Arbeiterräte), es gibt nach wie vor nur die *eine* Partei, die keine Konkurrenz durch Gruppierungen mit konkurrierenden Programmen duldet, und innerhalb dieser einen Partei gibt es keine Meinungsbildung und Kontrolle von unten nach oben, keine Fraktionen, keine Aufträge der Mitglieder an ihre Delegierten, keinen Einfluß der unteren Ränge auf die ZK-Entscheide. Darum darf die *Selbstverteidigung der Bürokratie* in Form der Überleitung des stalinistischen Herrschaftssystems aus der terroristischen in seine »liberale« Phase nicht mit deren »Selbst-Reform« verwechselt werden. Die Chruschtschowschen Reformen waren eine kalkulierte Politik der siegreichen Fraktion der herrschenden Kaste der Sowjetunion, gezielt darauf, ihre Privilegien und ihre Macht zu erhalten — nicht ein Mittel, die Rätedemokratie Schritt um Schritt wieder einzuführen. Zweifellos verbessert die Resultante dieser Reformen, die sich als ein dialektisches Ineins von Zugeständnissen und Widerstand präsentieren, objektiv die Chancen politischer Bewegungen von morgen, die ähnliche Ziele verfolgen wie die aufständischen Arbeiter und Studenten im Ungarn des Jahres 1956. An irgendeinem Punkt der Entwicklung findet jene *Umfunktionierung* statt, die technisch und herrschaftstechnisch notwendig gewordene Neuerungen aus System-Stabilisatoren in sprengende Kräfte verwandelt. Dazu aber braucht es handelnde Menschen, die mehr tun, als nur auf vorgegebene Situationen zu reagieren. Bisher ist es das Kennzeichen des liberalisierten stalinistischen Systems, daß allein die Bürokratie handelt (und handeln kann). Ob eine politische Bewegung »aus dem Nichts« gegen die herrschende Partei entstehen wird oder ob fortschreitende Fraktionierung im Innern der Riesenpartei sich schließlich institutionell etabliert, also eine Spaltung in einen arbeiterdemokratischen und einen bürokratischen Flügel — nach dem ungarischen Modell — eintritt, läßt sich gegenwärtig nicht prognostizieren. Der Übergang vom Massen*druck* zur Massen*aktion* würde den eigentlichen Beginn der Entstalinisierung bezeichnen; *die handelnden Massen* würden für Rußland den Weg zum Sozialismus eröffnen. Die Bürokratie kann inzwischen Reformen und

Zickzackwendungen jeder Art durchführen, nur die eine nicht, die in ihrem Abtreten besteht. Sie wird weiterhin genötigt sein, Zug um Zug ihre eigene Position durch Rehabilitierungen (politisch) zu erschüttern und zugleich versuchen, sie durch Reformen der Planwirtschaft (Verlagerung und Delegation der ökonomischen Verfügungsmacht) zu retten.

Wie kam es zur »Abkehr vom Personenkult?« Der 20. Parteitag von 1956 und der 22. des Jahres 1961 bedeuteten für die Sowjetbürger einen Schock, der den des Jahres 1953, ausgelöst durch Stalins Tod, bei weitem übertraf. Die Parteiführer standen seit dem Ableben des Diktators unter dem anonymen, stummen Druck der Massen, den sie durch die angestrebten Reformen allein, durch die aktuell möglichen Zugeständnisse nicht auffangen konnten. Um diesem Druck auszuweichen, ergriffen sie nach Liquidierung Berijas die Flucht nach vorn, die diesmal eine in die Vergangenheit wurde, indem sie die Abrechnung mit den Henkern, die sie selber waren, demonstrativ in die eigenen Hände nahmen. Der Chruschtschow-Flügel entsühnte sich, indem er die Rolle der Ent-Stalinisierer übernahm. So wurde den Massen bekanntgemacht, daß die »unfehlbare« Führung nicht nur fehlbar, sondern — über eine ganze Epoche hinweg — kriminell gewesen war. Und nun begann es. Um den Prozeß der Aufdeckung der Vergangenheit unter Kontrolle zu halten, mußten die Stalin-Schüler wie jene Bauernfamilie, die im Winter von Wölfen verfolgt wurde, einen nach dem anderen aus ihrer Mitte dem Rudel zum Fraß hinwerfen, womit doch immer nur ein kurzer Aufschub erkauft wurde, bis er verschlungen war und die nachsetzenden Tiere wieder nach den Schlittenkufen schnappten. Dieser Prozeß mündete in Chruschtschows Zusage, auf dem Roten Platz ein Denkmal für die Opfer Stalins zu errichten, und im Begräbnis von Stalins Mumie, die zuvor im Lenin-Mausoleum zur Schau gestellt worden war.

Jenes — in Deutschland nur einer Minorität vertraute — Interesse am Unheil von gestern, das sich aus dem Willen speist, das von morgen zu verhüten, ist in Rußland zum Masseninteresse geworden. Die ganze Bevölkerung ging daran, die Fragen zu klären: Wie konnte das geschehen, wo wurden die Weichen falsch gestellt, wer ist schuldig, wie kann man ähnliches verhindern; man versuchte, die Gegenwart aus der Vergangenheit zu erklären, ja, mehr noch, die Zukunft aus der Vergangenheit zu gewinnen. Nie dürfte es eine seltsamere politische Losung gegeben haben, als die von Chruschtschow — dreißig Jahre nach Kamenjew[36] — verkündete: »*Zurück* zu Lenin!« Im Ausgeben dieser »Generallinie« liegt das Eingeständnis beschlossen, daß die sowjetische Wirklichkeit von

[36] Vgl. Daniels, a.a.O., S. 313.

heute in Sachen Sozialismus sich noch immer als defizienter Modus ausnimmt, sobald man sie mit den ersten Jahren der Revolution (1917–1923) in Vergleich setzt; daß der Abbau von Herrschaft und die radikale Gleichheit noch immer uneingelöste Versprechungen geblieben sind – und daß einzig aus dem Geist jener Epoche eine sozialistische Zukunft zu gewinnen wäre, für die es zu leben lohnte. Die »utopischen« Anklänge, die dem neuen Parteiprogramm Farbe geben sollten, sind nur bürokratisch ausgeborgter Glanz von jener Periode, in der der Weg zur Assoziation freier Produzenten noch offen schien. Da jede Bresche, die die Parteiführung in die Schutzmauer schlägt, die von ihren Historikern errichtet wurde, um die Geschichte jener Jahre mit der stalinistischen Praxis gleichzuschalten, zeigt, was – auch in Rußland – schon einmal alles unter »Sozialismus« verstanden worden ist, – da also die Dürftigkeit der Gegenwart und der heutigen Versprechungen vor der Folie jener Periode großer Hoffnungen, kühner Theorien und radikaler Praxis offenbar wird, ist es kein Wunder, daß heute Studenten und Funktionäre auf Veröffentlichung der stenographischen Protokolle der Parteitage und ersten Komintern-Kongresse drängen, auf Freigabe verbotener Memoiren, die die offizielle Version der Parteigeschichte widerlegen, auf Offenlegung der Archive.

Was im Großen an den Chruschtschowschen Reformen sich ablesen ließ, etwa an der Schulreform oder an der den Gewerkschaften eingeräumten Bewegungsfreiheit im Betrieb, an dem Zurückweichen in der Frage der wissenschaftlichen und ästhetischen Zensur – das zeigt im Detail der Sekundenzeiger der historischen Korrekturen. Der Stand der Rehabilitierung wurde zum genauesten Index der Ent-Stalinisierung. Vor allem in den Jahren 1962/63 brachte jede Woche neue Veränderungen am »Geschichtsbild«, sei es in Gestalt von Rehabilitierungen einzelner (meist stalinistischer) Opfer der Säuberungen, sei es in Form einer »Umwertung« ganzer Perioden oder als Restauration ganzer Ereignisketten, die vordem aus der Geschichte ausgemerzt worden waren, – also als Entdeckung von historischem »Neuland«. Die Neuinterpretation der Stalinperiode nahm ein immer rasanteres Tempo an. Und dies ist einer der rätselhaften Züge des Stalinismus: daß sie, die doch so perfekt und konsequent an der Fälschung von Geschichte arbeiteten, die Archive, d. h. die Möglichkeit einer Auferstehung der historischen Wahrheit, unangetastet ließen. Dokumente, Bücher, Filme, Bilder: das alles war nicht ins »Gedächtnisloch« geworfen worden, sondern tauchte – je nach dem Stand der offiziellen Linie – wieder auf. Und diese Rückzugslinie der Bürokratie ist in den vergangenen Jahren immer nur provisorisch abgesteckt worden, der »Anfang« des »Personenkults« wanderte immer weiter in die Vergangenheit zurück, der Strom der Rehabilitierungen wurde dünner, aber er fließt. Ein historisches Vorwärts wird es in Rußland erst wieder geben, wenn die Geschichte lückenlos freigelegt worden ist.

Deutschland wurde von außen her entnazifiziert. Der »braune Kult« ist verschwunden, er prägt nicht mehr den politischen Verhaltensstil. Solange Prosperität eine Politisierung der Bevölkerung entbehrlich macht, west das autoritäre Potential, von dem der Faschismus zehrte, nur als ein sozial-psychologisches fort. Anders in Rußland: Hier hat keine äußere Macht die Kontinuität gebrochen. Man will fort vom Stalinismus, aber die politischen Denk- und Verhaltensformen sind durch und durch geprägt von einem Menschenalter stalinistischer Diktatur, und nur administrative Maßnahmen, kein historischer Schock, haben die Kontinuität dieses Stils aufgesprengt.
Bei uns sind die überlebenden Opfer der Konzentrationslager eine ohnmächtige und einflußlose Minorität der Bevölkerung geblieben. Die Mehrzahl hat, nachdem sie das Kriegsende aus dem Rausch des Mitmachens oder Tolerierens aufgeschreckt hatte, berechtigte Schuldgefühle entwickelt. Um die Wohlstandssicherheit und die individuelle psychische Stabilität nicht zu erschüttern, verdrängt das Kollektiv alles, was zur »Illusion einer heiteren Welt« nicht stimmt: die Katastrophen von gestern, die Schattenseiten des Heute, die Gefahren von morgen. Anders ist die Stimmung der breiten Massen der russischen Bevölkerung. Das gilt nicht nur für die Haltung zum Kriege, sondern ebenso für die Stellung zur »jüngsten Vergangenheit«. Was bei uns sorgfältig verdrängt und tabuiert wird, drängt dort, sobald nur die Führung den Druck etwas zu lockern wagt, mit Macht publizistisch ans Licht. »Vor einem Jahr erklärte Chruschtschow, in den Redaktionen der Literaturzeitschriften seien rund zehntausend Romane, Erzählungen und Memoiren über das Lagerthema eingegangen ...«, berichtet M. Mihajlov.[37] Er erzählt auch, daß die sowjetischen Studenten heute die Lieder der Insassen der Arbeits- und Vernichtungslager singen, Lieder wie dieses: »Wir haben erst gestern Marxisten begraben. / Wir haben sie nicht mit den Fahnen bedeckt. / Der eine von ihnen war Rechtsabweichler, / der andere, zeigte sich, nicht einmal das.«[38] Mihajlov zeigt, warum die Entstalinisierung nicht angehalten werden kann, woher das Masseninteresse an der Wiederherstellung von Geschichte rührt. Es ist ja nicht nur die Geschich-

[37] Mihajlo Mihajlov, Moskauer Sommer 1964 (vollständig herausgegeben vom Schweizerischen Ost-Institut). Bern 1965.
[38] A.a.O., S. 46.

te der großen Herren, jene Geschichte »über den Köpfen der Menschen«, sondern es ist die Geschichte von Millionen von Familienangehörigen, die »rehabilitiert« werden muß. »Von den sowjetischen Konzentrationslagern wird man noch achtzig Jahre lang schreiben«, sagte Leonid Leonow zu Mihajlov (S. 37). »Ein Aspirant der MGU (Moskauer Lomonossow-Universität) sagte mir: ›Sie haben nur ihre Leute rehabilitiert, aber was ist mit den Tausenden anständiger Menschen, die nicht Parteimitglieder sind? ... Da es in der UdSSR nur sehr wenige Familien gibt, aus der nicht wenigstens ein Mitglied ›rehabilitiert‹ werden muß, ist die Unzufriedenheit wegen dieser halben Liquidierung des Stalinismus allgemein. Indessen sind alle zutiefst überzeugt, daß der Kampf gegen den Stalinismus erst begonnen hat, und die Auffassungen über den Ausgang dieses Kampfes sind optimistisch‹« (S. 39).

Mihajlovs Bericht über seinen Moskau-Aufenthalt im Sommer 1964, der ihm in Jugoslawien wüste Beschimpfungen, ein von Tito in Gang gesetztes Verfahren und Verurteilung zu kurzfristiger Gefängnishaft eintrug, ist in erster Linie eine Reportage über das wiedererwachende — nicht system-konforme — kulturelle Leben: »Der Sowjetunion harren noch viele Revisionen, denn auf kulturellem Gebiet liegt dieses Land um zwei Jahrzehnte hinter Westeuropa zurück ... Der jungen Generation steht noch ein schwerer Kampf bevor, ehe es ihr gelingt, diesen geistigen Urwald zu roden« (S. 103 und S. 95). Zugleich sind indessen diese Alltagsbeobachtungen und Protokolle von Gesprächen mit Vertretern der literarischen Intelligenz — ganz abgesehen von Mihajlovs »Weltanschauung« — von dokumentarischer Bedeutung, da sie aufs genaueste die derzeitige Frontlinie der Entstalinisierung festhalten.[39]

Mihajlovs Beobachtungsfähigkeit bewährt sich bereits auf den ersten Seiten seines Berichts, wo er über das »verzweifelt grobe« Verhältnis zwischen den Menschen spricht oder von jener Angestellten in der Tretjakow-Galerie erzählt, die ihm sagte: »Wissen Sie, das hier sehe ich mir überhaupt nicht an, aber ich würde ganze Nächte im Tresor verbringen ... Sie sind jung. Sie werden diese Bilder hier noch ausgestellt sehen« (S. 1 f). Dudinzew, der Mihajlov ein mit Schreibmaschine vervielfältigtes Exemplar seines Romans zeigte, das ihm aus dem Landesinneren zugeschickt worden war — die »ungehorsamen« Schriftsteller werden nur in sehr kleinen Auflagen gedruckt —, grübelte: »Es ist unklar, wie das Unkraut wieder hervorgekommen ist, nachdem es so ausgesehen hatte, als habe der Oktober den Humus derart umgepflügt, daß der Boden steril geworden sei« (S. 23 f). Er erwartet »ein neues 1956«. Ewgenij

[39] Eben dies war Ursache der heftigen Reaktion der jugoslawischen Parteiführung, deren heroische, antistalinistische Periode längst verleugnet wird.

I. Schwarz schrieb im Jahre 1940 ein erst jetzt bekanntgewordenes satirisches Drama, »Der Schatten« (nach einem Andersen-Märchen), das eine dialektische Lösung für Dudinzews Problem bietet: »Die Bürokratie hat die Revolution enthauptet, um aber selbst bestehen zu können, ist sie gezwungen, die Revolution wiederzubeleben« (S. 32). Immer wieder schildert Mihajlov, wie sich der Stalinismus in der politischen Psychologie auch der Intellektuellen niedergeschlagen hat. Er beschreibt diese innere Verfassung mit Kategorien, wie sie Erich Fromm[40] zur Deskription des »autoritätsgebundenen Charakters« verwandte, der »kleinen Leute«, die — selbst wenn sie die Freiheit erlangen — sich nach neuen Unterdrückern umsehen oder selbst zu solchen werden, weil sie nichts sind als Produkte des alten Systems. »Wenn jemand nicht der Gesellschaft nützen will, dann werden wir ihn mit Gewalt dazu bringen«, erklärte der Schriftsteller Wladimir Tendrjakow Mihajlov. »Ich bemerkte, daß es von hier bis zum Konzentrationslager nur ein kleiner Schritt sei ... Wieder überraschte mich zutiefst, wie sehr selbst die klügsten Leute in der UdSSR gewisse Grundlagen des Stalinismus in sich aufgenommen haben« (S. 57). Ähnliche Erfahrungen machte er mit Ilja Ehrenburg. Mihajlov faßt zusammen: »Die Sowjetunion steht vor großen Veränderungen. Das Jahr 1956 brachte die erste Woge ... Die Sowjetunion bewegt sich auf die Demokratie zu. Alles, was in diesem Zusammenhang den Wandel beschleunigt, spielt eine wichtige Rolle« (S. 100 und 103).

Mihajlov schildert als wichtiges Agens des historischen Prozesses der Entstalinisierung die russischen oppositionellen Studenten, Literaten und Künstler. Deren Verhältnis zur alten und neuen »Intelligentsia« wird untersucht in den (inhomogenen und einander vielfach überschneidenden) Beiträgen zu einem von Richard Pipes herausgegebenen Sammelband.[41]
Was war die russische »Intelligentsia«? Ein Produkt der russischen »kombinierten Entwicklung«, der relativen »Verspätung« längst fälliger Entwicklungen, die dann mit ungleichzeitig-gleichzeitigen sozialen Verhältnissen sich eigenartig verschränken, explosive Gemische eingehen. Die russischen Intellektuellen des vorigen Jahrhunderts waren — ausgeschieden aus den herrschenden Schichten — eher da als die Presse und die Leser, die ihre Produktionen hätten verwerten können, sie kamen zu früh, um zu Angestellten werden zu können, und der Hof brauchte keine revolutionären Berater. Diese Aufklärer des 19. Jahrhunderts vermittelten den sozialen und kulturellen Fortschritt und waren darum dem alten System

[40] In »Die Furcht vor der Freiheit«. Zürich (Steinberg) 1945.
[41] Richard Pipes, Die russische Intelligentsia. Stuttgart (Kohlhammer) 1962.

nicht integrierbar. Die Lösung ihrer sozialen Frage war identisch mit der Überwindung der russischen Rückständigkeit, der Verwandlung Rußlands in ein modernes Industrieland. Die »Wurzellosigkeit« und enorme Spannung ihrer Denk- und Existenzform zum russischen Milieu ließ sie zum Ferment des sozialen Wandels werden; sie mußten eine soziale Struktur herstellen, in der sie Wurzeln schlagen konnten, in der sie gebraucht wurden. »Es ist zutiefst symbolisch, daß der Revolutionär (Kibaltschitsch), dessen Bombe Alexander II. getötet hat, ein begabter Ingenieur war und einer der ersten Russen, die sich mit den Problemen des Weltraumfluges beschäftigten. Doch hat er nur in den Polizeiarchiven eine gewisse Berühmtheit erlangt ...«[42] Die alte aufklärerische Intelligentsia, die sich während des vergangenen Jahrhunderts in einen reformerisch-pädagogischen und einen politisch-revolutionären Flügel gespalten hatte, ist verschwunden. Ihr radikaler Ausläufer, die Männer um Lenin und Trotzki, wurden in den Säuberungen der dreißiger Jahre vernichtet, soweit sie sich nicht in Apparatschiks verwandelten. Heute gehören im sowjetischen Sprachgebrauch zur »Intelligentsia« einfach »alle diejenigen, die mit ihrem Geist statt mit den Händen ›Schwerarbeit‹ leisten, d. h. das technologische, freiberuflich-tätige, leitende, mit Verwaltungsarbeiten beschäftigte oder nur ›mit weißem Kragen‹ arbeitende Personal des Staates«[43]. Leopold Labedz hat versucht, auf Grund sowjetischer statistischer Unterlagen die Sozialstruktur der »dritten Klasse«, der Kopfarbeiter, zu ermitteln. Das sowjetische statistische Jahrbuch weist die Gesamtzahl der »Intelligentsia« für 1956 mit 15,5 Millionen gegenüber nur 2,7 Millionen im Jahre 1926 aus.[44] Die Berufsstruktur dieser Gruppe entwickelt sich »im groben Überblick gesehen« so wie in anderen Industrieländern. Labedz weist darauf hin, daß der »Bruch mit der alten Intelligentsia nicht vollständig« ist. »Ein Restelement von Kontinuität ist in jenem Teil der ›neuen sowjetischen Intelligentsia‹ sichtbar, die als ... schöpferische Intelligentsia bezeichnet wird, im Gegensatz zur ... technischen Intelligentsia.«[45] David Burg, der von 1951 bis 1956 an der Moskauer Universität studierte, und dessen Beobachtungen durch den Bericht Mihajlovs bestätigt worden sind, unterscheidet drei Gruppen oppositioneller Studenten: »westlich« orientierte »Anti-Sozialisten«, liberale Sozialisten und »Neo-Bolschewisten«. Die »ziemlich weit verbreitete Haltung, die man ›Neo-Bolschewismus‹ oder ›Neo-Leninismus‹ nennen könnte ... wurzelt in dem

[42] A.a.O., S. 102 (David Burg, Das Verhalten russischer Universitätsstudenten).
[43] A.a.O., S. 13 (Martin Malia, Was ist die Intelligentsia?); entsprechend S. 70 (R. Pipes, Die historische Entwicklung der russischen Intelligentsia).
[44] A.a.O., S. 88 (L. Labedz, Die Struktur der sowjetischen Intelligentsia).
[45] A.a.O., S. 97 (Labedz).

auffallenden Widerspruch zwischen den bolschewistischen Zielen vor und während der Revolution auf der einen Seite und dem gesamten sowjetischen Gesellschaftssystem auf der anderen.« Gemessen an der Gegenwart muß der Sowjetjugend und der Intelligenz, den Arbeitern und Parteimitgliedern die Lenin-Ära geradezu als ein »goldenes Zeitalter« sozialistischer Praxis erscheinen. »Sie stehen auf der Plattform des Leninschen Programms von 1917, verfechten die Rätedemokratie, die Arbeiterkontrolle über die Produktion, suchen nach revolutionären Kampfmitteln, da es für eine legale Opposition keine Möglichkeit gibt . . .« Burg berichtet, daß »die von geheimen Gruppen ausgeteilten Flugblätter im allgemeinen Zeugnis für die neo-bolschewistische Richtung ablegen.«[46]

Die elf Beiträge eines von Johannes Gaitanides herausgegebenen Aufsatzbandes mit dem Titel »Die Zukunft des Kommunismus«[47] sind recht unterschiedlich in Grundhaltung und Niveau. Alle sind auf die Ereignisse der Jahre 1962/63 bezogen: den 22. Parteitag, den zugespitzten Konflikt Peking-Moskau, vor allem aber das versprochene »Einholen und Überholen«, das als möglich unterstellt und als »Verbürgerlichung« der Sowjetgesellschaft rezipiert wurde. Schon dies ist interessant genug: Der »Nationalsozialismus« hat uns darüber belehrt, daß, was von den Rechten und Freiheiten der bürgerlichen Gesellschaft übrig ist, seinen Bestand günstigen Kapitalverwertungsbedingungen (und der Kampfbereitschaft der Arbeiterklasse) verdankt. Unfähig, einen *anderen* Typus menschlicher Vergesellschaftung auf Basis des »Überflusses« vorzustellen als den uns vertrauten, wird vom höheren Lebensstandard im Osten kurzerhand die »bürgerliche« Gesellschaft erwartet! Lorenz Stucki meint, »Chruschtschow möchte den polizeistaatlich erzwungenen Ameisenhaufen ersetzen durch einen begeisterten Ameisenhaufen . . . Doch eine Idee, an die man nur noch glaubt, wenn sie durch Fleisch schmackhaft und durch Atomwaffen imposant gemacht werden kann, hat als Idee abgedankt« (S. 85). Allerdings haben Ideen utopischen Charakter, d. h. sie bilden das erträumte Positiv eines real bestehenden Mangels vor. Indessen: Verliert eine Idee an Rang und Würde, wenn sie partiell verwirklicht wird, wenn sie »zu Fleisch« wird? Johannes Gaitanides beharrt: »Der Speckkommunismus macht den utopischen Kommunismus entbehrlich, ja er fegt ihn vom gedeckten Tisch« (S. 134). Helmut Gollwitzer aber gibt zu bedenken: »Heute sehen wir auf einmal, daß auch in der kommunistischen Gesellschaft, wenn sie erreicht wird (Lenin hat das schon angedeutet), die

[46] A.a.O., S. 117 und S. 120 (D. Burg).
[47] Johannes Gaitanides, Die Zukunft des Kommunismus. München (List) 1963.

Probleme des Menschen nicht aufgehört haben, sondern neu anfangen« (S. 59). Friedrich Heer geht noch weiter, indem er sagt, der utopische Elan des neuen kommunistischen Programms ziele auf die gemeinsame Zukunft *aller* Menschen und könne allenfalls »in Richtung Zukunft überholt werden ... durch einen Zukunftsglauben, der reicher, menschlicher, gottvoller ist« (S. 184). – Richard Löwenthal prophezeit eine »Entchruschtschowisierung« (S. 48) und Wanda Bronska-Pampuch revidiert nüchtern das Bild vom »Kommunisten« in Ostblockländern: »Man muß sich an den Gedanken gewöhnen, daß Kommunistsein für Millionen Menschen in den kommunistischen Ländern nicht mehr bedeutet, als bei uns Christ ... Gewerkschaftsmitglied oder auch nur Autofahrer zu sein« (S. 64). Im Bewußtsein des durchschnittlichen Parteimitglieds reduziere sich der »Kommunismus« auf Vergesellschaftung der Produktionsmittel, Atheismus, Einparteiherrschaft, soziale Gerechtigkeit und Industrialisierung (S. 65 f.). Der verheißene »gute Mensch« aber sei noch nicht gekommen. Immerhin bezeichnen die Prinzipien »Vergesellschaftung« und »Gerechtigkeit« ein Programm, dessen Einlösung ebenso fern ist wie die Beseitigung des Mangels. »Wenn man den Menschen ständig etwas von Gleichheit, Menschlichkeit, Toleranz und ähnlichen schönen Sachen erzählt, verlangen sie schließlich danach, sie verwirklicht zu sehen. So besteht eine gewisse Gewähr, daß sich der Kommunismus weiter vermenschlicht, nämlich dadurch, daß er immer wieder Menschen dazu veranlassen kann, gegen die Bestrebungen der Parteiführung, ihre Diktatur aufrechtzuerhalten, anzugehen« (S. 72).

Worum sich die Autoren des eben besprochenen Bandes mühen, das wird von Günther Wagenlehner, einem Kommentator des neuen Parteiprogramms der KPdSU, rundweg geleugnet. Der Titel seiner Veröffentlichung sagt es: »Kommunismus ohne Zukunft«[48]. Das vollständig abgedruckte sowjetische Programm, das an Langatmigkeit nichts zu wünschen übrig läßt, wird konfrontiert mit der ermüdenden Begleitmusik einer Polemik, die immer recht hat, die ebenso unermüdlich wie die Partei-Ideologen Behauptung an Behauptung reiht, ohne jemals zum theoretischen oder statistischen Beweis vorzudringen.[49] Was Wagenlehner da vorbringt, weiß jeder Bürger unseres Landes ohnehin auswendig, weil er von früh auf nichts anderes zu hören bekommt als eben die stupide Selbstbehauptung *unseres* sozialen Systems: daß es so, wie es ist, gut ist, und anders gar nicht sein könnte. – Der Kerngedanke des Kommentars ist,

[48] Kommunismus ohne Zukunft. Das neue Parteiprogramm der KPdSU. Herausgegeben und erläutert von Günther Wagenlehner. Stuttgart (Seewald) 1962.
[49] Vor allem in ökonomischen Fragen ist der Kommentar völlig unzureichend.

daß die KPdSU zwar die Demokratisierung (»Volksstaat«) verspricht, sich aber paradoxerweise keine Zukunft ausdenken kann, in der sie *nicht* die Zügel in der Hand hielte, also sich nicht vorstellen kann, daß die Sowjetgesellschaft sich auch ohne ihre Hilfe vorwärts zu Freiheit und Überfluß bewegen könnte. Damit ist wirklich die entscheidende Aporie des Chruschtschowismus deutlich gemacht.
Schlimm ist, daß Wagenlehner häufig rationale Argumentation durch Tricks und Kniffe ersetzt: Wieso erinnert die »Vorstellung von einem totalen Versorgungsstaat« »an die Visionen Orwells« (S. 186 ff)? Orwell hat die Abschaffung des Individuums, der Gedankenfreiheit und der Geschichte gebrandmarkt. Gegen die Erleichterung des individuellen Lebens durch soziale Leistungen hätte er sicher nichts einzuwenden gehabt; wofür hätte er sonst in Spanien gekämpft? »Das Eigentum an den Produktionsmitteln verleiht heute nicht mehr ökonomische und schon gar nicht politische Macht, sondern es ist nur ein Berechtigungsmittel für einen Anteil am Gewinn« (S. 21). Diese treffliche Analyse der Verhältnisse im »Westen« ließe sich durch einen Satz gleicher Struktur über die Machtlage im »Osten« wirkungsvoll ergänzen. Etwa: Die Führer der KPdSU üben heute keine diktatorische Herrschaft mehr aus, sie genießen weder Privilegien noch »Personenkult«, sondern beschäftigen sich lediglich damit, das Sowjetvolk zum Kommunismus zu führen und in seinem Namen Politik zu machen. Wenn Wagenlehner schließlich schreibt: »Die erste kommunistische Lüge ist die Behauptung, daß die Hauptfrage der Gegenwart die von Krieg und Frieden sei« (S. 111), so zeitigt dieser Verdummungsversuch Folgen, die er nicht verantworten kann. Der blinde Haß der ineinander verbissenen Gegner, die die ihren Systemen angehörenden Menschen voreinander bewahren wollen, erzeugt beständig die Drohung des atomaren Krieges, den eigentlichen Totalitarismus der Gegenwart, vor dem niemand, in keinem politischen Lager mehr sicher ist. Wer heute den Krieg der Atommächte noch als »Mittel« anwenden möchte, übersieht, daß dies »Mittel« alle Fragen nach dem »Wie« von Vergesellschaftung überflüssig macht.

Die Zukunft des Kommunismus läßt sich verläßlich nur von einer zureichenden Theorie der Sowjetgesellschaft her prognostizieren, die – an der Entstehungsgeschichte dieser Gesellschaft orientiert – die ihr immanenten Möglichkeiten zu konstruieren imstande ist. Eine solche Theorie hat die Bewußtseinsformen, in denen der revolutionäre und nachrevolutionäre Prozeß begriffen worden ist, als ebenso »wirklich« und als ebenso aufschlußreich für die reale Entwicklung zu betrachten, wie – vergleichsweise – die deutsche klassische Philosophie für die Entwicklung der bürgerlichen Gesellschaft. Die Selbstreflexion der Sowjetgesellschaft vollzog sich aber in Kategorien der Marxschen Theorie, die sich seit der Revolution innig mit der Realgeschichte verbunden hat, — und zwar in Kategorien sowohl der revolutionären Kritik, als auch in den Kategorien der zum »Marxismus-Leninismus« geronnenen pseudomarxistischen Rechtfertigungsideologie. Ohne Zweifel liegen die entscheidenden Ansätze zu einer historischen Theorie der sowjetischen Gesellschaft in den Arbeiten der Theoretiker der kommunistischen Opposition vor, die im Kampf auf Tod und Leben gezwungen waren, sich der marxistischen Kritik gegenüber der sich verhärtenden Gesellschaft und der Parteiorthodoxie rücksichtslos zu bedienen. Die Bedeutung des Buches von Daniels über die russische Opposition besteht gerade darin, die Geschichte dieser theoretischen Bemühungen, einen gänzlich neuartigen sozialen Prozeß kritisch zu bewältigen, geschrieben zu haben. Jene erstaunlichen Eruptionen des sowjetischen Systems, deren Zeugen wir im vergangenen Jahrzehnt wurden, und die wir summarisch unter dem Titel »Ent-Stalinisierung« zusammenfassen, lassen sich zureichend weder von den gängigen Totalitarismus-Theorien her verstehen, noch mit Hilfe der ad hoc gebildeten Theorien, die die »Liberalisierung« des Systems als *automatische Folge* der Industrialisierung interpretieren. Auch die verwandte These von der »Angleichung« (»Konvergenz«) der Systeme führt, da sie nur allgemeinste Wandlungen der Sozialstruktur von identischen Produktionstechniken ableiten kann, in jene Nacht, in der alle Katzen grau sind. Die marxistisch orientierten Theorien dagegen haben — durch das Faktum der Ent-Stalinisierung und »Rehabilitierung«, deren Eintreten sie vorhergesagt hatten — eine glänzende Bestätigung erfahren.[46] Will man etwas ausmachen über die Tendenzen der Sowjetgesellschaft, so muß der merkwürdige Tatbestand, daß die KPdSU-Führung für ihren Weg vorwärts keine bessere Losung zu finden wußte, als einen Hinweis auf die unerledigte Vergangenheit (»Zurück zu Lenin!«), Beachtung finden. Es scheint, daß die Zukunft des sowjetischen Kommunismus am sichersten aus seiner verleugneten Vergangenheit zu erschließen ist.

[46] Gedacht ist vor allem an die politischen Auseinandersetzungen des ersten nachrevolutionären Jahrzehnts, soweit sie sich in »Plattformen« und Broschüren niedergeschlagen haben; an die konkurrierenden Industrialisierungs-Konzeptionen Preobraschenskis und Bucharins; an die Essays Christian Rakowskis zum Problem der Bürokratisierung; an Trotzkis Untersuchung der sowjetischen Entwicklung bis zum Jahre 1936 in seinem Buche »Verratene Revolution«; schließlich an die neuere Analyse von Tony Cliff (Russia. A Marxist Analysis. London 1963). Auf dem Wege der Ideologiekritik, also einer immanenten Diskussion des »Sowjetmarxismus«, ist Herbert Marcuse (Die Gesellschaftslehre des sowjetischen Marxismus. Neuwied [Luchterhand] 1964) zu ähnlichen Resultaten gelangt. — Vgl. neuerdings J. Kuron und K. Modzelewski, Monopolsozialismus. Hamburg (Hoffmann & Campe) 1969 und den Traktat von Antonio Carlo, Politische und ökonomische Struktur der UdSSR (1917—1975). Berlin (Wagenbach) 1972.

Die Mehrzahl der Sozialwissenschaftler geht indessen am Novum, am Spezifikum der Sowjetgesellschaft vorbei. Als Exempel sei die These Ralf Dahrendorfs[47] genannt, der die Entwicklung der russischen Revolution als eine experimentelle Widerlegung großen Stils der alten soziologischen These von einem Zusammenhang zwischen Privateigentum (an Produktionsmitteln) und Herrschaft (Ungleichheit) auffaßt. Die Erfahrung, daß Herrschaft auch von Gruppen ausgeübt werden kann, die nicht Eigentümer von Produktionsmitteln sind oder im Dienst solcher Eigentümer stehen (Manager) — also die Schwierigkeit, die Sowjetbürokratie mit den Mitteln der Klassentheorie zu begreifen, führt Dahrendorf dazu, den Zusammenhang von Ökonomie und Politik zu durchschneiden und Herrschaft zur unableitbaren Invariante menschlicher Vergesellschaftung zu erheben; der Klassenkonflikt wird ihm zum »universellen sozialen Phänomen«[48], dessen unvermeidliche Folge soziale Schichtung (Ungleichheit) ist.[49] »Wie eine Erklärung der Herrschaft aussieht, wage ich jedoch nicht zu vermuten.«[50] »Wenn der Ursprung der Ungleichheit im Privateigentum läge, dann müßte die Aufhebung des Privateigentums die Beseitigung von Ungleichheit zur Folge haben. Die Erfahrung in eigentumslosen oder quasi-eigentumslosen Gesellschaften bestätigt diese Annahme nicht; die Annahme kann als falsifiziert gelten.«[51] Tertium non datur. Dies tertium aber wäre eben durch eine adäquate Theorie der Sowjetgesellschaft sichtbar zu machen.

Anhand der Parteigeschichten von Daniels und Schapiro — und der genannten theoretischen Arbeiten (vgl. Anm. 46 — lassen sich die folgenden Aussagen über die sowjetische Gesellschaft — als Präliminarien einer künftigen Theorie — formulieren:

1. In Sowjetrußland führte die revolutionäre Beseitigung des Privateigentums an Produktionsmitteln zur Aufrichtung einer totalitären Einparteidiktatur statt zu einer klassenlosen Gesellschaft der Freien und Gleichen.
2. Ursache dieser Fehlentwicklung war die Niederlage der sozialistischen Revolution im »Westen« (und »Osten«) und die daraus folgende Isolierung der — von der bolschewistischen Partei stellvertretend ausgeübten — proletarischen Diktatur unter »unreifen« sozialökonomischen Bedingungen.
3. In der Marxschen Theorie steht der Übergang zum »So-

[47] Vgl. seinen Aufsatz »Bürger und Proletarier. Die Klassen und ihr Schicksal«. In: Gesellschaft und Freiheit. München (Piper) 1961, der sein Buch »Soziale Klassen und Klassenkonflikt in der industriellen Gesellschaft« (Stuttgart 1957) zusammengefaßt; ferner seine Tübinger Antrittsvorlesung: »Über den Ursprung der Ungleichheit unter den Menschen«. Tübingen (Mohr-Siebeck) 1961.
[48] Vgl. »Bürger und Proletarier«, a.a.O., S. 148.
[49] Vgl. »Über den Ursprung . . .«, a.a.O., S. 27 f.
[50] Ebd., S. 26.
[51] Ebd., S. 12.

zialismus« am Ende einer voll entfalteten kapitalistischen Produktion, die den gesellschaftlichen Reichtum aufs äußerste vermehrt hat. Erst wenn seine immanenten Widersprüche die Fortexistenz dieses Systems unmöglich machen, wenn alle Entwicklungsmöglichkeiten dieser Produktionsform ausgeschöpft sind, tritt der Sozialismus ihr Erbe an. Vergesellschaftung der Produktionsmittel fällt unter solchen Umständen zusammen mit der Aufhebung des Mangels. Kennzeichen des »Sozialismus« ist eine durch den fälligen Umbau der sozialökonomischen Organisation erzielte Steigerung der Produktivität der Arbeit, die den Produktivitätsgrad der bestentwickelten kapitalistischen Ökonomie und Technik bei weitem übersteigt. In Rußland stand etwas anderes auf der revolutionären Tagesordnung: eine beschleunigte »nachholende« Industrialisierung[52], also die Lösung vor-sozialistischer Aufgaben mit »sozialistischen« Mitteln (verstaatlichten Unternehmungen, zentralistischer Planwirtschaft, Rätemacht und staatlichem Außenhandelsmonopol) auf der Basis »primärer sozialistischer Akkumulation« (E. Preobraschenski).

4. »Vier Millionen Arbeiter in Industrie und Transport führen hundert Millionen Bauern.« So charakterisierte Trotzki (1932) das Kräfteverhältnis der entscheidenden Klassen im Jahre 1917. Bürgerkrieg, Arbeitslosigkeit, Produktionsverfall, Hunger und – in deren Gefolge – die Stadtflucht, führten bis zum Jahre 1921 zur Auflösung des russischen Industrieproletariats als eines selbständigen politischen Faktors.[53] Das zog den »Substitutionalismus« der bolschewistischen Partei nach sich, bedingte das Hervortreten ihrer jakobinischen Züge. Schljapnikow, der Vertreter der Arbeiteropposition, bezeichnete die Partei auf dem 11. Parteitag im März 1922 als »Avantgarde einer nichtexistierenden Klasse«[54]. Die Ohnmacht des aufgeriebenen Proletariats vor der Aufgabe der politisch-ökonomischen Selbstverwaltung und das soziale Bleigewicht der millionenfachen Muschik-Übermacht erzwangen die Re-Bürokratisierung von Staat und Gesellschaft.

5. Nach dem Bürgerkrieg war die bolschewistische Partei zum einzigen politischen Forum des Landes geworden; die divergierenden Interessen der verschiedenen sozialen Schichten der Sowjetgesellschaft mußten sich folglich in irgendeiner Form in dieser politischen Instanz zur Geltung bringen, um wirksam zu werden. Gleichzeitig war die Partei, die das Land unter diktatorischer Kontrolle hielt, zur letzten Zelle der revolutionären Demokratie geworden. Ihre Funktion als marxistische

[52] Vgl. Hans Raupach, Geschichte der Sowjetwirtschaft. Hamburg 1964, S. 273; ähnlich Murice Dobb, Soviet Economic Development since 1917. London 1960, S. 178 ff.
[53] Vgl. Isaac Deutschers Trotzki-Biographie, Bd. I, S. 488 f, und Bd. II, S. 23 ff.
[54] Zit. nach Deutscher, a.a.O., Bd. II, S. 459.

Partei hätte nun darin bestehen müssen, sich der Bürokratisierung entgegenzustellen, die Lebensinteressen der Arbeiterschaft zu verteidigen, ihr eine reale Chance politischer Selbstbestimmung offenzuhalten. Unter dem Einfluß der Wirtschaftskrise und des Kronstädter Aufstandes verengte sich indessen die Einparteiherrschaft weiter zum Fraktionsverbot. Die zum Platzhalter des Proletariats gewordene Partei panzerte sich durch erzwungene innere Einheit. Die herrschende Fraktion vertrat von nun an — in Form eines Zickzackkurses — diktatorisch eine Politik des mittleren Weges, die nicht mehr mit einer radikalen Arbeiterpolitik zusammenfiel. Lenin forderte — in Erwartung eines baldigen Sieges der Revolution im Westen — in seinem »Testament« vom 24. 12. 1922[55] die Aufrechterhaltung der Parteieinheit um jeden Preis. Da keine Alternative zur bolschewistischen Führung des Landes bestand, sollte die NEP-gemäßigte *Parteidiktatur* ein Überleben des »bürokratisch deformierten Arbeiterstaates« möglich machen. Die Bindung an diese Direktive führte zur Lähmung und schließlichen Niederlage der Linken Opposition, die als Anwalt einer radikalen proletarischen Politik auftrat. Die aus der Monopolstellung der Partei resultierende Tendenz zur Fraktionierung wurde durch das Fraktionsverbot gewaltsam niedergehalten, um die Herrschaft der Partei nicht zu gefährden. Da der Verzicht auf innerparteiliche Demokratie von allen Kommunisten wenigstens prinzipiell akzeptiert wurde, geriet jede Opposition in die fatale Lage, entgegen ihren eigenen organisatorischen Überzeugungen innerhalb der eigenen Partei quasi illegal arbeiten zu müssen und damit den Ausschluß, d. h. den Verlust jeder politischen Wirkungsmöglichkeit zu riskieren. Die stalinistische Fraktion wurde zum Anwalt der innerparteilichen Disziplin (der »leninistischen Normen«) und zwang die Abweichler wieder und wieder zur Kapitulation, um sie schließlich auch physisch zu vernichten.

6. Die vom Bürgerkrieg nicht verbrauchten Kader der bolschewistischen Partei (im April 1917 gab es 60 000, im September des gleichen Jahres 240 000 eingeschriebene Kommunisten) stellten den Kern der neuen Staatsverwaltung, der Wirtschaftsleitung und der Roten Armee, ergänzt durch Zehntausende reaktivierter zaristischer Fachleute und Beamter. Die neue Bürokratie (d. h. alle *berufsmäßig leitenden*, keiner demokratischen Kontrolle unterstehenden Personen in Staat, Wirtschaft, Heer, Kulturapparat, die durch höheres Lebensniveau, mehr Verfügungsgewalt über Sachen und Menschen, mehr persönliches Eigentum, mehr Zugang zur Kultur, höhere Qualifikation gegenüber dem normalen Arbeiter privilegiert wurden) rekrutierte sich im wesentlichen auf dem Wege der

[55] Vgl. W. I. Lenin, Werke, Bd. 36, Berlin 1962, S. 578.

sozialen Differenzierung des Proletariats. Sie kann als eine »Arbeiteraristokratie« großen Stils aufgefaßt werden. Zu dieser Differenzierung trugen bei die Notwendigkeit, eine privilegierte technische und administrative Elite auszusondern, die Erhebung treuer Parteigänger in den politisch-administrativen Kommandoapparat — die »Berufsgefahren der Macht« (Rakowski). Als historisch neues Moment kam die Bildung großer bürokratischer Apparate zur zentralistischen Leitung der Planwirtschaft hinzu. Keimzelle der *politischen* Macht der Bürokratie wurde das Sekretariat der KPdSU samt den ihm unterstehenden Kontrollorganen. Seine Funktion war es — im Interesse der privilegierten Schichten des Landes —, die kommunistische Partei als Refugium der revolutionären Demokratie und bewußte Agentur des Prozesses der Industrialisierung unter sozialistischen Vorzeichen auszuschalten.

7. Mit dem ersten Fünfjahrplan wurde die Parteibürokratie zur Vollstreckerin der objektiven Tendenz der Oktoberrevolution: Durch die Getreidekrise in die Enge getrieben, beseitigte sie weitgehend das bäuerliche Privateigentum auf dem Lande und nahm zugleich — verspätet und überstürzt — Kurs auf eine rapide Industrialisierung, um der Zwangskollektivierung wenigstens eine notdürftige technische Basis zu schaffen. Damit baute sie zugleich die eigene Machtstellung aus. Da es sich um eine Wirtschaft mit verstaatlichten Betrieben und Banken handelt, die Arbeiterselbstverwaltung aber seit dem Übergang zur NEP (1921) außer Kraft gesetzt ist, also von einer »Vergesellschaftung« nicht die Rede sein kann, fällt die Organisation der nationalen Produktion den leitenden, privilegierten Gruppen, vor allem den bürokratisch-zentralistisch arbeitenden Spitzengremien zu. Die Produktionsmittel gehören dem Staat, aber der Staat »gehört« der Bürokratie (Trotzki). Der Festlegung der Arbeitsbedingungen und der ökonomischen Leitung auf betrieblicher Ebene (mit wechselnder Kompetenz der lokalen Manager) korrespondiert gesamtgesellschaftlich die Verfügung über das erwirtschaftete Mehrprodukt. Die Bürokratie bestimmt das Tempo der industriellen Expansion, diktiert die Investitionsquote (d. h. den zu leistenden Konsumverzicht), legt die Prioritäten fest und verfügt über die materiellen und personellen Ressourcen des Landes. Die politische Allmacht der Partei resultiert aus ihrer Verfügung über das Mehrprodukt, aus dem auch die Mittel zur Aufrechterhaltung des privilegierten Lebensstandards der Bürokratie abgezweigt werden. Das politische Monopol wurzelt in der usurpierten Produktions-Funktion der *Planung und Leitung*. Die Bürokratie tritt dabei als Anwalt der kollektiven Interessen auf, die sie entsprechend dem relativen Gewicht der sozialen Klassen und Schichten zur Geltung bringt, wobei ihr eigenes Sonderinter-

esse unlösbar mit den kollektiven Interessen verbunden ist und nur durch die Aufrechterhaltung des Gesamtsystems realisiert werden kann.

8. Es handelt sich um ein System der Verfügung über fremde Arbeit auf Grund der Usurpation der Staatsmacht, die durch Anwendung des Massenterrors gegen die politische Opposition in den dreißiger Jahren (politische Konterrevolution, — »Thermidor«) in die Hände der neuen Bürokratie fiel, und seitdem zur Niederhaltung jeder möglichen sozialen »Gegenmacht« (z. B. der Gewerkschaften) benutzt wird (totalitärer Staat). Die auf allgemeinem Mangel basierende *Ungleichheit des Konsums*, die nur mittels eines riesigen Unterdrükkungsapparates durchgesetzt werden kann, wird auch dann noch aufrechterhalten, wenn sie den objektiven Verhältnissen nicht mehr entspricht. Die Aufrechterhaltung der Ungleichheit durch die Staatsmacht ist ineins die Wahrung der bürokratischen Privilegien. »Wenn genug Waren im Laden sind, können die Käufer kommen, wann sie wollen. Wenn die Waren knapp sind, müssen die Käufer Schlange stehen. Wenn die Schlange sehr lang wird, muß ein Polizist für Ordnung sorgen. Das ist der Ausgangspunkt für die Macht der Sowjetbürokratie« (Trotzki). Das Selbsterhaltungsinteresse der bürokratischen Führung spiegelt sich deutlich in der sowjetischen Innen- und Außenpolitik wider. Gemeinsame privilegierte Lebensverhältnisse, Kastengeist und die Rechtfertigungsideologie des »Diamat« halten die bürokratische Schicht zusammen. Sie muß die »sozialistische Basis«, die verstaatlichten Produktionsmittel, gegen jeden Versuch einer Rekapitalisierung (von innen oder von außen) schützen, weil sie diesem System Existenz und Position verdankt. Sie ist auch genötigt, den kurz- und langfristigen Interessen der Arbeiter und Kolchosbauern in ihrer Politik Rechnung zu tragen, damit diese die politische Bevormundung auch weiterhin tolerieren. Ihr reaktionärer Charakter ergibt sich daraus, daß sie — national und international — jede Entwicklung blockiert, die zu ihrer Beseitigung führen würde — also alle Tendenzen zur Wiederherstellung der Arbeiterdemokratie im Keim erstickt, was mit riesigen volkswirtschaftlichen (Fehlplanungen!) und kulturellen Verlusten erkauft wird. Die freie Verfügung über das Mehrprodukt wird — von außen — durch den Zwang zum Wettrüsten und die partielle Abhängigkeit vom Weltmarkt ebenso limitiert wie — von innen — durch den beständigen Druck des durch die Industrialisierung entstandenen neuen Industrieproletariats in Richtung auf Steigerung des Konsums und der politischen Bewegungsfreiheit. Den »bürokratisch deformierten Arbeiterstaat« trennt nur die politische Revolution, die die Thermidorianer verjagt, vom Sozialismus. Verstaatlichung, Plan-

wirtschaft und Außenhandelsmonopol, die Industrialisierung wie die »Liberalisierung« des Herrschaftssystems sind deren Vorbedingungen. Christian Rakowskis These[56] gilt: Nur wenn die Arbeiterdemokratie erkämpft wird, führt die Entwicklung der sowjetischen Übergangsgesellschaft zum Sozialismus.

(August/September 1965)

[56] »Sie denken nicht daran, daß ohne Verwirklichung des politischen Teils der Plattform (der Linken Opposition) der ganze sozialistische Bau in sich zusammenstürzen kann« (August 1929). Zit. nach Daniels, S. 432.

Goldstücker und Kafka

Eduard Goldstücker wurde im Jahre 1952 in den stalinistischen Prozeß gegen Rudolf Slansky verwickelt, verurteilt und erst 1963 rehabilitiert. Westdeutschen Lesern ist er vor allem durch eine andere Rehabilitierung bekannt geworden, die er selbst als marxistischer Literaturhistoriker angestrengt hat — die Rehabilitierung des Prager Dichters Franz Kafka. Beide Vorgänge stehen in einem engen Zusammenhang.

Das stalinistische Urteil über Kafka lautete auf Dekadenz, Verzweiflung, kleinbürgerlichen Pessimismus. Es erging im Namen des sogenannten »sozialistischen Realismus«, über den Georg Lukás (selbst Urheber einer Kafka-Kritik, die diesen dem »nihilistischen Avantgardismus« zuordnet) kürzlich schrieb, er repräsentiere »in Wirklichkeit nichts weiter als einen ärarischen Naturalismus, garniert mit der sogenannten revolutionären Romantik, die dazu da war, jeden Unterschied zwischen Wunsch, Einbildung, offiziellem Bericht und Wirklichkeit prinzipiell zu verschmieren und der bürokratischen Manipulation alle Möglichkeiten freizugeben.«

Die Vertreter der stalinistischen Kulturpolitik wandten gegen Kafka hauptsächlich ein, daß dieser wohl ein »verzerrtes Abbild« der Lebensverhältnisse im verfaulenden Spätkapitalismus gegeben habe, daß aber in der nach-kapitalistischen Gesellschaft diese Beschreibung ebenso veraltet wie — dem Dogma zufolge — die Entfremdung überwunden sei.

Marxistische Intellektuelle wie Goldstücker hingegen haben aus der eigenen bitteren Lebenserfahrung gelernt, daß durch die Übernahme der Produktionsmittel in Staatsregie allein die »Entfremdung« nicht aufzuheben ist — weder die Klassenteilung, die materielle und kulturelle Ungleichheit, noch die Ohnmacht der Individuen vor der verselbständigten Staatsgewalt, noch Knappheit, Ware und Wertgesetz. »In dieser Übergangszeit kann es sogar vorkommen . . ., daß sich in manchen Etappen die Menschen noch viel stärker entfremdet fühlen als im Kapitalismus . . . Und weil die Entfremdung existiert, ist Kafka auch bei uns aktuell«, sagte Goldstücker 1963 auf der Kafka-Konferenz in Liblice.

Inzwischen ist in der ČSSR nicht nur Kafka rehabilitiert worden. Goldstücker selbst hat der umfangreichen Auswechslung des politischen Führungspersonals und dem damit verbundenen

Kurswechsel eine kühne Interpretation gegeben. Er glaubt, daß gegenwärtig für die tschechoslowakischen Kommunisten die Chance gegeben ist, das Postulat Rosa Luxemburgs »Ohne Sozialismus keine Demokratie — ohne Demokratie kein Sozialismus« zu realisieren.

In der Tradition der revolutionären Arbeiterbewegung bedeutet nun freilich die »Demokratie«, für die sich zu kämpfen lohnt, nicht so sehr Gewaltenteilung, Autonomie des Parlaments, Mitbestimmungsgarantien, sondern primär reale Kontrolle der Bevölkerungsmehrheit über ihren eigenen ökonomisch-politischen Lebensprozeß: Bewaffnung der Arbeiter, Bildung von Arbeiterräten mit ökonomischer wie politischer Kompetenz, Demokratie vom »Kommune«-Typus. Sie ist die Form des »absterbenden Staates«, auf die hin die nach-kapitalistischen Gesellschaften angelegt sind. Soll der Prozeß der »Liberalisierung« zu einem der »Demokratisierung« werden, so werden die Reformer sich rasch der Notwendigkeit konfrontiert sehen, Institutionen politischer Herrschaft und ökonomischer Privilegien abzubauen, in deren Rahmen der »Personenkult« wie die Schauprozesse in Moskau und Prag sich entfalten konnten. In diesem Prozeß, der von der erweiterten Mitbestimmung der Arbeiter zur Arbeiterselbstverwaltung führt, kommt alles darauf an, in welchem Maße und mit welcher Bewußtheit die arbeitende Bevölkerung des Landes selber interveniert.

Hier erwächst Kafka, der nicht nur der Epiker der Entfremdung, sondern auch der der Befreiung gewesen ist, und von dem gesagt wurde, sein Werk habe »den Ton des Ultralinken« (Adorno), neue Aktualität. In seinen Aufzeichnungen heißt es:

»Der entscheidende Augenblick der menschlichen Entwicklung ist immerwährend. Darum sind die revolutionären ... Bewegungen, welche alles Frühere für nichtig erklären, im Recht, denn es ist noch nichts geschehen.« Und:

»Schlachten unserer ältesten Geschichte werden jetzt erst geschlagen, und mit glühendem Gesicht fällt der Nachbar mit der Nachricht dir ins Haus.«

(9. 4. 1968)

»Das Kollektiv liegt schief«

»Wir kommen alle aus (Gogols) ›Mantel‹«, sagten die großen russischen Erzähler des 19. Jahrhunderts von sich. Die politischen Lyriker des 20. kommen aus den »Hundert Gedichten« Brechts. Er hat vor allem in diesem Genre Schule gemacht: Seine Themen erweisen sich als variabel, seine Formen als kanonisch, sein »Ton« als tradierbar. Biermann, der Ostberliner Liedermacher, bringt bei Wagenbach seine zweite Kollektion heraus: 37 Gedichte, Balladen und Lieder[1]; zusammen mit denen aus der »Drahtharfe«, die vor drei Jahren erschienen, sind es nun schon 70. Darunter ist viel Gelegenheitsproduktion, und die Qualität einer anderen Gruppe von Versen bleibt latent – sie tritt erst im verschwiegenen Komplement, in Melodie und Gitarrenschlag zutage.
Lyrik ist, der traditionellen Poetik zufolge, »enthusiastisch aufgeregte« Dichtung, sprachlich geformter Ausdruck unmittelbaren (und durch Einsicht vermittelten) Gefühls; die Form entspringt der Not, die Schuld der über durchschnittliche Abstumpfung hinausreichenden, fürs Verpönte zugänglichen, individuierten Sensibilität abzudingen. Sie macht das Nicht-Kommunizierbare kommunizierbar, indem sie es schön geformt vor Augen und Ohren bringt. Das moderne Individuum aber gilt der Marxschen Theorie als »Ensemble gesellschaftlicher Verhältnisse«: ein über biologische und soziale Abhängigkeit von Mutter und Horde Hinausgekommenes, Vereinzeltes, das nichtsdestoweniger als ein Mikrokosmos die historischen und aktuellen Schicksale der Gattung repräsentiert. Das Individuum wird verstanden als der Knoten jener Kraftlinien, die zwischen Gesellschaft und Natur, Trieb und Gewissen, Klasse und Klasse laufen; als ein agierendes, sich bäumendes, resistentes Subjekt, das sich an den (äußeren und verinnerlichten) Verhältnissen, die es gebildet haben, in deren Erfahrung es sich verhärtete, ihnen widersprechend abarbeitet. Die Spur solcher Arbeit ist die Lebensgeschichte, in der sich Subjektives und Objektives unauflöslich verschränken.
Das lyrische Subjekt Biermann lebt im Schnittpunkt jener gesellschaftlichen Tendenzen und Schwerefelder, die die Entwicklung der ersten nicht-kapitalistischen deutschen Republik bestimmen. In Hamburg aufgewachsen, kam er als Siebzehn-

[1] Mit Marx- und Engelszungen. Berlin (Wagenbach) 1968.

jähriger ausgerechnet 1953 in die DDR, beschäftigte sich mit Philosophie und Theaterarbeit; nach dem XXII. Parteitag der KPdSU, der zweiten Welle der offiziellen Entstalinisierung, schrieb er die ersten politischen Gedichte; darin drangen Motive durch, wurden Worte laut, die andere, viele, sich noch verkniffen. Biermann hatte Erfolg, die Leute hörten seine Lieder gern. Ein deutscher Jewtuschenko, wurde er zum volkstümlichen Sänger einer Opposition, die noch kein politisches Organ hat. *Der* Ton wurde auch oben verstanden; und die Parteiführung, seit 1959/63 auf dem neo-shdanowistischen »Bitterfelder Weg«, schlug zurück: das XI. ZK-Plenum fror den kleinen Überbau-Teich, den Biermann, Heym und Havemann aufgetaut hatten, im Herbst vor drei Jahren wieder ein, in Furcht vor Seeungeheuern, wie sie einst dem Budapester Petöfi-Klub entstiegen waren.
Den Verfechtern der Illusionskunst des »Sozialistischen Realismus«, die vom Dichter »Glückseintopf« fordern, hat Biermann seine beiden großen »Tischreden« gehalten, in denen der Lieder-Koch anstelle der »verfluchten ideologischen Wassersuppen« »bittre Tropfen« verspricht, Gewürzgurken, Anchovis, Salz, »die Weisheit gestorbener Meere«, »Cayenne-Pfeffer, der lang nach dem Essen den Gaumen noch foltert«:

»Schafft in der Wirklichkeit mehr Glück!
Dann braucht ihr nicht so viel Ersatz
in meinen Worten.
Schafft euch ein süßes Leben, Bürger!
Dann wird mein saurer Wein euch munden.
Der Dichter ist kein Zuckersack!«

Kunst ist im Bunde mit emanzipatorischen Tendenzen, sofern sie sich selbst treu bleibt: ohne Heuchelei, Angst und Verdrängung die individuelle Erfahrung ausdrückt. Bis die Gattung sich zur Gesellschaft des Überflusses und der Anarchie vorgearbeitet hat, wird ihre ästhetische Produktion negativ bleiben; und das »Reich der Freiheit« selber wird keiner Illusion mehr bedürfen.
Biermann aber lebt in der noch immer reform-stalinistisch regierten DDR. Die Geschichte des Sozialismus im Nachkriegsdeutschland begann — nach dem Elend der Emigration und dem verzweifelten Heroismus der Untergrundaktionen — im Westen mit Kapitulation, im Osten mit dem Import der Resultate von Revolution und Thermidor. Der strukturell dem sowjetischen Modell postkapitalistischer Produktion angeglichenen DDR-Ökonomie wurde die bürokratische Herrschaft der SED aufgepfropft. Als die Arbeiter sich dort wirklich einmal regten, im Juni 1953, wurde die Bewegung von unten von den Schütz-

lingen der Thermidorianer als »faschistische Konterrevolution« verleugnet und niedergeschlagen. Der als Opium mißbrauchte »Marxismus-Leninismus«, der das antiquierte politische Regime rechtfertigen soll, läßt sich freilich nicht auf Dauer verfälschen. Zwischen Phrase und Realität tut sich ein Abgrund auf, dessen krampfhafte Leugnung das politische und kulturelle Leben der Republik mit dem Pesthauch von Opportunismus und Heuchelei erfüllt. Jeder freie Ausdruck muß unter solchen Verhältnissen sich gegen die bestehenden politischen Strukturen wenden, gegen die Usurpatoren der Staatsmacht im »Arbeiterstaat«, die die Chancen ihrer Macht und ihrer Privilegien mit denen des Sozialismus verwechseln. Darum liegt Biermann schief: »Ich will beharren auf der Wahrheit / ich Lügner«. Seine Lieder werden bitter. Und er sucht Trost, wo Generationen von Resignierten ihn suchten, abseits von Politik: in Natur und Liebe (»Von mir und meiner Dicken«). »Schlafen lege ich mich / unter die ewigen Kirschbäume unsrer Küsse, Marie / in die endlose Brandung unsrer Begierden, Marie . . .«
Freilich sind Biermanns Tröstungen dialektischer Art; es begründet den Rang seiner politischen Lieder, daß er jene traditionellen Zufluchtsstätten der an der Welt Leidenden entlarvt: Die Refugien sind keine (mehr). Natur und Liebe stehen nicht nur im Kontext von Technik und Klassenkampf, sondern sind von deren Frontlinien durchschossen. So wird das Liebeslager zum Widerlager für den kommenden »großen Streit«, und die Naturdialektik, aus der Brecht in den finstersten Zeiten Erbauung zog, läuft nur im Kreis (der Jahreszeiten): »Es betet ihren Rosenkranz / und gelassen die Natur / Wir aber/ Ja, aber wir« . . . Die Dialektik von Politik und Liebe ist vollendet in dem Vierzeiler »Hohe Huldigung für die Geliebte«, vielleicht dem schönsten der Sammlung:

»Und verschlossen deine Küsse
Niemals meine Lippen mir
Laut die Wahrheit auszuschrein
In den leisen Würgejahren.«

Biermanns Opposition setzt auf Reform der Partei. Nach allem, was geschehen ist: nach der Kapitulation von 1933, den Säuberungen, dem 17. Juni, den Ausschlüssen, dem prinzipienlosen Wechsel von Keifen und Kriechen gegenüber Jugoslawen, Chinesen und Tschechoslowaken, sind aber Zweifel an deren Reformierbarkeit geboten. Diese Partei hat sich entschieden zu viele »gute Füße« abgehackt; ihre Regenerationsfähigkeit ist erschöpft. Die vorhandenen Modelle einer mühsamen Ablösung vom Stalinismus, wie sie in andern

Volksdemokratien praktiziert wurden, lassen sich schwerlich auf die DDR übertragen. Eine deutsche Dubček-Gruppe, eine reformatorische Ersatzführung ist in der SED nicht zu sehen. Diese Ausweglosigkeit treibt Biermann mitunter zu falschen Tönen. In den »Drei Worte(n) an die Partei« ist sie ihm »Schwester«, »Bruder« und »Mutter«, die er um Wiedereinlaß in ihr »Gehege« bittet. Andernorts hingegen, so in der zweiten »Tischrede«, weiß er zwischen »Genossen« und denen, die er mit marxistischem Namen eine »privilegierte Kaste« nennt, scharf zu unterscheiden; man lese, wie er die bürokratischen Legenden in »Frage und Antwort und Frage« zerstört!

Der Kommunismus hat es schwer in Deutschland. Er wird bald fünfzig Jahre alt. Die Spartakus-Tradition ist im Osten an die wenigen Oppositionellen (und ihren schweigenden Massenanhang, über den es nur Vermutungen gibt), im Westen an die studentische Opposition und die kleinen, antistalinistisch-marxistischen Gruppen übergegangen. Biermanns »Oma Meume« in Hamburg, die alte Kommunistin, deren Lebensgeschichte er in einer »Moritat« erzählt, ruft in ihrer Not (»Und was hab ich erreicht? Bald bin ich tot«) Gott zu Hilfe. Er muß einspringen, wo, nach Faschismus (»Dann dieser Hitler, das vergeß ich nie / Wie brach unsre Partei da in die Knie«) und Stalinismus kein revolutionäres Klassensubjekt mehr in der deutschen Arena zu sehen ist.

»Mensch, Gott, Wär uns bloß *der* erspart gebliebn
Der Stalin, meintwegen durch ein Attentat
Gott, dieser Teufel hat es fast getriebn
— verzeih — wie ein Faschist im Sowjetstaat
Und war doch selbst Kommunist und hat
Milljonen Kommunisten umgebracht
Und hat das Volk geknecht mit all die Macht
Und log das Aas, daß sich die Balkn biegn
Was hat der Hund uns aufn Hund gebracht
O GOTT, laß DU den Kommunismus siegn!«

In »Drei Kugeln auf Rudi Dutschke« heißt es noch einmal naiv: »Es haben die paar Herren / So viel schon umgebracht / Statt daß sie *euch* zerbrechen / Zerbrecht jetzt ihre Macht!« Doch wie die Oma in Hamburg, so weiß der Enkel »in der bessren Hälfte«, daß die Voraussetzungen zum Macht-Zerbrechen noch nicht wieder geschaffen sind. Er weiß, daß der Frieden, den er ersehnt, vom guten Ausgang sozialer Kämpfe abhängt, den er — auf dem »Mont-Klamott« — im Ansehen eines Sonnenuntergangs antizipiert:

»Wir saßen, bis die Sonne
Im Häusermeer absoff
Sahn zu, wie da der Westen
Die rote Farbe soff
  Auf Kirchen und auf Schloten
  Die selben roten Pfoten
  Wir dankten Marx und Gott
  am Mont-Klamott.«

Soll der Westen rote Farbe saufen, muß erst Oma Meumes Gebet erhört werden: »Und mach mir drüben unsern Friedensstaat / So reich und frei, daß kein Schwein mehr abhaut . . .« Noch freilich geht es kaum in diese Richtung: »Das Land ist still / Die Menschen noch immer wie tot . . .« In diesem Frühsommer richteten die wirklichen Erben von Spartakus ihre Hoffnung auf Prag (und Paris):

»Dann hing ich im D-Zug im Fenster, und
Der Fahrtwind preßte mir Wind in' Mund
Die Augen gesteinigt vom Kohlestaub
Ohren von kreischenden Rädern taub
Hörte ich schwingen im Schienenschlag
Lieder vom Frühling im roten Prag . . .«

(15. 8. 1968)

Die sowjetische Intervention in der ČSSR

Fragen und Antworten

Die Erfahrungen von Paris, Sofia und Prag zeigen uns neuerlich, daß das, was die heterodoxen Marxisten seit vierzig Jahren unter dem Namen »Stalinismus« bekämpft haben, nicht tot ist, und daß es nötig ist, in bezug auf die Entwicklungsprobleme der Länder der »zweiten Welt« zu größerer Klarheit zu kommen. Hierzu ist vor allem erforderlich, die Geschichte der KPdSU und die der polnischen und ungarischen Aufstände des Jahres 1956 zu studieren, und: die marxistischen Diskussionen über den Charakter der Sowjetunion und der KPdSU zu rezipieren. Das nachfolgende Gespräch greift einige aktuelle Fragen, die sich aus der Besetzung der ČSSR ergeben, auf und versucht, sie einer vorläufigen Lösung näher zu bringen.

A. Während die Antikommunisten in aller Herren Ländern die durch den russischen Einmarsch entstandene Situation für ihre Zwecke zu nutzen suchen – indem die einen in die vietnamesische Pufferzone einmarschieren, die anderen ihre H-Bombe zünden, die dritten ihre Bombenpläne reaktivieren und das erschlaffte antikommunistische Verteidigungsbündnis wiederbeleben möchten, verbreiten die Propagandazentralen der kalten Krieger einen Rauchschleier der Solidarität mit dem tschechoslowakischen Volk und den guten Dubček-Kommunisten. Wir Linken sehen uns so unversehens in dubioser Nachbarschaft. Im Sprachgebrauch der kapitalistischen Presse ist der russische Einfall ein Beispiel für »Sowjet-Imperialismus«. Die Russen selbst sprechen von einem Schlag gegen die »Konterrevolution«. Beide Behauptungen sind offenbar unsinnig. Aber was ist der wirkliche Grund für die sowjetische Intervention?

B. Sofern man unter »Imperialismus« nicht einfach die gewalttätige Außenpolitik beliebiger »Großmächte« gegenüber schwächeren Nachbarn verstehen will, kann von Sowjet-»Imperialismus« nicht die Rede sein. Ein solcher Begriff wäre nichts als eine leere Abstraktion, die unser politisches Urteil auf die ethisch-ahistorische Dimension einengt und uns am Begreifen der Klassen-Funktion politischer Akte hindert. Keine der »klassischen« Imperialismus-Definitionen (»das monopolistische Stadium des Kapitalismus«, »Kolonialpolitik der monopolistischen Beherrschung des

Territoriums der restlos aufgeteilten Erde«: Lenin; »die Periode der allgemein verschärften Weltkonkurrenz der kapitalistischen Staaten um die letzten Reste des nichtkapitalistischen Milieus der Erde«: Luxemburg) erlaubt, den Imperialismus-Begriff aus dem Zusammenhang kapitalistischer Verwertungsprobleme herauszulösen und ihn als einen rein politischen Begriff zu ideologischen Manipulationen zu verwenden. »Gegenwärtig beschreiben nicht nur ›Demokraten‹, sondern sogar die Bourgeoisie der demokratischen Länder die sowjetische Politik als imperialistisch. Das Ziel der Bourgeoisie ist durchsichtig: Es geht darum, die gesellschaftlichen Widersprüche zwischen kapitalistischer und sowjetischer Expansion auszulöschen, das Problem des Eigentums (an Produktionsmitteln) unter den Tisch fallen zu lassen und so den wirklichen Imperialismus zu unterstützen«, schrieb Trotzki 1939 aus Anlaß des finnisch-sowjetischen Krieges.

A. Was aber meint die sowjetische Führung mit »Konterrevolution«, »kapitalistischer Restauration«, »imperialistischer Subversion«? Zweifellos unterliegen die Staaten des sogenannten »sozialistischen Lagers« noch immer imperialistischem Druck ökonomischer und politisch-militärischer Art; und die imperialistischen Mächte hoffen, daß jede ideologisch-politische Differenzierung unter kommunistischen Staaten oder Parteien ihnen Vorteile bringt. Aber was ist das für ein »Sozialismus«, der nach zwanzigjähriger Herrschaft nur durch militärische Intervention der Roten Armee vor der »Konterrevolution« gerettet werden kann?

B. Die Gesellschaftssysteme der »Satellitenländer« wurden gegen Ende der vierziger bzw. zu Anfang der fünfziger Jahre im Zuge einer »Revolution von oben« der ökonomisch-politischen Struktur der Sowjetunion angeglichen, d. h.: die Errungenschaften der Revolution und des Thermidors wurden gleichermaßen exportiert. Die »Revolution von oben« mit Hilfe der Sowjetarmee war zwar keine marxistisch-bolschewistische Konzeption, aber Stalin nutzte — entgegen seiner eigenen Doktrin vom möglichen Aufbau des »Sozialismus« in einem einzigen Lande (eben der Sowjetunion) — seine Chance, wie er sie 1939 gegenüber Polen und Finnland genutzt hatte. Lediglich Tuchatschewski hatte vor ihm (zu Beginn der zwanziger Jahre) den militärischen »Export« der Revolution für möglich gehalten. Lenin und Trotzki hielten daran fest, daß die Rote Armee im internationalen Klassenkampf nur eine unterstützende Rolle spielen könne, also allenfalls einer bedrohten Revolution zu Hilfe eilen dürfe.

A. Was ist mit »Thermidor« gemeint? – Und war nicht die strukturelle Assimilation Osteuropas nach dem Zweiten Weltkrieg dennoch ein Fortschritt?

B. Unter »Thermidor« versteht man – in Analogie zum Sturz der Jakobinerherrschaft im Juli 1794 – die Entmachtung der Arbeiterräte in Sowjetrußland durch die Parteibürokratie. Die Bolschewiki waren auf Grund ihrer seit dem Sommer 1917 in den »Sowjets« errungenen Mehrheit zur Macht gekommen. Alle politischen und wirtschaftlichen Institutionen sollten – gemäß der ersten sowjetischen Verfassung vom 10. Juli 1918 – auf den Arbeiter-, Bauern- und Soldatenräten basieren und von diesen demokratischen Basisorganisationen kontrolliert werden. Die Entmachtung der Arbeiterräte vollzog sich in der Sowjetunion während der zwanziger Jahre unter den Bedingungen der Isolierung der proletarischen Revolution in den Grenzen der ökonomisch und kulturell rückständigen, vom Bürgerkrieg ruinierten Sowjetunion. Das kleine, zur Herrschaft berufene Industrieproletariat der großen Städte wurde von Krieg, Bürgerkrieg und Stadtflucht aufgerieben, so daß Schljapnikow, der Führer der »Arbeiteropposition«, bereits 1921 von den Bolschewiki als von einer »Avantgarde ohne Klasse« sprach. An die Stelle des Proletariats rückte – als historisches Subjekt der »Diktatur« – der bürokratisch-zentralisierte Parteiapparat der Stalin-Fraktion, der zum politischen Organ der – in einer Gesellschaft des Mangels und der Ungleichheit – privilegierten Führungsschichten in Staat, Heer und Wirtschaft wurde, da er sich von jeder wirksamen Kontrolle durch ein politisch bewußtes, selbständig handelndes Proletariat freihielt. Der bürgerliche wie der sowjetische Thermidor stellen eine politische Reaktion dar, die die revolutionär veränderten Produktionsverhältnisse unangetastet läßt, da die »Thermidorianer« selbst deren Nutznießer sind. Der Sowjet-Thermidor gipfelte in der politischen und physischen Liquidierung jener Parteifraktionen und ihres Anhangs, die noch in den späten zwanziger Jahren sich zu Anwälten der Sowjetdemokratie gemacht hatten. – Es entstand so ein nachkapitalistisches Gesellschaftssystem, von dem man sagen kann, daß zwar die Produktionsmittel dem Staat, der Staat aber der Bürokratie – statt den Arbeiterräten – »gehört«. Und der militärische Export dieses Systems war »fortschrittlich«, sofern er – im objektiven Interesse und gelegentlich unter aktiver Beteiligung der Arbeiterschaft (vor allem in jenen Ländern, in denen es eine Résistance gegeben hatte) – sozialistische an die Stelle von kapitalistischen Produktionsverhältnissen setzte (Staatseigentum an Produktionsmitteln, Außenhandelsmonopol, Planwirtschaft), und war reaktionär zugleich, sofern er die thermidorianische Ausschaltung der Massenspontaneität und jeder Kontrolle von unten auf die neuen sozialistischen Systeme gewaltsam übertrug.

A. Kann man also sagen, daß in der Sowjetunion wie in den »Satelliten« die »Diktatur des Proletariats« in jenem Sinne besteht, wie man von der »Diktatur« der Bourgeoisie spricht, gleichgültig, wie die politische Herrschaftsform, die diese Diktatur – die kapitalistische Produktionsweise – überbaut, jeweils beschaffen ist?

B. »Objektiv«, also unter dem Aspekt der Produktionsweise, besteht in diesen Ländern die Diktatur des Proletariats, obgleich die Proletarier politisch nichts zu sagen haben. Unter bürgerlichen Verhältnissen findet sich ein Pendant dazu in den bonapartistischen oder faschistischen Herrschaftssystemen auf kapitalistischer Basis.

A. Und die Perspektive der Entwicklung in den Gesellschaften des »sozialistischen Lagers« wäre dann die Ablösung der bürokratischen Diktatur durch die politische Diktatur der Arbeiterklasse selbst, die Beseitigung der Privilegien, die der Bürokratie aus den usurpierten Planungs- und Leitungsfunktionen der sozialisierten Wirtschaft erfließen – die Herrschaft einer Demokratie vom »Kommune-Typus«. – Aber, was heißt unter diesen Umständen »Konterrevolution«? Kann sie, nach zwei Jahrzehnten der bürokratischen Herrschaft auf sozialistischer Basis, durch eine *Reform* der Planwirtschaft, wie sie Ota Šik konzipiert hat, ausgelöst werden, oder durch die Einführung der Pressefreiheit?

B. Das ist ebensowenig möglich wie umgekehrt auf dem Wege bloßer Reformen der Kapitalismus sich in den Sozialismus umwandeln läßt. Eine Re-Privatisierung der Produktionsmittel ist nur durch imperialistische Invasion und einen Bürgerkrieg möglich, der zugunsten der imperialistischen Angreifer ausgeht. Šiks Reformen laufen, ebenso wie diejenigen von Liberman in der Sowjetunion, darauf hinaus, durch den Einbau von Marktmechanismen das rigide Planungssystem elastischer dem realen Bedarf anzupassen. Die Reformer glauben, die Irrationalität bürokratischer Planung lasse sich durch die Installierung selbstregulierender Marktmechanismen lindern. Aber der Marktautomatismus ist eben eine Gestalt der Entfremdung, die – im Rahmen sozialistischer Produktionsweise – aufzuheben ist. Fehlinvestitionen und Disproportionalitäten zwischen Produktionssektoren lassen sich nur dann vermeiden, wenn die Präferenzen in demokratischer Diskussion festgelegt werden (statt durch bürokratische Dezision).

Das aber rührt an die Grundfesten der bürokratischen Macht und wird von den Reformern nicht in Erwägung gezogen. Statt dessen setzen sie auf Dezentralisierung und auf ein Prämiensystem, was beides die Autonomie der Betriebsleitungen stärkt. Der soziale Sinn dieser Reform ist eine Machtverschiebung zugunsten des lokalen Managements, die nur durch Arbeiterselbstverwaltung in den Betrieben zu parieren wäre. Die Unternehmenspolitik soll sich — im Rahmen des allgemeinen Plans — an realen Kosten und Rentabilitäten nicht nur orientieren, sondern die Betriebsleiter sollen Investitionen in eigener Regie gemäß dem Profitprinzip vornehmen bzw. unterlassen. In der Folge müssen die Arbeiter mit Arbeitslosigkeit und Reduktion der nicht-profitorientierten Sozialleistungen rechnen. All dies verschiebt das Kräfteverhältnis zwischen Bürokratie und Klasse, ändert indessen nichts an den sozialistischen Eigentumsverhältnissen.

A. Was aber macht dann die Politik der Dubček-Gruppe in den Augen der Sowjetführer und ihrer Paladine so gefährlich?

B. Sie fürchten in der ČSSR eine »ungarische« Entwicklung. Novotny hat noch selbst die Tradition der Schauprozesse, die Gottwald, der tschechoslowakische Stalin, in den frühen fünfziger Jahren veranstaltete, fortgesetzt. Die Krise der tschechoslowakischen Wirtschaft konnte nur behoben werden, wenn eine reformfreudige Ersatzführung stark genug war, die Novotnygruppe abzulösen. Die Männer um Dubček mußten in diesem Frühjahr, um mit Novotny und seinen Anhängern fertig zu werden, die Pressefreiheit einführen, von der in erster Linie die kritische Intelligenz profitierte. Rasch begann eine Aufarbeitung der Vergangenheit, die binnen weniger Monate den in der Sowjetunion erreichten Stand der Ent-Stalinisierung hinter sich ließ (vgl. die Publikationen linkskommunistischer Gruppen in »Literárni Listy« und »Informacni Materialy«). Dubček ging an eine großzügige Auswechslung des politischen Führungspersonals und versuchte, der KPČ neue, reformfreudige Kader zu gewinnen. Vor wenigen Tagen noch wurde das Statut der Partei dahingehend geändert, daß eine überstimmte Minderheit innerhalb der Partei bei ihrer Meinung bleiben darf — ein erster Schritt zur Aufhebung des Fraktionsverbots. — Auch die russischen Intellektuellen und Arbeiter, auch die der DDR, Polens, Ungarns und Bulgariens könnten sich die tschechoslowakischen Reformvorstellungen zu eigen machen — für die neuen Freiheiten kämpfen. Die sowjetische Führung fürchtet um ihr Machtmonopol.

A. Aber in welche Richtung gehen diese Reformer? Da ist viel von »Liberalisierung« die Rede, von *»bürgerlichen«* Grundregeln und Freiheiten, vom Parlament. Sind das nicht historisch überholte Forderungen? Ferner hat der russische Einmarsch eine starke *nationalistische,* antirussische Stimmung bei der tschechoslowakischen Bevölkerung ausgelöst. Vielleicht wird sich die ČSSR nun für neutral erklären und aus dem Warschauer Pakt ausbrechen. Schon Rosa Luxemburg hat 1918 vor solchem »Separatismus« als vor einem »rein bürgerlichen Fallstrick« gewarnt.

B. Tatsächlich waren die Abschaffung der Zensur, die Herstellung der Meinungsfreiheit und anderer Grundrechte in der europäischen Geschichte Errungenschaften des revolutionären Bürgertums. Der Marxismus steht kritisch zu jenen Grundrechten, die ohne Rücksicht auf die wirklichen Lebensbedingungen der Individuen postuliert wurden. Der Philosoph Ivan Sviták hat aber jüngst seine Genossen in der ČSSR gemahnt, »nie zu vergessen, daß Marx die bürgerlichen Rechte erweitern wollte, aus bloß formalen reale machen, nicht aber die formalen abschaffen wollte« (»Mit dem Kopf gegen die Wand«, in: »Student« vom 10. und 17. 4. 1968)[1]. Nach Jahrzehnten stalinistischer Herrschaft ist die Wiederherstellung auch nur der *formalen* Freiheitsrechte wieder aktuell. Dann freilich muß man sie »materialisieren«, z. B. die Pressefreiheit durch Sicherung des Zugangs zu Papiervorräten und Druckmaschinen für *alle* politischen Gruppen, die sich im Rahmen der sozialistischen Verfassung bewegen. — Und das »autonome Parlament« ist nur eine — ungleichzeitige — Larvierung der Forderung nach dem Fraktionsrecht, nach konkurrierenden Arbeiterparteien, nach politischen Arbeiterräten — einem »Demokratismus für die Massen« (Lenin). Jener Klassenkompromiß, der in kapitalistischen Gesellschaften während bestimmter Phasen die parlamentarische Herrschaftsreform möglich macht, ist in nachkapitalistischen Gesellschaften zugunsten des Proletariats aufgelöst. Die Ideologie des Parlamentarismus ist von den Marxisten theoretisch schon vor Jahrzehnten entlarvt worden; ein »Parlament« im Kontext sozialistischer Produktionsweise wäre keines mehr. — Der stalinistische Monolith zersplitterte seit 1953 entlang nationaler Bruchlinien. Gegenüber der Politik »des großrussischen Chauvinisten, ja im Grunde Schurken und Gewalttäters, wie es der typische Bürokrat ist«, erlangt der Nationalismus in den sozialistischen Randstaaten Rußlands wohl zum letzten Male progressive Funktion. Lenin, der

[1] Vgl. Sviták, Verbotene Horizonte. Prag zwischen zwei Wintern. Freiburg (Rombach) 1969, S. 48–70.

die eben gegebene Charakterisierung im Dezember 1922 aus Anlaß der Stalinistischen »Säuberung« in Georgien niederschrieb (Brief an den Parteitag, Werke, Bd. 36), wußte zwischen dem Nationalismus großer, herrschender und kleiner, unterdrückter Nationen zu unterscheiden: »Eine Sache ist die Notwendigkeit, uns gegen die westlichen Imperialisten zusammenzuschließen . . . Eine andere Sache ist es, wenn wir selbst, sei es auch nur in Kleinigkeiten, in imperialistische Beziehungen zu den unterdrückten Völkerschaften hineinschlittern und dadurch unsere ganze prinzipielle Aufrichtigkeit, unsere ganze prinzipielle Verteidigung gegen den Imperialismus völlig untergraben.«

A. Soviel ich weiß, ist die Rätedemokratie, wie sie zuletzt von den ungarischen Arbeitern 1956 praktiziert wurde, gekennzeichnet durch die allgemeine Bewaffnung der Arbeiter, die Auflösung der geheimen Sicherheitsorgane, die Trennung von Staat und Partei, Organisationsfreiheit für alle Parteien, die sich im Rahmen der Verfassung bewegen. Wirkliche Presse- und Versammlungsfreiheit, Begrenzung der Funktionärseinkünfte auf den Lohn eines qualifizierten Arbeiters, »Rotation« in allen Führungspositionen, »industrielle Autonomie« (Korsch) in der Wirtschaftsverwaltung und anarchische Freiheit in der Sphäre von Kunst und Literatur. Ist Dubček ein Verfechter dieser Arbeiterdemokratie?

B. Die Männer der Dubček-Gruppe entstammen einer stalinistischen Partei, die die Traditionen der Rätebewegung seit Jahrzehnten systematisch unterdrückte und keinen schlimmeren Feind kennt als die Spontaneität der Massenbewegung. Seine politischen Reformen sollten die Ausschaltung der Novotny-Gruppe und die Durchsetzung von ökonomischen Neuerungen ermöglichen, ohne das Herrschaftsmonopol der einen kommunistischen Partei anzutasten. Daß solche Reformen Nebenfolgen und Weiterungen haben, die ihre Urheber nicht einkalkulierten, kann man ihnen nicht zugute halten. Aber Dubčeks Reformen, vor allem die Pressefreiheit, sind eine unabdingbare Voraussetzung für jeden weiteren Schritt auf dem Wege zur Arbeiterdemokratie, sind conditio sine qua non eines Wiedererwachens der Arbeiterschaft aus politischer Apathie. In den Monaten der Auseinandersetzung mit der Führung der KPdSU und den anderen Parteien des Blocks ist Dubček in die Rolle eines tschechoslowakischen Nagy hineingewachsen, an den sich augenblicklich alle Hoffnungen auf einen nationalen Reformkommunismus heften. Freilich ist festzuhalten, daß die »Demokratisierung von oben« bisher — abgesehen von der Aufhebung der Zensur — nur einen personellen Wechsel gebracht hat, keine Veränderung der Herrschaftssituationen. »Gegenwärtig«, schrieb Sviták im April, »wirkt sich der Demokratisierungsprozeß nur auf die Machtelite und eine kleine Schicht von Intellektuellen, Studenten und Schriftstellern aus ... Der Rest der Bevölkerung wird in gewohnter Weise manipuliert ... Die Demokratie wird den Massen ebenso auferlegt, wie früher die Diktatur, nämlich ohne ihre Beteiligung ...« – Doch auch hier scheint sich ein Wandel anzubahnen: Der 14. Parteitag tagte, nach Presse- und Funknachrichten, im Schutz der Belegschaft eines großen Prager Industriebetriebes, und die Organisation des Generalstreiks gegen die Besatzungstruppen liegt in den Händen von Fabrikkomitees. Es scheint, als brächte die sowjetische Okkupation zustande, was die Dubček-Gruppe bisher sorgsam vermieden hat: die Mobilisierung der Arbeiterklasse selbst. Damit hätten die antistalinistischen Reformen ihre Klassenbasis gefunden und die sowjetische Intervention würde zum Bumerang, der dem Neostalinismus den Garaus macht.

(25. 8. 1968)

Parvus-Helphand: Revolutionär und Spekulant[1]

Als er im Dezember 1924 starb, nannten ihn manche den »stärksten Kopf der zweiten Internationale« (K. Haenisch), andere (Zetkin, Radek) nannten ihn im gleichen Atemzug einen Verräter an der Arbeiterklasse und einen Kriegsgewinnler.

Das Leben Helphands ist eine drastische Parabel für Größe und Verfall der II. Internationale — für deren Entwicklung von der Organisation der internationalen Revolution zum Burgfrieden mit dem nationalen Imperialismus.

Mit seinen revolutionären Theorien, seiner Unmoral, seiner Geschäftstüchtigkeit und seinem Reichtum sprengte Parvus den Rahmen der reformistischen, puritanisch-kleinbürgerlichen SPD. Gerüchte über Frauenaffären, über illegitime Kinder und im Stich gelassene Geliebte verfolgten ihn ebenso hartnäckig wie die Ausweisungsbefehle der Polizei. »Dieser Abenteurer mit dem Bauch eines Falstaff und dem Schädel eines Großhirnmenschen, mit dem Wissen eines Gelehrten und der Geschäftsenergie eines gerissenen Börsenspekulanten ist unseren Bürokraten unheimlich. In Halbasien mag diese Mischung von politischem Condottiere und Industriekapitän am Platze sein . . .«

Alexander I. Helphand wuchs auf in jenem Odessa, das Isaak Babel beschrieben hat. Das Gymnasium besuchte er gemeinsam mit dem späteren Marx-Forscher Rjasanow. Im Jahre 1887 begann er in Basel bei Karl Bücher das Studium der Nationalökonomie und promovierte 1891 mit einer kritischen Studie über »Technische Organisation der Arbeit (›Cooperation‹ und ›Arbeitsteilung‹)«. Zur gleichen Zeit studierten in Zürich bei Julius Wolf einige polnische Sozialisten: Leo Jogiches, Rosa Luxemburg, Julian Marchlewski-Karski und Adolf Warzawski-Warski. Sie alle betrieben ihr Studium zwecks Vorbereitung der sozialistischen Revolution. Im Sommer 1891 siedelte Dr. Helphand nach Stuttgart über, wo er an Zetkins »Gleichheit« und Kautskys »Neuer Zeit«, dem theoretischen Organ der SPD, mitarbeiten konnte. Parvus war der erste einer ganzen Gruppe von Emigranten aus Rußland—Polen, die sich westlichen Arbeiterparteien anschlossen; er wählte

[1] W. B. Scharlau und Z. A. Zeman, »Freibeuter der Revolution«. Parvus-Helphand. Eine politische Biographie. Köln (Verlag für Wissenschaft und Politik) 1964.

sich die deutsche Sozialdemokratie, die »Hochburg des Sozialismus«, zum »neuen Vaterland«. In Rußland gehe der Kampf um eine demokratische Verfassung, in Deutschland bereits um den Sozialismus; dem Klassenkampf in Deutschland komme daher eine weitaus größere Bedeutung zu für den internationalen Sozialismus.

Helphand war mit der Elite des revolutionären Marxismus befreundet und vermittelte Kontakte von historischer Bedeutung. Er war es, der die SPD 1892 dazu bewegte, die marxistische Plechanow-Gruppe statt der Narodniki-Bewegung zu unterstützen; in seiner Wohnung in Schwabing trafen Rosa Luxemburg und Lenin erstmals zusammen, hier wurden auch die ersten acht Nummern der »Iskra« hergestellt; Parvus ließ als erster Rosa Luxemburg in der SPD-Presse zu Worte kommen – sie besuchte ihn und Leo Deutsch von Warschau kommend im Jahre 1906 im Petersburger Untersuchungsgefängnis –, beide verbrachten gemeinsam im Jahr darauf Ferien am Gardasee; mit der Familie Trotzki machte Parvus im Sommer 1907 eine große Wanderung von Dresden nach Böhmen, Trotzki wurde von Parvus bei Kautsky eingeführt; in Konstantinopel war Parvus eng mit Christian Rakowski befreundet.

Helphand stand in der deutschen Partei auf dem linken Flügel, da er fürchtete, daß der »Fortbestand der kapitalistischen Ordnung zu einer politischen Schuld der Sozialdemokratie werden könne. Es ist nicht möglich, Ereignisse zu machen. Aber es ist möglich, die Entwicklung zu verzögern. Dagegen kämpft der revolutionäre Gedanke. Er kämpft gegen die politische Dummheit, gegen alle Unklarheit, Feigheit und Unentschlossenheit, die die politische Entwicklung verlangsamen. Er ist kein unabhängiger politischer Faktor, aber er ebnet den Weg der Geschichte« (Iskra, 1904). Seine Tribüne war neben der »Neuen Zeit« vor allem Schönlanks »Leipziger Volkszeitung« (1895) und später die »Sächsische Arbeiterzeitung« (1896–1898). Gedeckt durch die Dresdener Lokalorganisation attackierte er schonungslos die prominenten Vertreter des Revisionismus und Zentrismus. Als er 1898 ausgewiesen wurde, übergab er Rosa Luxemburg die Redaktion der »Arbeiterzeitung«. 1894 und 1897 eröffnete er die Auseinandersetzung mit Georg v. Vollmar und Eduard Bernstein: »Wenn man ... nicht mehr vermag, die Theorie und die Praxis miteinander in Einklang zu bringen, die Praxis aus der Theorie zu erklären, die theoretischen Sätze in die Praxis umzusetzen, so ist das ein sicheres Zeichen, daß auf der einen oder anderen Seite etwas falsch ist.« Später griff er den ungedeckten Optimismus und die Passivität der Parteiführung Bebel-Kautsky an, erklärte die Zusammenbruchstheorie für falsch und verdammte die daraus abgeleitete Vorstellung eines in ferner Zukunft liegenden Endkampfes, der alle Untätigkeit in der Gegenwart rechtfertige. Seine Position lag zwischen den sich herausbildenden Fraktionen der SPD; Paul Frölich charakterisierte sie (in der »Roten Fahne« vom 21. 1. 23) rückblickend als »revolutionären Realismus«. Gegen Luxemburgs »Revolutionismus« schrieb Parvus, man dürfe nicht gleich mit der maximalen Forderung beginnen, sondern müsse unter Berücksichtigung der realen Situation die Kampfziele allmählich steigern (1910). Die Verbindung zwischen Tageskämpfen und Endziel könne nur durch eine »permanente revolutionäre Kette« zugkräftiger Teilziele und Kampflosungen geschaffen werden, durch Übergangsforderungen, für deren Durchsetzung man die Organisation in den Kampf führt. Er forderte die Partei und die Gewerkschaften als proletarische Kampforganisation auf, gemäß der Parole des Gründungskongresses der II. Internationale (1889) für die sofortige Einführung des Acht-Stunden-Tags zu kämpfen.

In der Widerlegung der Thesen Bernsteins entwickelte Helphand seine Theorie des Weltmarkts, der Krisen und des Imperialismus.

Der Weltmarkt greife als Regulativ in den von Marx beobachteten zehnjährigen Krisenzyklus ein, seine Erweiterung führe zu langfristigen Konjunkturen (1896, 1902). Die enge Form der Nationalstaaten werde von den sich entfaltenden Produktivkräften gesprengt. An ihre Stelle trete die Konkurrenz ganzer Weltteile um Rohstoffe und Absatzmärkte, die im Weltkrieg gipfelte, der seinerseits die Weltrevolution produziere (1904). Imperialismus sei wirtschaftlicher Konkurrenzkampf der Industriestaaten mit militärischen Mitteln (vgl. Parvus, Die Kolonialpolitik und der Zusammenbruch, 1907).

Bereits 1892 hatte Helphand in seiner Analyse der russischen Hungersnot im »Vorwärts« geschrieben, es sei eine Illusion, die politische Revolutionierung Rußlands vom Bürgertum zu erwarten. 1904 entwickelte er das Programm der russischen Revolution in der Iskra-Artikelreihe »Krieg und Revolution«: »Der Weltprozeß der kapitalistischen Entwicklung führt zum politischen Umsturz in Rußland – dieser Umsturz muß sich auf die politische Entwicklung der kapitalistischen Länder der ganzen Welt ausdehnen. Die russische Revolution erschüttert die kapitalistische Welt in ihren politischen Grundlagen, und das russische Proletariat kann die Rolle der Avantgarde der sozialen Revolution übernehmen. Indem wir den politischen Kampf des Proletariats in Rußland verfolgen, gelangen wir zu den weltweiten Perspektiven des internationalen Sozialismus.« Hiermit sind zugleich die zentralen Elemente der

»Theorie der permanenten Revolution«[2] bezeichnet, die von Parvus beigesteuert wurden. Leo Trotzki schreibt in seiner Autobiographie über seine »intellektuelle Partnerschaft« (Deutscher) mit Parvus: »Parvus beherrschte die marxistische Methode vollkommen ... Seine alten Arbeiten haben mir die Fragen der sozialen Revolution näher gebracht und die Machteroberung des Proletariats aus einem astronomischen ›Endziel‹ in eine praktische Aufgabe unserer Zeit verwandelt« (»Mein Leben«, S. 159). In Helphands »Vorwort« zu der Broschüre Trotzkis »Vor dem 9. Januar« (den »Aprilthesen« der ersten Revolution!) heißt es: »Nur die Arbeiter können in Rußland den revolutionären Umschwung vollenden. Die revolutionäre provisorische Regierung in Rußland wird eine Regierung der Arbeiterdemokratie sein« (31. 1. 1905). Nach der russischen Revolution erst – an der sie beide führenden Anteil hatten – bildete sich eine Differenz in ihren Anschauungen heraus. Während Parvus daran festhielt, daß die sozialdemokratische provisorische Regierung keine sozialistische Umwälzung vollziehen könne, meinte Trotzki, die einmal an die Macht gekommene Arbeiterklasse werde durch die Logik der Situation gezwungen sein, zu sozialistischen Maßnahmen zu greifen. Dieser antikapitalistische Kurs könne jedoch nur durch die proletarische Revolution in den hochentwickelten Ländern Westeuropas gedeckt werden. Parvus' Konzeption der »Arbeiterdemokratie« entsprach weitgehend der damaligen Leninschen Formel der »demokratischen Diktatur der Arbeiter und Bauern«. Rußland müsse erst den industriellen Aufbau vollenden, ehe es den Sozialismus einführen könne; *Sozialismus sei Umgestaltung, nicht Aufbau einer Industriegesellschaft.*

In zwei größeren Arbeiten, die 1910/11 erschienen (»Der Staat, die Industrie und der Sozialismus«; »Der Klassenkampf des Proletariats«), hat Helphand eine Summe seiner politischen Theorien gegeben. Er versuchte darin, sich Klarheit zu verschaffen über die politisch-ökonomischen Aufgaben der Sozialdemokratie *nach* der Machteroberung: »Dieses wissenschaftliche Problem aufgrund einer Analogie des modernen Kapitalismus zu lösen, ist das wichtigste theoretische Problem der lebenden Generation.« Helphand schlug als ersten Schritt zur Planwirtschaft die Sozialisierung der Banken vor. Staatliche und kommunale Betriebe würden dann allmählich die privaten Unternehmungen auskonkurrieren. Die Verstaatlichung der Produktionsmittel ändere jedoch »nur die Form der kapitalistischen Herrschaft«. Der Staat werde dadurch mit ungeheuren Machtbefugnissen ausgestattet. Zwar sei er theoretisch Werkzeug des die Mehrheit der Bevölkerung repräsen-

[2] Vgl. im vorliegenden Band S. 16–19.

tierenden Proletariats – das verhindere aber keineswegs den möglichen praktischen Mißbrauch dieser Staatsmacht. Nur die proletarischen Organisationen, vor allem die Gewerkschaften, könnten eine wirksame Kontrolle der Staatsmacht ausüben; nur sie seien stark genug, das Interesse des Einzelnen gegenüber der Klasse und das der Klasse gegenüber dem Staate zu wahren.

Dieses Programm der *Arbeiterdemokratie* ist das Bindeglied zwischen Helphands Theorie der russischen und der deutschen Revolution.

Um die Jahrhundertwende hatte Helphand die deutsche Partei gründlich verärgert und fand keine Publikationsmöglichkeiten mehr in ihrer Presse; er wandte sich daher wieder mehr den Problemen der russischen Partei zu, half bei der Publikation der »Iskra« und kritisierte Lenins Parteikonzeption. Seine führende Rolle in der ersten russischen Revolution verschaffte ihm in der deutschen Partei neuerlich großes Prestige, das dann durch eine dunkle Finanzaffäre, in die er verwickelt war, aufgezehrt wurde. Parvus zog sich daraufhin vom deutschen Schauplatz zurück und begab sich nach Konstantinopel, wo seine Schriften die Auflagen von Marx-Engels-Bebel bereits überrundet hatten. Hier beginnt nun das Leben eines ganz anderen Parvus', der »von einem ungewöhnlichen Wunsch besessen war: reich zu werden« (Trotzki). Er schrieb Aufsätze über Finanzfragen, gründete Banken und brachte es in den Jahren 1912–1914 im Zuge der Kriegsvorbereitungen der Türkei zum Millionär. »Die Erkenntnis, daß ›Kapital und Beziehungen‹ zum Erfolg erforderlich waren ... verwandelte geradezu seine Persönlichkeit.« In dieser Zeit muß Helphand auf den unseligen Gedanken verfallen sein, »bis zu den Schalthebeln der Macht vorzudringen, um ebendiese Macht zur Umwandlung der bestehenden Gesellschaftsordnung zu verwenden.« Von nun an lebte Helphand in der Überzeugung, »daß er mit genügend Geld jeden politischen Zweck erreichen konnte«. Als der Erste Weltkrieg ausbrach, den er längst vorhergesehen hatte, propagierte Helphand als Hauptkriegsziel die Niederwerfung des russischen Absolutismus. Deutschland müsse als Brückenkopf des Sozialismus gegen den Zarismus verteidigt werden.

»Was er allerdings übersah, war die Tatsache, daß Deutschland trotz der Sozialdemokratie ein halbabsolutistischer Militärstaat war, der weder fortschrittlich noch demokratisch genannt werden konnte ... Er nahm Partei für den deutschen Generalstab, weil er den Zarismus haßte.« »Seine Sorge um den deutschen Sieg machte ihn gleichzeitig zu einem erbitterten Gegner jeder innerdeutschen Revolutionsbewegung«, er hielt die »sentimentale Richtung« um Liebknecht für besonders gefährlich, »weil sie die Kampfbereitschaft der proletarischen Massen gefährde«. Parvus wurde damit nicht nur zum Befürworter des »Burgfriedens« — wie die rechten Sozialdemokraten —, sondern zum Handlanger der »Revolutionierungspolitik« des deutschen Generalstabs und des Auswärtigen Amts. »Die Interessen der deutschen Regierung seien mit denen der russischen Revolutionäre identisch« (Parvus gegenüber Botschafter Wangenheim). Von Konstantinopel und später von Kopenhagen aus versuchte Helphand publizistisch und organisatorisch den militärischen Widerstand des Zarenreiches zu zersetzen. Für diese Unternehmungen floß ein wahrer Strom von Geld, Millionen von Mark und Rubeln auf ihn herab, die er auf den verschiedensten Kanälen in die Hände der nationalen und sozialistischen oppositionellen Organisationen zu spielen versuchte. Ursprünglich mag er geglaubt haben, *er* benutze Diplomatie, Heeresführung und Geldmittel des kaiserlichen Deutschlands, um den Sozialismus schließlich zur führenden Kraft in Europa zu machen, und tatsächlich tragen seine Äußerungen aus der Kriegs- und Nachkriegszeit noch lange diesen ambivalenten Charakter. Doch die Stimme des Revolutionärs Parvus wurde bald, wie es den wirklichen Machtverhältnissen entsprach, von der des imperialistischen Agenten übertönt. Helphand wurde zum federführenden Organisator der deutschen Regierung für die Revolutionierung Rußlands. »Parvus avancierte um den Preis seiner sozialistischen Integrität zum wohlgelittenen diplomatischen Berater.« Graf Brockdorff-Rantzau, der deutsche Botschafter, mit dem Helphand in Kopenhagen zusammenarbeitete, glaubte die russische Revolution als Mittel der deutschen Ostpolitik verwenden zu können, deren Maxime der Reichskanzler Bethmann Hollweg am 11. August 1915 folgendermaßen formulierte: »Zurückdrängung des Moskowiterreiches nach Osten unter Absplitterung seiner westlichen Landesteile.« Die revolutionären Sozialisten brachen die Beziehungen zu Parvus ab. Trotzki schrieb 1915 in seinem »Nachruf auf einen lebenden Freund«, man müsse Parvus nun unter die politisch Verstorbenen rechnen.

Gegenüber deutschen Diplomaten führte Helphand aus: »Meine letzte Idee war eigentlich, die französische Armee für immer zu vernichten, Rußland durch die Aufteilung zu verhindern, wieder eine große Armee aufzustellen, und allein in Deutschland eine ganz Europa beherrschende Riesenarmee aufzustellen . . .« Der deutsche und österreichische Auswandererstrom, der bisher nach Übersee gegangen sei, solle nach dem Kriege nach Rußland geleitet werden, um dadurch die Basis des deutschen Volkstums nach Osten hin zu erweitern. Publizistisch wirkte Parvus in der Kriegs- und Nachkriegszeit durch seine Zeitschrift »Die Glocke«, die seit September 1915 erschien, und für die vor allem rechte Sozialdemokraten schrieben (Haenisch, Lensch, David, Cunow, Heilmann, Jansson u. a.). Lenins Urteil darüber: »rundum eine Kloake des deutschen Chauvinismus«. Praktisch wirkte Parvus durch indirekte Subventionierung der russischen Streikbewegungen zu Anfang des Jahres 1916; er hatte als Hintergrundmann die Hände im Spiel bei der Reise Lenins durch Deutschland im plombierten Zug; er stellte den Kontakt zwischen der rechten SPD-Führung (Ebert-Scheidemann) und dem Petersburger Arbeiterrat her, später vermittelte er zwischen SPD-USPD und dem bolschewistischen Auslandsbüro in Stockholm. Nach den Ermittlungen G. Katkovs (1956) scheint es nach dem März 1917 über die deutsche Gesandtschaft und das Stockholmer Büro (Radek, Hanecki) auch zu einer finanziellen Unterstützung der Bolschewiki gekommen zu sein. Jedenfalls berichtete Staatssekretär Kühlmann an das Große Hauptquartier: »Erst die Mittel, die den Bolschewiki auf verschiedenen Kanälen und unter wechselnder Etikette von unserer Seite dauernd zuflossen, haben es ihnen ermöglicht, die ›Prawda‹, ihr Hauptorgan, auszugestalten, eine rege Agitation zu betreiben und die anfangs schmale Basis ihrer Partei stark zu verbreitern.« Helphands wichtigstes Instrument bei der »Revolutionierungspolitik« war sein Import-Export-Büro in Kopenhagen, das mit Sondergenehmigungen der deutschen Regierung arbeitete. Alle möglichen Waren wurden mit Regierungsmitteln aufgekauft, nach Rußland exportiert und dort verkauft. Der Erlös ging an die revolutionären Organisationen. Dokumente über das legale Mittelstück dieses Handels bildeten das unzureichende Belastungsmaterial, das der Justizminister Perewerzew im Juli/August 1917 zur Anklage gegen die Bolschewiki verwandte. Parvus, Radek und Lenin haben ihr Leben lang bestritten, daß es eine finanzielle Kooperation zwischen ihnen gegeben habe. Sei es, daß Parvus in der Tat völlig im Hintergrund blieb, sei es, daß Eingeweihten die politische Rücksichtsnahme auf die nationalistische Hysterie ihrer Zeit ein Bekenntnis verwehrte: Es ist klar, daß Lenin auch die Hilfe des Teufels für die proletarische Revolution in Anspruch genommen hätte — wenn es einen gäbe.

Als ihn das Auswärtige Amt 1916 vorübergehend fallenließ, da er seinen Einfluß in Rußland bei weitem überschätzt hatte, stieg Helphand ins Kriegsgeschäft ein. Seine größte Unternehmung war wohl die Organisation der dänischen Kohleversorgung über die dänischen Gewerkschaften, die dadurch finanziell stabilisiert und deutschfreundlich gestimmt wurden. Helphands Stellung zur bolschewistischen Revolution war schwankend. 1917 gab er seine kritische Zustimmung (»Die Bolschewiki«,

»Glocke« 1917), 1918 versuchte er, die bolschewistische »Perversion des Sozialismus« publizistisch und organisatorisch zu unterminieren, 1919 befürwortete er gegenüber den Vertretern einer Boykott-Politik die wirtschaftliche Kooperation beim Aufbau der russischen Industrie. Die deutsche Revolution, die er zu verhindern gesucht hatte, trieb ihn in die Schweiz. Gegen Ende seines Lebens schlug er sein Hauptquartier auf der Halbinsel Schwanenwerder im Wannsee auf, wo die rechten Führer der Sozialdemokratie sich seiner Gastfreundschaft und seiner politischen Ratschläge erfreuten. Er warnte vor der »Niederlagen-Demokratie«, stellte sich auf die Seite Scheidemanns gegen Noske in der Frage der Reichswehr, trat für eine Erfüllungspolitik ein und hatte das Ohr des Reichspräsidenten Ebert. Sein Name wurde in der antirepublikanischen Hetze zum Symbol der »Korruption der Novemberverbrecher«, die Fememörder um Kapitän Ehrhardt hatten ihn auf ihrer Liste. Seine letzten Projekte scheiterten – die fünfsprachige Zeitschrift »Wiederaufbau«, der projektierte Riesenkonzern, der die Wiederaufbauarbeiten in Europa koordinieren sollte, der Plan, noch ein theoretisches Hauptwerk abzufassen.

Die SPD erwähnt seinen Namen nicht mehr, vergaß sein Leben und seine Schriften. »Es ist ein wahrhaft seltsamer Ballast, den die deutsche Sozialdemokratie über Bord geworfen hat: Marx, Engels, Kautsky, Luxemburg, Parvus. Der Bruch mit der Geschichte, den Marx so leidenschaftlich gefordert hatte, ist von den modernen Sozialisten weit radikaler vollzogen worden, als dies den Gründern der Partei je möglich erschienen wäre: freilich der Bruch mit der eigenen, nicht mit der bürgerlichen Vergangenheit.«

(14. 2. 1965)

Was war »Nationalbolschewismus«?

Otto-Ernst Schüddekopf gibt in seinem Buch »Linke Leute von rechts«[1] eine Geschichte jener ideologischen Konstruktionen, die einer Synthese von Nationalismus und Sozialismus dienen sollten, eine Geschichte der Sekten und politischen Strömungen, die Träger dieser ideologischen Entwürfe waren und vielleicht am besten unter der Bezeichnung »Nationalrevolutionäre« zusammengefaßt werden können. Die Nationalisten unter ihnen betrachteten stets die »Nation« als obersten Wert, als politischen Mythos im Sinne Sorels, und das, was sie unter »Sozialismus« oder auch »Bolschewismus« verstanden, schien ihnen die wirksamste Methode, die Nation im 20. Jahrhundert so einheitlich und mächtig wie irgend möglich zu organisieren. »Aus nationalen Gründen ist eine soziale Revolution fällig«, schrieb Ernst Niekisch im Februar 1933 (Schüddekopf, S. 385), oder man formulierte: »Der Weg heißt Klassenkampf, das Ziel ist die Nation« (Schüddekopf, S. 361). Die objektive Möglichkeit für die Entstehung der zwischen rechts und links oszillierenden Ideologien, die im Einzelfall politisch schwer zuzuordnen sind, bot die nichtvollendete Revolution von 1918/19. Seit der brutalen Unterbrechung des Weges zur proletarisch-sozialistischen Revolution im Januar 1919 geriet die deutsche Geschichte ins Kreiseln, reproduzierte die gleiche Aufgabe 1920, 1921, 1923, 1929–1932; dann kam die Nazi-Diktatur. Leo Trotzki, aufmerksamer Beobachter der deutschen Entwicklung, schrieb dazu in seiner »Geschichte der russischen Revolution«[2]: »Die Spartakuswoche im Januar 1919 in Berlin gehört zum gleichen Typ zwischenstuflicher Halbrevolutionen wie die Julitage in Petrograd.[3] Von einem weiteren Gesichtspunkte aus gesehen haben sich die ›Julitage‹ in Deutschland in mehreren

[1] Otto-Ernst Schüddekopf, Linke Leute von rechts. Die nationalrevolutionären Minderheiten in der Weimarer Republik. Stuttgart (Kohlhammer) 1960.

[2] Leo Trotzki, Geschichte der russischen Revolution. Berlin (S. Fischer) 1931/1932, Bd. II, S. 75.

[3] Am 16./17. Juli 1917 versuchten die Petersburger Arbeiter vorzeitig, durch spontane Massendemonstrationen den Petrograder Sowjet zur Machtergreifung zu zwingen. Die bolschewistische Partei hatte gewarnt und abgeraten, da das Kräfteverhältnis für einen Aufstand noch ungünstig sei. Um das Vertrauen der von ihr geführten Massen nicht zu verlieren, setzte sich die Partei jedoch, als die Massen in Bewegung gerieten, an die Spitze der Bewegung, und es gelang, die Unruhen zu kanalisieren. Der »Aufstandsversuch« wurde sogleich von der Provisorischen Regierung niedergeworfen, und es folgte eine Periode schwerster Verfolgungen für die Bolschewiki. Das hinderte sie übrigens nicht, am 7. November desselben Jahres endgültig die Macht zu erobern.

Etappen abgespielt: Januarwoche 1919, Märztage 1921, Oktoberrückzug 1923. Die gesamte weitere Geschichte Deutschlands ergibt sich aus diesen Ereignissen. Die nicht zu Ende geführte Revolution schaltete sich auf den Faschismus um.«

Zu Klassikern des *revolutionären Nationalismus* kann man folgende Autoren rechnen: George Sorel (»Über die Gewalt«), Maurice Barrès (»Vom Blute, von der Wollust und vom Tode«), Moeller van den Bruck (»Das Dritte Reich«, 1923) und Ernst Jünger (»Der Arbeiter. Herkunft und Gestalt«, 1932). Zu den Ursprüngen gehören neben dem französischen »nationalisme intégral« die sogenannten »Ideen von 1914«, die aus einer Verwechslung von Vaterlandsverteidigung, imperialistischem Krieg, Militärdiktatur, Kriegswirtschaft und Burgfrieden mit »Sozialismus« herstammen.[4] Diese Verwechslung findet sich in großem Stil in dem Buch von Johannes Plenge, »1789 und 1914, die symbolischen Jahre in der Geschichte des politischen Geistes«, Berlin 1916; manches davon wird vom Grafen Brockdorff-Rantzau aufgegriffen, Oswald Spengler schließt sich an mit »Preußentum und Sozialismus«. Anklänge finden sich weiterhin im »Hamburger Nationalkommunismus«; — eine Praxis allenfalls in der Armee-Diktatur Noskes. Die »Ideen von 1914«, die im Sommer 1918 wiederkehren in Richard Dehmels »Vorwärts«-Aufruf zum revolutionären Volkskrieg (»Einzige Rettung«), liefen auf eine Sozialdiktatur der Offiziere »und« Arbeiter hinaus, auf einen »Sozialkapitalismus« mit staatlich überwachten Trusts, auf einen populär gemachten, totalitär organisierten, kriegerischen Imperialismus mit faschistischen Zügen.
Etwas ganz anderes war der *»Hamburger Nationalkommunismus«* von Laufenberg und Wolffheim, gegen den — wie gegen ähnliche Strömungen — Lenin in seiner Schrift: »Der ›Linke Radikalismus‹, die Kinderkrankheit im Kommunismus« polemisierte. Laufenberg/Wolffheim hatten am 7. November 1918 in Hamburg die Revolution ausgerufen, Laufenberg wurde Vorsitzender des Hamburger Sowjets. Er stellte auf dem Berliner Rätekongreß (16.–21. Dezember 1918) den Antrag auf Bildung einer Roten Armee und auf alleinige Übernahme der Macht durch den Rätekongreß. Die Nationalkommunisten wollten den revolutionären Volkskrieg gegen die westlichen Imperialismen, gegen Versailles, gleichgültig, wer die Macht im Staate hatte, gleichgültig, wem Deutschland gehörte. Dazu war jedes Bündnis recht, auch das mit den kaiserlichen Offizieren, wenn die nur losschlagen wollten, auch das mit den

[4] Vgl. hierzu: Edgar Jaffé, Die Militarisierung des Wirtschaftslebens. Archiv f. Soz.wiss., 1915.

Freikorps, auch das mit den Schlächtern der wirklichen sozialistischen Revolution.[5]

Am 21. Oktober 1919 brach die junge KPD auseinander, mit 24:18 Stimmen trennten sich KP und KAPD (deren Gründung im April 1920 erfolgte). Bald darauf aber schloß auch die KAPD (die nach der Terminologie Arthur Rosenbergs die politische Vertretung der »utopisch-radikalen« Arbeiterschaft darstellte) ihren nationalistischen Flügel (Laufenberg/Wolffheim) aus, der syndikalistische (Otto Rühle, Dresden) folgte, man bekannte sich zur Plattform der Leninschen Kritik an den »Kinderkrankheiten« und die Partei wurde — nicht ohne Rivalitäten zur KPD — in die Komintern aufgenommen; auf dem II. Kongreß der Internationale wurde Arthur Goldstein ins EKKI berufen. Laufenberg/Wolffheim gründeten dann im Herbst 1921 den »Bund der Kommunisten«, der unter Wolffheim bis 1931 bestand und immer mehr ins nationalistische Fahrwasser geriet.

Der *»Nationalbolschewismus«* sah seine Quellentexte in Brockdorff-Rantzaus »Entwurf einer Rede vor der Nationalversammlung«[6], Hans v. Hentigs »Deutschem Manifest« von 1921 (München), in den Ideen des Hamburger Nationalkommunismus und schließlich in Moeller v. d. Brucks Schrift »Das Dritte Reich« (3. Aufl., Hamburg 1931). Gemeinsam war den National»bolschewisten« die politische Ostorientierung — mit dem Rapallo-Vertrag als erstem Baustein. Eine Orientierung nach Rußland—Asien, nicht eigentlich zur politischen Realität des kommunistischen Rußland, sondern eher zu einem Kirejewskischen Rußland, einem »heiligen Rußland« der inneren Ganzheit und Harmonie, einem ins Nationale säkularisierten »Dritten Rom«, bei dem Abgeschlossenheit und Rückständigkeit, der »Idiotismus des Landlebens« mit ursprünglicher Naivität und ungebrochener natürlicher Kraft verwechselt wurden. Oder einem Rußland, wie es sich im Bewußtsein deutscher Dostojewski-Leser gebildet hatte, die nun seine Bücher und Charaktere als Schlüssel zum Verständnis des Bolschewismus zu verwenden suchten. Nicht zufällig hatte die verbreitetsten deutschen Dostojewskiausgaben eben Moeller v. d. Bruck besorgt, der das »russische Wesen« als vorbildliches Modell seiner »nationalen Mythologien« pries. Dostojewski diente von jeher als geistige Waffe gegen den Versuch einer sozialen Umgestaltung. So erklärt Leo Löwenthal die auffallende Beliebtheit Dostojewskis beim mittleren und kleinen Bürgertum im Vorkriegsdeutschland mit dem Satz: »Der Hochmut einer Metaphysizierung der Privatexistenz und die

[5] Vgl.: Radek/Thalheimer, Gegen den Nationalbolschewismus. Berlin 1920. Auch: Arthur Goldstein, Nation und Internationale. Eine kritische Auseinandersetzung mit dem Hamburger Nationalkommunismus. Berlin 1920.

[6] In: Dokumente und Gedanken um Versailles. 2. Aufl., Berlin 1925.

nationalistische Mythologie befriedigen angemessener als ein soziales Programm die ideologischen Ansprüche der Mittelschicht.«[7] Die elitäre Isolierung der nationalrevolutionären Gruppierungen (bis hin zum »*Kreisauer Kreis*«), ihre hoffnungslose Abseitsstellung neben der Geschichte und ihren Bewegern, ihre soziale Wurzellosigkeit, der nie gefundene Kontakt zum »Volk«, zu den Massen, das alles führte zu einer ständigen Ummünzung politischer in spirituelle Energien, aus deren Bannkreis dann vergebens der Ausweg in Historie und Sozietät gesucht wurde.

Obschon auf Schimären bezogen und mit phantastischem Ziel, blieb die Ostorientierung der Nationalbolschewisten doch ein eindrücklicher Hinweis auf die politische Alternative zur deutschen Nachkriegsentwicklung: »So bleibt als letztes Positivum der Nationalrevolutionäre — wenn man einmal von ihrer Rolle als geistiger Sauerteig absieht — ihre Aufgeschlossenheit gegenüber dem Osten, mit dem das Geschick des deutschen Volkes nun einmal untrennbar verknüpft ist, und insbesondere ihre Einsicht in die Bedeutung der russischen Nation für Deutschland ... auf jeden Fall hielten sie das Herbeiführen und Unterhalten friedlicher Beziehungen mit der UdSSR für ein Hauptanliegen jeder deutschen Außenpolitik. Die lebhaften und vielseitigen Diskussionen, die in den Jahren der ersten deutschen Republik über diese Probleme geführt wurden und an denen die Nationalrevolutionäre so wesentlich beteiligt waren, sind auch heute noch mit Nutzen zu lesen« (Schüddekopf, S. 399 f.). Solche Politik sollte zu einem »nationalistischen Rätedeutschland innerhalb eines Blockes von Vlissingen bis Wladiwostok« führen; Deutschland als Kopf Rußlands würde die wahre Welt-Revolution beginnen. »Rätedeutschland« bedeutete hier allerdings soviel wie »nationalkapitalistischer Volksstaat« nach dem Muster der Burgfriedenszeit; man dachte auch an Kleinaktien, jedenfalls nicht an proletarischen Sozialismus. Hier nun begann man in Kontinenten, wirtschaftlichen Machtblöcken und den technischen Möglichkeiten des 20. Jahrhunderts zu planen und zu schwärmen, kam zu einem unpathetischen »Amerikanismus«, zu einem faschistischen Saint-Simonismus in Science-fiction-Manier.[8]

Umworbener Partner des Nationalbolschewismus war die stalinistisch gleichgeschaltete KPD, deren Aufgabe nicht mehr die Revolution in Deutschland, sondern der Druck auf die Regierung zur Sicherung des Friedens mit Rußland war, und die daher auch ein gewisses Interesse an den Nationalrevolutionären hatte, die man aus Reichswehr, Jugend und Intelligenz herausbrechen und neutralisieren konnte. Die Nationalbol-

[7] Zeitschrift für Sozialforschung, 1934, S. 363 ff.
[8] Vgl. Ernst Jünger, Der Arbeiter, auch Fr. G. Jünger, Die Perfektion der Technik.

schewisten dachten sich das Bündnis wie folgt: »Die nationalrevolutionären Gruppen haben die Aufgabe, Sammelpunkt der in Kampfgemeinschaft mit der marxistischen KPD sich bildenden Front derjenigen Revolutionäre und Sozialisten zu sein, die als Nichtmaterialisten sich zur Nation als letztem Wert bekennen, die aber auch um der Nation willen zu einer radikalen Umwälzung bereit sind, weil nur sie die Vorbedingungen zur Nationwerdung schafft« (K. O. Paetel, »Das nationalbolschewistische Manifest«[9], bei Schüddekopf, S. 389).

Für die Ahnenreihe des *»deutschen Leninismus«* nennt Schüddekopf auf S. 346 die Namen: Friedrich II., Hegel, Clausewitz, Bismarck, Marx/Engels, Lenin, Stalin. Innerhalb dieses »deutschen Leninismus« nach 1931, der sich stark aus bündischem Reservoir rekrutierte, kam man zu klaren Vorstellungen über Umsturz und Revolution, zog auch die Konsequenz, sich helfend und dienend der Arbeiterklasse zur Verfügung zu stellen, und schloß sich organisatorisch der KPD an, deren Degeneration allerdings nicht mehr begriffen wurde. Vor allem ein kleiner Teil der bürgerlichen Jugendbewegung, die nach dem Ersten Weltkrieg in ihre »bündische« Phase eingetreten war, ihr bewußtester Teil, reihte sich damals widerständlerisch und widerstandsfähig »in die proletarische Klassenfront« ein: »Jugend nun, die den Revolutionären ›glaubt‹, ist Jugendbewegung. Sie ist bewußt oder unbewußt Bundesgenosse des Proletariats. Sorgen wir dafür, daß sie, bzw. ihr Führerkorps, es bewußt wird!« (E. Koebel, 1932)[10]. Hierzu rechnet ebenfalls die Schrift Hans Konrad Schauers »Der Bürgerkrieg« vom September 1932; »Schauers Schrift ist eine Dienstvorschrift des Umsturzes, wie wir sie im deutschen politischen Schrifttum wenig antreffen« (Schüddekopf, S. 369) — oder eine Formulierung wie diese: »Vielleicht liegt die Zukunft bei einer Gruppe von ›Berufsrevolutionären‹, die, frei von jedem Ehrgeiz für eine eigene Organisation, nur das Interesse der Gesamtbewegung vor Augen, in Massenparteien stehend, dort die revolutionäre Partei der Zukunft vorbereiten«, wie sie in einem anonymen Aufsatz über »Revolutionäre Möglichkeiten« vom Februar 1932 steht.[11] »Es gehe um diese Avantgarde mit den Bettelmönchen, Geusen, Puritanern, Jakobinern und Bolschewiken als Ahnen« (S. 353). Hier wurde eine Avantgarde geschmiedet für den Widerstand im 3. Reich, die Avantgarde der *»Roten Kapelle«* Harro Schulze-Boysens wie die der Geschwister

[9] K. O. Paetels nationalbolschewistisches Manifest erschien in Berlin 1933. Zum Thema Nationalbolschewismus vgl. auch den Aufsatz von Ruth Fischer in den »Frankfurter Heften«, XIV, 12, Dez. 1959, und die einschlägigen Kapitel in ihrem Buch: Stalin und der deutsche Kommunismus, 2. Aufl. Frankfurt 1948.
[10] Eberhardt Koebel im »Gegner«, II, 11/12, vom 10. Juni 1932, S. 28.
[11] Der Aufsatz erschien in der Zeitschrift »Die sozialistische Nation«, I, 2, S. 27.

Scholl und aller ihrer Genossen.[12] Die verschiedenen Gruppen und Grüppchen trafen sich seit 1931 zu »Blocktagungen«. »Man polemisierte sehr scharf gegen Niekisch (Oberlehrer), Hielscher (irrationale Spielart), und bezeichnete Paetel als ›ganz links‹. Jünger war ihnen der ›Nur-Krieger‹, Strasser ein ›Charlatan und Agent‹. Selten kann man die ganze Zerrissenheit der nationalrevolutionären Bewegung besser erkennen als in diesen bissigen Bemerkungen, die zugleich die ganze Überlegenheit der zentralistisch straffen KPD verdeutlichen« (Schüddekopf, S. 509).
Zum nationalrevolutionären Sammelsurium gehörte schließlich neben *Niekischs Widerstandsbewegung* auch *Strassers »Schwarze Front«*, also die nationalrevolutionäre Strömung in Hitlers NSDAP, die 1925/26 und später 1930/32 antikapitalistische und völkische Positionen vertrat und aus der Partei ausgeschlossen wurde.

Woher kam nun die eigenartige Affinität des Nationalbolschewismus zum revolutionären Rußland? Die deutschen Nationalrevolutionäre — auch das macht einen ihrer gemeinsamen Charakterzüge aus — lehnten summarisch das Erbe der französischen Revolution — Demokratie, Humanismus, Liberalismus — ab. Der Bolschewismus indessen betrachtete sich als Erben der Jakobiner, griff die westlich-bürgerliche Tradition bewußt auf, um sie zu vollenden. Hier war keine Brücke. Der Nationalbolschewismus bezog eine antiwestliche, antirationalistische Position à la Kirejewski und glaubte, im nachrevolutionären Rußland verwandte Züge zu entdecken. Da war zunächst der »Bolschewismus«, verstanden als Inkarnation des Destruktiven, der Zerstörung; solche Negativität zog die Nationalrevolutionäre, machtlos gefangen in versteinerten Verhältnissen, besonders an. Der Geist der Oktoberrevolution aber, die Verfassung vom 10. Juli 1918, Inhalt und Hoffnung des »absterbenden« Staates waren ihnen völlig fremd. Sie knüpften an ein formales Moment an, nämlich die konterrevolutionäre Deformation, an das, was Lenin — seit dem X. Parteitag im März 1921 — die »bürokratische Entartung« des Arbeiterstaates nannte. Sie verstanden den von Stalin im Herbst 1924 verkündeten »Sozialismus in *einem* Lande«, sahen in Stalin den Imperialisten hinter der vorgehaltenen internationalistischen Maske, den neuen russischen Mythenschmied; darin waren sie hellsichtiger als die Mehrheit der deutschen Kommunisten. »Nicht umsonst begeisterte Stalin die deutschen Nationalisten, der im Gegensatz zu den internationalen Marxisten trotzkistischer Prägung in der Sowjet-

[12] Vgl. auch: H. Schulze-Boysen, Gegner von heute – Kampfgenossen von morgen. Berlin 1932. Ferner: Elsa Boysen, Harro Schulze-Boysen. Düsseldorf 1947.

union ›die universale Restauration‹ einführte, eine ›antieuropäische‹ Reaktion, die des Beifalls der Nationalrevolutionäre gewiß sein konnte; deckte sie sich doch obendrein mit gewissen Tendenzen des westeuropäischen Faschismus« (Schüddekopf, S. 242; Sch. zitiert hier Evola, ›Imperialismo pagano‹, 1928). Auf seiten der KPD führte — nach deren Gleichschaltung mit der Stalin-Fraktion[13] — das Liebäugeln mit ganz Rechts, die Verwischung der Klasseninteressen, zum »Scheringer-Kurs« (August 1930 bis Oktober 1932), zur Programmerklärung der KPD vom 24. 8. 1930, zum »Roten Volksentscheid«, zur Theorie und Praxis des »Sozialfaschismus«, zur Gründung der »Antifa« — Beiträge zum schuldhaften Versagen der politischen Führung der deutschen Arbeiterbewegung angesichts des Faschismus.

Festgehalten wurde von allen skizzierten Strömungen als oberster Wert und letztes Ziel die Nation. In Umkehrung einer bekannten Formel Lenins hieß es: »Die Sache des unterdrückten schaffenden Volkes machen wir zur Sache der Nation, dann wird die Sache des Volkes die der Nation sein« (S. 348).

Mit Kommunismus, Marxismus, Bolschewismus, Leninismus hatte all das nichts zu tun, man redete aneinander vorbei. Was war die marxistische Position gegenüber Nation und Nationalismus? »Jede Bourgeoisie will in der nationalen Frage entweder Privilegien für *ihre eigene* Nation oder exklusive Vorteile für sie ... das Proletariat ist gegen jedes Privileg, gegen jede Exklusivität ... Die Bourgeoisie stellt stets ihre eigenen nationalen Forderungen in den Vordergrund. Sie stellt sie bedingungslos. Für das Proletariat sind sie den Interessen des Klassenkampfes untergeordnet.«[14] »Ganz, wie Lenin es im November 1917 empfand: ... ›es handelt sich gar nicht um Rußland. Ich pfeife auf Rußland ... Das ist nur eine Phase, die wir durchmachen müssen auf dem Wege zur Weltrevolution‹« (S. 59).

(1962)

[13] Vgl. hierzu etwa Heinz Neumann, Was ist Bolschewisierung? Hamburg 1925, oder, vom selben Autor: Der neue Kurs der KPD. In: »Die Internationale«, Jg. 8, Nr. 9, Sept. 1925, S. 523—533.

[14] W. I. Lenin, Ausgewählte Werke in drei Bänden. Berlin 1961, Bd. I, S. 697 (»Über das Selbstbestimmungsrecht der Nationen«).

Zum Tode von Georg Lukács

> »So ist der Mensch an seiner eigenen Entfremdung in bestimmter Weise auch mitschuldig, weshalb auch die Ablehnung seiner Umwelt immer ebenso eine praktisch gerichtete Selbstkritik miteinbegreift wie auch eine Kritik der objektiven gesellschaftlichen Wirklichkeit . . . Die bewußt praktisch gewordene Dialektik der gedoppelten, ineinander verschlungenen Verneinungen gibt erst der menschlichen Substanz eine Widerstandskraft . . .«

Georg Lukács ist am 4. 6. 1971 im Alter von 86 Jahren in Budapest gestorben. Im Rahmen der Luchterhand-Werke-Ausgabe wird aus dem Nachlaß eine zweibändige Gesellschaftstheorie (»Zur Ontologie des gesellschaftlichen Seins«) erscheinen.

Lukács' Ruhm als marxistischer Theoretiker ist mit seinen 1923 veröffentlichten »Studien über marxistische Dialektik« unauflöslich verknüpft. Ähnlich wie Karl Korschs im gleichen Jahr publizierte Studie über das Verhältnis von »Marxismus und Philosophie« formulierte »Geschichte und Klassenbewußtsein« die *Philosophie* der Praxis der Bolschewiki und Spartakisten. Die Erfahrung der kommunistischen Revolution in Rußland und Europa ermöglichte beiden Autoren die »Wiederentdeckung« dessen, was mit »historischem Materialismus« gemeint gewesen war — Jahre vor der Veröffentlichung der Marxschen »Pariser Manuskripte« und der »Grundrisse der Kritik der politischen Ökonomie«. Lukács hat seine philosophische Arbeit später mit den Studien über Moses Hess, den jungen Hegel und Marx' philosophische Entwicklung fortgeführt. Seine hegelianisierende Marx-Interpretation ist Gegenstand heftiger Kritik und Selbstkritik gewesen. Im Bewußtsein Hegels war die Weltgeschichte zu Beginn des 19. Jahrhunderts im wesentlichen vollendet. Für den Lukács von 1923 war es in ähnlicher Weise die »Vorgeschichte« der Klassengesellschaften. »Nach Jahresfrist werden wir bereits zu vergessen beginnen, daß es in Europa einen Kampf für den Kommunismus gegeben hat, denn nach einem Jahre wird ganz Europa kommunistisch sein«, schrieb der Präsident der III. Internationale 1919. Dies Pathos des »Es ist vollbracht . . .« prägte die Konzeption von »Geschichte und Klassenbewußtsein«. Doch weder die überschwengliche Idee des Proletariats als des identischen Subjekt-Objekts der Geschichte noch die von Lukács späterhin gerügte »rechte Erkenntnistheorie« gereichen dem Autor zur Schande. Das »Überhegeln Hegels« wird verhängnisvoll in der Einsetzung »der« Partei als des Organs des revolutionären Weltgeists (»Die Kommunisten sind . . . das zur sichtbaren Gestalt gewordene Klassenbewußtsein des

Proletariats«). An die Stelle einer Kampforganisation endlicher Menschen, die irren oder zum Spielball gesellschaftlicher Tendenzen werden können, tritt ein Fetisch, der immer recht hat (»right or wrong, my party«). Die Bedingungen der Möglichkeit, daß eine Organisation von Revolutionären in der Wirklichkeit Ort des richtigen Bewußtseins werden kann, bleiben kann – das Recht auf Bildung von Tendenzen und Fraktionen, die Konkurrenz mehrerer Arbeiterparteien –, hat Lukács im dunkeln gelassen, obwohl doch gerade die Geschichte der bolschewistischen Partei dafür äußerst lehrreich ist.

Der Volkskommissar der ungarischen Räterepublik, der in den frühen zwanziger Jahren linkskommunistische Positionen vertrat, optierte in den großen Fraktionskämpfen für die stärkeren Bataillone, für Stalin. Obwohl er von dessen »Sozialfaschismus«-These, die Hitlers kampflosem Sieg den Weg bereitete, »tief abgestoßen« war, nahm er zum »Trotzkismus« (wie sein Freund Ernst Bloch) »immer eine ablehnende Haltung« ein. Unfähig, in den Fragen der aktuellen Parteipolitik »eine auch nur mich selbst befriedigende Lösung zu finden«, zog er sich 1929 aus der praktischen Politik zurück. Da ihm ein Ausschluß aus *der* Partei als gleichbedeutend mit der Unmöglichkeit erschien, überhaupt politisch-theoretisch als Marxist arbeiten zu können, begab er sich auf den Weg der Widerrufe und Selbstkritiken, der Anpassung an die jeweilige offizielle Sprachregelung, des »Partisanenkampfes« für seine Auffassung vom Marxismus; er überlebte die große Säuberung in Moskau ebenso wie die spätere anti-titoistische in Ungarn.

Lukács wandte sich wieder dem beherrschenden Interesse seiner Jugend, den Problemen der Ästhetik, zu und schrieb eine große Zahl bedeutender literaturgeschichtlicher Essays, in denen er ein Instrumentarium für eine marxistische Theorie der Literatur entwickelte. Sein dogmatischer Klassizismus, der ihm ein adäquates Verständnis der literarischen Moderne verstellte, wurde bereits in den dreißiger Jahren von Marxisten wie Bloch, Brecht und Eisler, später von Adorno kritisiert. Die Verleugnung der eigenen theoretisch-politischen Einsichten und der Glaube an den »Sozialismus in *einem* Lande« nötigten dem Philosophiehistoriker Lukács ein geradezu manichäisches Interpretationsschema auf. Zu erinnern ist hier an seine Nietzsche-Präsentation ebenso wie an seine Indolenz gegenüber Freud.

Eine Stalinismus-Kritik gestattete er sich erst nach dem 20. Parteitag der KPdSU; sie blieb – ähnlich wie bei Bloch – eigentümlich ambivalent. Neben Hinweisen auf die »Unvermeidlichkeit« der Entwicklung steht die Kritik an Stalins fehlerhaften »Auffassungen«. Lukács vermeidet es, zu Trotzkis

Analyse des Stalin-Regimes (»Verratene Revolution«) ja oder nein zu sagen. Während der antibürokratischen Revolution des Jahres 1956 wurde er zum zweiten Male in seinem Leben Mitglied einer von aufständischen Massen getragenen Regierung. Diesen Schritt hat Lukács – trotz Deportation, Parteiausschluß und Unterdrückung seiner Schriften – nicht widerrufen.

(6. 6. 1971)

Trotzkis »Schriften über Deutschland« (1929–1940)

Die »Schriften über Deutschland«[1] erscheinen als erster Band einer auf etwa ein Dutzend Bände berechneten Trotzki-Ausgabe (»Gesammelte Werke«) in deutscher Sprache, die das politisch-theoretische Œuvre, auf das Isaac Deutschers große Biographie[2] neugierig macht, für die neue Generation revolutionärer Jugend, die sich in Deutschland bildet, erschließen soll. Die Ausgabe wird die Lücken zwischen den von verschiedenen westdeutschen Verlagen publizierten Trotzki-Texten schließen und diese Einzelveröffentlichungen[3] in den Zusammenhang der theoretisch-praktischen Stellungnahmen eines Revolutionärs rücken, dessen Lebensgeschichte – wie die Rosa Luxemburgs oder Wladimir Iljitsch Lenins – verschmolzen ist mit Jahrzehnten des Emanzipationskampfes der internationalen Arbeiterbewegung. Aus Trotzkis praxisbezogenen politischen Analysen des Faschismus, der Arbeiterbewegung und der stalinistischen Sowjetunion spricht – bis zum Jahre 1940 –

[1] L. Trotzki, Schriften über Deutschland (1929–1940), hg. von H. Dahmer, eingel. von E. Mandel. Gesammelte Werke 1. Frankfurt (E.V.A.) 1971.

[2] Isaac Deutscher, Trotzki. (London 1954–1963) Bd. I: Der bewaffnete Prophet, 1879–1921; Bd. II: Der unbewaffnete Prophet, 1921–1929; Bd. III: Der verstoßene Prophet, 1929–1940. Stuttgart (Kohlhammer) 1962/1963.

[3] Stalin. Eine Biographie. (1939/40). Köln (Kiepenheuer & Witsch) 1952. Parallelausgabe im »Verlag Rote Weißbücher«, 1953 (Vergriffen).
Verratene Revolution. Was ist die Sowjetunion und wohin treibt sie? (1936) Zürich (Veritas-Verlag) 1957. Restauflage 1968 übernommen vom Verlag »Neue Kritik«, Frankfurt.
Tagebuch im Exil (1935). Köln (Kiepenheuer & Witsch) 1960. Taschenbuchausgabe (Dt. Taschenbuch-Vlg.) 1962.
Geschichte der russischen Revolution. (1929/32). Frankfurt (S. Fischer) 1960. Gekürzter Nachdruck der zweibändigen Erstausgabe von 1931/33. 2. Aufl. 1967.
Mein Leben. Versuch einer Autobiographie (1929). Frankfurt (S. Fischer) 1961. Nachdruck der Erstausgabe von 1930, erweitert um ein Nachwort.
Über Lenin. Material für einen Biographen (1924). Frankfurt (Europäische Verlagsanstalt) 1964.
Die permanente Revolution (1928/29). Nachdruck der Ausgabe von 1930 mit einer neuen Einleitung. Frankfurt (Vgl. »Neue Kritik«). 2. Aufl. 1968. – Nachdruck der Ausg. v. 1930: Frankfurt (S. Fischer) 1969, als Taschenbuch.
Ergebnisse und Perspektiven. Die treibenden Kräfte der Revolution (1906). Frankfurt (Vlg. »Neue Kritik«) 1967. Erste vollst. dt. Übersetzung.
Ihre Moral und unsere (1938). Berlin (Voltaire-Verlag) 1967.
Die Lehren der Revolution (1924). (Zus. mit Texten v. Lenin und Preobraschenski) Berlin (Oberbaumpresse) 1967.
Die neue Etappe. Die Weltlage und unsere Aufgaben (1921). Feltrinelli-Reprint 1967.
Literatur und Revolution (1924). Berlin (Gerhardt-Verlag) 1968. Erste vollst. Übersetzung der russ. Erstausgabe.
Der junge Lenin (1933–36). Wien (Molden) 1969. Dt. Erstübersetzung.
Unsere politischen Aufgaben (1904) und Zur Verteidigung der Partei (1907) – unter d. Titel: Schriften z. rev. Organisation. Hamburg (Rowohlt) 1970.

die Stimme des authentischen revolutionären Marxismus, die — für das heute vorherrschende politische Bewußtsein — mit dem Tode Luxemburgs und Lenins verstummt zu sein scheint und in den Verlautbarungen Mao Tse-tungs oder den Aufzeichnungen Ernesto »Ché« Guevaras nur widerhallt. Es ist die Stimme derer, die angesichts von Faschismus und Stalinismus nicht den Schluß zogen, »weil die Weltrevolution nicht eintrat, seien die theoretischen Gedanken nichts wert, nach denen sie als Rettung aus der Barbarei erschien«, sondern unablässig daran arbeiteten, mit Hilfe jener Gedanken den Sieg der Barbarei praktisch zu verhindern —, die Stimme derer, die auch »im Europa der Eisernen Ferse nicht davon ließen, ihr Leben an die Vorbereitung des besseren zu wenden«[4].

Keine der dem Kampf gegen den deutschen Faschismus gewidmeten Arbeiten Trotzkis ist in Deutschland seit 1933 nachgedruckt worden.[5] Zur Verleumdung, Fälschung und Unterdrückung durch den stalinistischen Propagandaapparat, die noch immer andauert[6], gesellte sich das feindselige Desinteresse der reformistischen Arbeiterbürokratien und der ihnen verpflichteten Intellektuellen und die Verdrängung *dieser* Variante von Faschismus-Kritik durch die bürgerlich-liberale »Aufarbeitung der Vergangenheit«. Auch in Studien und Dokumentationen, die sich mit dem Ende der Weimarer Republik oder den marxistischen Faschismus-Analysen der dreißiger Jahre befassen, werden Trotzkis Arbeiten wohl erwähnt, nicht aber vorgestellt und diskutiert.[7] Ausnahmen bilden — neben dem entsprechenden Kapitel bei Deutscher[8] — die Dissertation

[4] Max Horkheimer, Die Juden und Europa. In: Zeitschrift für Sozialforschung, Bd. VIII, Paris 1939, S. 115 und 136.

[5] Abgesehen von der (von der Deutschen Sektion der Vierten Internationale 1947 verbreiteten) Neuauflage der kleinen Zitatensammlung, die Oskar Fischer 1933 zusammengestellt hatte, um die wichtigsten Argumente Trotzkis und der stalinistischen Autoren in der innerkommunistischen Kontroverse der frühen dreißiger Jahre über den Faschismus einander zu konfrontieren.
Wilfried Gottschalch nahm einen Auszug aus Trotzkis »Über Arbeiterkontrolle der Produktion« (Text Nr. 7, S. 104—112) in den 2. Teil (»Lesebuch«) seines Bändchens über »Parlamentarismus und Rätedemokratie«, Berlin (Wagenbach) 1968, S. 120—124, auf.

[6] Zum Beispiel wird Trotzki in dem der Zeit von 1924 bis Januar 1933 gewidmeten Bd. 4 der (SED-) »Geschichte der deutschen Arbeiterbewegung« (Berlin [Dietz-Vlg.] 1966) zwar dreimal erwähnt, aber ausschließlich im Zusammenhang mit der Kontroverse über die Möglichkeit der Aufbaus des »Sozialismus« in der Sowjetunion.

[7] Vgl. z. B. Faschismus und Kapitalismus. Hg. v. W. Abendroth. Frankfurt (Europ. Verlagsanstalt) 1967; Theorien über den Faschismus. Hg. v. Ernst Nolte. Köln (Kiepenheuer & Witsch) 1967. — K. D. Bracher erwähnt Trotzki weder in »Die Auflösung der Weimarer Republik«, Villingen (Ring-Vlg.) 1960[3], noch in »Die deutsche Diktatur. Entstehung, Struktur, Folgen des Nationalsozialismus«. Köln (Kiepenheuer & Witsch) 1969.
Auch Th. Pirker hat in den beiden von ihm herausgegebenen Komintern-Dokumentationen (Utopie und Mythos der Weltrevolution. Zur Geschichte der Komintern 1920—1940, München [Dt. Taschenbuch-Vlg.] 1964 und Komintern und Faschismus 1920—1940, Stuttg. [Deutsche Verlagsanstalt] 1965) die Schriften und Positionen Trotzkis ausgeklammert.

[8] Trotzki, Bd. III, 2. Kapitel: »Vernunft und Unvernunft, a.a.O., S. 129—210.

von Siegfried Bahne[9], ein Aufsatz von Heinz Brahm[10], die Veröffentlichungen Hermann Webers zur KPD-Geschichte und einige politologische Examensarbeiten, die diesem Thema gewidmet wurden.[11]
Diese Ausklammerung aus der Diskussion hängt offenbar mit dem spezifischen Charakter dieser Situationsanalysen zusammen, die – ungleich anderen soziologischen Theorien »traditioneller« oder »kritischer« Art[12] – weder primär auf die Ausbildung einer *allgemeinen* Theorie oder eines »Idealtypus« des Faschismus abzielen, nicht »Theorie über« oder »Phänomenologie des« Faschismus sind, noch auch eine »kritische Theorie«, die »wesentlich den Gang des Verhängnisses erklärt«[13] und auch in Situationen fortgesponnen werden kann, in denen sie keinen praktischen Ausweg mehr anzeigt. Die »theoretische Auskundschaftung« der gesellschaftlichen Wirklichkeit erfolgt hier »im Interesse der Aktion«[14] – durch und für Menschen, die keine Wahl haben, als Leben und Intelligenz an den Sieg der sozialistischen Revolution zu wenden. Die kontemplativen und fatalistischen Züge der traditionellen und der kritischen Theorie fehlen diesen Orientierungsversuchen, die darum nicht eine geringere, sondern größere theoretische Kraft zur Erfassung der sozialen Gesamtsituation wie der politischen Details aufbieten müssen: »Wir sind ja nicht Historiker, sondern revolutionäre Politiker. Es geht nicht um historische Forschungen, sondern um die Suche nach einem Ausweg.«[15] Trotzkis Analysen stehen allesamt unter der Ma-

[9] Der Trotzkismus in Deutschland 1931–1933. Ein Beitrag zur Geschichte der KPD und der Komintern. Heidelberg 1959.
[10] »Trotzkis Aufrufe gegen Hitler 1930–1933«. In: Jahrbücher für Geschichte Osteuropas, 11, 4, 1963, S. 521–542.
[11] Die Autoren der »Marburger Abhandlungen zur Politischen Wissenschaft« (H. Drechsler, Die Sozialistische Arbeiterpartei Deutschlands; K. H. Tjaden, Struktur und Funktion der »KPD-Opposition«; O. Ihlau, Die Roten Kämpfer) gehen auf Trotzkis Politik ein, soweit das im jeweiligen Zusammenhang nötig ist.
Die Taschenbuch-Biographie Trotzkis von H. Wilde (Hamburg, Rowohlt, 1969) übergeht völlig die gegen den deutschen Faschismus gerichtete Aktivität, die Deutscher als Trotzkis »größte politische Tat im Exil« bezeichnet hat (a.a.O., S. 129).
[12] Vgl. zu dieser Unterscheidung den Aufsatz Max Horkheimers über »Traditionelle und kritische Theorie« (1937) in der Dokumentation »Kritische Theorie«, Bd. II, Frankfurt (S. Fischer) 1968, S. 137–200.
[13] Max Horkheimer in »Autoritärer Staat« (1940). In: Walter Benjamin zum Gedächtnis. Institut für Sozialforschung 1942, o. O., S. 146.
[14] So charakterisiert Trotzki Lenins Verhältnis zur Theorie (Geschichte der russischen Revolution, Bd. II, Oktoberrevolution. Berlin [S. Fischer] 1933, S. 288 f). Er fährt fort: »Mit besonderer Feindseligkeit, richtiger, mit Ekel stand er zum Austro-Marxismus (Otto Bauer, Hilferding und so weiter), für den die theoretische Analyse nur einen gelehrten Kommentar der Passivität bedeutet . . .«
[15] »Was nun?« (S. 219). Damit ist auch die Differenz zur Faschismus-Analyse August Thalheimers bezeichnet: »Es genügt nicht, das ›Wesen‹ des Faschismus zu begreifen. Man muß ihn als politisches Phänomen, als bewußten und hinterlistigen Feind einschätzen können. Unser Schullehrer« (Thalheimer) »ist zu sehr ›Soziologe‹, um Revolutionär sein zu können« (a.a.O., S. 277). Vgl. dazu die beiden »ideologiekritischen Exkurse« zu Thalheimers Marxismus-Auffassung und zur Faschismustheorie der KPO in K. H. Tjadens »Struktur und Funktion der ›KPD-Opposition‹ (KPO)«. Meisenheim (A. Hain) 1964, S. 101–108 und S. 271–282.

xime der 8. Feuerbachthese: »Das gesellschaftliche Leben ist wesentlich *praktisch*. Alle Mysterien, welche die Theorie zum Mystizismus verleiten, finden ihre rationelle Lösung in der menschlichen Praxis und im Begreifen dieser Praxis.«[16] Die gesellschaftliche Situation wird erforscht, um die Interventionschancen der Arbeiterbewegung zu bestimmen, die theoretische Klärung mündet in Handlungsanweisungen. Seite um Seite wird gezeigt: Der Sieg der Nazibewegung, die Niederlage der Arbeiterorganisationen ist nicht unvermeidlich; wird sie Wirklichkeit, liegt die Verantwortung dafür bei KPD und Komintern.[17]

Der Autor dieser kritischen Kommentare, Kampfparolen und realistischen Prognosen lebte fern vom Schauplatz der Klassenkämpfe auf der türkischen Insel Prinkipo im Marmarameer, wohin Stalin ihn im Februar 1929 hatte abschieben lassen[18], und die von ihm inspirierte und organisierte Linke Opposition war eine kleine, verfemte Minderheit außerhalb der deutschen Kommunistischen Partei. Nachrichten, Zeitungen und Broschüren, Briefe und Anfragen aus Deutschland erreichten ihn mit einer Verspätung von bis zu zwei Wochen. Seine Stellungnahmen erschienen im »Bulletin der Opposition«[19] in russischer Sprache und wurden entweder gleich von den Sekretären auf Prinkipo oder aber in Deutschland übersetzt. Die kleineren Arbeiten erschienen nur in der Monatszeitschrift der Linken Opposition (»Permanente Revolution«), die eine sehr geringe Auflage hatte. Weitere Verbreitung — vor allem in den Gruppen der sozialistischen Jugend und der revolutionären Studentenschaft — fanden Trotzkis größere Broschüren, einige wenige Artikel erschienen auch in nicht-trotzkistischen Zeitschriften.

Der stalinistischen Propaganda galt Trotzki seit seiner Verbannung als Verräter und imperialistischer Agent, den Sozialdemokraten erschien er mit Recht als gefährlicher politischer

[16] Marx-Engels-Werke, Bd. 3. Berlin (Dietz) 1959, S. 535.

[17] »Der subjektive Faktor ist für uns die Kommunistische Partei, denn die Sozialdemokratie ist ein objektives Hindernis, das man beseitigen muß« (Soll der Faschismus wirklich siegen?, S. 153).

[18] »Dank der Bemühungen des Stalinschen Apparats, die von allen bürgerlichen Regierungen freundschaftlich unterstützt werden, lebt der Autor unter Bedingungen, die es ihm nicht ermöglichen, auf politische Ereignisse anders als mit einer Verspätung von einigen Wochen zu reagieren. Es muß hinzugefügt werden, daß er gezwungen ist, sich auf unvollständige Informationen zu stützen. Der Leser muß das in Rechnung stellen. Aber auch aus einer wenig günstigen Lage muß man versuchen, einigen Vorteil zu ziehen. Der Möglichkeit beraubt, auf die Ereignisse Tag für Tag in all ihrer Konkretheit zu reagieren, ist der Autor gezwungen, seine Aufmerksamkeit auf die wesentlichen Punkte und Kernfragen zu konzentrieren. Darin liegt die Rechtfertigung dieser Arbeit« (S. 113).

[19] Das »Bjulleten Oppozicii«, Trotzkis »Haupttribüne für die Diskussion innerer Parteiangelegenheiten und sein wichtigstes Organ des Kontakts mit der Opposition in der Sowjetunion« (Deutscher) erschien mit 87 Nummern von Juli 1929 bis August 1941 nacheinander in Paris, Berlin, Zürich-Selnau, Paris und New York. Beinahe alle Artikel Trotzkis aus der Zeit seines Exils erschienen hier im Original. Ein Reprint in 4 Bänden erschien 1973 bei Monad Press, New York.

Gegner. Seit der ultralinken Wendung der Komintern im Jahre 1928 galt die Sozialdemokratie – unter dem Namen »Sozialfaschismus« – den deutschen Kommunisten als Feind Nr. 1, der ihnen – bis es zu spät war – den gemeinsamen Todfeind, den wirklichen Faschismus verdeckte. Einem Dokumentationsband wie dem hier vorgelegten müßte eigentlich als Supplement ein Band folgen, der die Stimme der damaligen Komintern und KPD dokumentiert, da Quantität und Qualität der seinerzeitigen Polemik gegen die von Trotzki gegebene Einschätzung von Faschismus und Sozialdemokratie, vor allem aber gegen seine Forderung nach einer Einheitsfrontpolitik der Arbeiterorganisationen gegen den Nationalsozialismus, heute kaum mehr bewußt sind. Die offiziellen Darstellungen der Parteigeschichte durch die heutigen SED-Historiker projizieren Kurskorrekturen, die erst vorgenommen wurden, als es zu spät war, auf die KP-Politik der Jahre 1929–33 zurück und verleugnen nach Möglichkeit die damalige Generallinie der Partei (indem sie einzelne Figuren des ZK, etwa die »Neumann-Gruppe«, oder der Komintern-Exekutive dafür verantwortlich machen[20]).

War unter diesen Umständen Trotzkis Kampf mit der Feder für eine Änderung der offiziellen kommunistischen Politik, bei der der Linken Opposition die Rolle des Züngleins an der Waage zufallen sollte, nicht hoffnungslos? Er baute auf die Logik der objektiven Situation und die Kraft seiner politischen Argumentation.[21] Bis zuletzt hielt er einen Kurswechsel der stalinistischen Partei für unvermeidlich.[22] Und die Frage »Ist die Lage hoffnungslos?« beantwortete er wie folgt: »Zahlenmäßig ist die Linke Opposition in Deutschland schwach. Aber ihr politischer Einfluß kann bei dieser jähen historischen Wende entscheidend werden. Wie der Weichensteller durch rechtzeitige Hebelbewegungen den schwerbeladenen Zug auf ein anderes Geleise führt, so kann die kleine Opposition durch feste und sichere Bewegung des ideologischen Hebels den Zug der deutschen Kommunistischen Partei und den noch schwereren Zug des deutschen Proletariats dazu bringen, in eine andere Richtung zu fahren« (S. 301 f).

Trotzkis Aufmerksamkeit war seit dem VI. Kominternkon-

[20] Vgl. die »Geschichte der deutschen Arbeiterbewegung«, Bd. 4 und 5, a.a.O. Trotzki schrieb schon im März 1933: »Die Bankrotteure suchen Verwirrung zu stiften, die Tatsachen zu begraben, die Spuren zu verwischen« (S. 493).

[21] »Die Richtigkeit unserer Position wird sich von Tag zu Tag an den Tatsachen erweisen ... Die Pädagogik der Tatsachen wird unsere Kritik unterstützen« (S. 302).

[22] »Die Schwenkung der Stalinisten ist unvermeidlich ... Mehr als einmal in der Vergangenheit haben wir gesehen, daß die Stalinbürokratie, nachdem sie Hunderte Tonnen von Papier für Polemik gegen den konterrevolutionären ›Trotzkismus‹ vergeudet hatte, eine jähe Wendung vornahm und das Programm der Linken Opposition zu realisieren versuchte. Manchmal freilich mit hoffnungsloser Verspätung« (S. 302).

greß (1928) und dem Beginn der Weltwirtschaftskrise auf Deutschland gerichtet, das hochentwickelte Industrieland im Westen der Sowjetunion, die Heimat des Marxismus und das eigentliche Zentrum der marxistisch orientierten Arbeiterbewegung der Vorkriegszeit, dem vor allem die Hoffnungen der bolschewistischen Partei seit der Oktoberrevolution gegolten hatten, weil hier die wirkliche sozialistische Revolution, die nächste Etappe der Weltrevolution, zu der die russische nur das Signal gegeben hatte, erwartet wurde. Nachdem in der Mitte der zwanziger Jahre China und England zu Brennpunkten revolutionärer Hoffnungen geworden waren, bot in den Jahren 1931 bis 33 Deutschland den »Schlüssel zur internationalen Lage«, wie in den späteren dreißiger Jahren dann Frankreich und Spanien. Gleichwohl ist Trotzkis in diesen Jahren auf Deutschland — und Österreich — bezogene schriftstellerische Produktion nur ein Ausschnitt aus seiner Gesamtaktivität. Deren Dimensionen werden in diesem Band wenigstens sichtbar gemacht; die nicht unmittelbar auf den deutschen Faschismus bezogenen Texte bezeichnen die Nahtstellen zu anderen Bänden der geplanten Ausgabe. Die »Schriften über Deutschland« (1929—1940) enthalten sämtliche Arbeiten Trotzkis, die sich auf die Entwicklung in Deutschland und die Deutschland-Politik von KI und KPD beziehen. Sie sollen den Lesern eine Vorstellung von der Leistungsfähigkeit der marxistischen politischen Theorie vermitteln, die nicht erst post festum kommt, sondern soziale Wirklichkeit und Möglichkeit im Prozeß ihrer Bildung begreift, weil nur solche Gleichzeitigkeit praktische Eingriffschancen erschließt. Im Marxismus lernt die Eule der Minerva, schon bei Tage auszufliegen und Beute zu machen . . .

(13. 2. 1970)

Politische Pädagogik

»Der Student von Prag«[1]

Man sieht das heute anders als vor 50 Jahren.
Was damals in der Ewers'schen Phantasie- und Sudelküche gebraut wurde und auf den Projektionsflächen des kollektiven Unbewußten so einschlug, daß 1926 und 1936 — dann bereits in faschistischem Auftrag, auch der Autor von 1913 stand nun in diesem Lager — das Gleiche nochmals produziert wurde, ist heute schon zurückliegende, wenngleich unbewältigte deutsche Geschichte. Damals wäre es schwer gewesen, die Bilder zu enträtseln, obschon der Film selber an Deutlichkeit nichts zu wünschen übrig ließ: »Lustig ist das Leben der (korporierten) Studenten von Prag«, und einer wird - Ewers machte thematische Anleihen beim »Faust«, bei Hoffmann, Chamisso und Wilde — an einer aussichtslosen Liebe der Standes-, Klassenunterschiede schmerzlich sich bewußt. In versteinerten Sozialverhältnissen kann da nur der hinkende Teufel, damals Scapinelli, später Goebbels geheißen, helfen. Er ist gleich zur Stelle, Geld rollt ihm aus Ärmel und Taschen (war Not am Mann, kam's von der Schwerindustrie), der Vertrag wird gemacht, das Spiegelbild (die Vernunft) kassiert, die Spaltung vollzogen, das Gespenst erschaffen — das Komplement zum fröhlich-einfältigen »Balduin« an den Tag gebracht. Und nun agieren beide, mit und gegeneinander, Balduin I liebt und gerät in Ehrenhändel, Balduin II droht, schreckt, mordet. Der helle wird des dunklen Bruders gewahr, der Michel des Hitlers, welcher vordem nur in ihm gesteckt, und der nun hervorgetreten ist als Preis für das Überschreiten der Standesgrenze, für Scapinellis »Volksgemeinschaft«; kaum zufällig, daß sich das auf dem Judenfriedhof begibt — in Prag. Wer soziale Unterschiede nicht anerkennen will, muß zum Bösewicht werden, so sagt es der deutsche Film; das deutsche Märchen hatte früher wenigstens arme Handwerksburschen gekannt, die nichts als Einfalt, Mut und Glück in und um sich hatten, und doch, wenn auch nach mancherlei Fährnissen, als gute Könige endeten. Der Student von Prag teilt, als positiver Held, alle Illusionen der Jugendbewegung, deren berühmteste Programmerklärung im gleichen Jahr wie er das Licht erblickte. Auch sie durfte schon nicht in den sozialen Spiegel gucken, weil darin sonst

[1] Zu einer Wiederaufführung des Films »Der Student von Prag« (Paul Wegener; Regie: Stellan Rye; 1913).

Langemarck erschienen wäre. Den guten Tröpfen, so »wilde« Studenten sie auch immer gewesen sein mögen, war dennoch – der Film belegt's – der böse Bruder von Anfang an überlegen. Von manisch-depressiver Emotionalität beherrscht, sind die Balduins zur rationalen Analyse wie zur befreienden Tat unfähig. Wollen sie »Aufklärung geben«, so schreckt sie der Bösewicht, die Angst vor dem alter ego, das hinter der Maske des Biederdeutschen hockt, um, wenn Scapinelli winkt, hervorzukommen und all jene Untaten zu verrichten, die der »wilde« Korpsbruder nicht verhüten kann. Der geht dann in »innere Emigration« und begeht vielleicht auch ein Attentat, das ihn selber trifft.

Und die Moral von der Geschicht': die Balduins, die taugen nicht. Ein Ende ist nur abzusehen, wenn der Biedermann und der Mörder, zwei Seiten der deutschen Bürgermedaille, wie die Fälle der vielen Höß' und Eichmanns lehren, beide als Typen bürgerlicher Existenz verschwunden sind, so daß die Zauberkünste der Scapinellis an besserem Material, an den Citoyens von morgen, zuschanden werden.

(18. 12. 1963)

»Vietnam-Diskurs«

Da (Frankfurter) Theaterleitung und Ortspolizei ein Go-In befürchteten (nur 150 Karten waren in den freien Verkauf gelangt), fand die Vorführung sozusagen unter Polizeischutz statt. Die anschließende Diskussion auf der Bühne brachte – wie üblich – divergente Meinungsmonologe: Dieser Inhalt sprengt das bürgerliche Theater – dies ist die Apotheose des bürgerlichen Theaters – das Bolschoiballett der Linken – ein »Alibi« der imperialistischen Gesellschaft usw. Die (Ur-) Aufführung von Peter Weiss' Tendenzstück gegen die imperialistische Aggression der USA in Vietnam in einem großen Theater der auf Loyalität eingeschworenen »freien Welt« ist – mitten im Kriege – ein Politikum, ein Sieg der Oppositionsbewegung gegen den Krieg in Vietnam. Es war *ihr* Stück – und die Wahrheit über Vietnam wird nun wenigstens in *einem* der Medien der Massenkommunikation verbreitet, wenngleich in einem antiquierten.

Der ästhetische Wert des Stücks wurde bestritten. Mit Recht. Choreographie, Bühnenbild, akustische Effekte sind magere kulinarische Zutaten zur illustrierten Dokumentation. Auch mit der Poesie des Reiserntenliedes ist nicht viel Staat zu machen. Ihr Reiz ist kein lyrischer, sondern ein soziologischer. Die aktuelle Version des Erntelieds bringt die den Partisanen abgedrungene Rationalisierung eines schwächlichen Mythos in freie Rhythmen. Nichts, was im Ohr haften bliebe, nichts Zitat-Würdiges, abgesehen von eingestreuten Klassiker-Zitaten wie dem, daß das Proletariat in einem zurückgebliebenen Lande eher siegen kann als in einem hochentwickelten. Weiss' Lehrtheater ist kaum vergnüglich; damit ist es der Realität, die es selektiv zur Darstellung zu bringen sich müht, adäquat.

Die dokumentarische Schau ist in zwei heterogene Großaufzüge gegliedert. Der erste bringt vietnamesische Geschichte der früheren Jahrhunderte in Kurzfassung – Plusquamperfekt, Imperfekt und Perfekt –, der zweite bringt Zeitgeschichte – Präsens.

Die Geschichte der vietnamesischen Gesellschaften war eine Geschichte von Gewalt und Ungleichheit, eine Geschichte von Klassenkämpfen. Wer hätte anderes erwartet. Friedliche Bauern und einfallende Kriegerstämme, Herrschaft der Oberen, Skla-

verei und Revolte der Unteren, Niederwerfung der Revolten oder Sieg der Unteren und Entstehung neuer Privilegien, perennierende Ungleichheit. Und so dreht das Rad sich immer weiter. Die Eintönigkeit der Bühnengeschichte wird zur Langeweile des Publikums. Vielleicht ist das Didaktik: Die bisherige Geschichte war, nehmt alles nur in allem, langweilig; ewig dasselbe, nichts Neues. Die Linken in Rang und Parkett sehen sich bestätigt; die Wahrheit über die Geschichte ist einfach; es gibt zwei Klassen, und die eine unterliegt. Wir haben es schon immer gewußt.
Aber ist die Wahrheit nicht »konkret«? Und ist sie, als konkrete, nicht doch etwa komplizierter? Warum eigentlich lassen sich die sympathischen »Schwarzen« auf der Bühne immer wieder übers Ohr hauen, und warum werden hochgekommene Untere immer wieder zu Tyrannen, warum gibt es stets Oben und Unten? Warum siegen die imperialistischen »Weißen«? Was unterscheidet Präsens und Plusquamperfekt? Der harmlose Schüler des Weiss-Theaters kann annehmen: die Gründung der KP-Vietnam und das Herabfallen eines roten Fähnchens, auf dem die Volksrepublik Vietnam proklamiert wird. Aber alle die Bauernkriege brachten nur neue Herrschaftscliquen zur Macht — wird das jetzt anders? Weiss sagt nichts darüber.
Im ersten Teil seines Diskurses bedeuten die Bretter noch die Welt. »Die Zeit ist der Raum der Geschichte«, und die Bühne, die ein Vorn und Hinten, ein Norden und Süden hat, mit Boden und Podesten ein soziales Oben und Unten hergibt, steht für diesen Raum, in dem ein kreisförmiges Geschehen statthat, eine ewige Wiederkehr, bei der eigentlich nichts geschieht. Doch mit dem Übergang der »Handlung« ins zwanzigste Jahrhundert schlägt auch dem Weiss'schen historischen Lehrtheater seine Stunde. Als dokumentarisches muß es mit allen kulinarischen Konventionen, die dem traditionellen Theater wesentlich waren, brechen. Aber das (geschichtliche) Wesen der vietnamesischen und Welt-Ereignisse muß erscheinen, die Faktoren hinter den Fakten wollen sinnfällig gemacht werden: Das politische Problem erweist sich auf der Bühne stets noch als ästhetisches. Kann man den Vietnam-Krieg auf dem Theater *darstellen*? Genauer: läßt sich die Realität dieses Krieges, seiner politisch-ökonomischen »Hintergründe« und menschlichen »Vordergründe« auf Brettern, die die Welt *bedeuten* sollen, abbilden, läßt sie sich in das (Miteinander-) Sprechen und Handeln einzelner Menschen übersetzen? Offenbar nicht. Dies Problem wurde seit dem Ende des 19. Jahrhunderts (theatergeschichtlich) zum Ausgangspunkt der unterschiedlichen, antitraditionellen Lösungsversuche der Piscator und Brecht, der Ionesco und Beckett. Weiss' Verfahren ist das der Kondensa-

tion. Am Unrat, den die »Geschichte« auf Zeitungspapier hinterließ, am Abschaum des politischen Lebens möchte er der überwältigenden Wirklichkeit beikommen. Reden, Proklamationen, Programme, Berichte, Analysen, Worte werden eingedickt, eingekocht, ausgesiebt, neu montiert; und die dokumentarischen Redefetzen, Zitatmontagen werden dann auf ein Gerüst von Gründungstagen, Wendepunkten, historischen Daten gespießt, Halbrelieffiguren in den Mund gelegt. Aber der Geschichtsaufguß mißrät, die Szene bleibt Stilleben. Weiss versucht, die Entscheidungszentren ins Bild zu bringen, Pentagon, Sicherheitsrat, Außen- und Kriegsministerium; er läßt Konferenzen nachspielen. Auf der anderen Seite die Vietcong-Bauern. Und Vietnam bleibt fern, und der Krieg bleibt ein Figurentanz.
Die Strategie des Autors ist, das seinem Publikum eingebleute Ost-West-, Freund-Feind-Schema der politischen Interpretation zu zerbrechen, den historischen Nachweis zu führen, daß der Krieg in Vietnam ein Klassenkrieg ist, wie sie in all den Jahrhunderten zuvor geführt wurden. Er möchte die Zuschauer geschichtlich belehren und sie dazu bewegen, die Identifikation mit den Unteren, die ihnen im ersten Teil leicht fiel, nun auf die Unteren von heute zu übertragen, was ihnen schwer fällt. Weiss läßt seine Leute auf der Bühne sagen, worum es geht: um strategische und Investitionsinteressen, um eine rasche, nachholende Industrialisierung und deren soziale Voraussetzungen. Doch unter der Hand vermittelt sein Stück eine andere, einfachere Lehre. Wird Geschichte in eine ermüdende Reihe von Groß- und Gegenmachtkonferenzen nebst Kriegstänzen übersetzt, so verwandelt sich die historisch-materialistische in eine Verschwörungstheorie der Geschichte.
Was ist die Funktion eines solchen Stücks? Die unwissenden Theaterbesucher, die die herrschende Interpretation des status quo zu einem Bestandteil ihres psychischen Haushalts gemacht haben, mit der Wahrheit über Vietnam derart zu konfrontieren, daß sie dem Zeugnis ihrer Sinne und ihrer moralischen Sensibilität mehr vertrauen als den offiziellen Dogmen. Eine sachgerechte Information über Vietnam in Geschichte und Gegenwart gehört in Broschüre oder Flugblatt. Eine Demonstration für die Befreiungsfront auf die Straße. Das Theater bleibt moralische oder paradigmatische Anstalt, wenn es dem Fortschritt dient, Medium der Antizipation, wo es ein anderes Leben, das wir noch nicht haben, vor Augen stellt, Zirkus, wo es Betrogene mit schlechten Kompensationen abspeist. Brecht vor allem entdeckte die Möglichkeit, durch Verhaltensobjektivierung Einstellungsänderungen des Publikums zu provozieren. Griff er direkt in politische Kämpfe ein, so bediente er sich konventioneller Theatermittel, wie in dem Stück von den »Ge-

wehren der Frau Carrar«, das zur Unterstützung der republikanischen Front im spanischen Bürgerkrieg gespielt wurde. Die Moral dieses Stücks hieß: Man kann sich nicht *zwischen* den Fronten halten. Die Moral des Weiss-Stücks: »Der Kampf geht weiter ...« Ohne uns, denkt das aufgeklärte Publikum beruhigt – die Leute in den schwarzen Pyjamas werden es schon schaffen.
Es scheint, als wäre eine Bühnensituation, welche die »Neutralität« des heutigen Publikums als das Verbrechen vorführt, das sie ist, eher durch blutige Grotesken, politische Happenings herzustellen als mit den Techniken des dokumentarischen Theaters.

(3. 4. 1968)

Zeit haben . . . wozu?

Bedeutendstes Resultat des technischen Fortschritts in den wenigen hochentwickelten Ländern der Erde ist das Einschrumpfen der gesellschaftlich notwendigen Arbeitszeit vom 16-Stunden-Tag des Frühkapitalismus über den 8-Stunden-Tag nach 1918 zur 45- und 40-Stunden-Woche nach dem Zweiten Weltkrieg. Die nächste Etappe bringt die 4-Tage-Woche. Erstmals in der Geschichte ist mit dieser zunehmenden Befreiung von notwendiger und fremdbestimmter manueller oder intellektueller Arbeit für die Massen unserer Länder die Chance einer »Kollektivierung der Muße« eröffnet.
Die Chance. Denn was bisher sich im arbeitsleeren Raum etablierte, ist Frei-Zeit nur als Ideologie. Deren Funktionen bestehen darin, »die Freizeit der Massen so auszufüllen, daß daraus sowohl die Illusion der Freiheit und die des schöpferischen Tuns entspringt, wie die Garantie, daß keiner aus dem Rahmen fällt« (Rumney-Maier, Soziologie). Vermehrte Freizeit im System wird dies zunächst stabilisieren; sie wird integriert wie die Arbeiterbewegung (»Institutionalisierung des Klassenkonflikts«) oder wie auch die partiell befreite, zugleich intensiver verdrängte Sexualität.
Solche Ausnutzung der vermehrten arbeitsfreien Zeit zu einer stärkeren Einbeziehung der Arbeitenden in das bestehende Gesellschaftssystem haben wir nach dem Zweiten Weltkrieg kennengelernt. Sie konnte um so besser gelingen, als die herrschenden politisch-ökonomischen Verhältnisse die Ausbildung von Spontaneität zunehmend erschweren; die Arbeiter, die unter der Losung: »Wissen ist Macht« abends in Volkshochschulen und Arbeiterbildungsvereine strömen und nachts Marx und Bebel studieren, gibt es nicht mehr. Mit sinkender Arbeitszeit ist der Anspruch der Produktion total geworden. Damit entziehen sich die Verhältnisse, unter denen produziert wird, der Reflexion:
Die Unerträglichkeit des bestehenden Zustands, worin die Menschheit an der Schwelle des goldenen Zeitalters steht und zugleich täglich von totalem Untergang bedroht ist, während Hunger und Elend in den unterentwickelt gehaltenen Gebieten anwachsen. Erst unter dieser — politischen — Perspektive werden die Möglichkeiten, die im Freizeitraum stecken, deutlich.

Während seit Beginn des Jahrhunderts die soziale Revolution in den unterentwickelten Ländern permanent geworden ist, hat die Arbeiterschaft der hochentwickelten nichts gegen die Übermacht von Staat und Industrie vermocht, wurde vom Faschismus geschlagen und erscheint heute, wo sich der Gegensatz armer und reicher Länder zugespitzt hat wie nie, als mitschuldig. Nur mit Hilfe der riesigen Produktionsapparate der höchstentwickelten Länder wird es möglich sein, Gesellschaften aufzubauen, die tatsächlich ein Mehr an Gleichheit, individueller Freiheit, Glück als die bürgerlichen und spätbürgerlichen bieten können – wird es möglich sein, stalinistische Entwicklungen (bürokratische Entartung von Arbeiterstaaten) zu vermeiden. Nur wenn die riesigen Produktionsapparate der höchstentwickelten Länder aufhören, für die Destruktion zu produzieren, nur wenn die Kollektive in Ost und West ihrer selbst mächtig werden und den unkontrollierbaren Exekutiven die Macht aus den Händen nehmen, kann die Gefahr des atomaren Krieges gebannt werden. Somit ist es in keiner Weise gleichgültig, mit welchen Betätigungen die Menschen in den wenigen hochentwickelten Ländern ihre Freizeit ausfüllen, ob sie »integriert« den Tanz auf dem Vulkan mitmachen oder aber ihr Privileg nutzen zur Abschaffung des Krieges und des Elends.

Marx schreibt in den Pariser ökonomisch-philosophischen Manuskripten (1844): »Weder die Natur – objektiv – noch die Natur subjektiv ist unmittelbar dem menschlichen Wesen adäquat vorhanden« – beides setzt den Stachel der Arbeit. Materielle Produktion, die Arbeit des Alltags, dient der Naturbeherrschung, hilft, die Erde zur menschlichen Heimat zu bereiten, sie nach unserem Bilde und Bedarf zu formen.

Der Alltag primitiver Völker zeigt, wie sie ganz unterm Druck der Naturnotwendigkeit stehen, wie die Tage der nur wenig individuierten Mitglieder der Stämme mit Nahrungssuche und -zubereitung ausgefüllt sind. Schon hier gilt, daß dem Einzelnen in nur sehr engen Grenzen eine Zeiteinteilung freisteht. Eigentliches Subjekt der Lebenszeit ist die Gruppe, die sich in der jeweiligen Gemeinschaft zur herrschenden aufgeworfen hat. Gesellschaft zeitigt unterm Druck der Naturnotwendigkeit und ihres Abbilds, der menschlichen Herrschaft, dem Einzelnen seine Zeit. Alle Gesellschaften, von denen wir wissen – einige anscheinend herrschaftslose Stämme auf dem Trobriand-Archipel und anderwärts, die eine hoffnungsreiche Ausnahme bilden, ausgenommen –, konstituieren sich nach dem Modell von Herrschaft und Knechtschaft. Die soziale Teilung der Arbeit (zugleich eine der Zeit) zerschneidet früh das Kontinuum menschlicher Praxis, worin sich Last- und Lustcharaktere der Arbeit noch ungeschieden durchdringen – isoliert diese beiden Momente gegeneinander und teilt den Herrschenden nicht nur die entscheidenden Mittel der Produktion zu, sondern mit dem Mehrprodukt die technisch bzw. sozial jeweils ermöglichte Freiheit von der Last körperlicher Arbeit. Die grundsätzliche Inadäquatheit jeder vorgefundenen Situation dem Menschen gegenüber erscheint subjektiv als Überschuß, der — als physisch-geistige Produktivkraft — verändernde Praxis erst möglich macht und über die Notwendigkeit immer noch hinauszielt. Solche Spontaneität — Glück, Genuß, Bedenken des Ganzen: Theorie — bleibt, nach Zerreißung der Praxis in eine vorwiegend physische und eine vorwiegend intellektuelle, den Herren allein vorbehalten. Modell solcher Vergesellschaftung ist die antike Sklavenhalter-Polis, wie sie Aristoteles beschreibt, wo die Bürger, die Freien, schon ein recht menschenwürdiges Leben lebten, während ihnen Sklaven, Hausgesinde, unterjochte Völker ökonomisch den Rücken freihielten, so die theoretische, politische, ästhetische Produktion ihrer Herren ermöglichend. Hier entstand denn auch eine erste Theorie der Muße: Die Hierarchie menschlicher Betätigungsweisen, wie sie damals — von Aristoteles — entworfen wurde, und — mit Variationen — bis ins späte Mittelalter aufrechterhalten wurde, läßt sich kurz mit der Formel charakterisieren, daß alle Betätigung, die gesamte Sphäre der vita activa nur dazu diene, die vita contemplativa, die (noch nicht technisch-naturwissenschaftlich orientierte) Theorie, das Erfassen der Wahrheit möglich zu machen. Vita contemplativa, Muße, galt allein als menschenwürdiges Leben. Drei Weisen, das Leben zu verbringen, waren dem Bürger angemessen, sie lagen jenseits der Notwendigkeit in der Sphäre des »Schönen«. Leben im Umgang mit Dingen, die weder notwendig noch nützlich sind, worunter Aristoteles »das Leben, das im Genuß und Verzehr des körperlich Schönen dahingeht; das Leben, das innerhalb der Polis schöne Taten erzeugt; und das Leben der Philosophen« verstand.

Renaissance und Reformation brachten den Umschlag: die Ausrichtung alles Denkens, aller Praxis auf Produktion, Technik, vita activa. Der Calvinismus als Überbauphänomen verlieh der neuen bürgerlichen Klasse, die Herr der neuen Produktivkräfte — in Gestalt von Handelskapital und Manufakturen — war, jene psychische (moralische) Struktur, die sie zur »innerweltlichen Askese« befähigte; er behandelte, wie Max Weber schreibt, »die weltliche Berufsarbeit als das geeignete Mittel zum Abreagieren der religiösen Angstaffekte«. Die antike Philosophie war Sklavenhalter-Philosophie, weshalb die menschliche Arbeit, deren scheinbares Gegenstück die »Freizeit« ist, und deren wirklicher Pol die Muße einmal war, in ihr nicht reflektiert wird. Nach 1750 findet sich bei Benjamin Franklin wie bei Hegel, bei den klassischen Ökonomen wie bei den Frühsozialisten, die Arbeit als Zentralkategorie bürgerlicher Vergesellschaftung und Ethik. Komplement der Arbeitsverherrlichung ist die Aneignung fremder Arbeit.

Besten Gewissens werden Bergwerke, Kohlengruben, Manufakturen mit Gefängnisinsassen, Vagabunden, Frauen und Kindern gefüllt, der Arbeitstag beträgt 16 und 20 Stunden. Eindrücklichste Darstellung dieser frühkapitalistischen »ursprünglichen Akkumulation« ist noch immer Engels' »Lage der arbeitenden Klasse in England« von 1845.

Nachdem längst das protestantische Arbeitsethos erloschen bzw. auf die Adepten der verschwundenen kleinen und mittleren Unternehmer, besitzloses Kleinbürgertum und Angestellte, übergegangen ist, feiert die Heiligung der Arbeit unterm Faschismus grausige Triumphe: Arbeitsdienst und KZ-Fabriken (mit »Arbeit macht frei« am Tor und »Vernichtung durch Arbeit« als Ziel) dienen gemeinsam der Kriegsproduktion.

Auch im Lande der Oktoberrevolution, wo Stalin als Agent der neuen bürokratischen Schicht den »›Sozialismus‹ in einem Lande« aufbaut, werden in den 30er Jahren drakonische Arbeitsgesetze erlassen, Arbeit und Arbeitsdisziplin avancieren zum obersten Gebot im stalinistischen Moralkodex. Marx, der von der sozialistischen Revolution die Abschaffung der Arbeit erwartet hatte, wird uminterpretiert. »Arbeit heißt der Heiland der neuen Zeit« nun auch hier; Glück und Genuß, alte materialistische Forderungen, werden als dekadent und reaktionär verfemt. Dem 20-Minuten-Gesetz, das vor Kriegsbeginn erlassen wird, geht die Abschaffung der freien Liebe, der Kurswechsel zur Stabilisierung der Familie voraus.

In den westlichen Industrieländern geht man im Zeichen der großen Krise unterm Druck der Gewerkschaften zur Arbeitszeitverkürzung über, um die Arbeitslosenziffer im Rahmen des »Normalen« zu halten. Diese Politik, die die neue Technologie binnen kurzem unabweisbar macht, ruft schon in den 50er Jahren in den Vereinigten Staaten eine »Soziologie der leeren Zeit« hervor. Der Soziologe Dubin und viele seiner Kollegen sprechen von einer Verlagerung des »zentralen Lebensinteresses« der Massen in die Freizeit, in die Konsumsphäre, um so davon abzulenken, daß die Lösung der Freizeitprobleme nur im Bereich der Organisierung der industriellen Produktion zu suchen ist.

Die neue »Frei-Zeit« hat mit der bürgerlichen Freiheit, die anfänglich eine von Fronarbeit und Abgaben, zu eigenen Geschäften war, nichts zu tun. Unerwartet über die Objekte der industriellen Produktion gekommen, denen es unsere Gesellschaft nicht möglich machte, so etwas wie ein »central life interest« zu entwickeln, ist sie wesentlich als Rest, als leere, unerfüllte Zeit charakterisiert. Diese Leere, ohnehin nur Appendix des 8-Stunden-Tags, barg jedoch eine neue Ausbeutungschance. Es entstand eine ganz neue Industrie, die Hobby-, Kultur- und Amüsementindustrie, die die Ausbeutung und Aufteilung des entstandenen Leerraums nach rationellen Verfahrensweisen sicherstellt. Die gesellschaftliche Vermitteltheit aller Bedürfnisse hat sich zur synthetischen Produktion menschlicher Bedürfnisse durch die Meinungsagenturen der großen Konzerne gewandelt. Daß der Betrieb sich verselbständigt hat, wurde nie so deutlich wie im Freizeitraum, der doch die Chance zu anderem enthält. Prestigezwänge liefern die Menschen dem »Konsumterror«, der den politischen ablöste, aus. Die einmal habitualisierten Verhaltensweisen der Arbeitswelt werden zwangshaft in den Freizeitbetrieb übernommen, dessen Angebot nur mit ihrer Hilfe zu bewältigen ist. »Denn nur der universale Sieg des Rhythmus von mechanischer Produktion und Reproduktion verheißt, daß sich nichts ändert, nichts herauskommt, was nicht paßte« (Horkheimer/Adorno, Dialektik der Aufklärung.

Die Funktionen, die die Freizeitaktivitäten im Leben der Individuen erfüllen, sind Antworten auf Versagungen, die die tägliche (industrielle) Arbeit ihnen zufügt. Marx' Analyse der »entfremdeten Arbeit« bestimmte die Arbeit unter kapitalistischen Bedingungen (wie vor ihm Hegel) als Zwangsarbeit. Arbeit als Entäußerung, als wesentlichste menschliche Praxis, werde kraft der herrschenden gesellschaftlichen Bedingungen zum »Verlust« des Menschen, wobei er »seine Physis kasteit und seinen Geist ruiniert«. Auf dieser Analyse aufbauend, hat J. Habermas (in: »Konkrete Vernunft«, Festschrift für E. Rothacker) die spezifischen Belastungen, Versagungen moderner Industriearbeit (auf Grund industriesoziologischer Untersuchungen) samt den zugehörigen Freizeit-Kompensationen aufgezeigt: 1. Moderne Industriearbeit ist fremdbestimmt. Der Arbeiter wurde in ihr zum »Lückenbüßer der Produktion« (G. Friedmann). 2. Werkzeuge und Maschinen, die nicht mehr gehandhabt, sondern bloß noch bedient werden, lassen das Werkstück auf Abstand rücken, die Materialkenntnisse schrumpfen. Das verleiht der Maschinenarbeit ihre spezifische Abstraktheit. 3. »Was die Industriearbeit auszeichnet, ist dies: daß sie für beschränkte Arbeitsziele zwar beschränkte Verrichtungen . . . aber gleichzeitig den Einsatz des ganzen Mannes verlangt.« – Anstelle der in der ersten Phase der Industrialisierung vorherrschenden regenerativen Funktion der arbeitsfreien Zeit treten heute zwei andere Komplementärfunktionen: die »suspensive« und die »kompensatorische«. Suspensiven Charakter trägt das Freizeitverhalten, wenn entgegen den Versagungen der fremdbestimmten Arbeit erfüllende Quasi-Arbeit gewählt wird, die die Freiheit, Anschaulichkeit und Ausgeglichenheit des Leistungsanspruchs wiederbringen soll, welche die Berufsarbeit vorenthält (Fortsetzung der Berufsarbeit in eigener Regie, »do it yourself« als scheinbare Rückkehr zu vorindustrieller Produktion, Vereinsleben als versuchte Sinnerfüllung). Trägt die Freizeit kompensatorischen Charakter, so wird arbeitsfremdes Verhalten geübt, ein Strich gezogen zwischen Dienst (job) und »Leben« (Regression in Intimität, Kulturindustrie, Sport und Spiel). Habermas weist nach, daß »je mehr sich das Freizeitverhalten mit dem objektiven Schein der Freiheit schmückt und vorgibt, die Versagungen der Berufssphäre aufzuheben, es in Wahrheit um so mehr den Bedürfnissen der Berufsarbeit verhaftet bleibt«, deren Formen überall durchschlagen: Freizeit dient noch immer wesentlich dazu, die Menschen »fit« zu machen für den morgigen Arbeitstag.

»Weder die Natur — objektiv — noch die Natur subjektiv ist unmittelbar dem menschlichen Wesen adäquat vorhanden.« Die Menschen, die, nachdem sie in der Epoche des Frühkapitalismus durch Hunger und Konkurrenz zur Fabrikarbeit diszipliniert wurden, in der Mitte des 20. Jahrhunderts plötzlich vor der Möglichkeit stehen, von diesem ihnen aufgezwungenen »zentralen Lebensinteresse« entbunden zu werden, wieder Zeit zu haben, sind zu bloßen Objekten der Produktion geworden, können den entstandenen freien Raum nicht nutzen.

Freizeit ist bisher nichts anderes als ein leerer Raum, vor dessen Öde die Massen in jene Verdopplung ihres entfremdeten Arbeitslebens fliehen, die als »Kulturindustrie« hinter jedem Arbeitstag wartet. Darüber versäumen sie das, was sie allein leisten können: ihre eigene Not und die der Hungernden und Unterdrückten in anderen Teilen der Welt aufzuheben.

Der Freizeitraum kann der Ort werden, von dem aus die bestehende objektive Unordnung und subjektive Leere eines Tages aus den Angeln gehoben werden. Nur energische Aufklärung und politisch-organisatorische Arbeit können den Bann brechen.

Freizeit ist bisher bloße Ideologie: Fortsetzung des Betriebs mit ähnlichen Mitteln. Die Freizeit-Betätigungen, die die Hobby-Industrie bereitstellt, haben kompensatorischen Charakter.

Das Ungenügen an den Formen der industriellen Arbeit und das verborgenere an den Hobbies kann bewußt gemacht und politisiert werden. Die Möglichkeiten von Freiheit und politischer Aktivität, die der neu entstandene Freizeitraum eröff-

net, bleiben aber ungenutzt, sofern nicht die Organisationen der Arbeitnehmer aufklärend eingreifen.
Anstatt die Massen der hochindustrialisierten Länder mit den circenses des Freizeitrummels hinzuhalten, kommt es darauf an, ihnen eine adäquate politische Teilnahme an der Lenkung von Staat und Wirtschaft zu ermöglichen, die eine adäquate Teilnahme an Kultur und Wissenschaft so möglich macht wie voraussetzt.

(1. 7. 1963)

Politisierung der »Unbefangenen«

Zur politischen Jugendbildungsarbeit der Gewerkschaften

Aufgabe der gewerkschaftlichen Jugendbildungsarbeit ist es, einen Teil der jungen Arbeiter und Angestellten mit der Tradition der deutschen Arbeiterbewegung zusammenzubringen, um eine qualifizierte Minderheit zu erziehen, die als Ferment in und außerhalb der gewerkschaftlichen Organisationen wirken soll, die den Funktionärsnachwuchs stellen kann, — von der also die Kontinuität und der Einfluß der Gewerkschaftsbewegung insgesamt entscheidend abhängt.

Aufgabe der Gewerkschaften ist es, die ökonomisch-sozialen und politischen Interessen der Mehrheit der Bevölkerung wahrzunehmen, die von jeder Verfügung über Mittel und Ziele der Produktion ausgeschlossen ist, — die sich, auf Grund ihrer Stellung im Wirtschaftsprozeß, in permanenter Abhängigkeit und (wie immer verschleierter, illusionär übertünchter) Ohnmacht befindet. Das Interesse, das die gewerkschaftlichen Organisationen wahrnehmen, auch für diejenigen, die nicht Mitglied der Organisation, aber in der gleichen sozialen Lage sind, ist kein partikulares, sondern das der Allgemeinheit gegenüber der Machtelite, deren Planungsstäbe ohne demokratische Legitimation und Kontrolle (und daher auch ohne zureichendes Bewußtsein von den Konsequenzen ihrer Maßnahmen) die Fragen von Krieg und Frieden, von Investition und Produktion »entscheiden«.

Das Kollektiv der ohnmächtig-abhängigen »Arbeitnehmer« macht heute vier Fünftel der Bevölkerung aus. Es ist das Kollektiv derjenigen, die keinerlei Einfluß auf die strategischen Planspiele der Bundesregierung haben, die, wenn morgen früh Krieg wäre, zu spät davon erführen, um sich dem Unheil entziehen zu können, die die Zeche bezahlen in Krieg und Frieden, für die eine große Wohnung in bevorzugter Lage ein unerfüllbarer Wunschtraum bleibt, die weder Proust noch Hölderlin, weder Freud noch Marx lesen können, weil sie sich durch lebenslange »freie« Arbeit im Dienste anderer am Leben erhalten und damit deren Macht steigern, die sie in Objekte der politisch-ökonomischen Prozesse verwandelt. Das Interesse dieser Bevölkerungsmehrheit ist, auch wenn sie sich davon nichts träumen läßt, auch wenn sie es nicht als historisches, sondern nur als alltägliches zu empfinden und zu formulieren in der Lage ist: das Herauskommen aus der Abhängigkeit und

Dürftigkeit, Kontrolle über die Kontrolleure. Dies Interesse treibt hinter jeder Lohnforderung, hinter jedem Streik — und die Gewerkschaftsorganisation ist zu seinem einzigen Sachwalter geworden.

Am Grunde aller Konflikte in unserer Gesellschaft liegen zwei miteinander unvereinbare Ansprüche: Alle politische Macht soll demokratisch legitimiert, d. h. kontrolliert werden; aber alle ökonomische Verfügungsgewalt soll von demokratischer Kontrolle ausgenommen sein, privaten Gruppen allein zufallen. Die politischen Entscheidungen sollen im Licht der Öffentlichkeit von gewählten Vertretern der Gesamtbevölkerung nach demokratischen Spielregeln getroffen werden; das wirtschaftliche Leben, worin jedermann Zwangsteilnehmer ist, soll unter Ausschluß der Öffentlichkeit von wenigen Kommandozentralen her gesteuert werden, die, indem sie ihren bornierten Profitinteressen nachgehen, die Richtung des Fortschritts, die individuellen und kollektiven Konsumchancen von heute und morgen festlegen. Der Anspruch auf demokratische Kontrolle der Staatsmacht ist Erbstück der bürgerlichen Revolution. Demokratische Kontrolle der Wirtschaft ist das Kampfziel der Arbeiterbewegung. Demokratische Organisation von Staat und Politik und vor-demokratische Organisation des Wirtschaftslebens lassen sich nur in krisenfreien Phasen der ökonomisch-sozialen Entwicklung miteinander vereinigen. Wir kennen als historische Auflösung des Basiskonflikts unserer Gesellschaft die Gleichschaltung der politischen Sphäre, den Übergang vom Mehrheits- zum Führerprinzip, wie er sich zwischen 1928 und 1934 in Deutschland vollzogen hat, als sich die Alternative einer wirksamen Unterstellung der ökonomischen Sphäre unter demokratische Kontrolle als Lösung der Wirtschaftskrise anbot. Mit dieser Alternative ist die andere, unerprobte, hoffnungsreiche Auflösung des Konflikts bezeichnet.

Seit in Rußland auf revolutionärem Wege die Voraussetzungen der Wirtschaftsdemokratie (durch Verstaatlichung von Industrie, Banken und Handel) geschaffen wurden, hat sich der innergesellschaftliche Konflikt zum internationalen ausgewachsen. Die Rückständigkeit des Landes, seine Isolierung und der lastende Druck der kapitalistisch orientierten Staaten ermöglichten indessen einer wirtschaftlich-staatlichen Planungs- und Leitungsbürokratie die Machtergreifung, die zum Platzhalter einer wirklichen Selbstverwaltung der Produzenten wurde, wie sie die Struktur nachkapitalistischer Systeme fordert. Die beiden antagonistischen Systeme, deren Auseinandersetzung unser Zeitalter bestimmt, bekämpfen im jeweiligen äußeren Feind ihre eigene bessere Möglichkeit, genauer: ihre potentiellen Gegner im Innern, die versuchen könnten, die beiden Systemen inhärenten Möglichkeiten durch politische Aktionen zu entbinden. Die Konkurrenz beider Formen von Industriegesellschaft hat zur wechselseitigen Lähmung ihrer immanenten Entwicklung geführt. Gemeinsamer Feind der Machteliten in West und Ost ist eine Einrichtung der Gesellschaft, die der Machteliten nicht mehr bedarf — die gekennzeichnet ist durch umfassende Selbstverwaltung, Beseitigung aller Herrschaftsprivilegien, Lenkung des technischen Fortschritts in Richtung auf maximale Einschränkung der Arbeitszeit und Überfluß an Konsumgütern. Zwar behaupten die Machteliten beider Systeme, eben diesen Zustand anzustreben, aber solange sie es sind, die Geschichte machen, scheint jene qualitative Änderung des menschlichen Zusammenlebens, die bei dem erreichten Stand der Technik real möglich geworden ist, doch zugleich gänzlich ins Utopische entrückt — und die Mehrheit der Bevölkerung hat sich mit diesem paradoxen Zustand abgefunden. Die deutschen Gewerkschaften aber stehen vor der Aufgabe, sich nicht dem von beiden Machtblöcken verhängten status quo einzufügen, sondern in einem der höchstentwickelten Länder der Erde die Wirtschaftsdemokratie durchzusetzen. Nur die Gewerkschaftsbewegung vermag es, großen Teilen der Arbeiter und Angestellten zu einem kritischen Verständnis des sozialen Systems zu verhelfen, dessen Leidtragende sie sind, solange sie es nicht kontrollieren, und dessen Opfer sie werden, wenn sie es nicht reorganisieren. Die innergewerkschaftlichen Auseinandersetzungen — etwa um die Notstandsgesetze — sind Produkt der enormen Schwierigkeiten, vor denen die Organisation steht, wenn sie unter den gegenwärtigen gesellschaftlichen Bedingungen eine Politik machen will, die der Tradition der kämpferischen Arbeiterbewegung entspricht.

Die Bevölkerung, deren Belange der Gewerkschaftsbund vertritt, reagiert auf die politisch-ökonomischen Systeme, unter denen sie ihr Leben fristet, gemäß den unmittelbaren Lebenschancen, die jene eröffnen. In der bisherigen menschlichen Geschichte und auch in der bisherigen Geschichte der Arbeiterbewegung ging der Kampf wesentlich um das Sattwerden, um relative Sicherheit und ein wenig Bewegungsfreiheit. Sattheit war den Arbeitern erst für das nachbürgerliche Zeitalter versprochen.

Noch die erste deutsche Republik wurde von den Massen, weil sie sich ihnen durch Inflation, Arbeitslosigkeit und Straßenschlachten fühlbar machte, abgelehnt. Die zweite ist ihnen durch nie gekannten Massenwohlstand, Vollbeschäftigung, Ruhe und Ordnung repräsentiert. Sie haben es noch nicht gelernt, Fassade und Struktur voneinander zu unterscheiden, befristete Vorteile gegen langfristige Tendenzen abzuwägen. Die Rahmenbedingungen und strukturellen Widersprüche der sattmachenden Ordnung bleiben denen, die sich nach dem Schock von 1945 ihre private Wiedergutmachung um jeden Preis holen wollten, und die noch lange nicht genug bekommen haben, verborgen. So haben Warner und Kritiker (»Nörgler« und »Miesmacher«) keine Chancen, Gehör zu finden. Für eine halbe Generation ist das historische Interesse der Abhängigen aufgesogen vom befriedigten unmittelbaren. So, wie es ist, ist es gut, und so soll es immer weiter gehen. Die so denken, fragen nicht über Tag und Landesgrenzen hinaus und überlassen die Führung der öffentlichen Angelegenheiten denen, die sie ohnehin in Händen haben.

Das Problem, mit dem es die gewerkschaftliche Jugendbildungsarbeit zu tun hat, ist, daß die Mehrzahl der Jugendlichen, um die es ihr geht, unmittelbar ebenso apathisch und desinteressiert an politischen Angelegenheiten ist wie die ältere Generation.

Verbissen und konsequent verdrängt das Kollektiv der Wohlstandskinder alles, was nicht ins Bild der prosperierenden Ordnung paßt: die Schattenseiten des Heute, die unbewältigte, blutige Vergangenheit, das Chaos von Krieg und Revolution, in welches das deutsche Wirtschaftswunder eingesprengt ist, die unsicheren Zukunftsaussichten, die wachsende Verelendung der Bevölkerung der unterentwickelten Länder und die permanente atomare Kriegsdrohung. Das System der »Humantechniken« dient der Aussteuerung bzw. Entschärfung nicht-systemkonformer Informationen, dient der Aufrechterhaltung der »Illusion einer heiteren Welt« und unterstützt die Einzelnen täglich und stündlich bei der Verdrängung ihres aufkeimenden Unbehagens. Und sie haben es weit in dieser Kunst gebracht. Da Horrorfilm und Tagesbericht aus Vietnam sich auf der Mattscheibe nicht unterscheiden lassen, kann beides beiläufig zum Abendbrot konsumiert werden. —

Über politische Apathie klagt die gesamte Innung der »politischen Bildner«[1]. Es nützt aber nichts, zu jammern und zu appellieren. Es kommt vielmehr darauf an, das apathische Verhalten der Menschen aus Lebensbedingungen abzuleiten, die ihnen keine andere Reaktionsform nahelegen. Die mächtigen Integrationstendenzen der »totalen Gesellschaft« (H. Marcuse) haben mit der nachfaschistischen Bevölkerung unseres Landes leichtes Spiel. Nachdem die Nazis erstmals große Menschenmassen »politisiert« hatten, wobei sie deren »antikapitalistische Sehnsucht« ausbeuten konnten — und nachdem

[1] Vgl. hierzu etwa den Bericht über den »Kongreß zur politischen Bildung«, der in Bonn am 29./30. 3. 1966 abgehalten wurde; Bonn 1966 (hrg. v. Arbeitskreis deutscher Bildungsstätten e. V.).

dies Unternehmen mit der Zerstörung Europas und den Greueltaten der Konzentrationslager zu Ende gegangen war, setzte sich bei den »Mitläufern« ein antipolitischer Affekt durch, die weitverbreitete Haltung des »Ohne mich«. Diese Abkehr vom Politischen wuchs sich während der Nachkriegszeit aus zu jener Gleichgültigkeit, die kein politisches Interesse verfolgt, außer dem, die Verhältnisse so zu belassen, wie sie gerade sind.
Jeder Bewohner unseres Landes erfährt an sich den Widerspruch, daß einerseits die Staatsgewalt vom Volke ausgehen soll, daß also er selbst als aktiver Bürger die politischen Geschicke entscheiden helfen soll (Wahlen!) – und daß andererseits seine gesamte Lebenserfahrung gegen die reale Möglichkeit solcher Selbstbestimmung spricht. Was sich in den Familien und Schulen, aus denen wir kommen, in den Fabriken und Büros, in denen wir arbeiten, in den Parteien und Verbänden, in denen wir Mitgliedschaften unterhalten, zwischen den Menschen abspielt, hat mit Demokratie, also mit Verhältnissen, unter denen es auf den Einzelnen und seine kritische Vernunft ankommt, noch kaum etwas zu tun. Daher kann in seinem Innersten keiner an die Existenz von Demokratie glauben – und solche Skepsis sieht sich durch die wirkliche innenpolitische Entwicklung fortlaufend bestätigt.

Darum steht es schlecht um die politische Bildung. Längst gibt es eine resignative und latent antidemokratische Literatur, die die Vorstellung, Demokratie sei gebunden an die Existenz einer interessebewußten, aktiven Bevölkerung, als »utopisch« abwehrt, als mit der »Massengesellschaft« nicht vereinbar, politisch dubios und unerwünscht. Selbst aufgeschlossene, um Demokratie besorgte Pädagogen propagieren statt engagierter politischer Aktion die »politische Beteiligung«. »Was muß man alles lernen, um sich erfolgreich und produktiv politisch betätigen zu können«, heißt die Grundfrage einer im Jahre 1965 erschienenen politischen Didaktik. Was heißt hier »erfolgreich«, und was bedeutet »produktiv«? Und warum überhaupt soll man sich politisch »betätigen«? – Man erfährt dann, daß ein von der zitierten Ausgangsfrage in Gang gebrachtes Lernen nur das Verständnis ermöglichen soll, »warum es so und nicht anders zugeht«[2].
Die politischen Verhältnisse, mit denen wir es zu tun haben, sind aber derart, daß eine Katastrophe nur vermieden werden kann, wenn möglichst viele Staatsbürger auf »erfolgreiche« Integration verzichten, um die Freiheit zu gewinnen, sich

[2] Hermann Giesecke, Didaktik der politischen Bildung, München (Juventa) 1965, S. 13 und 62.

gegen das, »was ohnehin geschieht«, zu stemmen, weil nur im Widerstand noch Hoffnung auf Rettung liegt. Politik ist nicht Spiel, sondern Kampf – die Kategorie des Destruktiven liegt ihr näher als die des Produktiven; sie beginnt dort, wo sich einer wehrt dagegen, daß »es so und nicht anders zugeht«. Pädagogisch-politischer Optimismus, der zur »politischen Beteiligung« erziehen will, versteht unter »Beteiligung« entweder nur informiertes Mitläufertum oder rechnet mit einem imaginären Feld offener politischer Möglichkeiten. Greifen wir zwei Beispiele heraus: Die Gewerkschaftsjugend ist gegen den Krieg – und sie ist gegen den Krieg in Vietnam. Für beide Fälle gilt, daß ein politisches Verhalten, das in irgendeiner erkennbaren Weise wirksam wäre, jenseits der Grenzen erlaubten politischen Handelns liegt, und daß alles, was heute und morgen praktikabel ist, eben deshalb unwirksam und inadäquat bleibt.
Noch immer sprechen sich pazifistische Kreise gegen Kriegsspielzeug für Kinder aus. In einer Gesellschaft aber, die unter dem Prinzip der totalen Mobilisierung gegen den »äußeren Feind« steht, deren ökonomische Stabilität entscheidend durch destruktive Staatsausgaben gesichert wird, und in der der Kolonialkrieg über Informationskanäle in jedes Zimmer dringt, kann die einzelne Familie nicht pazifistische Erziehung treiben. Und könnte sie es, so bliebe auch das ohnmächtig. Was nützt es, den Vierjährigen vor Spielzeugpanzer und Bajonett zu bewahren, wenn es eine allgemeine Wehrpflicht gibt? Charaktere, die zu Tötern und Folterknechten taugen, bilden sich mit und ohne Spielzeuggewehr; ihre Konstitution ist gesellschaftlich bedingt und vollzieht sich ohne Bewußtsein der Beteiligten. Was als politisch-pädagogische »Aktion« firmiert, erweist sich als Donquichotterie. Politik aber ist, wie jedes Geschäft, eine Sache der rationalen Mittelwahl – und eine Zeitfrage. Ziele, die jenseits der herrschenden Verhältnisse liegen, sind mit »kleinen Schritten« nicht zu erreichen. Beruhigt man sich dennoch bei dem hier und jetzt Möglichen, so stärkt man die Illusionen über die wirklichen Machtverhältnisse, träumt dort noch von »Pluralismus«, wo sich die Diktatur vorbereitet, und beruhigt sein und anderer Gewissen mit »Aktionen«, die an die wirklichen Konfliktzonen gar nicht heranreichen.
Politische Pädagogik, die heute wirklich etwas lehren will, hätte als »negative« Pädagogik zunächst einmal zu zeigen, wie beschränkt die Aussichten politischen Handelns sind, wie eng bemessen der Horizont und wie hart die Widerstände; daß die Macht schon verteilt ist, und daß es nicht einfach auf »Beteiligung« ankommt, sondern auf »gegen den Strom«, nicht auf bloße Informiertheit, sondern auf kritisches Durch-

dringungsvermögen, nicht auf guten Willen, sondern auf List, Hartnäckigkeit, Selbständigkeit und Phantasie: auf menschliche Fähigkeiten also, die den meisten von früh auf ausgetrieben werden, weil sie für den Bestand des Gesellschaftssystems, wie es ist, nicht »funktional« sind.

Politische Apathie, der schlimmste Feind der demokratischen Gesellschaft, läßt sich weder als Fortschritt feiern noch als läßliche Sünde beklagen; sie muß durchbrochen werden. Wir nähern uns jetzt einer Phase der ökonomischen Entwicklung, in der das soziale System nicht mehr so überwältigend die unmittelbaren Bedürfnisse der Gesamtbevölkerung zu befriedigen in der Lage ist. Mit schrumpfenden Arbeitsplätzen und Sozialleistungen werden die eben noch gesichert scheinenden unmittelbaren Interessen wieder zu historischen, die im Rahmen der bestehenden Ordnung nicht befriedigt werden können. Akut wird wieder die Einsicht, daß monopolistisch organisierte Wirtschaft und demokratisch organisierter Staat langfristig nicht koexistieren können.[3]

Eine realistische Einschätzung der Entwicklungsmöglichkeiten unserer Gesellschaft und ein Blick auf die Niederlagen-Geschichte der Arbeiterbewegung in Deutschland lassen nur einen Schluß zu:

Soll die Demokratie in den wenigen Ländern, in denen sie noch überlebt oder in denen wenigstens Momente von Demokratie realisiert sind, erhalten werden, so wird dies einzig einer Bevölkerung möglich sein, deren Mehrheit Politik, d. h. die Theorie-Praxis der vernünftigen Einrichtung und wirksamen Kontrolle des gesellschaftlichen Lebens, zum zentralen Lebensinteresse gemacht hat. Nur wenn die Menschen es lernen, eine »weltgeschichtliche Existenz« zu führen, auf der Höhe ihrer historischen Erfahrungen und aktuellen Möglichkeiten zu leben, hat Demokratie eine Chance. Übersetzt für die gewerkschaftliche Jugendbildungsarbeit heißt das, daß ihr Ziel die bewußte Politisierung der Jugendlichen sein muß, die Durchbrechung der status-quo-Mentalität. Solche Politisierung ist gebunden an eine zureichende Vorstellung der gesamtgesellschaftlichen Entwicklung, wie sie dem Arbeitnehmerinteresse sich darbietet.

Politische Jugendbildung hat es heute mit der »Generation der Unbefangenen« zu tun, über die eine Studie von Viggo Graf Blücher ausgiebig informiert.[4] Laut soziologischem Befund hat diese Generation ein positives Verhältnis zu Familie,

[3] Die NPD-Stimmengewinne der letzten Landtagswahlen signalisieren das ebenso wie das Berliner Studentenpogrom vom 2. Juni dieses Jahres.

[4] Viggo Graf Blücher, Die Generation der Unbefangenen. Zur Soziologie junger Menschen heute. Düsseldorf (Diederichs) 1966.

Arbeit, Staat und Betrieb. Helmut Schoeck[5] hat ihr bescheinigt, »das meiste im ›Dasein‹« sei ihr selbstverständlich geworden. Die unvermeidliche Kehrseite solch prästabilierter Harmonie ist die gleichfalls nachgewiesene »überwiegende Gleichgültigkeit gegen alles, was nach Politik aussieht.« In der bornierten Dimension der Alltagsinteressen ist freilich alles »in Ordnung«, und eine Soziologie, die sich weigert, die Irrationalität des Gesamtsystems in ihre Untersuchungen einzubeziehen, wird die zwangshafte Mimikry der Jugendlichen preisen — und dafür den Beifall des Publikums ernten.
Die »unbefangene« Generation ist eine, die sich früher und intensiver anpassen mußte als ihre Vorgänger. Es ist die Jugend, die von der Vergangenheit nichts erfährt (daher ihre barbarische Unbefangenheit!), die erzogen wird — noch immer — von Eltern und Lehrern, die enttäuscht und schuldbeladen sind.
Mit der »Vernünftigkeit« der Erwachsenen, an der sie sich eilfertig ausrichten, ist es ebenso prekär bestellt wie mit ihrer eigenen, denn »in dieser Gesellschaft klafft ein Abgrund zwischen katastrophalen Ereignissen und den Interessen des Alltags«.[6] Diese Jugend will sich nichts mehr vormachen lassen, was etwa über den Bann ihres Alltags hinausführte, und ist eben darum in Gefahr, alles mitzumachen, was man von ihr verlangt. Die jungen Industriearbeiter, die zu den Lehrgängen erscheinen, lesen nicht, machen sich keine Gedanken, die über ihren unmittelbaren Lebenskreis hinausgehen, entfalten Raffinesse nur dort, wo es sich unmittelbar auszahlt. Ihre eigenen Nöte (familiärer, sexueller, ausbildungsmäßiger Art) spüren sie dumpf, ohne sie artikulieren zu können, und betrachten sie meist als unausweichlich. Durch Volksschulbesuch in Unwissenheit gehalten, in einer Art »Analphabetismus zweiten Grades«, unkundig des abstrakten Denkens, entmutigt gegenüber den Fähigkeiten des eigenen Intellekts, größere Zusammenhänge zu begreifen, die Dinge gedanklich umzustellen, statt vor ihrer Gegebenheit zu kapitulieren: In dieser Verfassung scheint politische Bildung bei ihnen keine Chance zu haben. Die »Unbefangenen« werden kritischen Bemühungen sogar, wie sie es bei Älteren gesehen haben, Widerstand entgegensetzen, auftrumpfendes Desinteresse, das die Macht der Verhältnisse, wie sie nun einmal sind, hinter sich weiß. »Im Namen des Realismus werden die Menschen verrückt, und genau das, was sie utopisch nennen, ist die Vorbedingung für den Fortbestand der Menschheit.«[7]

[5] Helmut Schoeck, »Unbefangene — Wohlstandskinder«. Rezension des Buches von Blücher in »Christ und Welt« vom 14. 10. 1966, S. 31 ff.
[6] C. W. Mills, Politik ohne Verantwortung (= The Causes of World War Three, 1959; bzw. Die Konsequenz, 1959). München (Kindler) 1963, S. 82.
[7] Ebd., S. 115.

Die »Unbefangenen« haben kein Bewußtsein von Geschichte. Breit herrscht die Gegenwart mit dem Wechsel der Saison, den die Reklame signalisiert; dahinter reicht das Leben der Eltern, Lehrer, Meister zurück, und was die davon erzählen, klingt trüb und phantastisch. Und dahinter wiederum beginnt die Vergangenheit, in der alle Ereignisse: Auschwitz, der Dreißigjährige Krieg, Troja, die Staufer und die Pyramiden gleich weit entfernt und in der Gleichgültigkeit des Geschichtsunterrichts begraben liegen.

All diese Schwierigkeiten nötigen nicht dazu, statt politischer Bildungsarbeit Unterhaltung zu bieten. Nur wenn die Hindernisse genau bekannt sind, kann es gelingen, die Apathie zu durchbrechen, Jugendliche wirklich und nachhaltig zu politisieren. Es ist klar, daß diese schwierige Arbeit nur in kleinen Gruppen möglich ist. Man braucht dazu junge Menschen, die die Widerstände, die sich politischer Aufklärung gegenwärtig in den Weg stellen, kennen und beharrlich an deren Überwindung arbeiten, weil sie darin eine der wenigen Chancen sehen, etwas für die Demokratie im westlichen, vielleicht sogar im östlichen Deutschland zu tun; die noch Zeit haben, nachzudenken, und nicht im Trubel des von ihnen in Gang gehaltenen Betriebes längst bewußtlos versunken sind; die die aktuellen gesamtgesellschaftlichen Theorien rezipiert haben, und in der Politisierung junger Arbeiter und Angestellter eine Möglichkeit sehen, kritische Theorien an ihre Adressaten gelangen zu lassen: an diejenigen nämlich, die, wenn es gut geht, jene totale Integration, die die Theorie beschreibt, außer Kraft setzen können. Darum arbeitet die IG-Chemie-Jugendbildungsarbeit seit einigen Jahren mit »Teams« sozialwissenschaftlich geschulter Studenten. Man braucht ferner ein Ensemble neuer pädagogischer Techniken, Tricks, Einfälle, die den Teilnehmern der Lehrgänge helfen sollen, die Zustände, unter denen sie leben, selber allererst zu entdecken — die ihnen den vor-literarischen Ausdruck ihrer Probleme ermöglichen und geeignet sind, ihre verschüttete Lebendigkeit zu wecken.

Bevor man lehren kann, muß man die Unwissenheit fühlen lassen, die scheinsichere Dummheit, in der die Jugendlichen gehalten werden, erschüttern, das Interesse an politischer Information wachrufen. Als Anknüpfungspunkt dient ihre objektive Lage und das, was sie davon wissen: also ihre Situation in der arbeitsfreien Zeit, am Arbeitsplatz, und das, was sie von der politischen »Welt« im großen gehört haben; schließlich ihre persönlichen Schwierigkeiten, soweit sie sie objektivieren können. Von Anfang an stoßen die Teammitglieder in den Gesprächen auf die Formeln und Klischees der herrschenden Ideologie. Der entscheidende Widerstand gegen Aufklärung (Politisierung) ist ja nicht das naive, »unbefangene« Bewußtsein der Jugendlichen, sondern jenes falsche, das in ihren Köpfen zu einem »Weltbild« zusammenschießt. Das intellektuelle und psychische Gleichgewicht ist vor Erschütterungen gefeit, solange man an dem, was alle meinen, festhält: »Wer sich nicht einfügt, ist selber schuld, wenn ihm was passiert«, »Man kann ja doch nichts machen«, »Andere Verhältnisse muß ich erst sehen, wenn ich dran glauben soll«, »Wenn Arbeiter Fabriken leiten, gibt's ein Chaos«, »Wenn die Juden immer verfolgt wurden, muß was dran sein«, »Privateigentum garantiert Freiheit«, »Ordnung muß sein«, usw., usw. Mit solchen von aller Welt täglich und stündlich repetierten Lebensregeln läßt sich leben, ohne Anstoß zu nehmen. Die status-quo-Mentalität, die sich in diesen Glaubenssätzen bekundet, durch rationale Argumentation zu zersetzen —, das scheint die wichtigste politisch-psychologische Aufgabe einer Bildungsarbeit zu sein, der es um Politisierung der »Unbefangenen« geht. Es kommt darauf an — ohne Rücksicht auf Zeit und Energie —, der jeweiligen Gruppe zu zeigen, daß jene Weisheiten keine sind, daß ihr Gegenteil mehr Anspruch auf Wahrheit hat; und das setzt voraus, daß die Leiter solcher Veranstaltungen selbst sich undogmatisch verhalten können. Bei solcher Auflösung von Ideologien sind keine großen Erfolge zu erwarten. Meist läßt sich nur zeigen, daß die Dogmen keiner rationalen Begründung fähig sind. Es handelt sich ja nicht um bloße »Ansichten«, die mit geeigneten Gegenargumenten zu Fall zu bringen sind, sondern um die herrschende Interpretation des status quo. Diese Definition der äußeren (gesellschaftlichen) Realität aber erfüllt längst Funktionen im seelischen Haushalt der Einzelnen und kann ohne Risiko nicht aufgegeben werden. Und weil die Klischees über die Welt, wie sie »ist«, innerpsychische Funktion haben, weil sie mit den Wünschen und akzeptierten Versagungen des Individuums unauflöslich verschmolzen sind, stößt die Kritik auf Verständnisschranken, Desinteresse und Abwehr. Jede Neuinterpretation der politisch-sozialen Realität verlangt eine entsprechende Änderung der psychischen Balance. Die Tabus der privaten Lebensführung kommunizieren mit den Denkverboten, die die politische Apathie der Bevölkerung sichern. Erst wenn man zu diesen kardinalen Widerständen vordringt, also den »Unbefangenen« ihre Befangenheit deutlich macht, kann ein vitales Interesse an Politik wach werden.

Ist es das erste Problem, überhaupt Interesse zu wecken, Interesse an Verhältnissen und Informationen, deren Kenntnis sich nicht unmittelbar niederschlägt im besseren Fortkommen und leichteren Leben des Einzelnen, sondern die es ihm schwerer machen, so ist damit eng verknüpft die Notwendigkeit, diese neuen Informationen als politische, also aktiv erarbeiten zu lassen. Es sind Informationen kritischer Art, solche »gegen den Strom«, die, kaum begriffen, schon verteidigt werden müssen und eben damit sich in Aktion umsetzen. Desinteresse und Passivität gehen Hand in Hand. Die pädagogische Politisierungsarbeit muß so beschaffen sein, daß sie, wenigstens bei der Mehrheit der Teilnehmer, beides zugleich überwindet. Soll von den Alltagsproblemen der Jugendlichen ausgegangen werden, so scheint der Weg zur Politik, zur Geschichte lang. Man kann aber auf diese Weise bereits im scheinbar vertrauten engen Lebenskreise die unsicheren Stellen, die ungelösten Fragen aufstöbern und anschaulich machen, daß das Alltagsleben selbst politischen Charakter trägt, daß der Versuch, das Naheliegendste zu klären, über das Fernste führt, über die Fragen der Einrichtung des gesellschaftlichen Lebens, das Warum und Wozu des Ganzen.

Das Ziel der gewerkschaftlichen Jugendbildungsarbeit — die Stärkung des kritischen, resistenzfähigen Potentials der Mitgliedschaft, der Belegschaften, der Bevölkerung überhaupt — bestimmt die »Lehrgehalte«. Es geht vor allem um die Vermittlung politisch-historischen Wissens und um die Ausbildung eines geschichtlichen Denkens. Gelehrt wird die Kenntnis der Genese unseres sozialen Systems und der Arbeiterbewegung, das ABC der politischen Ökonomie, Soziologie des modernen Großbetriebes, das Verhältnis von Staat und Gewerkschaft in der Bundesrepublik, die soziale Funktion der politischen Systeme Demokratie, Sozialismus, Stalinismus und Faschismus. Bei all dem geht es weder um Geschichtsunterricht in Kurzfassung noch um das Auswendiglernen von Fakten. Es kommt darauf an, daß die Teilnehmer die historischen Grundfiguren erfassen. Wenige Kernthesen zu den einzelnen Komplexen genügen, sofern die Jugendlichen sie so verstanden haben, daß sie sie vertreten können. Es geht darum, die Historizität der Gegenwart und die Aktualität vieles Vergangenen zu demonstrieren. Es wird versucht, die Jugendlichen mit der ihnen unbekannten Praxis des Lesens (von Taschenbüchern, Broschüren, Zeitungen) vertraut zu machen. Wichtig ist, den Zusammenhang aller Phänomene, der privaten, der ökonomischen und kulturellen zu zeigen, die Analogie der Konflikte in verschiedenen Dimensionen, und dabei vor keiner Frage auszuweichen. Die Aufgabe wird als erfüllt betrachtet, wenn tatsächlich ein beträchtlicher Teil der Lehrgangsteilnehmer in der Lage ist, selbständig politisch weiterzuarbeiten, auch wenn sich keine Organisation mehr um sie kümmern kann. Es muß also nicht ein Programm erfüllt, ein bestimmter Wissenskanon vermittelt werden, sondern es soll zu einer politischen Haltung erzogen werden, die sich keine Illusionen macht und doch nicht den Mut verliert, das jeweils real Mögliche in Gang zu bringen.

(1965/66)

Thesen zur politischen Jugendbildungsarbeit der Gewerkschaften

1. Die Politisierung von Arbeiterjugendlichen unter den Lebensbedingungen des Neokapitalismus ist eine Aufgabe, von deren Lösung die Fortexistenz autonomer Gewerkschaften wie die der verfassungsrechtlichen Institutionen abhängt, die die Herstellung demokratischer Lebensverhältnisse möglich machen. Die öffentlichen Einrichtungen (Schulen) versagen vor dieser Aufgabe[1]; die demokratische Massenorganisation der Gewerkschaft muß an ihre Stelle treten und die Ausbildung politisch-qualifizierter Minoritäten leisten, die die republikanischen Institutionen — wenn es gut geht — für den Abbau von Machtprivilegien ausnutzen können.

2. Reformistische Arbeiterorganisationen (wie es die deutschen Gewerkschaften seit ihren Anfängen gewesen sind), betreiben die Rationalisierung ihrer technisch-organisatorischen Mittel auf Kosten der je und je wieder fälligen Rationalisierung ihrer politisch-pädagogischen Ziele. »Rationalisierung der Ziele« meint: Rechtfertigung politischer Zielsetzungen und Maßnahmen in demokratischer Diskussion (anstelle unkontrollierbarer, darum blinder, bürokratischer Dezision). Solche Rationalisierung der Ziele ist gebunden an die Möglichkeit, die Maximalziele der Organisation aus dem versiegelten Schrein der »Grundsatzerklärungen« herauszunehmen und konkurrierenden Interpretationen zugänglich zu machen, die jenen »Werten« oder »Prinzipien« allein Leben einhauchen können. Solange das nicht geschieht, stoßen in der — gegen »grundsätzliche« (also theoretische) Diskussionen abgeschirmten — Dimension der bloßen Mittel-Rationalisierung (verkappte) politische Konzeptionen aufeinander, da Mittel nicht neutral sind, sondern Ziele definieren. Technische Verbesserungen werden denn auch stets »instinktiv« abgelehnt, sobald sie politische Ziele implizieren, die dem — bürokratisch interpretierten — Verbandsinteresse zuwiderlaufen. Aber nur die Reflexion auf die implizierten Ziele erlaubt es, Mittel zu wählen oder zu verwerfen. Der vorgebliche Pragmatismus der Mittelwahl ist eine falsche Theorie.

3. Das Novum der in einigen Gewerkschaften gegenwärtig unternommenen Reform der Bildungsarbeit besteht wesentlich

[1] Vgl. die beiden im vergangenen Jahre von der Max-Traeger-Stiftung publizierten Forschungsberichte »Zur Wirksamkeit politischer Bildung«.

darin, daß hier ernsthaft der Versuch unternommen werden soll, die alte, unheilvolle Trennung von Minimal- und Maximalprogramm, von Ziel und Methode zu negieren. Die herkömmlichen Praktiken der Bildungsarbeit sollen im Hinblick auf eine — wenigstens im Umriß gegebene, vom gewerkschaftlichen Programm ausgehende — politisch-ökonomische Theorie (des heutigen Kapitalismus und seiner Transformation) revidiert werden; sie sollen mit einer aktuellen Gesellschaftstheorie inhaltlich und methodisch in Einklang gebracht werden.

4. Die Chance der gewerkschaftlichen Bildungsarbeit mit Studenten ist es, auf Lehrgängen oder bei »Team-Sitzungen« die einmal geschichtsmächtig gewesene, gegenwärtig erloschene Allianz von Studenten und Arbeitern wieder herstellen zu helfen. (Das Ziel der neuartigen politischen Bildungsarbeit wäre erreicht, wenn z. B. bei einer der — in der oppositionslosen Gesellschaft — zu erwartenden Neuauflagen des Berliner Studentenpogroms auf seiten der studentischen Minorität ein paar tausend Industriearbeiter stünden.)

5. Das falsche Bewußtsein der arbeitenden Bevölkerung unterm Neokapitalismus, wie es — auf der Basis realer Verbesserungen ihres Lebenszuschnitts — durch das in den letzten Jahrzehnten geschaffene Arsenal von »Humantechniken« produziert und psychisch verankert wird, ist nicht nur eine (kollektive) Fehlinterpretation der Realität, sondern ein Konstituens dieser Realität selbst; eine soziale Gewalt, die gegen Argumentationen weitgehend immunisiert ist. Die in allen Einzelnen wirksame status-quo-Mentalität gewährleistet den Übergang in die »verschleierte Klassengesellschaft«, in der die ökonomische Struktur der sozialen Beziehungen (wie in vorkapitalistischen Gesellschaften) nicht mehr als fundierende Realität erfahren wird. Dieses sich ausbreitende falsche Bewußtsein ist die mit psychischen Abwehrmechanismen verlötete, von den Ohnmächtigen aktiv reproduzierte Gegenaufklärung, die in den Individuen selbst die Chance der hier und jetzt möglichen Emanzipation erstickt. Jeder Versuch, die »unbefangene« Generation[2] heute für ihre von der Gewalt des Systems latent gehaltenen Interessen zu sensibilisieren, die politisch Apathischen zu politisieren, steht vor der Aufgabe, Mittel und Wege zu finden, jene dem status quo der gewaltsam verhinderten Möglichkeiten komplementäre Mentalität zu durchbrechen.

(17. 6. 1967)

[2] Vgl. V. Graf Blücher, Die Generation der Unbefangenen, 1966.

Schule und soziale Schichtung

Vorbürgerliche Gesellschaften binden den Zugang zu sozialen Status-Positionen (»Berufen«) traditionsgemäß fest an die soziale Herkunft (»Status-Vererbung«). Ein bestimmter Beruf, eine bestimmte Position erschließen ihrem Inhaber (samt der Familie, der er zugehört) ein bestimmtes Maß an Herrschaft über andere (bzw. Knechtschaft), Reichtum (Armut), Ansehen (Diskriminierung), Privilegien (Pflichten, Verbote), einen bestimmten Lebensstil und Freiheitsgrad, bestimmte (durchschnittliche) Lebensdauer und Gesundheitsniveau, ein bestimmtes Maß an Komfort und Bewegungsfreiheit, den Besitz (oder Nichtbesitz) bestimmter Güter, Verfügung über Dienstleistungen anderer, einen bestimmten Platz in der sozialen Schichtungspyramide, bestimmte Qualifikationen (Nicht-Qualifikationen), einen bestimmten Informations- und Bildungsgrad ... Solche Positionen sind für die Individuen nicht frei (etwa nach persönlichem Interesse) wählbar, sondern werden auf Grund von geltenden, anerkannten Traditionen je nach sozialer Herkunft zugewiesen. Über das soziale Schicksal der Einzelnen ist im Regelfall immer schon (gesellschaftlich) vorentschieden; der zugewiesene Status ist in der Generationenfolge »erblich«. Daß dies System funktioniert, ist offenbar an einen (im Vergleich zu industrialisierten Gesellschaften) niedrigen Grad von Arbeitsteilung sowie daran gebunden, daß sich die generelle Erwartung erfüllt, wem Gott (die Gesellschaft) ein »Amt« gebe, der werde auch den zur Ausfüllung der Rolle erforderlichen (Sach-)Verstand entwickeln. Die kasten- oder standesspezifische Erziehung ist entsprechend über Generationen hin auf die wesentlich gleichbleibenden Erfordernisse der »Berufs«-Ausübung zugeschnitten. In der vorbürgerlichen Gesellschaft sind die rechtlich-politisch wie ethisch-religiös fixierten Grenzen zwischen den Kasten oder Ständen (von Ausnahmen, die die Regel bestätigen, abgesehen) hermetisch geschlossen. Sozialer Aufstieg ist seltene Ausnahme. Die Schlüsselpositionen der sozialen Machtausübung sind von vornherein der jeweils herrschenden Schicht reserviert. Aufstieg in solche Positionen von unten her ist nur durch Gnadenerweis der Oberen möglich, regulär aber versperrt. Es handelt sich um Gesellschaften fraglos geltender, weder theoretisch noch praktisch kritisierter, »verewigter«

Ungleichheit der Menschen. Die unterschiedlichen »Talente« der einzelnen Stände (Landwirtschaft, Handwerk, Kriegshandwerk, Gottesdienst und »Philosophie«) gelten im Alltagsbewußtsein der Menschen wie in der Sozialphilosophie über Jahrhunderte hin als unterschiedliche *Natur*begabungen. Die Theorie der sozialen Arbeitsteilung identifiziert daher naiv die den Tausch begründende arbeitsteilige Spezialisierung (im Dienst der Steigerung der Arbeitsproduktivität) mit sozialer Ungleichheit in den Dimensionen Macht und Eigentum. Die Verschiedenheit der Stände und Kasten sowie der in sie fest eingebundenen Individuen erscheint als Naturverhältnis. Schon Plato verbietet ausdrücklich jede Aufhebung der einmal etablierten Arbeitsteilung als *Ungerechtigkeit* (größtes Verbrechen gegen den Staat)[1] und Aristoteles schreibt, indem er Theorie und *Erfahrung* zu Zeugen anruft, über Freie und Sklaven:

»Der Mensch, der seiner Natur nach nicht sich selbst, sondern einem anderen gehört, ist von Natur ein Sklave; einem anderen Menschen gehört, wer als Mensch ein Besitzstück ist, das heißt ein besonderes, dem Handeln dienendes Werkzeug . . .
Die Natur hat außerdem die Tendenz, auch die Körper der Freien und Sklaven verschieden zu gestalten, die einen kräftig für die Beschaffung des Notwendigen, die anderen aufgerichtet und ungeeignet für derartige Verrichtungen, doch brauchbar für das politische Leben . . .«[2]

Mit dem Übergang zur kapitalistischen Produktionsweise wird die ständische Gesellschaftsordnung untergraben; schließlich werden durch die großen bürgerlichen Revolutionen auch die ihr entsprechenden politisch-rechtlichen Institutionen beseitigt. »Alle festen eingerosteten Verhältnisse mit ihrem Gefolge von altehrwürdigen Vorstellungen und Anschauungen werden aufgelöst. Alles Ständische und Stehende verdampft . . .«[3] Die politisch-sozialen bürgerlichen Revolutionen richten sich in erster Linie gegen jederlei ständische *Privilegien,* gegen die herkömmlichen Formen sozialer Ungleichheit, gegen die Zuweisung von sozialen Lebenschancen auf Grund von Herkunft. Die Ideologen des Bürgertums propagieren die (formale) Gleichheit aller Menschen. Der Besitz soll kein Standesprivileg mehr sein, er soll verallgemeinert werden (Parzellierung des großen Grundbesitzes). Rechtliche Privilegien bestimmter Gruppen werden für ungültig erklärt. Doch noch während er die alten Privilegien im Namen des »Volkes« liquidiert, versucht der zur Herrschaft gelangte

[1] Der Staat, 374 B; 434 B.
[2] Politik und Staat der Athener, 1254 a 8 ff.; 1254 b 25 ff.
[3] Marx/Engels, Manifest der Kommunistischen Partei. Marx-Engels-Werke, Band 4, S. 465.

»dritte Stand« politische Rechte an einen Mindestbesitz (ausgewiesen durch eine Steuerquote) zu binden. In der Ideologie aber ist die neue, bürgerliche Gesellschaft ein Reich der Freiheit und Gleichheit. Der politische Stoß geht gegen jederlei verbriefte Sonderrechte. Nicht nur die zünftlerischen Beschränkungen der Gewerbefreiheit, sondern ebenso die frühen Arbeiterkoalitionen fallen der Norm des *freien* Marktes zum Opfer. Von Natur und nun auch gesellschaftlich gleichberechtigte Individuen treten miteinander in Tauschbeziehung, tauschen Ware gegen Ware, Arbeit gegen Lohn zu Marktpreisen — ohne rechtlichen Zwang, in formaler Freiheit. Von Leibeigenschaft und dem Boden, den sie bearbeiteten (und von dem sie doch auch lebten), losgerissen, befreit, muß die neue Klasse der freien Lohnarbeiter, die Massenbasis des dritten Standes in der Revolution, um Arbeit nachsuchen. Ihre unbeschränkte Disponibilität ist Voraussetzung ihres profitablen Einsatzes, gewährleistet die optimale Allokation von Kapital und Arbeit. Erwerb und Verwertung von Eigentum sind frei, auch wenn es sich um solches Eigentum handelt, das als Angel dienen kann, um sich fremde Arbeit anzueignen. In der bürgerlichen Verfassungen der ganzen Welt erscheint seit etwa 300 Jahren das Grundrecht auf Chancengleichheit neben der Eigentumsgarantie als unentschieden widersprüchliches Erbe der bürgerlichen Revolution (vgl. Art. 3 und 14 des Grundgesetzes).

Der Tausch, das Modell aller Verhältnisse zwischen den Menschen der bürgerlichen Gesellschaft, setzt Ungleichartiges gleich, sofern sich eine Gleichheit der Werte ergibt. »Gleich gegen gleich«, »wer nicht arbeitet, soll auch nicht essen«, »jedem nach seiner Leistung« — so lauten die neuen Maximen der Statuszuweisung. Im Fortgang der industriellen Revolution erreicht die arbeitsteilige Spezialisierung rasch ein zuvor unbekanntes Ausmaß. Steigerung der Arbeitsproduktivität setzt Steigerung der Arbeitsqualifikation voraus. Mit dem Übergang zur Produktion für den Markt löst sich die (vorkapitalistische) *familiale* Einheit von Arbeit und Leben, von Produktion und Konsum auf. Arbeit und Erziehung werden zunehmend der Kompetenz der Familie entzogen, extrafamilial institutionalisiert. Der Konzentration der Produktion im Betrieb korrespondiert die Konzentration der Erziehung in der Schule.[4] Die industrielle Produktion bedarf »einer Basis intellektueller Schulung und der Entwicklung eines Mindestmaßes an rationalen Fertigkeiten, wie es in einer vorindustriellen Gesellschaft von der Allgemeinheit nie erwartet werden mußte« (Kob, S. 11). Die allgemeine Qualifikation (zu rationalem Handeln und konformem Sich-Einfügen), die Menschen zum

[4] Vgl. Janpeter Kob, Erziehung in Elternhaus und Schule. Stuttgart 1962, S. 25.

Leben in den modernen, zweckrational organisierten Institutionen (Fabrik, Heer, bürokratische Verwaltung) und beim Umgang mit neuen Produktions-, Destruktions- und Verwaltungsmitteln brauchen, kann durch die familiale Erziehung allein nicht vermittelt werden. »Diese Gesellschaft braucht grundsätzlich den ›homo educatus‹, nicht den umweltgeprägten ›homo naturalis‹« (a.a.O., S. 13). Es handelt sich um die Schaffung eines »Fertigkeitenniveaus ganzer Bevölkerungen« (Dahrendorf), das vor und unabhängig von beruflichen Spezialisierungen erwartet wird (vgl. Kob, S. 11 f).

So wird in den kapitalistischen Mutterländern seit etwa 1800 die allgemeine Schulbildung als staatlicher Zwang eingeführt. Damit entsteht zwischen Kindheit und Erwachsenenzeit (als der Phase, in der die Individuen ihren Lebensunterhalt selbst erarbeiten) eine Ausbildungs-Zwischenphase, die sich zunehmend ausdehnt: das Jugendalter (die Adoleszenz). Die durchschnittliche Arbeitsqualifikation wird gegenwärtig durch 8-9jährigen Schulbesuch erworben, Spezialqualifikationen, die entsprechend höher honoriert werden, durch doppelten Zeitaufwand, 16 und mehr Jahre.

Die Hierarchie der öffentlichen Schulen (Volks-, Mittel- und Oberschulen, die den Zugang zu den Hochschulen eröffnen, sekundiert von technischen und wirtschaftlichen Fachschulen) spiegelt in eigentümlicher Weise die Hierarchie der sozialen Klassen wider. Ausschlaggebend ist hier die (von Wilhelm von Humboldt propagierte, im Gesamtsystem der Bildungs- und Ausbildungsinstitutionen der Bundesrepublik realisierte) Trennung der (eigentlichen) Bildungsinstitutionen von den (bloßen) Ausbildungsinstitutionen, bei der die ersteren staatlich, die letzteren vorwiegend privatwirtschaftlich kontrolliert werden. Im öffentlichen Schulwesen stehen sonach »Volks- und Mittelschule als auf praktische Bedürfnisse bezogene Anstalten der Höheren Schule gegenüber«[5]. Die tradierte »Trennung von Bildung und Praxis verleiht der Privatwirtschaft die Kontrolle über Weiterbildung und den gesellschaftlichen Aufstieg von über 80 Prozent der Bevölkerung, indem der Bereich der Berufsausbildung institutionell vom Ersten Bildungsweg getrennt ist, der wirtschaftlichen Selbstverwaltung überlassen und allein wirtschaftlichen und nicht bildungspolitischen Zielsetzungen unterstellt wird« (Baethge, S. 115 f.). »Darüber hinaus wirkt der Vorrang ökonomischer Zielsetzungen auf die Volks- und Mittelschulen zurück, deren zeitliche Begrenzung auf neun bzw. zehn Jahre eine systematische Bildung, die über die Vermittlung von elementaren Wissensvoraussetzungen und praktischen Fertigkeiten hinausginge, kaum zuläßt. Gerade an dieser Stelle zeigt sich die Interessenspezifität

[5] Martin Baethge, Ausbildung und Herrschaft. Frankfurt 1970, S. 296.

des Bildungssystems besonders deutlich in einer bedenklichen Kongruenz zwischen Sozialverfassung und Bildungsverfassung, die sich darin äußert, daß schon sehr früh die gesellschaftlichen Leistungsansprüche in der Schule an das Kind herangetragen werden, und es im Regelfall schon im zehnten resp. zwölften Lebensjahr durch die Schule bestimmten gesellschaftlichen Leistungs- und Statusbereichen zugeordnet wird.« »*Unmittelbar* befriedigt das Bildungssystem im Augenblick eigentlich nur noch die familiären Aufstiegs- und Statusinteressen einer bürgerlichen ›Mittelklasse‹« (Beamte, höhere und mittlere Angestellte, Kultur- und Lehrberufe mit wissenschaftlicher Vorbildung). Dem privatwirtschaftlichen Interesse dient es mittelbar dadurch, »daß es eine Bevölkerung heranzieht, die zu einem Teil in einer praxisabgewandten Bildungstradition erzogen ist (Höhere Schule) und zum anderen — weitaus größeren — Teil in einer gleichsam zu praxisnahen Ausbildung ihre gesellschaftliche und politische Orientierung unvermittelt aus der Praxis bezieht. Das Ergebnis ist für beide Teile recht ähnlich: Sie sind außerstande, privatwirtschaftliche Ansprüche im Betrieb wie in der Gesellschaft durch rationale Einsicht in sozioökonomische Zusammenhänge zu kontrollieren« (Baethge, S. 116).
Die individuelle Leistung soll, der Ideologie zufolge, die das soziale Ganze wie seine Ausbildungsinstitutionen legitimiert, für das schulische Fortkommen wie für das soziale, das es nach sich zieht, ausschlaggebend sein. Der Zugang zu jederlei »höheren« Statusgruppen, gar zu Schlüsselpositionen der sozialen Macht, ist in einer Gesellschaft, die keine anerkannten Privilegien (außer dem Eigentum) mehr kennt, an den Erwerb von Bildungspatenten gebunden. »Begabung« (und »Charakter«), die dafür den Ausschlag geben sollen, erscheinen als *Natur*qualitäten. Sozialdarwinistische Vererbungslehren (die vom Alltagsbewußtsein der Menschen zähe festgehalten werden) öffnen der reinen Leistungsgesellschaft eine Hintertür zur Ungleichheit kraft Herkunft: Was Wunder, wenn nach jahrhundertelangen Ausleseprozessen Handarbeiterfamilien vorwiegend qualifizierte Handarbeiter, Juristenfamilien Juristen, Dichter Dichter etc. hervorbringen? Der Apfel fällt nicht weit vom Stamm, lehrt die Mobilitätsstatistik. Warum er das tut, wird der Einfachheit halber vorgeblichen Naturgesetzen in die Schuhe geschoben, damit die Sozialverhältnisse, die sich dahinter verstecken, und deren Aufdeckung allein Abhilfe schaffen könnte, unerkannt bleiben. In solchem Geist warnte Karl Valentin Müller (noch 1960) vor »einer zu weit getriebenen Verschulung und einer Berechtigungs-Zwangswirtschaft« — »um eines gesunden öffentlichen und kulturellen Lebens willen«: ». . . die schulische Bewährung ist nun einmal der große

gesellschaftlich anerkannte Haupttest für soziale Aufstiegschancen jeglicher Art und heftet sich im wesentlichen an jenen multifaktoriellen Komplex, den man Begabung nennt ...
Es handelt sich (dabei) ... eher um ein ›Monopol‹ guter Erbanlagen und daneben guter Kinderstube als um ein Monopol der Gunst der ›wirtschaftlichen Verhältnisse‹ ...«[6]
Huldigt man nicht dem (lamarckistischen) Glauben, daß die Verteilung von Begabungen in verschiedenen sozialen Schichten unterschiedlich ausfällt (der statistischen Befunden nicht standhält), und entspräche unsere Gesellschaft ihrem Begriff, wäre sie also tatsächlich eine reine Leistungsgesellschaft, in der es in jeder Generation zwar soziale Schichten und deren Hierarchie gäbe, aber eben nur so, wie Joseph A. Schumpeter[7] meint, daß nämlich diese Schichten Omnibussen gleichen, die immer fahren, aber stets mit *anderem* Publikum — dann müßte die soziale Herkunft der Gruppen, die jeweils die Schlüsselpositionen sozialer Macht innehaben, die Proportionen der sozialen Schichten in der Gesamtbevölkerung widerspiegeln. Die soziale Zusammensetzung der einzelnen, mit unterschiedlichem Sozialprestige ausgestatteten Berufe müßte den Quoten entsprechen, die die Herkunftsschichten der jetzigen Inhaber dieser Positionen in der Schichtstruktur der vorigen Generation ausmachten. (Den genauesten Aufschluß würde das Mobilitätsschicksal einzelner Jahrgänge geben.) Voraussetzung einer solchen »repräsentativen« Zusammensetzung der »Population« der Ausbildungsinstitutionen, der Berufe und Machtpositionen ist einmal die Annahme, daß das bis heute nicht dingfest gemachte Naturmoment an den Begabungsdispositionen in verschiedenen sozialen Schichten nicht unterschiedlich ausgeprägt ist. Ferner, daß — wie es die neueren, in den USA entwickelten Stratifikationstheorien postulieren — unter der Bedingung des Mangels an hohen Begabungen und von Prämien, die »die Gesellschaft« einsetzt, um eine optimale Allokation von Begabungen und Berufen zu erzielen, einzig die in spezifischer Leistung bewährte (prinzipiell meßbare) Naturbegabung über Förderung und Stellenbesetzung entscheidet. K. Davis, W. E. Moore (und auch R. Simpson) zufolge liegt »die Ursache der sozialen Schichtung in der Notwendigkeit eines differentiellen Anreizsystems zur angemessenen Besetzung aller gesellschaftlichen Positionen, weil die Positionen verschieden schwierig, bestimmte Güter und Talente rar sind«.[8] »Soziale Ungleichheit ist (demnach) ein unbewußt entwickeltes Werkzeug, mit dessen Hilfe die Gesell-

[6] Begabungsreserven. In: Begabungsförderung und Schule. Hg. v. Th. Ballauf und H. Hettwer. Darmstadt 1967, S. 74 und S. 77 ff.
[7] Die sozialen Klassen im ethnisch homogenen Milieu (1927). In: Aufsätze zur Soziologie, Tübingen 1953.
[8] E. Wiehn, Theorien der sozialen Schichtung. München 1968, S. 104 f.

schaft sicherstellt, daß die wichtigsten Positionen von den fähigsten Personen gewissenhaft ausgefüllt werden.«[9]
Jedermann weiß, daß ein solcher Grad der Gleichberechtigung, der Unabhängigkeit der Individuen von ihrer sozialen Herkunft, in keiner bestehenden Gesellschaft realisiert ist. Je höher die Stufe in der Hierarchie der sozialen Positionen, desto höher ist auch die Rate der Selbstrekrutierung (in der Generationenfolge). Aber die real existierenden Gesellschaften unterscheiden sich fühlbar nach dem Grade der Zurückdrängung von Herkunftsprivilegien in der öffentlichen Erziehung und in den Mechanismen der Statuszuweisung oder — positiv ausgedrückt — im Grade der Durchsetzung des (bürgerlichen) Leistungsprinzips. Diese Differenzen (die sich in unterschiedlichen Selbstrekrutierungsraten der Oberschichtenberufe, in unterschiedlichen Jahrgangs-Abiturientenquoten, in weit voneinander abweichenden Anteilen der Arbeiterkinder auf weiterführenden und Hochschulen — allgemein in der Durchlässigkeit von Schichtgrenzen ausdrücken) weisen zurück auf die unterschiedliche historische Entwicklung der miteinander verglichenen Gesellschaften. Sie indizieren den Grad der Durchdringung dieser Gesellschaften mit historisch (relativ) fortschrittlichen Prinzipien bürgerlicher Wirtschaftsweise einerseits — das Fortleben ständischer Relikte andererseits. »Als Wirkung ständischer Gliederung läßt sich ... ganz allgemein ... feststellen: die Hemmung der freien Marktentwicklung ... Jedenfalls ist von wirklich freier Marktkonkurrenz im heutigen Sinne überall da keine Rede, wo ständische Gliederungen eine Gemeinschaft ... durchziehen ...«[10] Je größer die Kluft zwischen Prinzip (Norm) und Realität, zwischen dem, was in bürgerlichen Verfassungen geschrieben steht (und in den Erwartungen der Individuen lebt), und dem, was die Menschen in der Wirklichkeit ihres Alltagslebens erfahren (und die Statistik ihnen bestätigen kann), ist, desto größer ist die Chance, daß diese Kluft zwischen Prinzipien und Praktiken der Statuszuweisung soziale Konflikte speist. »Solange die Bildungsmöglichkeiten ungleich verteilt sind, wird gerade diese Ungleichheit die soziale Integration einer auf persönliche Leistung ausgerichteten Gesellschaft gefährden.«[11]
In der soziologischen Diskussion um die Rolle der Schule(n) im System der sozialen Schichtung sind zwei Thesen vorgetragen worden. Schelsky zufolge ist die Schule (unter der Voraussetzung einer Gesellschaft mit gänzlich durchlässigen Schicht- und Klassenschranken, die Schelsky als gegeben un-

[9] Davis und Moore, Einige Prinzipien der sozialen Schichtung. In: H. Hartmann (Hg.), Moderne amerikanische Soziologie. Stuttgart, 1967, S. 349.
[10] Max Weber, Wirtschaft und Gesellschaft. Tübingen 1956, S. 538.
[11] Morris Janowitz, Soziale Schichtung und Mobilität in Westdeutschland. Kölner Zs. f. Soziologie, 1958, Heft 1, S. 26.

terstellt) die ausschlaggebende Zuweisungsinstanz von Sozialchancen (auf Grund individueller Leistung). Seine Kritiker bestreiten diese autonome Stellung der Schule unter Hinweis auf die bestehende Sozialstruktur mit ihren eingeschränkten Mobilitätschancen.

In der Gesellschaft der Gleichberechtigten scheint es für sozialen Aufstieg und Abstieg (relativ zur Position der Herkunftsfamilie) lediglich auf individuelle Leistung (gemessen nach allgemein verbindlichen Standards) und die sie tragende (ermöglichende) individuelle Begabung anzukommen. Prüfstand dieser Begabungs-Leistung ist das öffentliche Schulsystem. Ihm fällt daher scheinbar die Funktion zu, Rangierbahnhof für die Unterbringung verschiedenartiger Begabungen in den ihnen gemäßen Berufen zu sein, oder wie Schelsky es formuliert: Das Schulsystem wird zur (autonomen) »bürokratischen Zuteilungsapparatur von Lebens-Chancen«[12]. Soll aber die Regel auch erfüllt werden, so erscheint das Schulsystem zwar (zunächst isoliert betrachtet) als ein Verschiebebahnhof von Begabungen, als »zentrale soziale Dirigierungsstelle« (Schelsky, a.a.O., S. 17), im gesellschaftlichen Zusammenhang aber als eine »Dirigierungsstelle« derart, daß immer schon anderwärts getroffene »Entscheidungen« über die Statuszuweisung lediglich ratifiziert werden. Außerdem aber wird »Begabung« als Kriterium für sozialen Auf- und Abstieg entscheidend relativiert. Der Satz »Jeder ist seines Glückes Schmied« verliert an Geltung; angesichts der Daten über den Zusammenhang von Herkunft, Ausbildung und Mobilität erweist er sich, auf die Gegenwart bezogen, als Ideologie; erst unter anderen Sozialverhältnissen könnte er zu einer Wahrheit werden. Die Funktion der Schule muß nun anders formuliert werden, realitätsgerechter: Sie ist eine Selektionsinstanz für bestimmte Begabungen, die in der Regel im Einklang mit der schon bestehenden Sozialschichtung arbeitet, so daß die Resultate ihrer Filter- und Zuweisungsarbeit in fataler Weise von Generation zu Generation die gleichen bleiben. Die Konkurrenz der »Begabungen« findet in der Arena der Schule nur zum Schein statt. Das hängt vor allem damit zusammen, daß Begabung keine reine Naturqualität ist, sondern ein soziales Erzeugnis, dessen Realisierung an günstige familiale Sozialisationsbedingungen (und eine sie sinnvoll ergänzende schulische Sozialisation) gebunden ist. Soziale Ungleichheit schlägt sich in schichtspezifischen Sozialisationsweisen nieder und präformiert die Chancen der Begabungsentfaltung der Folgegeneration. Nicht alle sozial konstituierten Begabungen werden in

[12] Soziologische Bemerkungen zur Rolle der Schule in unserer Gesellschaftsverfassung, 1956. In: Schule und Erziehung in der industriellen Gesellschaft, Würzburg 1965, S. 18. Auch in »Auf der Suche nach Wirklichkeit«, Düsseldorf 1965.

gleicher Weise benötigt, ausgelesen und gefördert. Vielmehr sind die objektivierten Standards und mehr noch die bisher nicht objektivierten, unausgesprochenen Maximen der Begabungsförderung auf bestimmte Formen und Facetten von Begabung hin orientiert und sprechen auf andere gar nicht erst an. Die Testbatterien messen nur bestimmte Begabungsqualitäten (vor allem solche, die mit sprachlicher Kompetenz zu tun haben); andere, von ihnen nicht erfaßte, erscheinen als »Nichtbegabung«. Die Schule ist eine Umschlagstelle für Begabungen, ihre Aufgabe ist die Ausfilterung und Förderung bestimmter Begabungen, die Prämierung bestimmter intellektueller und affektiver Leistungen, die Erteilung entsprechender Bildungspatente, die das Einrücken in höhere Ausbildungsstufen und die Besetzung ausbildungsadäquater Positionen ermöglichen. Aber die Schule hat in ihren Funktionen keine Autonomie.[13] Sie vollzieht ihre Selektions- und Zuweisungsarbeit an sozial vorstrukturiertem »Material«: schichtspezifisch differenten Werthaltungen, Leistungsmotivationen, sprachlichen Ausdrucks- und Rezeptionsfähigkeiten, Lebensplänen (Elternerwartungen) – an Kindern aus Familien mit durchaus unterschiedlichen Fähigkeiten und Motiven zum Bestreiten der Kosten und zum Durchhalten der Karenzzeiten höherer Bildung. Die Schule arbeitet mit den schichtspezifischen Produkten frühkindlicher familialer Sozialisation und erfüllt selbst Funktionen einer bestimmten Gesellschaft, in der die Standards, auf die sie sich beruft (Leistungsprinzip und Chancengleichheit), nur bis zu einem gewissen Grade gelten. So kann sie nicht umhin, die soziale Schichtung, wie sie einmal besteht, zu reproduzieren.

In der zur Natursubstanz fetischisierten Begabung bleiben die sozialen Bedingungen, die sie konstituieren, verhüllt. Der dichte Zusammenhang zwischen sozialer Herkunft und beruflicher Zukunft der Individuen aber relativiert Begabung als vorgeblich ausschlaggebenden Faktor der Statuszuweisung. Er ist weder letztlich entscheidend, noch ein einfaches biologisches Faktum. Nähere Analyse zeigt, daß »Begabung« kein Substanzbegriff, sondern ein Funktionsbegriff ist. Begabung und Nichtbegabung sind beim heutigen Stand der Genetik nicht als Erbfaktoren dingfest zu machen. »Kein Persönlichkeitsbezug ist im absoluten Sinne durch Erbanlagen determiniert ...«[14] »Um zu beweisen, daß Unterschiede im Intelligenzquotienten genetisch bedingt sind, müßte man den Kindern aller sozialen Schichten vollständige Gleichheit der Chan-

[13] Vgl. dazu S. Bernfeld, Sisyphos (1928). Frankfurt (Suhrkamp) 1967.
[14] Kurt Gottschaldt, Begabung und Vererbung. Phänogenetische Befunde zum Begabungsproblem. In: H. Roth, Hg., Begabung und Lernen. Stuttgart 1969, S. 148. Vgl. auch die Arbeit von H. Ritter und W. Engel im gleichen Band, S. 99–127.

cen einräumen und die Ergebnisse möglichst über mehrere Generationen hinweg beobachten. Natürlich ist kein derartiges Experiment je durchgeführt worden«, schreiben L. C. Dunn und Th. Dobzhansky.[15] Erst ein solches Experiment würde den kurrenten biologistischen Vorurteilen eine Basis geben oder sie falsifizieren können. Es ist undurchführbar. Aber der von den beiden Autoren vorgeschlagene Beweisgang zeigt die Richtung, in der das Problem Anlage-Umwelt einer Klärung nähergebracht werden kann. Von der Seite der Sozialreform ist es praktisch zugänglich. Eine Optimierung der Milieubedingungen erst könnte Grenzen der »Anlagen« deutlich werden lassen. Unter dem Blick der genetischen Forschung löst sich hingegen die simple Alternativfragestellung auf. Definiert man den Begabungsbegriff so, daß er nicht primär ein vorhandenes oder nicht vorhandenes biologisches Datum meint, sondern eine Funktion bestimmter Sozialverhältnisse, von denen es entscheidend abhängt, ob sich Begabungspotentiale entfalten oder nicht entfalten, dann lassen sich auf dem Wege schichtspezifischer Sozialisationsforschung soziale Konstituentien von Begabung (und Leistung) kenntlich machen. Die Entfaltung von Begabung, Begabung als Prozeß, nicht als Substanz, ist in weitem Maße abhängig von »Reizen«, die sie herausfordern, von einem kulturell differenzierten Milieu im Elternhaus bzw. in der kollektiven Erziehungsinstitution, von einem Mindestmaß von Stabilität und Sicherheit, vom Niveau sprachlicher Ausdrucksfähigkeit bei den Erziehungspersonen. Wenn Erziehung wesentlich durch Identifikationen vermittelt wird (S. Freud), können sich nur solche Fähigkeiten entfalten, die in der Alltagspraxis von Erwachsenen im Bereich der kindlichen Erfahrung vorgelebt werden. Die Menschen bringen in Sozialisations- als Interaktionsprozessen nur das in sich als »Qualität« hervor, was sie im Umgang mit anderen erfahren haben. Was immer in ihnen »angelegt« sein mag, der Übergang von Latenz in Realität ist an die Existenz von Beispielen und Vorbildern, an die Möglichkeit von Mimesis gebunden. Schichtmäßig ungleich verteilte Förderungsbedingungen von »Begabung« entscheiden vorweg über den Schulerfolg und die schulisch vermittelte Zuweisung von Sozialchancen.

Die Schule ist eine Institution, die – unter dem Schein freier Konkurrenz von Gleichberechtigten – die bestehende soziale Schichtung, eine Gesellschaft von Ungleichheit und Herrschaft reproduzieren hilft, indem sie nach Maßgabe von sozial ungleichartiger, schichtspezifisch vorgeprägter Begabung die traditionelle Zuweisung von Sozialchancen exekutiert. Als Mittelklasseninstitution antwortet sie selektiv auf die Begabungsdifferenzen zwischen Unter- und Mittelklassen, da ihre Be-

[15] Vererbung, Rasse und Gesellschaft. Frankfurt 1970, S. 90 f.

gabungs- und Leistungsstandards auf die spezifischen Fähigkeiten von Kindern aus Mittelklassenmilieu abgestimmt sind. Die pädagogische Theorie hat die Unterscheidung zwischen sogenannter »intentionaler« und »funktionaler« Erziehung eingeführt, wobei »intentional« die bewußt beabsichtigte, »funktional« die faktische Erziehung bezeichnen soll. Die faktische Erziehung liegt dabei meist im Schatten der intentionalen, gerade auch für das Bewußtsein der Erzieher. Solange Lehrer, Eltern und Kinder sich die schichtungsstabilisierende Funktion der Schule nicht zu Bewußtsein bringen, herrscht die funktionale Erziehung über die pädagogischen Intentionen. Statt der Förderung von Begabung in einem Milieu freier Konkurrenz vollziehen sich Begabungsprämierungen in einer Arena, wo über den Ausgang im Regelfall auf Grund sozialer Herkunft schon vorentschieden ist. Worauf die kritische Analyse der sozialen Funktionen der Schule führt, ist ein struktureller Sachverhalt — Verhältnisse, die sich »naturwüchsig« (hinter dem Rücken der Beteiligten) eingespielt haben und reproduzieren, ohne daß sie auf bewußte Agenten angewiesen wären. Erst wenn das im einzelnen schwer durchschaubare Zusammenspiel von schichtspezifischen Einkommensdifferenzen, Traditionen, Elternerwartungen, Lehrerreaktionen, in die Schule mitgebrachten Begabungs- und Leistungsdifferenzen und Frustrationsreaktionen als ein aufhebbares soziales »Schicksal« der Unterschichten in deren Bewußtsein erscheint, kann die Ungleichheit der Bildungschancen zum Inhalt von »Klassenkämpfen« werden.
Die zwischen verschiedenen nationalen Gesellschaften (gerade des gleichen Typs, z. B. England — BRD) bestehenden Unterschiede in den Anteilsquoten der Arbeiterkinder an der Hochschulstudentenschaft bezeichnen das bisher erprobte Maß der Modifizierbarkeit des Bildungsprivilegs durch soziale Reformen. Weiterreichende Projekte zielen darauf ab, durch einen großzügigen Ausbau von Institutionen der kompensatorischen und Weiterbildung ein — gegenwärtig latent bleibendes — Begabungspotential zu erschließen, hinter dem die jeweilige gesellschaftliche Nachfrage bei weitem zurückbleibt — also den bisher selbstverständlichen Zusammenhang zwischen Ausbildung und Beruf zu durchbrechen:
»Eine großzügige Schulpolitik, die sich, bei gesichertem Zuwachs des gesellschaftlichen Reichtums, aus dem Engpaß befreit, sich die Ausbildungskapazitäten von fragwürdigen Maximen eines ›sozialen Bedarfs‹ täglich neu diktieren zu lassen, wird die Bildungschancen schon im Hinblick auf Erfordernisse vervielfältigen, die mit der Sphäre gesellschaftlicher Arbeit, und dem Statuserwerb in ihr, unmittelbar nichts zu tun haben. Die Rollen des ›homme‹ und des ›citoyen‹, die Rollen des Pri-

vatmanns in seiner arbeitsfreien Zeit und die des Staatsbürgers im politischen Bereich verlangen zunehmend eine Art ›Weltverständnis‹, das, obwohl weitgehend durch Schulen vermittelt, seinen Sinn nicht in Berechtigungen für berufliches Weiterkommen findet. Im Zuge einer solchen Schulpolitik würden die verteilten und genutzten Bildungschancen die Zahl der ›eingelösten‹ Qualifikationen verfügbarer Berufspositionen so weit überschreiten, daß sich das Berechtigungsverhältnis von Schulbildung und Beruf lockern müßte.«[16]

(Oktober 1971)

[16] Jürgen Habermas, Pädagogischer ›Optimismus‹ vor Gericht einer pessimistischen Anthropologie. In: Neue Sammlung, 1961, S. 277 und S. 275. Jetzt auch in Habermas, Arbeit, Erkenntnis, Fortschritt. Aufsätze 1954–1970. Amsterdam 1970, S. 181–218.

Politik im Unterricht

Nach dem militärischen Zusammenbruch der Nazidiktatur wurde ein (inzwischen integrierter) Fremdling in den herkömmlichen schulischen Kanon der »Weltanschauungs«fächer eingeführt — der Politische Unterricht. Sozial- oder »Gemeinschafts«kunde, wie der lange Zeit übliche, charakteristische Name des neuen Faches war, wurde an (west-)deutschen Schulen zunächst im Rahmen des Versuchs gelehrt, demokratische Denkweisen von oben her — ohne ihnen eine Basis im Alltags- und Wirtschaftsleben der Bevölkerung zu schaffen — über den Schul- und Bildungsapparat einzuführen, — als zentraler Bestandteil der sogenannten »Re-Education«. Nachdem im Zuge des »Kalten Krieges« die westlichen Besatzungsmächte eine demokratisch-sozialistische Umstrukturierung der Wirtschaft in den drei westlichen Besatzungszonen (entgegen dem in Parteiprogrammen und Länderverfassungen artikulierten Willen der Bevölkerungsmehrheit) verhindert hatten, der neue parlamentarische Staat also weiterhin kapitalistisch unterbaut blieb, hing auch die schulische Erziehung zu politischer Sensibilität und interessebewußter politischer Aktivität eigentümlich in der Luft. Unter diesen Umständen war der Politische Unterricht von vornherein in Gefahr, zu einer für die Alltagspraxis bedeutungslosen Tugendlehre zu verkümmern.

Als Erbschaft der politischen Machteroberung durch das Bürgertum, den ehemaligen »dritten Stand«, erscheint im Zentrum moderner Verfassungen der Grundsatz »Alle Staatsgewalt geht vom Volke aus«. Die politische Macht soll demnach prinzipiell demokratisch legitimiert und kontrolliert werden. Die politischen Entscheidungen sollen (parlamentarisch) im Licht der Öffentlichkeit von gewählten Repräsentanten der Gesamtbevölkerung nach demokratischen Spielregeln gefällt werden. Gleichzeitig soll aber (in den kapitalistischen Demokratien) die an privates Eigentum (auch wenn es in Gestalt der Aktienmajorität eines Großkonzerns erscheint) geknüpfte gesellschaftliche Macht von demokratischer Kontrolle und Legitimation ausgenommen sein und privaten Gruppen zufallen. Das wirtschaftliche Leben, worin jedermann Zwangsteilnehmer ist, soll unter Ausschluß der Öffentlichkeit von wenigen Kommandozentralen her gesteuert werden. Diese Beschränkung demokratischer Kontrolle läßt auch die im politischen Raum mögliche verkümmern. Die moderne parlamentarische Demokratie lebt in einer beschränkten Sphäre, worin — auf der Basis eines Kompromisses der sozialen Klassen, der selbst parlamentarisch in der Regel nicht diskutiert oder modifiziert wird — alle verbleibenden Konflikte gewaltfrei ausgetragen werden sollen. Die auf die parlamentarisch-staatliche Sphäre beschränkte Demokratie reicht ins Alltags- und Wirtschaftsleben der Bürger nicht hinüber. »Die ökonomische Ordnung und, nach ihrem Modell, weithin auch die ökonomische Organisation«, schreibt Adorno[1], »verhält nach wie vor die Majorität zur Abhängigkeit von Gegebenheiten, über die sie nichts vermag, und zur Unmündigkeit. Wenn sie leben wollen, bleibt ihnen nichts übrig, als dem Gegebenen sich anzupassen, sich zu fügen; sie müssen eben jene autonome Subjektivität durchstreichen, an welche die Idee von Demokratie appelliert, können sich selbst erhalten nur, wenn sie auf ihr Selbst verzichten . . . Die politische Organisationsform wird als der gesellschaftlichen und ökonomischen Realität unangemessen erfahren . . .«

Die vielbeklagte politische Apathie, das Desinteresse und die Teilnahmslosigkeit, der der Sozialkundeunterricht an Schulen bisher kaum Abbruch getan hat, hat ihre Wurzeln also in der Sozialstruktur selbst; sie ist eine Reaktionsbildung auf die eben umrissene objektive Stellung der Individuen zu Gesellschaft und Staat in der gegenwärtigen Gesellschaft. Durch bloße moralische Appelle, man solle, da demokratische Institutionen einmal geschaffen seien, sich nun auch »mündig« verhalten, politische Wachheit ausbilden, politische Aktivität entwickeln, ist sie schwerlich zu beheben. Freilich läßt sich auch nur *ein* Weg angeben, in »sozialen Ruhelagen« Individuen dem Bann sozialstrukturell bedingter politischer Apathie zu entreißen.

Es ist derjenige, ihnen sowohl die eigene Skepsis in bezug auf die »Demokratie« wie ihre Illusionen darüber, die ihre politische Apathie begleiten, als ein reflexartiges Verhalten verständlich zu machen, als eine kurzschlüssige (und unzweckmäßige) Antwort auf die Wahrnehmung einer sozialen Situation, deren angemessene Analyse noch andere Verhaltensweisen als realistisch erscheinen läßt. *Angemessene Analyse* aber *heißt* vor allem, den Gegenstand, bestimmte gesellschaftliche Verhältnisse, ihrem inneren Zusammenhang nach zu begreifen und *ungeeignete Interpretationsschemata zu überwinden.* Hier liegt die Chance eines Sozialkundeunterrichts an den Schulen, der freilich eine sachgerechte sozialwissenschaftliche Ausbildung der Sozialkundelehrer (und bestimmte Änderungen der Schulinstitution) voraussetzt. Er könnte zur Aufbre-

[1] Was bedeutet: Aufarbeitung der Vergangenheit. Frankfurt 1960, S. 20.

chung des eingespielten Zusammenhangs von sozialer Lage und Ohnmachtsgefühl beitragen, indem er in die soziologische Interpretation sozialer Tatsachen einführt, die Möglichkeit einer rationalen Analyse ganzer Gesellschaftssysteme demonstriert und eventuell auch Wege zu wirksamem politischen Handeln aufzeigt. Diese Chance hat der bisherige Sozialkundeunterricht in der Regel, wie die im letzten Jahrzehnt unternommenen kritisch-empirischen Studien übereinstimmend zeigen, nicht genutzt.

Die Praxis des Sozialkundeunterrichts ist wesentlich dadurch bestimmt, daß es an zureichend ausgebildeten Lehrkräften ebenso wie an brauchbaren Lehrbüchern mangelt. »Je weniger die Lehrer für den Unterricht in Sozialkunde durch eine wissenschaftliche Ausbildung qualifiziert sind, um so mehr wird die Interpretation der politisch-sozialen Sachverhalte durch ihr naives, unreflektiertes Gesellschaftsbild gesteuert. Das hat zur Folge, daß die politischen Verhältnisse vorwiegend aus der Sicht des Mittelstandes, aus dem sie ja zum größten Teil stammen, beurteilt werden«, schreibt M. Teschner in seiner Untersuchung des Sozialkundeunterrichts an Gymnasien.[2] *Im Lehrer-Gesellschaftsbild spiegelt sich die gesellschaftliche Situation des Mittelstandes wider*: »Eingekreist von mächtigeren Interessengruppen, sieht er seine Stellung in der sozialen Hierarchie bedroht«. Im Rahmen des unreflektiert reproduzierten »mittelständischen« Interpretationsrahmens bleibt aber im Politischen Unterricht, der zu politischer Sensibilisierung führen soll, gerade *das Politische an der Politik*, Interessengegensätze und Aktionen, die ökonomische Struktur und die Auseinandersetzung sozialer Klassen, ausgeblendet. Die Ausklammerung kontroverser Themen, die *Flucht* vor der Politik (und vor der Gesellschaft) führt *in die Institutionen- oder »Aktualitätenkunde« oder* weiter *in die Innerlichkeit,* zu den abstrakten geistigen Werten. Dieser Fluchtweg ist durch die mittelständisch-bildungshumanistische Tradition vorgeprägt. *Dem Kult der Innerlichkeit entspricht die Verachtung der Äußerlichkeit, der Ökonomie und des »Parteienhaders«*. Im Schonraum der pädagogischen Provinz Schule sollen die Schüler so lange wie möglich dem Zugriff von Politik und Gesellschaft entzogen bleiben. Die Flucht in die Aktualität wird durch die in »den Stoff« komplettiert: die Verschulung des Sozialkundeunterrichts. Die soziale Realität wird aufgelöst in ein Faktenkaleidoskop. P. Fürstenau[3] weist in diesem Zusammenhang auf das »gemeinsame Schulschicksal« des Politischen und des Sexuellen hin. »Da es den Lehrern nicht gelingt, die Fakten

[2] Politik und Gesellschaft im Unterricht. Frankfurt (E. V. A.) 1968, S. 126.
[3] Zur Psychoanalyse der Schule als Institution. In: Das Argument, Nr. 29, Berlin 1964, S. 72 f.

selbst zum Sprechen zu bringen, ihre Genesis und Funktion aus dem gesellschaftlichen Lebensprozeß abzuleiten, muß der Sinn von außen an den Stoff herangetragen werden«, schreibt Teschner. »Das geschieht durch den Rekurs auf Werte .... (Die) Unfähigkeit, die Werte als *soziale* Normen zu entziffern, erweckt den Eindruck, als ob sie direkt vom Himmel fielen .... *Der Verdinglichung der Unterrichtsgehalte entspricht eine Verdinglichung der Wertvorstellungen.* Deren Konsequenz liegt auf der Hand. Mit seiner Privatisierung verliert das politische Urteil jeglichen Anspruch auf Verbindlichkeit. Die Argumentation verblaßt zum Austausch folgenloser Meinungen, und die politische Stellungnahme verwandelt sich tendenziell in ein Glaubensbekenntnis« (a.a.O., S. 109).

Dem Alltagsbewußtsein gelten Naturwissenschaft und Technik als Domäne vernünftigen Handelns, Politik und Gesellschaft hingegen als Reich materieller Interessen und blinder Entscheidungen. Die Faszination durch vernünftige Naturbeherrschung hat die vernünftige Durchdringung der gesellschaftlichen Verhältnisse, unter denen jene sich vollzieht, hintangehalten. Längst ist der Aberglaube aus der Sphäre der Beziehungen zur äußeren Natur vertrieben. »Naturkatastrophen« werden nicht mehr als »Zufall« oder »Fügung« hingenommen, sondern erscheinen (wenigstens in den entwickelteren Ländern) immer schon als technische Pannen, als Lücken im Netz umfassender Beherrschung der Naturkräfte. Im äußersten Gegensatz zu dieser rationalen Einstellung werden gesellschaftliche Veränderungen (Kriege, Krisen, Diktaturen) wie Naturereignisse als Schicksal akzeptiert. Ihren gesellschaftlichen Verhältnissen (und den daraus hervorgegangenen Institutionen) suchen die Menschen der Gegenwart noch immer magisch statt rational beizukommen, indem sie sich gesellschaftliche Entwicklungen, politische Ereignisse, ökonomische Situationen nach dem Muster individueller Handlungen, wie sie sie in Familien und kleinen sozialen Gruppen vor Augen haben, zurechtlegen; indem sie komplexen Prozessen mit Faustregeln aus dem täglichen Leben beizukommen suchen; wissenschaftlich nicht haltbare Annahmen über sogenannte biologische oder psychologische »Gesetze« zur Erklärung des sonst nicht Verständlichen heranziehen; Institutionen und Kollektive als imaginäre Personen behandeln oder mit bestimmten Personen gleichsetzen. Die moderne kapitalistische Industriegesellschaft wird noch immer in Kategorien »gedeutet«, die der sozialen Lebenswelt von Familie, Dorf und Landwirtschaft entnommen sind. Die Starrheit dieser ungleichzeitigen Deutungsschemata rührt davon her, daß sich die Menschen um so mehr an sie klammern, je mehr sie spüren, daß sie die menschgemachte soziale Welt mit ihnen doch nicht verstehen. In der *psychologisierenden*

Fehlinterpretation ist die Hoffnung lebendig, die Welt der Institutionen, die sich über den Individuen auftürmt, sei doch eigentlich jederzeit wieder auflösbar in das Denken und Handeln, das Wollen und Fühlen einzelner Menschen, notfalls »großer« Menschen. In der *biologistischen Fehlinterpretation* geht die Reduktion über die (als unveränderlich angesetzte) Psychologie hinaus auf Natur zurück: Auch die Gesellschaft sei eigentlich ein Reich der Natur und könne so verstanden werden wie das Tierreich. Eine Variante dieser Vorstellung besteht darin, soziale Sachverhalte unmittelbar auf biologische zu gründen (etwa soziale Ungleichheit auf unterschiedliches »Erbgut« der Individuen) und ihnen damit eine Rechtfertigung zu verschaffen. Beiden Betrachtungsweisen ist gemeinsam, daß sie die soziale Dynamik zur ewigen Wiederkehr des Gleichen herabsetzen, vorgebliche Naturdaten als Achse des historischen Geschehens einsetzen. Eine spezielle Ausprägung des Psychologismus in der Gesellschaftsinterpretation ist das *personalisierende Denken*. Je mehr (unverstandene) soziale Wandlungen auch das individuelle Leben spürbar verändern, desto mehr sucht sich das Bewußtsein der Betroffenen dies »Schicksal« verständlich zu machen, indem es die Suche nach den »Ursachen« durch die Einsetzung von »Urhebern« abkürzt. Gute und böse »große Männer« machen hier Geschichte, verselbständigte Institutionen und objektive Entwicklungstendenzen werden einer »Verbiederung« unterworfen, indem sie als Auswirkungen des Handelns von »Menschen wie du und ich« aufgefaßt werden. Entsprechend werden soziale Schicksale (etwa schichtspezifische Aufstiegsschwierigkeiten) nicht als solche, sondern individualisierend als persönliches Mißgeschick bzw. persönliche Leistung ausgelegt. Ein realitätsgerechtes Denken, das die heutigen gesellschaftlichen und politischen Verhältnisse nicht in Kategorien einer vergangenen sozialen Lebenswelt oder durch Interpretationsschemata zu erfassen sucht, die dadurch sich charakterisieren lassen, daß sie unter der Vorgabe, das Verständnis mühelos möglich zu machen, in ohnmächtiger Resignation auf die Arbeit der Reflexion verzichten – ein Denken also, das die Gegenwartsgesellschaft in den von ihr selbst hervorgebrachten Kategorien adäquat interpretiert, macht freilich diese Gesellschaft nicht in gleicher Weise manipulierbar wie die naturwissenschaftlichen Theorien Natur technischer Nutzung erschließen. Es kann nur Individuen und Gruppen dem Bann des vorherrschenden falschen Bewußtseins entziehen, das sie dem »Gang der Ereignisse« ahnungs- und widerstandslos ausliefert.

Für die Wirksamkeit des Sozialkundeunterrichts ist die Unterrichtspraxis von großer Bedeutung. Der Sozialkundeunterricht vollzieht sich aber in einem institutionellen Rahmen, der einer

»Erziehung zur Mündigkeit« wenig günstig ist. Die berufliche Stellung des Lehrers als Staatsbeamter in der verwalteten Schule (deutscher obrigkeitsstaatlicher Tradition) verschiebt das Schwergewicht von der intentionalen Erziehung zu (politischer) Mündigkeit auf die funktionale Erziehung (durch die Institution, so wie sie ist, und die Rollenzwänge, die sie über den Lehrer verhängt). Die verwaltete Schule »ist unterste Verwaltungsinstanz, vorschriftsgebunden, dauerbeaufsichtigt, von ihren Vorgesetzten vorformuliert und entsprechend unbeweglich, der Initiative entbehrend, jedem Sonderfall gegenüber hilflos — schlechthin also abhängig von dem, was ihr aufgetragen wird«, schreibt Th. Ellwein[4], und fügt hinzu, »Lehrer wie Schüler stehen in einem besonderen Gewaltverhältnis, das den Gebrauch ihrer Grundrechte einengt.« Fürstenau folgert, »daß die Autoritätsstruktur der Schule die Lehrerrolle nicht mit der Autorität ausgestattet hat, die für eine angstfreie Darbietung der Politik in der Schule erforderlich ist« (a.a.O., S. 73). In allen Untersuchungen der Unterrichtspraxis und der Einstellung der Lehrer zum Sozialkundeunterricht wird deren Angst hervorgehoben, sich auf politische Kontroversen einzulassen oder selbst politisch Stellung zu nehmen. Unter Hinweis auf den Spielraum zwischen mittelständisch borniertem und sozialwissenschaftlich aufgeklärtem Sozialkundeunterricht ist die Angst der Lehrer als eine übertriebene charakterisiert worden, die sich von der bloßen Antizipation möglicher (aber unwahrscheinlicher) Konflikte nährt. Inzwischen aber sind die Grenzen politischer Aufklärung in Schulen ebenso wie die Grenzen politischen Handelns von Lehrern deutlicher markiert worden. Die von Lutz Lehmann in dem Büchlein »Klagen über Lehrer F. und andere Schul-Beispiele« gesammelten Fälle bezeugen, daß immer dann, wenn Lehrer versuchen, antiautoritär-demokratische Verhaltensweisen nicht nur verbal, sondern auch praktisch mit ihren Schülern zu trainieren, sie gegen Loyalitätserwartungen ihrer Kollegen verstoßen, was disziplinarisch geahndet wird.
Am 28. 1. 1972 haben die Regierungschefs der Bundesländer eine Erklärung beschlossen, wonach die Mitgliedschaft in »verfassungsfeindlichen Organisationen« wie deren »sonstige Förderung« mit dem Beamtenstatus unvereinbar ist. Die Erklärung — formuliert während des Ruhland-Prozesses — kennt nur das »positive Bekenntnis zur freiheitlich-demokratischen Grundordnung« auf der einen, »verfassungsfeindliche Aktivitäten« auf der anderen Seite. Die »Grundordnung« wird hier zum Fetisch. Zwischen der geschriebenen und der wirklichen Verfassung einer jeden Gesellschaft klafft ein Bruch. Gäbe es ihn nicht, wäre alle Politik überflüssig. Die »Grundordnung«

[4] Die verwaltete Schule. In: Das Argument, Nr. 31, Berlin 1964, S. 212.

ist nur ein (prinzipiell kündbarer) Kompromiß der sozialen Klassen; sie schreibt deren Kräfteverhältnis fest. Veränderungen des realen Kräfteverhältnisses legen Verfassungsänderungen nahe. Das Grundgesetz von 1972 ist nicht mehr das von 1949. Die »Grundordnung«, selbst ein Kampfprodukt, entbindet neue Kämpfe — um ihre »richtige« Interpretation und um die Durchsetzung konkurrierender Interpretationen. Auch die Bundesrepublik steht nicht außerhalb der Geschichte, aber ihre Beamten sollen es. Die staatstreu-konservative, entpolitisierte Beamtenschaft bot eine wichtige Voraussetzung für jene technisch fast reibungslosen Regimewechsel, die für die deutsche Geschichte des letzten Jahrhunderts so charakteristisch sind. In den demokratischen Nachbarstaaten gibt es diesen Beamtentypus und seine Reglementierung nicht. Die Erklärung der Länderchefs ist abstrakt, aber sie erfüllt politisch-psychologische Funktionen. Unter anderem diejenige, deutsche Lehrer (und Hochschullehrer) auf den jeweiligen politischen status quo festzulegen. Alle Reformversuche der Lehrerausbildung laufen darauf hinaus, die Lehrerbeamten von morgen politisch aufzuklären und ihnen dadurch Mut zu machen zu Kritik und Engagement. Doch das Signal der Länderchefs wird gut verstanden. Prämiert wird die dauerhafte Gesinnung dessen, der »die Gewähr dafür bietet, daß er jederzeit für die Grundordnung eintritt«. Zu erinnern ist daran, daß etwa die Weimarer Reichsverfassung *formell* die staatsrechtliche Grundlage auch der NS-Diktatur abgab. Die »Erklärung« umgibt die Beamtenschaft im Ausbildungssektor mit einem cordon sanitaire; die Unruhe der studentischen Protestbewegung soll draußen bleiben. Im loyalen Gesamtverhalten, das der Staat fordert, sind allein die kraftlosen Gedanken, sind Meinung und Lehre ausgespart. Deutsche Beamte, ob Lehrer oder Hochschullehrer, sollen bleiben, was sie immer waren: politische Kastraten.

(6. 2. 1972)

»Emanzipation« und »Demokratisierung«

Emanzipation und *Demokratisierung* sind Leitbegriffe gegenwärtiger Reformdiskussionen. Ihre besondere Färbung verdanken die Begriffe im aktuellen Sprachgebrauch der studentischen Protestbewegung um 1968, in deren theoretischer Selbstverständigung sie eine entscheidende Rolle spielten. Haben politische Bewegungen, die den politisch-ideologischen status quo attackieren, ihre Stoßkraft (aktuell oder auf Dauer) eingebüßt, so bildet sich ein Kompromiß heraus, der den neuen Gegebenheiten Rechnung trägt. Im Rahmen eines ideologischen Kompromisses, der den Jugendprotest der letzten Jahre integriert, haben Worte wie »Demokratisierung« und »Emanzipation« den Charakter von Parolen angenommen, die die Vertreter verschiedenster Interessen einander zurufen, um einen Pseudokonsens herzustellen, hinter dessen Fassade die alten Meinungsverschiedenheiten fortdauern.
In dieser Situation ist es nützlich, die Begriffe in ihrem strengen (revolutionstheoretischen) Sinn festzuhalten. Sie lassen sich nicht definieren, weil sie historische Begriffe sind. Ihre »Definition« fordert, die Geschichte unserer, der bürgerlichen Gesellschaft zu erzählen. Dann wird klarer, daß ihre Verpflanzung in beliebige Kontexte dazu führt, den Begriffen jede Verbindlichkeit zu nehmen. Sie sind in Gefahr, den Sinn einfacher moralischer Appelle anzunehmen, zu erbaulichen Beschönigungen, irreführenden Etiketten einer kaum modifizierten schlechten Praxis zu werden.

Emanzipation war einer der Kampfbegriffe des Bürgertums, die auf die Beseitigung vorbürgerlicher Gesellschaftsverhältnisse abzielten, ihren historischen Sinn also in der Negation solcher zwischenmenschlichen Beziehungen hatten, die noch nicht durch Tauschakte vermittelt sind. Mancipium heißt Sklave, Höriger; emancipatio ist die Entlassung aus väterlicher Gewalt, das Für-selbständig-Erklären. Die Abschaffung von Sklaverei und Leibeigenschaft – also der für vorbürgerliche Produktionsweisen charakteristischen Arbeits- und Herrschaftsformen – war der historisch-konkrete Sinn von »Emanzipation«.
Allgemeiner gefaßt und sublimiert erscheint der Begriff bei Kant in der berühmten Bestimmung der »Aufklärung« als

»Ausgang des Menschen aus seiner selbst verschuldeten Unmündigkeit«. Kant hat dabei (unter deutschen Lebensverhältnissen von 1783) in erster Linie die intellektuelle Unmündigkeit, »das Unvermögen, sich seines Verstandes ohne Leitung eines anderen zu bedienen«, im Auge. Entsprechend macht er den Mangel bestimmter moralischer Qualitäten für das Fortdauern obsolet gewordener Unmündigkeit verantwortlich: »Faulheit und Feigheit sind die Ursache, warum ein so großer Teil der Menschen, nachdem die Natur sie längst von fremder Leitung freigesprochen ... dennoch gerne zeitlebens unmündig bleiben.« »Selbst verschuldet« kann Kant 1783 die fortdauernde Unmündigkeit nennen, weil die europäische Gesellschaft seiner Zeit Produktivkräfte hervorgebracht hat, die die Abschaffung der vorbürgerlichen Ausbeutungsformen (Leibeigenschaft, Hörigkeit) objektiv möglich und nötig machen. Die europäischen Intellektuellen der Aufklärungszeit artikulieren diese Situation durch die Forderung nach Gedankenfreiheit. Gedankenfreiheit ist ihr spezifisches Interesse, gesellschaftlich aber zugleich die Bedingung der Möglichkeit, um das aktuelle Mißverhältnis von Möglichkeit und Wirklichkeit zu formulieren.

Kants Wendung gegen die Leitung des Verstandes durch einen anderen ist einmal gegen Tradition (Offenbarung, Glauben) gerichtet, zum andern gegen die Hinnahme der Welt der Erscheinungen, der Faktizität, als »Natur«. Seine Kritik will die Phänomene als Produkte des menschlichen Verstandes, der menschlichen Arbeit sichtbar werden lassen; sie sollen transparent werden und den Blick auf ihre gesellschaftliche Erzeugung freigeben, die sie erst zu dem gemacht hat, als was sie uns erscheinen.

Sich emanzipieren heißt entrinnen, der Übermacht der äußeren Natur und der gesellschaftlichen Institutionen, die als Schutzwälle gegen sie aufgerichtet wurden, entkommen. Die Ohnmacht der vorbürgerlichen Menschheit gegenüber der äußeren Natur ist abgelöst worden durch die kollektive Ohnmacht vor den verselbständigten Institutionen der Gesellschaft als »zweiter Natur«: Privateigentum, Markt, Familie, Nationalstaat.

Mündigkeit und Autonomie waren Kampfbegriffe eines Bürgertums, dessen Angehörige auf Grund ihres Eigentums an Grund und Boden oder Geld-Kapital wirtschaftlich tatsächlich selbständig waren – durch ihre ökonomische Tätigkeit ihr eigenes Leben (und das ihrer Familien) sowie das der Gesellschaft im ganzen besorgten. Mit dem Verschwinden des kleinen und mittleren Eigentums, das aufgehört hat, für die Reproduktion des gesellschaftlichen Lebens wesentlich zu sein, sind die Lebensverhältnisse, die für die uns überlieferte Selbstauslegung

des bürgerlichen Menschen (in Begriffen wie Autonomie, Spontaneität, Emanzipation) konstitutiv waren, deren Wirklichkeit begründeten, aufgelöst worden. Die Begriffe überleben einerseits als Ideologie, anderseits im Bewußtsein von Statthaltern und Vorkämpfern jener sozialen Klasse, deren Emanzipation noch aussteht.
Abgelöst aus dem Kontext der bürgerlichen Freiheitsbewegung ist »Emanzipation« mit anderen Kampfbegriffen aus der Übergangszeit von Feudalismus zu Kapitalismus zu einem »utopischen« Begriff geworden, dessen Wesen darin besteht, daß er sich nur negativ formulieren läßt. Unter verschiedenartigen Sozialverhältnissen zielt die Emanzipationsforderung in jeweils bestimmter Negation auf die institutionalisierten Formen von Unmündigkeit, die noch als Selbstverständlichkeiten im Schatten bereits errungener Mündigkeiten fortexistieren. Emanzipation richtet sich auf die jeweils vorenthaltene Mündigkeit.
Zwischen »innerer« und »äußerer« Emanzipation besteht ein Verschränkungsverhältnis. Für die Mehrzahl der Menschen ist die äußere fraglos die Bedingung der Möglichkeit einer inneren Emanzipation, d. h. der (relativen) Freiheit von Angstschranken, die das Bewußtseinsfeld bornieren, die Realitätsprüfung (die interessebewußte, rationale Prüfung der »inneren« wie der »äußeren« Realität) einschränken oder außer Kraft setzen.

Demokratie heißt schon in der antiken Staatslehre soviel wie Herrschaft der nichtprivilegierten Bevölkerungsmehrheit (über die privilegierte Minderheit) — Herrschaft der Armen (Aristoteles).
Am Grunde aller Konflikte in unserer Gesellschaft liegen zwei miteinander unvereinbare Ansprüche: Alle politische Macht soll demokratisch legitimiert, d. h. kontrolliert werden (GG Art. 20. 2); aber die ökonomische Verfügungsgewalt soll (normalerweise) privaten Gruppen zufallen, von demokratischer Kontrolle ausgenommen sein (GG Art. 14. 1 in Verbindung mit BGB § 903). Die politischen Entscheidungen sollen im Licht der Öffentlichkeit von gewählten Vertretern der Gesamtbevölkerung nach demokratischen Spielregeln getroffen werden. Das wirtschaftliche Leben hingegen, worin jedermann Zwangsteilnehmer ist, soll unter Ausschluß der Öffentlichkeit von wenigen Kommandozentralen her gesteuert werden, die, indem sie sich an Marktchancen orientieren, die Richtung des »Fortschritts«, die Konsumchancen von heute und morgen festlegen. Der Anspruch auf demokratische Kontrolle der Staatsmacht ist Erbstück der bürgerlichen Revolutionen. Demokratische Kontrolle auch des privatkapitalistisch verfaßten Wirt-

schaftslebens ist das Kampfziel der Arbeiterbewegung. Demokratische Organisation von Staat und Politik und vor-demokratische Organisation des Wirtschaftslebens lassen sich nur in relativ krisenfreien Phasen der ökonomisch-sozialen Entwicklung miteinander vereinbaren. (Vgl. dazu A. Rosenberg, Demokratie und Sozialismus; M. Adler, Politische und soziale Demokratie.)
Nach der Herstellung demokratischer Staatsverhältnisse (mittels einer Arbeiterrevolution) im Deutschland der Weimarer Republik wurde der Konflikt zwischen vordemokratischer Wirtschafts- und Gesellschaftsverfassung und demokratisierter politischer Sphäre zwischen 1928 und 1934 »gelöst« durch Gleichschaltung auch der politischen Sphäre (Übergang vom Mehrheits- zum Führungsprinzip), sobald sich die Alternative einer wirksamen Unterstellung der Wirtschaft unter demokratische Kontrolle zwecks Lösung der Wirtschaftskrise als eine plausible Lösung abzeichnete.
Die Beschränkung demokratischer Kontrolle schlägt auf die politische Demokratie selbst zurück. Die moderne parlamentarische Demokratie lebt nur in einer beschränkten Sphäre, worin — auf der Basis eines Kompromisses der sozialen Klassen, der selbst parlamentarisch nicht diskutiert oder modifiziert werden kann — alle verbleibenden Konflikte (die den status quo nicht prinzipiell antasten) gewaltfrei ausgetragen werden sollen. Die strikt auf die parlamentarisch-staatliche Sphäre beschränkte Demokratie reicht ins Alltags- und Wirtschaftsleben der Bürger nicht hinüber. Deren Lebenserfahrung, gewonnen in vor-demokratisch strukturierten Familien und Ausbildungsinstitutionen, geprägt vom Gefühl der Ohnmacht vor schicksalhaft über die Menschen (auch der Demokratien) hereinbrechenden sozialen und politischen Katastrophen, verweist die institutionell randständige Demokratie ins Reich einer Illusion. Obwohl von Parteien umworben und periodisch zu Wahlen aufgerufen, glaubt keiner so recht an die Kraft der Demokratie, an ihre Präsenz. Hier liegt die Wurzel der vielbeklagten, weitverbreiteten politischen Apathie.
Demokratie ist eine politische Kategorie; zu einer Wirksamkeit im gesellschaftlichen Leben soll sie erst kommen. In der modernen bürgerlichen Gesellschaft wird der soziale Zusammenhang der Individuen ökonomisch hergestellt. Solange die Tauschgesellschaft sich selbsttätig im Gleichgewicht zu halten schien, verblaßte der Staat, der in vorbürgerlichen Gesellschaften den sozialen Zusammenhalt politisch hergestellt hatte, zum Nachtwächterstaat. In der Entwicklungs- wie in der Spätphase der kapitalistischen Produktionsweise erscheint der Staat demgegenüber deutlicher als Organisator des gesellschaftlichen Lebens. Die bürgerliche politische Theorie stellt von Hobbes

über Hegel zu Carl Schmitt den Staat als eine Sphäre des Allgemeinen der Gesellschaft als der Sphäre der besonderen Interessen und Klassenkonflikte gegenüber. Beide stehen zueinander im Verhältnis von Himmel und Erde. Entsprechend unterscheidet sich der Alltags- und Wirtschaftsbürger (»wirklicher Mensch«) vom Staatsbürger (»abstrakter Mensch«).

Das gegenwärtige kapitalistische Wirtschaftssystem kann nur durch permanente Staatsintervention stabilisiert werden. Der Staat erfüllt dabei die dreifache Aufgabe der Konjunktursteuerung, der Gewährleistung öffentlicher Dienstleistungen und der sozialpolitischen Milderung sozialer Ungleichheit. Wie sein eigenes ökonomisches Potential ständig wächst, kann er seine neuen Aufgaben nur auf dem Wege der Kooperation und weitgehenden Integration der ausschlaggebenden gesellschaftlichen Interessenverbände, in denen sich Klasseninteressen als solche artikulieren, lösen. Innerhalb des damit geschaffenen politischen Rahmens wird die wirtschaftliche Entwicklung auch weiterhin von den am Profitinteresse orientierten ökonomischen Entscheidungen privater Gruppen (und deren Folgen) bestimmt. Diese Verflechtung von Gesellschaft und Staat, die Verbänden wie Parteien die Rolle zuweist, ihre Mitglieder und Sympathisanten zur Akklamation der jeweils zur Systemstabilisierung notwendigen Maßnahmen zu bringen, ist auf ihr Interesse reflektierende, autonom handelnde Individuen nicht mehr angewiesen, fordert vielmehr das vertrauensvoll-gefügige Mitglied von Massenorganisationen (Parteien, Verbänden) — den Bürger im Habitus eines »Kunden«, »der zwar am Ende die Zeche bezahlen muß, für den im übrigen aber alles derart vorbereitet ist, daß er selber nicht nur nichts zu tun braucht, sondern auch nicht mehr viel tun kann . . .« (J. Habermas)

»Demokratisierung« heißt unter diesen Umständen nichts anderes, als den pädagogisch-politischen Versuch zu unternehmen, Menschen, die mit gutem Grund politisch apathisch sich verhalten, dazu zu bewegen, in bestimmten Bereichen ihres Alltags- und Wirtschaftslebens jene zuerst im politischen Bereich erprobten Formen argumentativer Diskussion und Kontrolle durch interessebewußte Mehrheiten einzuführen. Horizont all solcher Reformbestrebungen ist die Ausdehnung der demokratischen Kontrolle auf die wirtschaftlichen Entscheidungszentren. Die nur-politische Demokratie ist in diesem Prozeß keineswegs eine sichere Ausgangsbasis, sondern infolge der wachsenden Verflechtung von (vordemokratisch organisierter) Wirtschaft und Staat selbst in Gefahr, auf kaltem Wege entdemokratisiert zu werden (Tendenz zum »starken Staat«; vgl. dazu etwa Agnoli, Die Transformation der Demokratie). Für alle Versuche einer »Demokratisierung« gewisser Bereiche des gesellschaftlichen Lebens ist von entscheidender Wichtigkeit, daß ihre Autoren sich von der Illusion befreien, die bestehenden gesellschaftlichen Verhältnisse seien solchen Reformversuchen günstig. Je partikularer das Vorhaben ist, desto geringer ist die Möglichkeit der Realisierung. Die bislang dominierende Entwicklungstendenz der Gegenwartsgesellschaft geht auf Entdemokratisierung, nicht auf Demokratisierung. Solche Tendenzen sind freilich kein »Schicksal«. Aber nur jene Individuen und Gruppen können es mit gewissen Erfolgschancen mit ihnen aufnehmen, die sich die Schwierigkeit ihres Unternehmens voll zu Bewußtsein bringen. Demokratisierung ist die aktuelle Gestalt von Emanzipation. Alle Demokratisierungsbestrebungen im pädagogischen Bereich bleiben ohnmächtig, soweit sie nicht auf die Demokratisierung der Wirtschaft, letztlich die Abschaffung der Lohnarbeit hinzielen.

(1. 1. 1972)

Außerparlamentarische Opposition

Ziele der außerparlamentarischen Opposition

1. Die außerparlamentarische Opposition gründet ihre Politik auf eine sozialwissenschaftliche Analyse der Struktur der Bundesrepublik. Durch die Intervention der Westmächte wurde eine demokratisch organisierte Insel parlamentarisch-staatlicher Institutionen einem vor-demokratisch organisierten Alltags- und Wirtschaftsleben aufgepfropft. Der dadurch entstandene Widerspruch zwischen politischer und gesellschaftlicher »Sphäre« zeitigt Lösungsversuche, wie wir sie historisch aus der Weimarer Republik kennen, deren Struktur den gleichen Bauplan aufwies. Demokratisierung der Wirtschaft oder Ent-Demokratisierung auch der politischen Sphäre heißen die Alternativen der Entwicklung.
Mit der fortschreitenden Konzentration der ökonomischen Macht läuft eine Aushöhlung (und periodische Veränderung) der Verfassungsnormen parallel. Das Parlament unterliegt einem Funktionswandel: Das Herrschaftsorgan der gewählten Repräsentanten der »Allgemeinheit« wird zur Repräsentanz der Herrschaft der ökonomisch leistungsfähigsten Gruppen, deren Kommandos es mit dem Heiligenschein des Volkswillens verbrämt.
Die Umwandlung der großen Parteien in Quasi-Staatsparteien, deren Führungen einander die Wählerstimmen ins Netz treiben, nachdem sie sich durch staatliche Finanzierung und bürokratische Statuten von realen Kontrollen ihrer Mitglieder emanzipiert haben (und die Fusion von CDU und SPD im großen Regierungskartell) beantwortet die ApO mit der Bildung lockerer Organisationen (Clubs, Studenten-, Schüler-, Arbeitergruppen) *gesellschaftlichen* Typs. Der politische Nährboden aller staatlichen und quasi-staatlichen Institutionen (Parteien!) liegt im vorstaatlichen, außerparlamentarischen, also im *gesellschaftlichen* »Raum«. Die ApO versucht, der Austrocknung des gesellschaftlich-politischen Lebens von »oben«, also durch quasi-staatliche Institutionen, zu begegnen, indem sie sich zum vorstaatlichen, nämlich außer-parlamentarischen Kristallisationskern der demokratischen Willensbildung macht.
2. Die ApO bricht den Bann des West-Ost-Konfliktes, dessen Konsequenz die Lähmung der Opposition im Innern beider Machtblöcke war, und orientiert sich an der Horizontale sozialer Interessenkonflikte, die durch beide Gesellschaftssyste-

me hindurchläuft. Ihre Solidarität gilt den oppositionellen polnischen und tschechoslowakischen Studenten und den russischen Literaten ebenso wie deren Kollegen in Spanien, Frankreich oder Griechenland. Wie die Studentenbewegung in Westdeutschland sind diese oppositionellen Gruppen die *Vorläufer jener sozialen Klassen*, deren Interessen mit der Abschaffung der Privilegien, der Eroberung einer freieren Lebensform zusammenfallen, und die - über kurz oder lang — die heute noch isolierte soziale »Avantgarde« sozial decken werden.
Anknüpfend an die kommunistischen Oppositionsbewegungen in den Ländern der »zweiten Welt« verficht die ApO eine *Politik des »dritten Weges«* jenseits von (Neo-)Stalinismus und (Neo-)Kapitalismus. Die Politik dieses »dritten Weges« zielt auf die Herstellung von institutionellen Voraussetzungen einer realen Massendemokratie ab: Beseitigung des Privateigentums an (sozial relevanten) Produktionsmitteln als der entscheidenden »außerparlamentarischen« Herrschaftschance, Brechung der Privilegien (vor allem des klassengebundenen Bildungsprivilegs), Beseitigung der Ungleichheit des Lebenszuschnitts, Institutionalisierung und Sicherung *real wirksamer*, demokratischer Kontrollen des (wechselnden) Personals der Entscheidungszentren, Durchsetzung anarchischer Freiheit für die publizistische und kulturelle Produktion bei kollektiver Intoleranz gegenüber Organisationen und Publikationen, die der Wiederherstellung sozialer Ungleichheit und politischer Herrschaft dienen.
3. In den höchstentwickelten Industriegesellschaften kapitalistischen Typs wird die Egalisierung der Lebenschancen real möglich durch die Sozialisierung der Produktionsmittel, deren Wirksamkeit einstweilen durch die bornierten Profitinteressen der Inhaber von Aktienmajoritäten der Konzerne gefesselt ist. Die Befreiung der wissenschaftlichen Forschung und der Produktionskapazitäten vom Joch der Profitabilität bedeutet eine Änderung der *Richtung* des Fortschritts, die eine (internationale!) Überflußgesellschaft Wirklichkeit werden läßt. Auf deren Basis werden soziale Ungleichheit und Herrschaft über Menschen hinfällig, abschaffbar.
Erstmals werden die Produktionsmittel dem Staat, der Staat aber *nicht* einer Bürokratie, sondern Arbeiterräten mit ökonomischer *und* politischer Kompetenz gehören, d. h. dieser Staat wird — als eine über-gesellschaftliche Zwangsgewalt — »absterben«.
4. Unterstützt die ApO in den Ländern der »zweiten Welt« alle Kräfte, die auf eine anti-bürokratische Reform oder Revolution hinarbeiten, so solidarisiert sie sich in den Ländern der »dritten Welt« mit den anti-imperialistischen Befreiungsbewegungen, vor allem mit denen, die im Kampf für nationale

Unabhängigkeit zu sozialistischen Mitteln greifen. Ihre Unterstützung gilt jenen sozialen Klassen und ihren politisch-militärischen Avantgarden, die fähig sind, solche Änderungen der Sozialstruktur dieser Länder durchzusetzen, die ein Ausbrechen aus imperialistischer Abhängigkeit und eine rasche Industrialisierung ermöglichen.
Neben der moralisch-politischen Unterstützung für diese Bewegungen in den Ländern der zweiten und dritten Welt steht der Kampf für Abrüstung, der Kampf gegen den Krieg im »eigenen« Land, im »eigenen« Block, als ein populäres Kampfziel, dessen Durchsetzung die Änderung des ökonomisch-politischen Herrschaftssystems voraussetzt.
5. Den politisch bewußten Kern der ApO-Bewegung stellen gegenwärtig die sozialistischen Studenten (SDS). Sie sind noch eine kleine, verletzliche politische Avantgarde ohne sozialen Rückhalt, ohne eine wirkliche *Massen*bewegung hinter sich. Gleichwohl vertreten sie nicht partikulare Interessen, sondern die der abhängig arbeitenden Bevölkerungsmehrheit. Ihre aktuelle Aufgabe ist es, mit den (jungen) Arbeitern und Angestellten eine gemeinsame Sprache zu finden, durch eine Kombination von praktischen Aktionen (z. B. Springerblockade) und Aufklärungsarbeit (Zeitungen, Straßentheater, Vorträge, Diskussionen, Flugblätter usw.) die Mehrheit auf ihre Seite zu bringen. Die herrschenden Gruppen setzen das demokratische Regime im gleichen Augenblick partiell aus, in dem eine radikale Opposition auftaucht, die das bestehende Herrschaftssystem insgesamt in Frage stellt. An die Stelle »demokratischer« Manipulation treten ihr gegenüber nun Knüppel, Tränengas und Pistole. Ob die ApO zum Opfer der Staatsgewalt wird oder nicht, hängt primär vom Verhalten der traditionell-reformistischen Arbeiterorganisationen, sekundär auch von ihrer eigenen Taktik ab, deren Alternativen-Spielraum beschränkt ist. Es gehört zu den vordringlichsten Aufgaben der ApO, die Jugendorganisationen und Teile der Erwachsenen-Mitgliedschaft der linken Gewerkschaften und des potentiellen Arbeitnehmerflügels in der SPD zur Aufgabe ihres Quietismus und zur praktischen Solidarisierung mit denen zu bringen, die als erste in der Bundesrepublik wieder von »Enteignung« der Konzerne und von »Räten« gesprochen haben.

(7. 5. 1968)

Die ApO und die sozialdemokratische Linke

Als von Haus aus reformistische Organisationen, deren politisch-taktische Mittel zur Erkämpfung ihrer vorgeblichen Endziele nicht taugen, und denen die Loyalität ihrer Mitglieder nicht zuletzt um jener Endziele willen sicher ist, haben die nach der militärischen Zerschlagung der NS-Diktatur restaurierte SPD und der DGB niemals die kapitalistische Grundordnung der zweiten Republik bedroht, sie kaum in Frage gestellt. Auf dem Wege zur Anpassung an die Erfordernisse der unterm Schutz der Westmächte (entgegen dem Willen von Bevölkerung und Parteien) seit 1948 wieder hergestellten kapitalistischen Wirtschafts- und Gesellschaftsstruktur hat die Sozialdemokratische Partei die traditionell rechts von ihr stehenden Gewerkschaften überholt und den für sie (im Vergleich zu den bürgerlichen Parteien) längeren Weg zur Quasi-Staatspartei[1] beschritten. Die schon in der Mitwirkungs-Formel des GG Art. 21. 1, Satz 1 durchscheinende Entwicklung der Parteien zu Propaganda-Instrumenten, die den im Parlament manifestierten Willen der mächtigsten ökonomischen Gruppen als den der »Nation« zunächst ihren Mitgliedern, dann den potentiellen Wählergruppen aufoktroyieren, setzt ein antidemokratisches innerparteiliches Regime voraus, das durch den berüchtigten Sofortausschlußparagraphen 29. III des SPD-Status (von 1960), den erst der Nürnberger Kongreß unter dem Druck des 1967 verabschiedeten Parteiengesetzes eliminierte, symbolisiert wird. Die Umwandlung der Sozialdemokratie aus einer reformistischen Klassen- in eine liberale Volkspartei, die innerparteilich mit der Durchsetzung des Fraktionsverbots Hand in Hand ging (toleriert werden nur mehr regionale Differenzen, die sich nicht in einen Kampf um die Partei-Macht umsetzen), ist das innerorganisatorische Resultat einer gesamtgesellschaftlichen Tendenz, die zeitweilig zum Verschwinden einer radikalen Opposition überhaupt geführt hat.

Der kalte Krieg zwischen kommunistischem und kapitalistischem Block, die einander im Namen antagonistischer Produktionsweisen entgegentreten, führte zur Unterdrückung bzw. Gleichschaltung jeder blockinternen, radikalen Opposition. Da allein durch die Theorie-Praxis solcher Oppositionsströmun-

[1] Ossip K. Flechtheim, Die Institutionalisierung der Parteien in der Bundesrepublik. Zs. f. Politik, 9. Jg. (N. F.), Heft 2, 1962, S. 97–110.

gen die vom systemkonformen »Fortschritt« hintangehaltenen, verdrängten Entwicklungsmöglichkeiten beider Gesellschaftssysteme realisiert werden können, führt die Mobilisierung beider Lager gegen den je äußeren Feind zur Konservierung und Festigung anachronistischer Herrschaftsstrukturen. Vermöge der scheinhaften Internationalisierung sozialer Interessengegensätze wird die bessere Möglichkeit des je »eigenen« Gesellschaftssystems (maskiert als »schlechtere«) auf den äußeren Feind projiziert und mit allen zu Gebote stehenden Mitteln bekämpft: So erscheint »dem Osten« die »westliche«, relative Freiheit von Person, Meinung und Lebensstil ebenso als das Böse wie »dem Westen« die »östlich« realisierte Verstaatlichung der Produktionsmittel. Diese internationale Nachkriegskonstellation erzwang die Herstellung eines affirmativen Bewußtseins auch und gerade in den zu Verfassungsorganen erhobenen politischen Parteien, speziell in den traditionell oppositionellen. Parteiverbot, 5-Prozent-Klausel, Praktiken staatlicher Parteienfinanzierung, innerparteiliche Manipulation der Führungsgruppen im Verein mit Ausschlußdrohungen oder wirklichen Parteiausschlüssen, die sich bald gegen Individuen, bald gegen Gruppen, parteinahe Verbände oder Untergliederungen der Organisation selber richteten, dienten als Instrumentarium, das es den Parteien heute ermöglicht, widerstandslos und arbeitsteilig-»pluralistisch« nur noch ein einziges, vorgeblich allen gemeinsames soziales Interesse politisch zu artikulieren: das der Verbesserung des status quo im Rahmen der einmal bestehenden Machtverhältnisse. Die wohldefinierten Grenzen dieses »Pluralismus« fallen mit denen des Spielfeldes zusammen, auf dem die längst totgesagte[2], wiederauferstandene bürgerlich-parlamentarische Demokratie – formalisiert zu einem System der gewaltfreien Austragung von Konflikten auf der Basis eines undiskutierbaren Kompromisses über den status quo – praktiziert werden kann. Strikt auf die politisch-staatliche Sphäre beschränkt, reicht sie ins Alltags- und Wirtschaftsleben der Bürger nicht hinüber. Zu vier Fünfteln befinden diese sich heute in der Lebenslage von eigentumslosen, darum abhängigen Arbeitnehmern, die von jeder Kontrolle über Ziele und Mittel ihrer Produktion ferngehalten werden. Das Herauskommen aus solcher Unmündigkeit und Ohnmacht wie aus der fortwährenden kollektiven Beschränktheit der Lebensverhältnisse (symbolisiert durch das Bildungsprivileg) läßt sich als das – politisch von den traditionellen Organisationen nicht mehr artikulierte – objektive Interesse der Bevölkerungsmehrheit aussprechen. Es ist identisch mit dem traditionellen Kampfziel der Arbeiterbewegung:

[2] Vgl. Arthur Rosenberg, Demokratie und Sozialismus. Zur politischen Geschichte der letzten 150 Jahre. Frankfurt (EVA) 1962, S. 302–308.

der Ausdehnung der ursprünglich vom Bürgertum (für das Bürgertum) durchgesetzten »demokratischen« Kontrolle über die politische Gewalt auf die Zentren der ökonomischen, letztlich der Quelle auch der politischen Macht. Die Herstellung kollektiver Kontrolle über die gesellschaftliche Produktion in einem der höchstentwickelten, gegenwärtig kapitalistisch verfaßten Länder, würde – zum ersten Mal in der Geschichte – die beschränkte Scheindemokratie des staatlichen Lebens zur realen werden lassen, auf Basis einer Überflußproduktion, die auf die Erzeugung von Destruktionsmitteln nicht länger mehr angewiesen ist; sie wäre gleichbedeutend mit dem Ende der feindlichen Koexistenz.

Die SPD hat auf dem Wege zur Volkspartei verschiedentlich unverdaulichen Ballast abgeworfen, so vor knapp einem Jahrzehnt ihren Studentenbund samt Sympathisanten. Solche »Ausbürgerung« beraubt im Regelfall die Ausgestoßenen sämtlicher politischer Wirkungsmöglichkeiten im Parteienstaat; die Bildung einer Konkurrenzorganisation mißlang in allen Fällen, allenfalls vermochten die Oppositionellen einen sektenhaften Zusammenhalt zu bewahren. »Der Verlust der Parteibürgerschaft ist gleichbedeutend mit der Einbuße jeder organisierten Aktionsbasis, mit politischer Einflußlosigkeit, regelmäßig mit dem Ausscheiden aus der aktiven politischen Laufbahn, nicht selten mit existenzbedrohenden beruflichen Nachteilen.«[3] Lediglich der ausgeschlossene Sozialistische Studentenbund vermochte – vielen Unkenrufen zum Trotz – nicht nur seine Existenz zu erhalten, sondern gewann in der zweiten Hälfte der sechziger Jahre zunehmend an Einfluß. Das ist in erster Linie aus den spezifischen Lebensbedingungen von Studentengruppen zu erklären. Aber der SDS profitierte auch vom Abflauen des kalten Krieges, vom Zerfall des stalinistischen Monolithen, von der Renaissance einer internationalen Solidarität unter denjenigen Gruppen, die in den »Metropolen« die Partei der Kolonialrevolution ergriffen. Seit 1965 ist dem SDS (im Zusammenhang mit der Protestbewegung gegen die US-Intervention in Vietnam und die Notstandsgesetzgebung) die politische Führung der (nicht stalinistisch orientierten) außerparlamentarischen Opposition zugefallen. Die SDS-Studenten sind die ersten gewesen, die in der zweiten Republik wieder ein radikal antikapitalistisches und zugleich antibürokratisches Programm verfochten haben. Seit den Tagen des Spartakusbundes hat in Deutschland vor ihnen niemand mehr die Losung »Alle Macht den Räten« propagiert. Damit sind die sozialistischen Studenten die einzige Gruppe, die gegenwärtig öffentlich für die Durchsetzung eines kollekti-

[3] Helmut Lenz und Christoph Sasse, Parteiausschluß und Demokratiegebot. Juristenzeitung, 17. Jg., Nr. 8, 19. 4. 1962, S. 233 u. 234.

ven Interesses eintreten, um dessentwillen die traditionellen Arbeiterorganisationen im vergangenen Jahrhundert gegründet worden sind – und das nach wie vor das objektive Interesse der Bevölkerungsmehrheit ist. Freilich hat diese auf der Basis der neokapitalistischen Hebung des Lebensstandards und unterm integrierenden Einfluß ihrer traditionellen Organisationen auf die Durchsetzung ihrer historischen Interessen gleichsam »verzichtet«. Ihr abfragbares Bewußtsein zeigt kaum Spuren von »Klassen«-Bewußtsein, das ja von jeher als ein nur »zurechenbares« verstanden wurde. So findet sich die außerparlamentarische Opposition in der Situation einer politischen Avantgarde ohne soziale Deckung: Die sozialen Gruppen, deren objektive Interessen sie erstmals wieder artikuliert, hören sie nicht und verstehen sie nicht. Dennoch sind die Forderungen der ApO weithin solche, die jene Massen, wären sie der eigenen Situation, des eigenen, langfristigen Interesses bewußt, selbst aussprechen und durchsetzen würden.

Konfliktgruppen gegenüber, die nicht auf dem Boden der kapitalistischen Republik (möglicherweise aber sehr wohl auf dem der Verfassung) stehen, werden demokratische Spielregeln nicht eingehalten. Der den demokratischen Regeln zugrunde liegende Kompromiß wird durch den Einsatz polizeilicher, ziviler und juristischer Gewalt gegen die radikale Opposition verteidigt. Die »linken« Gewerkschaften und Parteigliederungen, mit deren Eingreifen, mit deren praktischer Solidarität die neue studentische Linke zunächst durchaus gerechnet hatte, haben dieser Bekämpfung der studentischen Protagonisten von Arbeiterinteressen bisher quietistisch zugesehen und ihre Möglichkeiten, jenen wenigstens eine partielle soziale Deckung durch Mobilisierung von Teilen der Mitgliedschaft der großen Organisationen zu verschaffen, nicht genutzt. Das treibt die konsequenten Gruppen der ApO zu immer verzweifelteren Attacken und prägt der Protestbewegung den Stempel des Ultralinken auf. Umgekehrt erscheinen von dort aus gesehen die traditionellen Massenorganisationen als »die eine reaktionäre Masse«. Die linksradikalen Intellektuellen vergessen darüber, daß einmal etablierte (Arbeiter-) Massenorganisationen selbst dann noch auf die Loyalität ihrer Hunderttausende und Millionen Mitglieder zählen können, wenn sie längst nicht mehr deren historische Interessen wahrnehmen. Parteien und Gewerkschaften sterben nicht daran, daß sie von oppositionellen Intellektuellen für tot erklärt werden. Immerhin hat es eines Weltkrieges bedurft, um aus der alten Sozialdemokratie eine halbwegs lebensfähige Konkurrenzpartei herauszubrechen. Die soziale Klasse, die der eigentliche Adressat der ApO-Politik ist, hat bis zur Stunde nur *eine* politische Organisation: die traditionelle. Deren Programm und deren

praktische Politik besagen etwas über den Stand des sozialen Bewußtseins der Mitgliedschaft, nichts aber über den Grad ihrer Loyalität. Und es ist derjenige Teil der arbeitenden Bevölkerung, der überhaupt Rudimente von politischem Interesse und »Engagement« sich bewahrt hat, der die — wesentlich passive — Massen-Mitgliedschaft der großen, traditionellen Organisationen ausmacht. Die ApO versucht, von außen her, durch die Wände der Organisationen hindurch die Aufmerksamkeit der Organisierten zu erregen, ihnen durch symbolische Aktionen Beispiele zu geben, Modelle vergessener und verdrängter Spontaneität vorzustellen. Ihr Mißtrauen gegenüber auch (und gerade) den kritischen Elementen, die nach wie vor auf dem Boden der großen alten Organisationen stehen, wächst.
Dies Mißtrauen kann nur dann entkräftet werden, wenn die Linken innerhalb von Partei und Gewerkschaften sich im Innern der etablierten Organisationen und in der Öffentlichkeit als Sympathisanten der ApO bekennen und sie so gut wie möglich verteidigen. Will man die ApO vor der eskalierten Polizeigewalt und dem angedrehten »Volks«-Zorn bewahren, fürchtet man, daß sie sich in eine ultralinke Sackgasse verrennt, dann muß man daran arbeiten, ihr in den traditionellen Organisationen der Arbeiterbewegung eine politisch-soziale Rückendeckung zu verschaffen, eine Brücke herzustellen zwischen den Hunderten und Tausenden von gutwilligen und kritischen Basis-Mitgliedern der großen Organisationen und den isolierten, avantgardistischen Vortrupps der ApO. Das aktuelle politische Problem läßt sich nicht lösen durch eine Integration der ApO in die alten Organisationen — sie ist zum Glück nicht integrierbar. Ebensowenig läßt es sich lösen durch ein Hinwerfen des Mitgliedsbuchs und den Übertritt einzelner, kritisch gesonnener Mitglieder der alten Organisationen zur ApO — dazu besteht zum Glück kein großer Anreiz. Wer daran festhält, daß die Ziele der ApO berechtigt sind, daß sie mit den objektiven Interessen der Mehrheit der Mitglieder der traditionellen Organisationen konvergieren, der muß daran arbeiten, gegen die integrativen Zwänge der bestehenden Organisationen, gegen die »Volksgemeinschaft« in der Volkspartei die Organisation *bestimmter* sozialer Interessen durchzusetzen.
Über das derzeitige Maß an innerparteilicher Demokratie darf es keine Illusion geben. Die Situation im Nachkriegsdeutschland hat alle von Robert Michels vor 60 Jahren geschilderten antidemokratischen Tendenzen zu voller Entfaltung gebracht. Unisono kommen die im letzten Jahrzehnt (meist im Zusammenhang mit dem verzögerten Parteiengesetz unternommenen) parteisoziologischen Studien[4] zu dem Resultat: »Unter den

[4] Vgl. vor allem U. Dübber (1962), U. Lohmar (1963), W. Abendroth (1965), U. Müller (1967).

gegenwärtigen organisatorischen Bedingungen ist eine politische Mitarbeit der Mitglieder in den Parteien nicht möglich«[5]; »der Einfluß der Mitglieder ist als sehr mäßig, wenn nicht ganz unbedeutend anzusehen . . .«[6]; »in den bürokratisierten Großparteien haben sich Autorität und Führungsanspruch der Parteileitungen in wachsendem Maße aus dem Kontrollzugriff der Mitgliedschaft freigesetzt. Die Mitwirkung der Parteibürger ist meist darauf beschränkt, internen Vorentscheidungen exklusiver Stäbe Beifall zu spenden . . .«[7] Und ebenso einmütig folgt daraus die praktische Empfehlung, durch verfassungsmäßige Normierung wenigstens die *Rechtsgrundlagen* zu schaffen für eine innerparteiliche Verschiebung der Macht von der Führungsgruppe auf die Basismitglieder, die freilich nur von den letzteren erkämpft werden kann. Obwohl erst Organisationen, deren plebiszitäre Komponente gegenüber der repräsentativen weit stärker zur Geltung käme, als es bei den bestehenden der Fall ist, als verfassungskonform gelten könnten[8], hat das neue Parteiengesetz keinerlei Auflagen gemacht, die in die traditionelle Struktur der Parteiorganisation eingriffen.

Alle Versuche, im Innern der SPD einen »Arbeitnehmerflügel« zu konstituieren, sind bisher kläglich gescheitert; die Abwehrmaßnahmen der Führungsgruppe, die loyale Denkhemmung der Mitglieder, die ein konsequentes Durchdenken des Problems hindert, die Programmlosigkeit der möglichen Interessenten, das falsche Bewußtsein über den Charakter der heutigen Sozialdemokratie haben einen solchen Schritt, der im Milieu einer Volkspartei absolut notwendig wird, noch immer verhindert. Sobald sich Parteien mit schichtspezifischer Anhängerschaft in Volksparteien umwandeln, sobald Parteien mit traditionell antagonistischen Programmen sich zu Kartellen zusammenschließen, ist die *Bildung von Fraktionen* die einzige Möglichkeit der Parteimitglieder, ihre Interessen in den eigenen Organisationen politisch zur Geltung zu bringen. »Selbst wenn das zuständige Repräsentativorgan der Partei über die einheitliche ›Linie‹ Beschluß gefaßt hat, gebührt dem Mitglied jederzeit das Recht, in der parteiinternen Auseinandersetzung durch Kritik und Propagieren abweichender Meinungen unter den Parteibürgern für eine andere Konzeption zu werben«.[9] Die Wahrnehmung dieser Rechte ist aber unter den heutigen parteiinternen Machtverhältnissen nur in organisierter Form möglich. Die Schaffung einer vorstandsun-

[5] So, stellvertretend für andere: Ute Müller, Die demokratische Willensbildung in den politischen Parteien. Mainz (Hase & Koehler) 1967, S. 69.
[6] A.a.O., S. 92.
[7] Lenz und Sasse, a.a.O., S. 233.
[8] Ute Müller, a.a.O., S. 121.
[9] Lenz und Sasse, a.a.O., S. 240.

abhängigen, fraktionellen Presse und die Durchsetzung einer proportionellen Besetzung der Führungsgremien (nach Fraktionen statt nach Regionen) sind dazu Mindestvoraussetzungen.[10] »Eine demokratische Massenpartei ist keine autoritär geführte Kaderformation, die nach außen als monolithischer Block auftritt und nach innen eine Quarantäne für innerparteiliche Opposition verhängen kann.«[11]

Eine solche organisationsinterne Politik setzt voraus, daß diejenigen, die sie realisieren wollen, sich freimachen vom Einheitskult, vom Gebot der nach außen geschlossenen Front, deren künstliche Aufrechterhaltung die Austragung längst fälliger parteiinterner Kontroversen verhindert; daß sie die »eigene« Organisation illusionslos als das erkennen, was sie wirklich ist; daß sie ihr gegenüber nicht die infantile Haltung blinder, bedingungsloser Loyalität einnehmen, in ihr weder eine »Heimat«, noch (was freilich bei Patronageparteien schwerfällt) den Garanten ihrer beruflichen Karriere suchen. Statt dessen müssen sie zur Partei in einem rationalen, kalkulierten Verhältnis stehen, wie es Erwachsenen in einer Interessenorganisation gemäß ist, und sich die Maxime zu eigen machen, daß das Ziel politischen Denkens und Handelns nicht die Konservierung bestehender Organisationen, sondern die Durchsetzung klar definierter sozialer Interessen ist. Organisationen sind dazu da, Verhältnisse herzustellen, unter denen sie überflüssig werden.

Gegenwärtig kommt es darauf an, jenen gesellschaftlichen Wandel zu befördern, der sich ohne unser Zutun nicht vollzieht, denn der soziale Fortschritt, der sich, der Logik der bestehenden Verhältnisse gemäß, wie von allein herstellt, droht uns zu verschlingen. Die außerparlamentarische Opposition hat das begriffen, ihre unschlüssigen Freunde in den traditionellen Arbeiterorganisationen noch nicht.

(11. 1. 1969)

[10] Ute Müller, a.a.O., S. 135 f.
[11] Lenz und Sasse, a.a.O., S. 240.

Psychoanalyse und Gesellschaft

Psychoanalyse und Marxismus[1]

Individuum und Gesellschaft stehen unversöhnt gegeneinander; darum lassen Psychologie und Soziologie sich nicht ohne weiteres integrieren. Die Hindernisse sind sachlicher, nicht methodischer Art. Die – marxistisch orientierte – Soziologie sagt die Wahrheit über Verhältnisse, unter denen es auf die einzelnen Menschen, ihre Bedürfnisse, ihr Leiden und ihr Bewußtsein noch nicht ankommt. Die Psychoanalyse sagt die Wahrheit über das menschliche Subjekt, das zum Objekt gemacht wird und sich dagegen sträubt. Die gegenseitige Fremdheit beider Theorien drückt den Bruch zwischen den handelnden Menschen und ihren kollektiv gebildeten Institutionen aus, die ihnen unvermittelt als übermächtige zweite Natur erscheinen müssen; er ist durch historische Praxis, nicht durch methodologische Kunstgriffe zu heilen.

In der Marxschen Theorie erscheinen die Klassen(-Individuen) als Personifizierungen »objektiv« vorgegebener Verhältnisse, die um der Erhaltung des Lebens willen (auf einem bestimmten Niveau von Arbeitsproduktivität, Natur-Erschlossenheit, – ohne Willen und adäquates Bewußtsein der Beteiligten) eingegangen werden mußten. Die revolutionäre Klasse ist Agent von (im seitherigen institutionellen Rahmen entwickelten) produktiven Kräften, die zu ihrer Entfaltung neuer gesellschaftlicher Einrichtungen bedürfen. Die Unfähigkeit des bestehenden sozialen Systems, ihr Leben zu sichern, Not, Elend und Verzweiflung treiben die unterdrückte Klasse zur Rebellion. Ihr Handeln ist Produkt von Notwendigkeit und doch schon ein Akt der Freiheit. Wie sie das zustande bringen, wie aus den ausgebeuteten »underdogs« von heute die »Himmelsstürmer« (Marx) von morgen werden, darüber schweigt die Theorie der Revolution. Ihr ungelöstes Problem ist das des »subjektiven Faktors« im Prozeß der Gesellschaftsveränderung. Erfahrungsbasis und Erkenntnischance der Psychoanalyse ist

[1] Vgl. zu dieser Skizze den II. Teil meiner »Studien über Freud und die Freudsche Linke«. In: Libido und Gesellschaft, Frankfurt (Suhrkamp) 1973. – Die wichtigsten Texte von Bernfeld, Reich, Fenichel und Fromm sind in folgenden Dokumentationen zugänglich: Bernfeld, Ausgew. Schriften, Bd. 1–3. Darmstadt (März) 1969/70; Sisyphos. Frankfurt (Suhrkamp) 1967. – Fromm, Analytische Sozialpsychologie und Gesellschaftstheorie. Frankfurt (Suhrkamp) 1970. – Fenichel, Psychoanalyse und Gesellschaft. Frankfurt (Roter Druckstock) 1972. – Gente, H.-P., (Hg.), Marxismus, Psychoanalyse, Sexpol, Bd. 1. Frankfurt (Fischer) 1970. – Sandkühler, H.-J., (Hg.), Psychoanalyse und Marxismus. Frankfurt (Suhrkamp) 1970.

die therapeutische Kur. In der Höhle, in deren Abgeschiedenheit Analytiker und Patient versuchen, die der Verdrängung verfallenen Knotenpunkte der Lebensgeschichte des Kranken anhand von Spuren detektivisch zu rekonstruieren, fallen nur Schatten jener sozialökonomischen und politischen »Tatbestände«, die die gesellschaftliche Wirklichkeit strukturieren. Infantile Traumen, die zu Störungen der psychosexuellen Entwicklung führen, und verschiedenartige Auswege aus der fatalen Ödipus-Konstellation gelten der Psychoanalyse als entscheidende Faktoren hinter den Fakten des Bewußtseins und der Erinnerung — als Triebkräfte hinter Symptomen und sozial prämierter Leistung. Der schwierige ontogenetische Weg zur Kultur aber ist transparent auf die ungeschriebene, frühe Geschichte der Menschengattung. Geschichte erscheint im Medium der Freudschen Theorie als immerwährende ontogenetische Reproduktion der Phylogenese, ihrer Katastrophen und Emanzipationen. Die Übertragung ist das Nachspiel der Tragödien auf der frühkindlich erlebten Familienbühne, und diese Tragödien selbst sind nur ontogenetische Abbilder der Menschheitstragödien.[2] Die individuelle Lebensgeschichte ist der der Gattung strukturell gleich; Freud lehrt die Konstanz von Mangel, Ungleichheit und Herrschaft — »daß wir von einer unendlich langen Generationsreihe von Mördern abstammen«[3]. Folgerichtig begreift die merkwürdige »Naturwissenschaft« Psychoanalyse ihr Forschungsobjekt, den psychischen Apparat und seine Instanzen, als verhärtete, strukturgewordene Niederschläge (nur langfristig varianter) sozialer Lebensbedingungen der Menschengattung. Die Therapie möchte automatisierte Anpassungsmechanismen, die das Leben der Patienten verarmen lassen, revidieren, indem sie Ichstärke fördert; dabei verstrickt sie sich in Aporien.[4] Einzig die Existenz einer sozialen Emanzipationsbewegung, deren Praxis und Theorie eine reale Alternative (Änderung der gesellschaftlichen Wirklichkeit) zu Anpassung (»Normalität«) und Anomie darstellt, kann die Analyse davor bewahren, ihre Patienten zu bloßer resignativer »Autoplastik« (Ferenczi) anzuhalten — sich in Psychotechnik zu erschöpfen.

Die Auseinandersetzung zwischen Freudscher Subjekt-Theorie

[2] Umgekehrt lassen sich — Freuds Lehre zufolge — die für die »Kultur« konstitutiven Ereignisse der Urgeschichte nur in Gestalt »wissenschaftlicher Mythen« aus dem Material genereller psychischer (Trieb-)Konflikte erschließen und auf die fernste (fortwährende) Vergangenheit projizieren.

[3] Freud, Zeitgemäßes über Krieg u. Tod (1915). GW, X, S. 350.

[4] Freud, Neue Folge der Vorlesungen zur Einführung in die Psychoanalyse (1933). GW, XV, S. 179.

[4] Vgl. W. Adorno, Freudian Theory and the Pattern of Fascist Propaganda, Psychoanalysis and the Social Sciences 3, 1951; ders., Zum Verhältnis von Soziologie u. Psychologie. In: Sociologica I (Festschrift M. Horkheimer), Frankfurt 1955. Beide Schriften auch in: Adorno, Ges. Schriften 8, hg. von R. Tiedemann. Frankfurt (Suhrkamp) 1972.

und Marxscher Theorie der sozialen Objektivität ist durch den sterilen Kampf zweier Orthodoxien verdeckt worden. Im Lichte des (sowjet-)marxistischen Monopolanspruchs auf Interpretation gesellschaftlicher Strukturen mußte die Freudsche Kulturtheorie als phantastische Irrlehre erscheinen.[5] Freuds Psychologismus hingegen fand in der Formel Ausdruck: »Streng genommen, gibt es ja nur zwei Wissenschaften, Psychologie, reine und angewandte, und Naturkunde.«[6]

Die Sterilität im Verhältnis von objektiv gerichteter und subjektiv gerichteter Theorie ist Produkt einer wechselseitigen, nur transzendent bleibenden Kritik (»Die Marxisten wollen durch bloße Beseitigung des Privateigentums [an Produktionsmitteln] ein konfliktfreies ›Paradies‹ auf Erden schaffen«; »Die Freudianer ›erklären‹ den Kapitalismus aus der Analerotik«). In solchen Debatten konnte sich ein Bewußtsein davon, daß beide Theorien Reflexionsformen einer historisch-spezifischen Konstellation von Individuum und Gesellschaft sind, die sich im Rahmen der bürgerlich-kapitalistischen Produktionsweise hergestellt hat, nicht ausbilden.[7] Die fehlende Einsicht, daß beiden Theorien ein gemeinsames geschichtliches Substrat, die bestimmt gestaltete Menschennatur, zugrunde liegt, machte es gleichzeitig unmöglich, den geschichtlichen Kern der (aus der Neurosentherapie erwachsenen) Freudschen allgemeinen Psychologie herauszuschälen. Das wirkliche Verhältnis der beiden Theorien zueinander läßt sich nur auf zwei Wegen bestimmen: Entweder wird ihre Erklärungskraft an bestimmten historischen Phänomen erprobt[8] oder immanente Kritik wird durch kategoriale Analyse der Bruchstellen und Drehpunkte habhaft, an denen Psychologie in Gesellschaftstheorie (Subjektives in Objektives) übergeht und vice versa.[9]

Der Kombinationsversuch von Psychoanalyse und historischem Materialismus, wie ihn – in den Jahren 1925 bis 1935 – eine Reihe von politisch engagierten Analytikern[10] vornahmen, war von vornherein durch bestimmte Verständnis-

[5] Hier bahnt sich allerdings – unter dem Eindruck der Arbeiten H. Marcuses (Triebstruktur u. Gesellschaft, Frankfurt 1965) – eine Revision an; vgl. z. B. I. S. Kon, der Positivismus in der Soziologie. Berlin 1968, S. 336 ff.

[6] Freud, Neue Folge der Vorlesungen zur Einführung in die Psychoanalyse (1933). GW, XV, S. 194.

[7] Vgl. P. Baran, Marxismus u. Psychoanalyse. In: ders., Unterdrückung u. Fortschritt. Frankfurt 1966, S. 71–98.

[8] Vgl. T. W. Adorno u. a., The Authoritarian Personality. N. Y. 1950; M. Horkheimer, Autorität u. Familie. In: ders., Kritische Theorie, Hg. A. Schmidt, I, Frankfurt 1969, S. 277–360; ders., Studien über Autorität u. Familie. Paris 1936; ders., Egoismus u. Freiheitsbewegung. In: ders., Kritische Theorie, II, S. 1–81; ders., Les Leçons du Fascisme. In: Tensions et Conflits, Hg. H. Cantril, Paris 1951, S. 201–233.

[9] Vgl. die in Anm. 5 aufgeführten Schriften Adornos.

[10] S. Bernfeld, Sozialismus u. Psychoanalyse. Der Sozialistische Arzt 2, 1926, Nr. 2–3, S. 15–33; W. Reich, Dialektischer Materialismus u. Psychoanalyse. Kopenhagen 1934[2]; E. Fromm, Politik u. Psychoanalyse. Die Psychoanalytische Bewegung 3, 1931, S. 440–447; ders., Zur Psychologie des Verbrechers und der

schranken borniert. Ihr gemeinsames Motiv war, durch theoretisches Erfassen der zwischen objektiver, sozialökonomischer »Lage« und praktisch-politischem Handeln wirksamen psychologischen »Zwischenglieder« die Unfähigkeit großer Kollektive, ihren eigenen Lebensinteressen gemäß zu handeln, die in der deutschen Geschichte (1914, 1918–1919, 1929 bis 1933) so drastisch hervortrat, verständlich (und überwindbar) zu machen. Wilhelm Reich war zweifellos der originellste Kopf dieser »Gruppe«, Siegfried Bernfeld der am wenigsten dogmatisch denkende. Am Beispiel der Reichschen Theorien lassen sich die Grenzen dieses Vermittlungsversuchs am ehesten aufzeigen: Das Monopol des (Sowjet-)Marxismus auf Erklärung gesellschaftlicher Strukturen wurde bedingungslos anerkannt. Gleichzeitig erfolgte eine Fetischisierung der »dialektischen Methode«, die, abgezogen von ihrem Gegenstand, als Garant wahrer Erkenntnis verstanden wurde. Die Psychoanalyse war demnach als Wissenschaft nur zu retten, wenn gezeigt werden konnte, daß sie psychische Prozesse als »dialektische« zu demonstrieren wußte, und wenn ferner ihr Erkenntnisanspruch von vornherein auf die Neurosentheorie und die Lehre vom psychischen Apparat eingeengt wurde.[11] Damit blieben dem offiziellen Marxismus Geschichte und Gesellschaft als Erkenntnisdomäne überlassen. Die Psychoanalyse wurde ihrer spekulativen Kulturtheorie beraubt und als Psychologie zur empirisch-analytischen, »ideologiefreien« Naturwissenschaft stilisiert (was übrigens dem dominanten Selbstverständnis ihres Schöpfers entsprach). Die Liquidierung der »biologischen« und »mythischen« (in Wahrheit geschichtsphilosophischen[12]) Dimension der Freudschen Theorie kam ihrer Enthistorisierung gleich, was freilich dem Programm der marxistischen Analytiker strikt zuwiderlief. Nachdem sie die in der Freudschen Theorie selbst gegebene, eigentümliche Vermittlung von Psychologie und Geschichte[13] um der Alleinherrschaft des wissenschaftlichen Sozialismus willen durchschnitten hatten, mußten sie sie durch die äußerlich bleibende Kombination zweier heterogener Theorien ersetzen. Im Bereich der Sozialwissenschaft waren die marxistischen Analytiker Autodidakten. Das tritt am deutlichsten in ihrem naturalistischen Mißverständnis der marxistischen Lehre von »Basis« und »Überbau« zutage, das Freuds Psychologismus

strafenden Gesellschaft. Imago 17, 1931, S. 226–251; ders., Über Methode u. Aufgabe einer analytischen Sozialpsychologie. Zeitschrift für Sozialforschung 1, 1932, S. 28–54; O. Fenichel, Über die Psychoanalyse als Keim einer zukünftigen dialektisch-materialistischen Psychologie. Zeitschrift für Politische Psychologie u. Sexualökonomie 1, 1934, S. 43–62; ders., Über Psychoanalyse, Krieg u. Frieden. Internationales Ärztliches Bulletin 2, 1935, Nr. 2–3, S. 30–40; Nr. 5–6, S. 76 f.

[11] Reich, Dialektischer Materialismus . . .

[12] Marcuse, s. Anm. 4.

[13] Vgl. Freuds kulturtheoretische Schriften, vor allem »Die Zukunft einer Illusion«, GW XIV, S. 323–380, Kap. I.

wider Willen reproduziert. »Basis« sind im historischen Materialismus nicht die Individuen, sondern die Produktionsverhältnisse, in die sie eingespannt sind, nicht der Organismus und seine Bedürfnisse, sondern das Klassenverhältnis, das die Familienkonstellation (und die Tradition) bestimmt, in deren Matrix die psychosexuelle Entwicklung der Individuen abläuft. Die psychischen Strukturen gehören ebenso wie die ideologischen und politischen zum »Überbau«.

Bei aller Begrenztheit zeitigte der Kombinationsversuch der marxistischen Analytiker doch einige bedeutsame theoretische Einsichten, an die man heute, vierzig Jahre später, anknüpfen kann: Das relative Gewicht psychologischer und sozialökonomischer Erklärungen wurde übereinstimmend folgendermaßen bestimmt: »Je mehr das geschichtliche Handeln von Menschen und Menschengruppen durch Erkenntnis motiviert ist, um so weniger braucht der Historiker auf psychologische Erklärungen zurückgreifen ... Je weniger das Handeln aber der Einsicht in die Wirklichkeit entspringt, ja dieser Einsicht widerspricht, um so mehr ist es notwendig, die irrationalen, zwangsmäßig die Menschen bestimmenden Mächte psychologisch aufzudecken ... Die Psychologie wird aus der Grundwissenschaft zur freilich unentbehrlichen Hilfswissenschaft der Geschichte.«[14] — Reich hat als erster Analytiker einen Anfang mit jener Historisierung der psychoanalytischen Kategorien (vor allem des Lust- und des Realitätsprinzips) gemacht, die später von Herbert Marcuse — mit theoretisch adäquateren Mitteln — durchgeführt worden ist: »Das Realitätsprinzip, wie wir es heute vor uns haben, (ist) das Prinzip der kapitalistischen bzw. privatwirtschaftlichen Gesellschaft ... Das Realitätsprinzip hatte früher andere Inhalte und wird sich in dem Maße wandeln, wie sich die Gesellschaftsordnung ändern wird.«[15] Siegfried Bernfeld hat — im Anschluß an Freuds Demonstrationsbeispiel für den »Einfluß der Ichentwicklung auf die ... Verursachung der Neurosen« (»Zu ebener Erde und im ersten Stock«)[16] — diese Historisierung analytischer Kategorien auf die Neurosenätiologie ausgedehnt und eine Differenzierung der allgemeinen Psychologie nach sozialer Klassenzugehörigkeit postuliert: »Bei gewissen Problemen ist es nötig, die Tatsachen des sozialen Ortes als einen dritten Faktor« (neben Konstitution und Kindheitsgeschichte) »der ätiologischen Ergänzungsreihe einzuschätzen«.[17] — Die heute ge-

[14] Horkheimer, Geschichte u. Psychologie. In: ders., Kritische Theorie, I, S. 20 und 18; Reich, Dialektischer Materialismus, S. 58 f.; Fenichel, Psychoanalyse als Keim, S. 50 und 59.

[15] Reich, Dialektischer Materialismus, S. 16 f.

[16] Freud, GW XI, S. 365 ff. (XXII. Vorlesung).

[17] Bernfeld, Die Tantalussituation. In: ders., Ausgewählte Schriften, Hg. L. v. Werder u. R. Wolff. Darmstadt 1969, II, S. 663; ders., Der soziale Ort u. seine Bedeutung für Neurose, Verwahrlosung u. Pädagogik, ebd., I, S. 198–211.

läufige Vorstellung, daß die Familie als Sozialisationsinstanz systemkonforme Charakterstrukturen ausbildet, ist zuerst von Fromm und Reich entwickelt worden: »Die Familie ist das Medium, durch das die Gesellschaft bzw. die Klasse die ihr entsprechende, für sie spezifische Struktur dem Kind und damit dem Erwachsenen aufprägt; die Familie ist die psychologische Agentur der Gesellschaft.«[18]
Die Fragestellungen und Lösungsvorschläge der marxistischen Analytiker sind gegenwärtig aufgehoben in Versuchen, den logischen Status der Freudschen Theorie näher zu bestimmen, sie als Geschichtsphilosophie zu interpretieren[19] oder als kritische Theorie[20] — jenseits des (dominanten) positivistischen Selbstverständnisses Freuds und vieler seiner Schüler — zu rekonstruieren.[21] Als systematische Erfahrungswissenschaft von den Funktionsweisen des epigenetisch sich entfaltenden »Reizbewältigungs-Apparates« und allgemeine Theorie der ätiologischen Faktoren neurotischer Erkrankungen trägt die Psychoanalyse den Namen einer Naturwissenschaft zu Recht. Ihr erkenntnisleitendes Interesse geht aber auf mehr als auf die Ermittlung psychologischer Gesetzmäßigkeiten, auf mehr als auf die Beistellung von »Herrschaftswissen« (im Sinne Max Schelers). Die Therapie besteht in der sukzessiven Aufhebung der entscheidenden »Anfangsbedingungen« jener psychologischen (Natur-)Gesetze, die die Beziehungen zwischen (verdrängt gehaltenen) Motiven und (der Ichkontrolle entglittenen) Symptomen beherrschen. Deren Wirkungskraft ist an die Voraussetzung gebunden, daß dem Patienten der (durch Deutungen rekonstruierbare, verstehbar zu machende) lebensgeschichtliche Zusammenhang zwischen Trauma und Symptom nicht bewußt werden kann. Werden die als (Krankheits-)»Ursachen« verkleideten Motive dem Patienten affektiv und kognitiv wieder erfahrbar, erlischt das Symptom. Kritische Theorie geht darauf aus, scheinbare Naturgegebenheiten (der Psyche wie der Gesellschaft) als bloße Verdinglichung durchschaubar zu machen und Menschen dazu anzuleiten, durch Reflexion und politische Praxis sich vom Bann ihrer selbstgeschaffenen (psychischen und sozialen) Institutionen zu befreien. Die reale Vermittlung von Individuum und Gesellschaft zu Bewußtsein zu bringen, die habitualisierten Modi

[18] Fromm, Methode; ders., Die gesellschaftliche Bedingtheit der psychoanalytischen Therapie. Zeitschrift für Sozialforschung 4, 1935, S. 365–396; vgl. Reich, Dialektischer Materialismus, S. 22; ders., Charakteranalyse. Berlin 1933, S. 12–16.
[19] Marcuse, s. Anm. 4.
[20] Horkheimer, Traditionelle u. Kritische Theorie. In: ders., Kritische Theorie, II, S. 137–200.
[21] J. Habermas, Erkenntnis u. Interesse. Frankfurt 1968; U. Sonnemann, Negative Anthropologie. Hamburg 1969; ders., Hegel u. Freud, Psyche 24, 1970, S. 208–218.

der Erfahrung und Verdrängung kritisch zu hintergehen, um aus der endlosen Wiederholung der Frühgeschichte der Gattung (als Mord-Geschichte) ausbrechen zu können: Das ist das Ziel, um dessentwillen die Psychoanalyse als kritisch-komplementäre Hilfswissenschaft der materialistischen Gesellschaftstheorie beispringt.

(18. 6. 1969)

Psychologie und gesellschaftliche Wirklichkeit bei Otto Fenichel

»In der gegenwärtigen Epoche hat die Herrschaft der sachlichen Verhältnisse über die Individuen . . . ihre schärfste und universellste Form erhalten und damit den existierenden Individuen eine ganz bestimmte Aufgabe gestellt. Sie hat ihnen die Aufgabe gestellt, an die Stelle der Herrschaft der Verhältnisse und der Zufälligkeit über die Individuen die Herrschaft der Individuen über die Zufälligkeit und die Verhältnisse zu setzen.«

Marx/Engels, Die deutsche Ideologie[1]

Otto Fenichel (1898—1946) ist der Klassiker der zweiten psycho-analytischen Generation.[2] Die Emigration führte ihn nach der Machtergreifung der Nazis über Oslo und Prag in die Vereinigten Staaten. Im Unterschied zu Wilhelm Reich ist er noch immer nicht heimgekehrt. Seine Beiträge zur Klärung des Verhältnisses von Psychoanalyse und Soziologie sind in den dreißiger Jahren in heute kaum zugänglichen Zeitschriften erschienen und in den Collected Papers nur zum Teil enthalten.

Fenichels Publikationen ist es zu danken, daß die psychoanalytisch relevanten Arbeiten Wilhelm Reichs (bis 1935) heute wie selbstverständlich zum Bestand der psychoanalytischen Literatur gerechnet werden. Seit 1930 hat er Reichs Arbeiten regelmäßig in den großen psychoanalytischen Zeitschriften vorgestellt und ihn in seinen großen Synthesen der psychoanalytischen Neurosenforschung als Autorität zu Wort kommen lassen. Fenichel wiederum hat bei Reich »marxistische Soziologie« gelernt (soweit Reich selbst auf diesem Gebiet kompetent war).

Reich hatte 1928 in Wien für seine sexualpolitische Arbeit außerhalb der Psychoanalytischen Vereinigung die »Sozialistische Gesellschaft für Sexualberatung und Sexualforschung« gegründet, zu der die Wiener Psychoanalytiker Annie Angel, Edmund Bergler, Annie Reich und wohl auch Richard Sterba gehörten; in Berlin waren Edith Jacobson, Käthe Misch, Fenichel und andere assoziiert.[3] Im November 1930 siedelte Reich nach Berlin über, wo sich rasch ein Kreis von interessierten Psychoanalytikern um ihn bildete.

[1] Kritik der neuesten deutschen Philosophie in ihren Repräsentanten Feuerbach, B. Bauer und Stirner, und des deutschen Sozialismus in seinen verschiedenen Propheten. (1845/46) Marx-Engels-Werke, Bd. 3. Berlin (Dietz) 1959, S. 424.
[2] Vgl. Fenichels Darstellungen der psychoanalytischen Neurosentheorie: Hysterien und Zwangsneurosen (Psychoanalytische spezielle Neurosenlehre I). Wien 1931. Reprint Darmstadt (Wissenschaftliche Buchgesellschaft) 1967.
Perversionen, Psychosen, Charakterstörungen (Psa. spezielle Neurosenlehre II), a.a.O.
The Psychoanalytic Theory of Neurosis. New York (Norton) 1945.
[3] M. Higgins und Ch. M. Raphael, Hg., Reich Speaks of Freud. New York (Farrar, Straus and Giroux) 1967, S. 79.

Die Berliner Psychoanalytiker »waren in sozialen Angelegenheiten weitaus fortschrittlicher als die Wiener. Die psychoanalytische Jugend atmete hier freier. Meine Orgasmustheorie[4] fand mehr Verständnis. Die marxistische Soziologie wurde kaum sehr systematisch diskutiert. Unter den Psychoanalytikern galt nur Erich Fromm als marxistischer Soziologe. Er publizierte damals seine Analyse des Christus-Dogmas[5] — ein äußerst wichtiges Buch, das aber weder mit sexualökonomischen Fragen noch mit der zeitgenössischen Soziologie in Zusammenhang stand ... In meiner Wohnung in der Schwäbischen Straße trug ich meine Hauptthesen in Gegenwart dreier junger Analytiker vor, wobei ich auf die Integrationsweise der psychoanalytischen Theorie in die marxistische Soziologie besonderen Nachdruck legte: Erich Fromm, Otto Fenichel und Barbara Lantos waren anwesend. Mit Fenichel ... diskutierte ich oft über die psychologischen Grundfaktoren der sozialen Bewegung. Er gehörte keiner Partei an, hatte wenig soziologische Literatur gelesen und sich weder an Straßendemonstrationen noch an praktischer Sozialarbeit beteiligt ... Er ... akzeptierte meine Kritik der Psychoanalyse ...«[6]

Reich merkt an dieser Stelle noch kritisch an, Fenichel habe eine Abneigung gegen praktische Sozialarbeit gehabt und ebensowenig wie Siegfried Bernfeld, »der gelegentlich an unseren Diskussionen teilnahm«, Verständnis für Reichs »Funktionalismus« (seine Version von Naturdialektik) aufbringen können.

Nach dem von der KPD verfügten Ende seiner sexualpolitisch-organisatorischen Arbeit im Deutschen Reichsverband für Proletarische Sexualpolitik (1931—Ende 1932), die er zunächst mit Parteiunterstützung hatte durchführen können, der Machtergreifung der Nazis und Reichs Rückkehr nach Wien wurde klar, daß die Psychoanalytische Vereinigung, die sich durch seine spektakulären Aktivitäten kompromittiert fühlte (sich aber gleichzeitig weigerte, seine Theorien wissenschaftlich zu diskutieren und zu kritisieren), ihn nicht mehr unterstützte, sondern ihn zu isolieren trachtete. Gleichzeitig (im Februar[?] 1933) schloß ihn die Kommunistische Partei aus. In Wien isoliert und in Kopenhagen nicht geduldet, ließ Reich sich in Malmö nieder und regte von dort aus die Bildung einer »Marxistischen Opposition« innerhalb der Internationalen

[4] Vgl. Reich, Die Funktion des Orgasmus. Zur Psychopathologie und zur Soziologie des Geschlechtslebens. Leipzig 1927. Reprint Amsterdam (de Munter) 1965.
[5] Fromm, Die Entwicklung des Christusdogmas. Eine psychoanalytische Studie zur sozialpsychologischen Funktion der Religion. (1930) Wiederabdruck in Fromm, Das Christusdogma und andere Essays. München (Szczesny) 1965.
[6] Reich, People in Trouble (1927—1937). Rangeley/Maine (Orgone Institute Press) 1953, S. 101 f. (Meine Übers., H. D.)

Psychoanalytischen Vereinigung (IPV) an[7], deren Organ die »Zeitschrift für Politische Psychologie und Sexualökonomie« werden sollte, die 1934 zu erscheinen begann. Die organisatorische Leitung übernahm zunächst Otto Fenichel in Berlin, der durch geheime »Rundbriefe« den Kontakt zwischen den »dialektisch-materialistischen Psychoanalytikern« aufrecht erhielt. Die Geschichte dieser inneranalytischen »Marxistischen Opposition« skizziert Reich in seiner 1937 geschriebenen (politischen) Autobiographie »People in Trouble«[8]; einige Dokumente dazu (Briefe an Fenichel und die »Marxistische Opposition«) finden sich im Anhang zu dem 1967 veröffentlichten ausführlichen Interview, das Reich 1952 Kurt R. Eissler gab.[9] Nach kurzer Zeit kam es zu einem Zerwürfnis und zum Bruch zwischen Reich und Fenichel. Reich warf Fenichel vor, den »Fraktionskampf« in unernster, kindischer Manier zu führen. Die Existenz der Fraktion könne nicht »geheim« bleiben, bis man »genügend« Einfluß in der IPV errungen habe. Eine Fraktion könne nicht ohne verbindliche theoretische Plattform existieren – Reichs Orgasmuslehre und Charakteranalyse, Sexualökonomie und -politik. Fenichels Weigerung, eine klare wissenschaftliche Plattform für die »Opposition« zu fixieren, hänge mit seiner Furcht vor Risiken zusammen. Er wolle einen Ausschluß aus der IPV um jeden Preis vermeiden und nehme in den sachlich kontroversen Fragen eine gemäßigte, vermittelnde Haltung ein.[10] Freud selbst könne nicht von der fälligen Auseinandersetzung verschont bleiben: »Die wissenschaftlichen Sünden von Roheim, Laforgue, Jones, Klein, Deutsch usw. haben mehr oder weniger ihre Wurzeln in Freud ... ›Freud gegen Freud‹ ist das Hauptthema unserer Kritik.«[11] Reichs Losung war: Mit Freud, dem Naturwissenschaftler, gegen Freud, den Konservativen; für die Orgasmuslehre, gegen die Todestriebtheorie.[12]

Beim Ausschluß Reichs aus der IPV während des Psychoanalytischen Kongresses in Luzern (August 1934) verhielt sich Fenichel, Reich zufolge, passiv. Reich fühlte sich von Fenichel verraten[13] und bezeichnete ihn sogar als »Usurpator«[14].

[7] Vgl. Reich, Speaks of Freud, a.a.O., S. 182.

[8] A.a.O., Kap. VIII.

[9] Reich, Speaks of Freud, a.a.O., S. 176–201.

[10] A.a.O., S. 185 und 187.

[11] Brief an Fenichel v. 23. 6. 1934; a.a.O., S. 179. Vgl. hierzu auch Reichs Stellungnahme zu Fenichels Glover-Kritik (Fenichel: Über Psychoanalyse, Krieg und Frieden, 1935) in der Zeitschrift für Politische Psychologie und Sexualökonomie, 1935, S. 190–192 (veröff. unter dem Pseudonym Roner).

[12] Vgl. seinen Brief vom 16. 12. 1934 an oppositionelle Psychoanalytiker. Reich, Speaks of Freud, a.a.O., S. 197 ff.

[13] A.a.O., S. 200 f.

[14] »Fenichel usurped my findings ...« (People in Trouble, a.a.O., S. 186). »Otto Fenichel abandoned Wilhelm Reich's troubled ship in 1934« (ebd., S. 175). Im Eissler-Interview figuriert Fenichel neben Sandor Rado (dem Erfinder) als Verbreiter des Gerüchts über eine schizophrene Erkrankung Reichs (vgl. Reich, Speaks of Freud, a.a.O., S. 230–238).

Wichtiger aber als die Motive, die er Fenichel unterstellt, war vermutlich dessen vorsichtige Skepsis gegenüber dem Dogmatismus, mit dem Reich nun seine (revisionistischen) Thesen zu vertreten begann. Sie läßt sich an Fenichels selektiver Rezeption der Reichschen Auffassungen ablesen. Sein Interesse war, neue Funde und Einsichten Reichs aufzunehmen und mit dem Korpus psychoanalytischer Theorien zu verschmelzen, ohne sich mit Reichs Antithesen zu identifizieren.[15]

Fenichel teilt mit Reich die Auffassung der Psychoanalyse als einer anti-ideologischen *Naturwissenschaft* und sieht in der »Naturwissenschaftlichkeit« ihres Vorgehens ihre wesentliche Gemeinsamkeit mit dem Marxismus. Ganz im Sinne eines positivistisch mißverstandenen Marxismus formuliert er in seinem programmatischen, in die Collected Papers[16] nicht aufgenommenen Vortrag »Über die Psychoanalyse als Keim einer zukünftigen dialektisch-materialistischen Psychologie«[17]: »Die Naturwissenschaften ... beschreiben und erklären die wirklichen Phänomene ... ›Wirklich‹ ist, was in unserer Erfahrungswelt gegeben ist ... Das Psychische ist wirklich, denn es ist der inneren Wahrnehmung unmittelbar gegeben ... ›Physische Welt‹ und ›psychische Welt‹ ... — beide sind Natur und müssen mit denselben naturwissenschaftlichen Arbeitsweisen untersucht werden ...« Diese Deklaration wirft mehr Fragen auf als sie beantwortet. Fenichel nutzt die Widersprüchlichkeit seiner Ausgangsbestimmungen, um im Fortgang der Argumentation nach und nach Korrekturen einzuführen, die das Bild wieder einigermaßen zurechtrücken. Die Psychoanalyse sieht er als Keim einer künftigen Psychologie, »die die ganze komplexe Natur der wirklichen Erlebnisfülle, wie sie bisher wissenschaftlicher Erfassung nicht zugänglich war, sondern nur von Dichtern intuitiv geschildert wurde, naturwissenschaftlich angeht und schließlich zu einer psychologischen Prognostik und Technik *(Menschenbeeinflussung)* strebt, deren Sicherheit der physischen Prognostik und Technik nicht nachsteht« (S. 232). Dieser Traum von einer der Biologie eingegliederten, perfektionierten Psychotechnik — der »Naturwissenschaft von der menschlichen Seele« (S. 248) — steht in äußerstem Gegensatz zur psychoanalytischen The-

[15] »Fenichel never wanted to commit himself unequivocally to my scientific platform. He did not want to be just one of the ›Reich group‹ . . .« (Reich Speaks of Freud, a.a.O., S. 196).
Zur Beurteilung der Differenzen zwischen Reich und Freud vgl. meine Studie: Wilhelm Reich. Seine Stellung zu Freud und Marx. Psyche, *26*. Jg. 1972, S. 208 bis 247; auch in H.-P. Gente, Hg., Marxismus, Psychoanalyse, Sexpol 2 (Aktuelle Diskussion). Frankfurt (Fischer) 1972, S. 80—115.

[16] The Collected Papers of Otto Fenichel. 2 Bde. New York (Norton) 1953 und 1954.

[17] Zeitschrift für Politische Psychologie und Sexualökonomie, Jg. I, Kopenhagen (Sexpol) 1934, S. 43—62. Der Aufsatz wird hier nach dem Wiederabdruck in H.-P. Gente, Hg., Marxismus, Psychoanalyse, Sexpol 1, Frankfurt (Fischer) 1970, S. 229 bis 249, zitiert.

rapie, selbstverständlich auch zu der von Fenichel praktizierten, wovon seine Arbeiten zu Fragen der psychoanalytischen »Technik« Zeugnis ablegen.[18] Hier aber eliminiert er die entscheidende Differenz, die die Psychoanalyse als einziges nichtdirektives Verfahren von den autoritären Psychotherapien trennt, um ihre Vereinbarkeit mit einem positivistisch aufgefaßten Marxismus zu erweisen. Im Widerspruch zu dem naiven Realismus, den er den Naturwissenschaften imputiert (›wirklich ist, was unmittelbar gegeben ist‹), formuliert er als weitere »Gemeinsamkeit zwischen Psychoanalyse und Marxismus«: »Beide sind *entlarvende* Wissenschaften, d. h. sie sind mißtrauisch gegenüber dem, was offen in Erscheinung tritt, und suchen es als Resultante verborgener Kräfte zu erkennen« (S. 239). »Allerdings das, was als wahre verborgene Ursache erkannt wird, ist etwas Grundverschiedenes. Hier die Produktionsverhältnisse und die durch sie geschaffenen Klassengegensätze und Klassenkämpfe; dort das ›Unbewußte‹, d. h. die primitiven biologischen Bedürfnisse und ihre durch die Einflußnahme der Außenwelt entstandenen Gegenkräfte« (ebd.).

Die Identifizierung von Psychoanalyse und Marxismus im Zeichen der Naturwissenschaftlichkeit (und, in zweiter Linie: im Zeichen der »Entlarvung«, also der Ideologiekritik) läßt bei Fenichel freilich Raum für eine strikt an der einmal etablierten Arbeitsteilung orientierten Abgrenzung von (psychoanalytischer) Psychologie und (marxistischer) Soziologie. So heißt es von den Faktoren hinter den Fakten, denen die beiden »Naturwissenschaften« nachspüren, sie seien »grundverschieden«: das Unbewußte und die Produktionsverhältnisse. Diese Abgrenzung ist der Ausgangspunkt aller Überlegungen Fenichels zum Verhältnis von Psychoanalyse und Soziologie. Wo immer dieses Verhältnis konkret gefaßt wird, erweist sich die schematische Demarkation als Simplifikation, werden Bruchstellen und Drehpunkte der gegeneinander verriegelten Theorien sichtbar, an denen Psychologie in Gesellschaftstheorie (Subjektives in Objektivität) übergeht und vice versa — auch in den einschlägigen Arbeiten Fenichels. Seine methodologische Grundvoraussetzung erweist sich als Schranke seiner sozialpsychologischen Untersuchungen. »Über die Psychoanalyse als Keim ...« scheint ein Einführungsvortrag vor sozialistischen Arbeitern gewesen zu sein. Das reduktionistische Schema aber, das ihm zugrunde liegt, kehrt auch in anderen Veröffentlichungen wieder. Letztlich sollen die psychischen Phänomene sich auf das Widerspiel von Umwelteinwirkungen und reizbarer lebender Substanz zurückführen las-

[18] Vgl. Fenichel, Problems of Psychoanalytic Technique, New York (The Psychoanalytic Quarterly) 1941, und Aufsätze zu Fragen der »Technik«.

sen.[19] Fenichel sieht nicht, daß seine Reduktion der gesellschaftlichen Subjekt-Objekt-Beziehung auf dies einfache (biologische) Schema die widersprüchliche Verschränkung von individueller Psychologie und gesellschaftlicher Objektivität zerschneidet. Daß das biologische Schema Organismus-Außenwelt in der Anschauung des psychologischen Naturwissenschaftlers das, worum es ihm eigentlich geht — die Verschränkung von Individuum und Gesellschaft — verdrängt, hat seinen Grund in deren historisch-spezifischer Gestalt. Die suggestive Kraft des Schemas rührt davon her, daß es die Stellung der Individuen des bürgerlichen Zeitalters zur gesellschaftlichen Objektivität so, wie sie ihnen unmittelbar erscheint, widerspiegelt. Die Verfassung der Subjekte wie die der gesellschaftlichen Objektivität hängt von der jeweiligen Produktionsweise ab; im kapitalistischen Zeitalter stehen vereinzelte Individuen den Produkten der kollektiven Arbeit, in deren Eigendynamik ihr gesellschaftliches Verhältnis zum Ausdruck kommt — der »ungeheuren Warensammlung«, deren Bewegung sie schicksalhaft beherrscht, wie einer zweiten Natur gegenüber. Fenichels psychoanalytische Psychologie kennt Gesellschaft (und deren kritische Theorie) zunächst nur als »Umwelt«[20], nicht aber als ihr eigenes Substrat: Jene unter bestimmten Produktionsverhältnissen ausgebildete krisenhafte Verfassung der Menschen des bürgerlichen Zeitalters, die die psychoanalytische Theorie kritisch-therapeutisch reflektiert. Fenichel stilisiert die Psychoanalyse zu einer nomothetischen Naturwissenschaft von der menschlichen Seele. Der Schein der Naturwissenschaftlichkeit verbirgt ihm den sozialwissenschaftlichen Charakter seiner Disziplin. Fritz Sternbergs Frage, »Wieso ist denn die Psychoanalyse erst im 19. Jahrhundert entdeckt worden?«[21] bleibt auch bei Fenichel unbeantwortet, obwohl er alle Materialien zur richtigen Antwort in Händen hält.

Ein Jahrzehnt nach dem Aufsatz »Über die Psychoanalyse als Keim ...« ist Fenichel zu einer differenzierteren Einschätzung des wissenschaftlichen Status der Psychoanalyse gelangt. In dem Einleitungskapitel zu seiner großen Neurosen-Theorie[22]

[19] Wir bemühen uns »in der Psychoanalyse, ohne Wertungen — wie in der Naturwissenschaft — die Gesetzmäßigkeiten des menschlichen Seelenlebens zu erforschen, die Art und Weise, wie letzten Endes biologische Triebstrukturen durch den Einfluß der Außenwelt verändert werden ...« (Fenichel, Über Erziehungsmittel. Zeitschrift für psychoanalytische Pädagogik, IX. Jg. 1935, S. 117.)

[20] In The Psychoanalytic Theory of Neurosis, a.a.O., S. 6 f, heißt es, die Psychoanalyse erforsche die Geschichte des Individuums und den Einfluß sozialer Kräfte, denen es unterworfen war. Hingegen sei es Aufgabe der Soziologie, Genesis und Funktion dieser sozialen Kräfte selbst zu studieren.

[21] Fritz Sternberg, Marxismus und Verdrängung (1932); wieder abgedruckt in H.-P. Gente, Hg., Marxismus, Psychoanalyse, Sexpol 1, a.a.O., S. 121.

[22] The Psychoanalytic Theory ..., a.a.O., S. 3—10. Dieses Kapitel ist weitgehend identisch mit dem Aufsatz Some Remarks on Freud's Place in the History of Science, Collected Papers, Bd. 2, a.a.O., S. 362—366.

schreibt er: Freud erschloß die Sphäre der Psychologie *naturwissenschaftlichem Denken* und verwarf zugleich naturwissenschaftlich bewährte Verfahrensweisen, die *diesem* Objektbereich inadäquat sind. »Die Anwendung der allgemeinen Prinzipien der Naturwissenschaft auf dem Gebiet der Psychologie setzt natürlich die Entwicklung neuer Forschungs*methoden* voraus, die dem Gegenstand adäquat sind. Der Versuch, im psychischen Bereich das kausale und quantitative Denken nicht zuzulassen ... vereitelt wirkliche Einsicht in gleichem Maße wie jene Pseudoexaktheit, die darauf besteht, die biologischen Methoden des Experiments und des wissenschaftlichen Protokolls auf ein Feld zu übertragen, wo diese Methoden ungeeignet sind ...«[23] Die grundsätzliche Separierung von Psyche und »Außenwelt«, die mit einer ebenso eindeutigen Abgrenzung der Kompetenzen zwischen Psychologen und Soziologen Hand in Hand geht[24], hält dort nicht stand, wo es sich um psychoanalytische Kategorien handelt, die eben die wechselseitige Durchdringung von Subjekt und Objektivität bezeichnen: Über-Ich und Charakter. »In seiner (des Über-Ichs) Gestalt spiegeln sich ... nicht nur die einzelnen Erzieherpersönlichkeiten, sondern über sie hinaus die ganze Sozietät mit ihren Forderungen. Freud hat die Zusammenhänge des Über-Ichs mit den tiefsten biologischen phylogenetischen Schichten nachgewiesen. Noch aber ist die *soziologische* Bedingtheit des Über-Ichs, die Tatsache, daß in ihm sozusagen der gesellschaftliche intrapsychische Faktor vorliegt, weder deskriptiv noch in seinen Konsequenzen genügend gewürdigt. Uns schiene eine solche Würdigung die einzige Grundlage für die Erörterung der Grenzprobleme von Soziologie und Psychoanalyse.«[25] Die beiden Darstellungen der psychoanalytischen Lehre von den Charakterstörungen[26] enthalten Fenichels Sozialpsychologie. Nicht nur die Objekte der Triebe, heißt es hier, sondern »die Triebstruktur selbst, vor allem die Verteilung der Libido auf Genitalität und Prägenitalität hängt von sozialen Faktoren ab«.[27]

[23] The Psychoanalytic Theory ..., a.a.O., S. 7. (Meine Übers., H. D.)
[24] So bemerkt Fenichel in seiner Einleitung zur Speziellen Neurosenlehre (I): »Wir können sogar beobachten, wie gegenwärtig die Neurosenbilder sich ändern, offenbar parallel zu Änderungen in der Gesellschafts- und Moralstruktur ... Hier ist die Stelle, wo der Psychologe seine Inkompetenz eingestehen und zugeben muß, daß die Neurosenätiologie keine rein individuell-medizinische Angelegenheit ist, sondern einer soziologischen Ergänzung bedarf: Wie könnte etwa der Ödipuskomplex voll verständlich werden ohne Berücksichtigung von Geschichte und Funktion der Familie?« (Hysterien und Zwangsneurosen, a.a.O., S. 9). Entsprechend in The Psychoanalytic Theory ..., S. 586.
[25] Fenichel, Perversionen, Psychosen, Charakterstörungen, a.a.O., Kap. V, S. 179 f.
[26] A.a.O., S. 135–196, und The Psychoanalytic Theory ..., a.a.O., Kap. XX, S. 463–540.
[27] The Psychoanalytic Theory ..., S. 488. »Die Triebbedürfnisse sind das Rohmaterial, das der Formung durch soziale Einflüsse unterliegt; eine psychoanalytische Sozialpsychologie hat die Details dieser Prägung zu untersuchen« (ebd., S. 588).

Die Kompetenzenteilung zwischen Psychologie und Soziologie hat Fenichel nur einmal resolut durchbrochen: in seiner Polemik gegen Edward Glovers Buch über »Krieg, Sadismus und Pazifismus«[28]. Um die schlechte Allgemeinheit der psychologischen Rede von »Kriegen überhaupt«, die allesamt auf die unausrottbare Aggressivität der Individuen zurückgeführt werden, kritisieren zu können, arbeitet Fenichel hier mit dem Begriff von *Zwängen*, die aus objektiven sozialen Situationen resultieren, gleichgültig, wie die Psychologie der unter ihrem Druck agierenden Menschen beschaffen sein mag. Er skizziert die Funktionsweise der Warenwirtschaft, die steigende Akkumulation des Kapitals und den Übergang der liberalen Marktwirtschaft in die Ära des Monopolkapitalismus und Imperialismus (S. 33 ff.). Sein Hauptvorwurf gegen den – hier durch Glover repräsentierten – psychoanalytischen Psychologismus besagt, daß Glover »auch auf dem Gebiete des rein Psychoanalytischen den Einfluß der realen Außenwelt ebenso unterschätzt wie die Existenz der Wirklichkeit bei der Beurteilung gesellschaftlicher Vorgänge ... Alles, was an psychologischen Fakten im Kriege vorkommen kann, hält er für die Ursachen der Kriege ... Die Wirklichkeit gibt es einfach nicht mehr« (S. 39 und 38). Und er nennt an dieser Stelle – die im biologisierend-psychoanalytischen Sprachgebrauch sonst übliche Identifizierung von erster und zweiter Natur negierend – den für die Formation/Deformation menschlicher Individuen entscheidenden Repräsentanten der »Um-« oder »Außenwelt«: »die gesellschaftlichen Institutionen *als* äußere Realität« (S. 35; von mir hervorgehoben, H. D.). Internationale Konflikte sind »objektive Folge der immanenten Widersprüche unserer Produktionsweise, nicht psychologische Folge der Habgier der einzelnen Kapitalisten« (S. 34). Die Realität, die Fenichel hier gegen Glover verteidigt, ist die der »Eigengesetzlichkeit der ... einmal geschaffenen Produktionsbeziehungen« (S. 33). Im Zusammenhang der Lehre von den Charakterstörungen tauchen diese »Verhältnisse zwischen den Individuen, die ihnen gegenüber zu relativ unabhängigen äußeren Realitäten geworden sind«, – taucht der Kerngedanke der Marxschen (kritischen) Theorie der bürgerlichen Gesellschaft auch in Fenichels Neurosentheorie wieder auf.[29] Das historische Substrat der Charakterstörungen (wie der Psychoanalyse) wird hier freilich – zehn Jahre später, auf amerikanischem Boden – sehr viel vager als 1935, in Prag, zu Beginn der Emigration, umschrieben: »Unsere gegenwärtige instabile Gesellschaft scheint charakterisiert durch Konflikte zwischen Idealen der indivi-

[28] Fenichel, »Über Psychoanalyse, Krieg und Frieden«. Internationales Ärztliches Bulletin. Zentralorgan der Internationalen Vereinigung sozialistischer Ärzte. II. Jg., Prag 1935. Nr. 2/3, S. 30–40; Nr. 5/6, S. 76 f.
[29] The Psychoanalytic Theory ..., a.a.O., S. 488.

duellen Unabhängigkeit (wie sie während des Aufstiegs des Kapitalismus entstanden und noch wirksam sind) und regressiven Wünschen nach passiver Abhängigkeit ...« (S. 464) Auf S. 587 heißt es ergänzend: Die individuelle Autonomie war ein Resultat des sich entfaltenden Kapitalismus. Das Verschwinden des freien Wettbewerbs machte neuerlich autoritäre Herrschafts- und Lebensformen notwendig. Die allgemeine Existenzunsicherheit läßt die Unternehmungen der vereinzelten Individuen als hoffnungslos erscheinen. Der Konflikt der (Erziehungs- und Ich-) Ideale produziert die modernen Charakterstörungen, bei denen sich »Symptom« und »Person« nicht mehr voneinander trennen lassen.

Fenichels Kampf gegen den psychoanalytischen Psychologismus ist sein bedeutendster Beitrag zur psychoanalytischen Sozialpsychologie.[30] Solange die 1934 von den »marxistischen Psychoanalytikern« geforderte Reform der psychoanalytischen Ausbildung — »Gründliches Training der adäquaten Anwendung der Psychoanalyse in der Soziologie; Vermittlung der Grundelemente des Marxismus ...«[31] — nicht verwirklicht ist, lebt der Psychologismus fort, — bleibt Fenichels Kritik aktuell.

(12. 3. 1972)

[30] Vgl. dazu vor allem die folgenden Arbeiten von Fenichel: Psychoanalyse der Politik. Eine Kritik. Die Psychoanalytische Bewegung, IV. Jg., Wien 1932, S. 255 bis 268.
Über Erziehungsmittel (1935). A.a.O., S. 117–126.
Über Psychoanalyse, Krieg und Frieden (1935), a.a.O.
The Drive to amass wealth (1934, 1938). Collected Papers, Bd. 2 (Nr. 7), S. 89–108.
Rezension von Karen Horneys New Ways in Psychoanalysis (1939). The Psychoanalytic Quarterly, 1940, S. 114–121.
Psychoanalytic Remarks on Fromm's Book Escape from Freedom (1944). Collected Papers, Bd. 2 (Nr. 19), S. 260–277.
Elements of a Psychoanalytic Theory of Anti-Semitism (1946). Collected Papers, Bd. 2 (Nr. 25), S. 335–348.

[31] Reichs Brief an Fenichel vom 26. 3. 1934. Reich Speaks of Freud, a.a.O., S. 182.

Psychoanalytische Religionskritik — Freud und Jones

Das Problem der Religion steht — ähnlich wie bei Emile Durkheim und Max Weber — im Zentrum von Freuds Beiträgen zur Gesellschaftstheorie (oder Geschichtsphilosophie), die er unter dem Namen einer Theorie der »Kultur« vorgelegt hat. In Übereinstimmung mit der aufklärerisch-atheistischen Tradition versteht Freud die religiösen »Illusionen« als Reaktionsbildungen auf die gattungsspezifische Erfahrung der doppelten Ohnmacht gegenüber der (außer- wie innermenschlichen) ersten und der (in Unfreiheit selbsterzeugten) zweiten Natur, in der der Schrecken der ersten »mit potenzierter Wut«[1] wiederkehrt. »Die Götter behalten ihre dreifache Aufgabe, die Schrecken der Natur zu bannen, mit der Grausamkeit des Schicksals, besonders wie es sich im Tode zeigt, zu versöhnen und für die Leiden und Entbehrungen zu entschädigen, die dem Menschen durch das kulturelle Zusammenleben auferlegt werden.«[2]

»Der Mensch macht die Religion ...« — die Götter sind Projektionen, Wunschbilder von Menschen, an denen unter den sozialen Lebensverhältnissen, in die sie eingespannt sind, so wenig Göttliches ist, daß sie die eigenen, unterdrückten Potenzen, die den Himmlischen Glanz und Leben verleihen — daß sie sich selbst in ihren übermenschlichen Idealen nicht wiedererkennen.[3] Die Religion »ist die *phantastische Verwirklichung* des menschlichen Wesens, weil das *menschliche Wesen* keine wahre Wirklichkeit besitzt«[4]. Dies war die Einsicht der Feuerbach-Marxschen Religionskritik.

Freud, der Psychologe, erkannte im Mechanismus der »Identifizierung«, die den Untergang des Ödipuskomplexes besiegelt,

[1] Friedrich Engels, Herrn Eugen Dührings Umwälzung der Wissenschaft (1878). Marx-Engels-Werke, Bd. 20 (Berlin 1962), S. 255.

[2] Sigmund Freud, Die Zukunft einer Illusion. GW XIV, S. 339.

[3] ». . . Insofern alles Große und Starke vom Menschen als *übermenschlich*, als *fremd* konzipiert wurde, verkleinerte sich der Mensch — er legte die zwei Seiten, eine sehr erbärmliche und schwache und eine sehr starke und erstaunliche in zwei Sphären auseinander, hieß die erste ›Mensch‹, die zweite ›Gott‹ . . . Die Religion hat den Begriff ›Mensch‹ erniedrigt; ihre extreme Konsequenz ist, daß alles Gute, Große, Wahre übermenschlich ist und nur durch eine Gnade geschenkt . . .« (Friedrich Nietzsche, Rudimentäre Psychologie des religiösen Menschen. Aus dem Nachlaß der achtziger Jahre. In: Werke in drei Bänden, hg. v. K. Schlechta, München 1962. Bd. III, S. 747f.).

[4] Karl Marx, Zur Kritik der Hegelschen Rechtsphilosophie. Einleitung (1844). MEW, Bd. 1, S. 378 und 379.

das ontogenetische Analogon jener Selbstentfremdung und Vergötzung, die Feuerbach anthropologisch, Marx soziologisch abgeleitet hatte. »Das vom Inzestverlangen beherrschte Verhältnis zu den Eltern« erklärt er für den »Kernkomplex der Neurose«.[5] Der erzwungene Verzicht auf die Befriedigung der frühesten, intensivsten Begierden markiert den (ontogenetisch nur reproduzierten) Übergang von Animalität zu »Kultur«. Die Kraft der gebrochenen Begierde reicht aber dazu hin, sich der verbotenen ersten Objekte von Liebe und Haß, die in der (Familien-)Realität aufgegeben werden müssen, auf dem Wege symbolischer Einverleibung dennoch zu bemächtigen. Ein Teil des Ichs zieht in narzißtischer Regression die aufgelassenen Objektbeziehungen an sich, modifiziert sich mimetisch zum Ich-»Ideal«. Das Kind, das die Eltern nicht wirklich besitzen kann, versetzt sie in den Olymp seines sich bildenden Gewissens.[6] Kann es das Objekt nicht lieben, so bleibt nur, sich selbst zu lieben, dem Objekt sich ähnlich zu machen. So entsteht die Überich-Instanz aus Niederschlägen aufgegebener Objektbesetzungen. Das Ideal-Ich geht aus der Sublimierung ältester Triebwünsche hervor, daher rührt seine lebenslang unbewußt wirkende, moralisch regulierende Kraft; es ist das Urbild einer Kompromißbildung aus realem Verzicht und kompensatorischer Ersatzbefriedigung (durch »Autoplastik«). Freud geht von der Annahme einer »Massenpsyche« aus, »in welcher sich die seelischen Vorgänge vollziehen wie im Seelenleben eines einzelnen«.[7] Umgekehrt ist ihm die Ontogenese nur eine Neuauflage der Phylogenese. Die individuelle Biographie reproduziert die wesentlichen Bildungsstufen, Krisen, Reaktionsbildungen und kompensatorischen Institute der Menschengattung. Individuelle Abwehrmechanismen und Sublimierungen und »kollektive Bildungen«, tradierte »Kulturideale«, überdecken einander. Reichen die gesellschaftlichen Wahnsysteme und Ersatzbefriedigungen zur Regulierung der individuellen Libido-Ökonomie nicht aus, so entstehen »Privatreligionen« (Neurosen). »Man kann sich des Eindruckes nicht erwehren, daß hier Kranke in *asozialer* Weise doch dieselben Versuche zur Lösung ihrer Konflikte und Beschwichtigung ihrer drängenden Bedürfnisse unternehmen, die *Dichtung, Religion* und *Philosophie* heißen, wenn sie in einer für eine Mehrzahl verbindlichen Weise ausgeführt werden.«[8] Freuds Analogieschlußverfahren führte ihn von der Beobach-

[5] S. Freud, Totem und Tabu. GW IX, S. 24.
[6] »Ich habe bloß – dies ist das einzig Neue an meiner Darstellung – der Kritik meiner großen Vorgänger etwas psychologische Begründung hinzugefügt«, vermerkt Freud bescheiden über seine Stellung in der materialistischen Tradition (Die Zukunft einer Illusion, S. 358).
[7] Totem und Tabu, S. 189.
[8] S. Freud, Vorrede zu Problemen der Religionspsychologie v. Th. Reik. GW XII, S. 327.

tung der »Übereinstimmungen« bei »Zwangshandlungen und Religionsübungen« zu solchen »im Seelenleben der Wilden und der Neurotiker«, wie der Untertitel von »Totem und Tabu« lautet. Es gelang ihm, indem er psychoanalytische Symptomdeutungen wie Codewörter in den sonst rätselhaften Kontext der totemistischen Institutionen der australischen Ureinwohner einsetzte, den Totemkult als kollektive Verarbeitungsform des (Ur-)Vatermords verständlich zu machen und mit dem Inzesttabu, der zweiten großen Institution dieser Stämme, in sinnvollen Zusammenhang zu bringen.

Den »wissenschaftlichen Mythos« von der Urhorde – dem Urvater, dem Brüderaufstand mit Vatermord und Vaterfraß, und vom daraus resultierenden Schuldgefühl, das zum »nachträglichen Gehorsam« treibt und dadurch die Kulturentwicklung (als fortschreitenden Triebverzicht) in Gang bringt – gewinnt Freud (unter Verwendung ethnologischer und kulturgeschichtlicher Materialien und Theorien) durch Projektion von Kindheitskonflikten auf den dunklen Horizont der menschlichen Frühgeschichte. Der in Hordengeschichten zerlegte, prähistorisch aufgeschlüsselte Ödipusmythos dient ihm als Gleichnis, das – ähnlich dem Hegelschen von Herr und Knecht – die entscheidenden (stets wieder reproduzierten) Wendungen der Menschheitsgeschichte veranschaulicht. »Unterzieht man das prähistorische und ethnologische Material ... einer psychoanalytischen Bearbeitung, so stellt sich ein unerwartet präzises Ergebnis heraus: daß Gottvater dereinst leibhaftig auf Erden gewandelt und als Häuptling der Urmenschenhorde seine Herrschermacht gebraucht hat, bis ihn seine Söhne im Vereine erschlugen. Ferner, daß durch die Wirkung dieser befreienden Untat und in der Reaktion auf dieselbe die ersten sozialen Bindungen entstanden, die grundlegenden moralischen Beschränkungen und die älteste Form einer Religion, des Totemismus. Daß aber auch die späteren Religionen von demselben Inhalt erfüllt und bemüht sind, einerseits die Spuren jenes Verbrechens zu verwischen oder es zu sühnen, indem sie andere Lösungen für den Kampf zwischen Vater und Söhnen einsetzen, anderseits aber nicht umhin können, die Beseitigung des Vaters von neuem zu wiederholen. Dabei läßt sich auch im Mythus der Nachhall jenes, die ganze Menschheitsentwicklung riesengroß überschattenden Ereignisses erkennen.«[9]

In »Die Zukunft einer Illusion« (1927) stellt Freud seine psychologische Religionskritik in einen historisch-materialistischen Rahmen. Er entfaltet die Dialektik von Naturbeherrschung und innergesellschaftlicher Unterdrückung und zeigt, daß es die Hauptfunktion der Religion in auf Ungleichheit

[9] A.a.O., S. 328.

und Herrschaft basierenden Klassengesellschaften ist, sozial verbindliche und psychologisch wirksame illusionäre Kompensationen beizustellen, die für die von den Klassenindividuen erpreßten Verzichtleistungen entschädigen. Die »Identifizierung der Unterdrückten mit der sie beherrschenden und ausbeutenden Klasse« im Namen des gemeinsamen »Kulturideals«, Ersatzbefriedigungen, die die Kunst für die ältesten Kulturverzichte bereitstellt, und — als »bedeutsamstes Stück« — die religiösen Illusionen bilden das »psychische Inventar« der Kultur. Freud plädiert für die Ablösung der »Kulturvorschriften« von religiösen Legitimationen, die durch den Fortschritt des realitätsmächtigen wissenschaftlichen Denkens unterhöhlt werden, für eine rationale Begründung sozial zugemuteter Entbehrungen, die lediglich auf den jeweils erreichten Grad von Naturbeherrschung verweisen soll. »Die uns gestellte Aufgabe der Versöhnung der Menschen mit der Kultur wird auf diesem Wege weitgehend gelöst werden.«[10]
Der in diesem Satz ausgedrückte aufklärerische Optimismus ist von Freud wenig später schon widerrufen worden. An Sandor Ferenczi schrieb er über das soeben abgeschlossene Buch: »Jetzt kommt es mir bereits kindisch vor; im Grunde denke ich anders. Analytisch halte ich es für schwach und als Selbstbekenntnis unpassend.«[11] Tatsächlich setzt die proklamierte Rationalisierung der Triebverzichte die Existenz einer solidarischen Gesellschaft schon voraus, soll die neue Wahrheit nicht trostlos sein.[12] Heute ist zwar die von der Religion gebotene Welterklärung dem Fortschritt der instrumentellen Vernunft erlegen, doch als Trost und Verheißung behalten die Glaubenssysteme ihre alte Bedeutung für die seelische Ökonomie der unfrei vergesellschafteten Individuen. »Der Gedanke, daß die Gebete der Verfolgten in höchster Not, daß die der Unschuldigen, die ohne Aufklärung ihrer Sache sterben müssen, daß die letzten Hoffnungen auf eine übermenschliche Instanz kein Ziel erreichen und daß die Nacht, die kein menschliches Licht erhellt, auch von keinem göttlichen durchdrungen wird, ist ungeheuerlich.«[13] Daß Menschen sich finden, die vor solcher Ungeheuerlichkeit nicht zu neuen Illusionen flüchten, sondern all ihre Kraft daran wenden, wenigstens das sozial bedingte Leiden abzuschaffen, ist Bedingung der Möglichkeit eines Ausbrechens aus der noch immer währenden Vor-

[10] Die Zukunft einer Illusion, S. 368.
[11] Brief Freuds vom 23. 10. 1927, zit. nach Ernest Jones, Das Leben und Werk von S. Freud, Bd. III, Bern 1962, S. 168.
[12] »Bis jetzt sind die Irrtümer die *trostreichen* Mächte gewesen: Nun erwartet man von den erkannten Wahrheiten dieselbe Wirkung und wartet ein wenig lange schon. Wie, wenn die Wahrheiten gerade dies — zu trösten — nicht zu leisten vermöchten?«, schreibt Nietzsche (Morgenröte. Gedanken über die moralischen Vorurteile [1881], Aphorismus 424. Werke I, S. 1220).
[13] Max Horkheimer, Zu Theodor Haeckers ›Der Christ und die Geschichte‹ (1936). In: Kritische Theorie, Frankfurt 1968. Bd. I, S. 372.

geschichte unserer Gattung. Freud selbst hat, zwei Jahre nach »Die Zukunft einer Illusion«, die Frage nach der Möglichkeit einer »Versöhnung der Menschen mit der Kultur« nur mehr mythologisch[14] sich zu beantworten getraut: Wenn nicht »Eros« eine Anstrengung machen werde, um sich zu behaupten, könne die Kulturentwicklung an der »konstitutionelle(n) Neigung der Menschen zur Aggression gegeneinander« scheitern.[15]

Ernest Jones' frühe Studien zur Religionspsychologie[16] gehören – neben den bekannteren Arbeiten Freuds[17], Theodor Reiks[18] und Erich Fromms[19] – zu den bedeutenden Stükken der psychoanalytischen Religionskritik. Freilich stehen sie nicht auf dem geschichtsphilosophischen Niveau von »Die Zukunft einer Illusion«. (Sie sind im übrigen alle vor dem Erscheinen jener Freudschen Arbeit geschrieben worden.) Freuds Theorie der psychosexuellen Entwicklung erwuchs aus Dutzenden und Hunderten von Versuchen, in der psychoanalytischen Kur – mit Hilfe von durch freie Assoziation zutage gefördertem unbewußten Material – vom Bewußtsein unterschlagene Krisen- und Wendepunkte von Biographien zu rekonstruieren. Sie ist nichts anderes als ein aus Fallgeschichten auskristallisiertes allgemeines Gerüst von Lebensgeschichten. Jones setzt nicht nur die Geltung dieser Freudschen Psychologie voraus, sondern bedient sich auch unbefangen des von Freud entwickelten problematischen[20] Verfahrens, die unbewußten Phantasien und Abwehrmechanismen von Neurosepatienten, die »kollektiven Bildungen« von Kunst und Religion der europäischen Tradition, Mythen aller Zeiten und Völker, Institutionen »primitiver« Völker und die rekonstruierten Begebenheiten der menschlichen Frühgeschichte als ebensoviele Spezifikationen der *einen* Bildungsgeschichte der Menschengattung aufzufassen und dementsprechend Informations- und Verständnislücken in einer dieser Sphären durch

[14] »Die Trieblehre ist sozusagen unsere Mythologie. Die Triebe sind mythische Wesen, großartig in ihrer Unbestimmtheit.« Neue Folge der Vorlesungen zur Einführung in die Psychoanalyse (1932), GW XV, S. 101 (32. Vorl.).

[15] Das Unbehagen in der Kultur (1930), GW XIV, S. 503 und 506.

[16] Zur Psychoanalyse der christlichen Religion. Leipzig-Wien-Zürich (Internationaler Psychoanalytischer Verlag) 1928. (Bd. XII der »Imago-Bücher«.) Neuaufl. Frankfurt (Suhrkamp) 1970. Die Arbeiten dieses Bandes wurden in den Jahren 1913, 1914, 1922 und 1926 geschrieben. Der 2. Band von Jones' Essays in Applied Psycho-Analysis (London 1951) enthält darüber hinaus die religionspsychologischen Aufsätze »Psycho-Analysis and the Christian religion« (1930) und »The Significance of Christmas« (1931).

[17] Zwangshandlungen und Religionsübungen (1907), im Bd. VII der Gesammelten Werke; Totem und Tabu (1912/13), GW IX; Vorrede zu Problemen der Religionspsychologie von Th. Reik (1919), in GW XIV; Der Mann Moses und die monotheistische Religion (1937/39), in GW XVI.

[18] Probleme der Religionspsychologie. Erster Teil: Das Ritual. Wien 1919; Der eigene und der fremde Gott. Wien 1920; Neuaufl. Frankfurt (Suhrkamp) 1972.

[19] Die Entwicklung des Christusdogmas (1930), in: Das Christusdogma und andere Essays. München 1965.

[20] Vgl. dazu Freud, Das Unbehagen . . ., S. 504 f.

Konjekturen aus dem besser bekannten Material anderer zu schließen. »Ich hoffe, daß die vorliegende Mitteilung die Schlußfolgerungen Freuds durch ein auf gleichen Linien laufendes Studium bestätigen wird«, schreibt er in seiner Studie über den Heiligen Geist (S. 130).

Der Titel des Bandes wirft bereits ein Problem auf. Die psychoanalytische Deutung von Symptombildungen ist bekanntlich auf die Übertragungsleistungen des Patienten angewiesen, will sie den biographischen Sinn ichfremder psychosomatischer Produktionen entschlüsseln. Der Patient Christenheit läßt sich aber auf keine »talking cure« (Anna O.) ein. Freilich ist seine Entwicklungsgeschichte gut dokumentiert. Doch die Deutungen des Analytikers, der hier als psychologischer Kulturhistoriker auftritt, sind durch keine Patientenreaktionen kontrolliert und müssen durch lauter Analogien aus anderen psychokulturellen Sphären gestützt werden. Nicht der Patient, sondern die (allgemeine) Neurose »christliche Religion« wird einer Psychoanalyse unterworfen.

Der erste Beitrag, ein Vortrag über »Religionspsychologie« vor einem Psychologenkongreß, ist populär gehalten. Jones bittet Hörer (und Leser), »aus der primitiven Form der vorgebrachten Behauptungen nicht auf ihr Wesen zu schließen« (S. 14). Immerhin entschädigt er für diesen Mangel durch eine Formel, die die psychoanalytische Religionstheorie auf den Nenner bringt, das religiöse Leben sei »eine ins Kosmische projizierte Darstellung der Gefühle, der Angst und der Sehnsucht ..., die aus der Beziehung des Kindes zu seinen Eltern entstehen« (S. 12).

Die Studie über den »Gottmensch-Komplex«, das zweite Stück des Bandes, gehört zur literarischen Form des charakterologischen Essays, die in der psychoanalytischen Schriftstellerei im gleichen Maße kultiviert worden ist wie die Fall- oder Detektivgeschichte. Das Verhalten der »Gottmenschen« erklärt Jones aus ihrer unbewußten Phantasie, »in der sie ihre eigene Persönlichkeit mit derjenigen Gottes identifizieren« (S. 16). Der »aus einem Dutzend auf dieses Problem bezüglicher Analysen« (S. 36) destillierte Idealtypus steht ebenbürtig in der Reihe der von Freud, Abraham und anderen fixierten Charaktertypen aus der analytischen Arbeit und regt wie der »orale« oder »anale« die Frage an, ob hinter der psychoneurotischen Maske sich nicht ein Sozialcharakter verbirgt, der dem Historiker der bürgerlichen Gesellschaft etwas zu sagen hat. Wie alle auffällig gewordenen Charaktere unterscheiden sich die »Gottmenschen« (deren »kolossaler Narzißmus« durch ebenso starke Reaktionsbildungen niedergehalten wird) von den »Normalen« durch »Übertreibungen«, denen die soziale Deckung entzogen wurde, so daß sie als individuelle Anomalien in Erscheinung treten müssen. Jones' narzißtische Typen sind demnach gefallene Größen, depotenzierte Bürger, die Lebensformen, wie sie »Adeligen, Königen und Päpsten und sogar bedeutenden Kaufleuten« zugestanden wurden, inmitten der herrschenden »Öffentlichkeit des amerikanischen Privatlebens« (S. 23) durch Aufrichtung künstlicher Distanzen, hochstaplerischer Unzugänglichkeit und Geheimnistuerei aufrechtzuerhalten suchen. Sie beanspruchen Allwissenheit und dulden andere Götter weder neben (daher ihr Atheismus) noch über sich (daher ihre Autoritätsintoleranz). Die sozial nicht mehr fundierte Autonomie wird im Sexuellen als Autoerotik durchgehalten. Ungesellig, ja »asozial«, halten die »Gottmenschen« in »großartiger Isoliertheit« an »eigener« Zeit und eigener Sprache, Handschrift usw. fest. »Im allgemeinen verletzt nichts einen solchen Menschen mehr als die Zumutung, daß er einem anderen gleiche ...« (S. 23 f.) So halten Angehörige der alten großen Eigentümerklasse, die aus dem Äquivalententausch (dessen Prinzip doch eben die Negation aller individuellen Qualitäten ist) ihren Vorteil zog, noch bei ihrem Sturz in den sozialen Maelström zähe am erworbenen Anspruch auf Unverwechselbarkeit fest. Auch die Marotte der »Gottmenschen« ist Index eines allgemeinen Schicksals; sie möchten schrullig retten, was so nicht zu retten ist. Wer sich in seinem Unbewußten mit Gott selbst identifiziert, hebt die im kollektiven Unbewußten vollzogene (religiöse) Projektion dramatisierter Abhängigkeitskonflikte mit privaten Mitteln auf. Wäre er ein großer Herr, wie der »Tabukönig«, den Jones zum Vergleich anführt, so würde seine »Göttlichkeit« wegen des Gefälles sozialer Macht respektiert. So aber gilt: »Solche Leute bereiten im täglichen Leben, sogar im geschäftlichen ... alle erdenklichen Schwierigkeiten« (— nicht nur ihrem »Gesehenwerden«, wie Jones schreibt [S. 20]). Ihr uneinlösbarer Anspruch wird zum Leiden, für sie selbst und ihre Umgebung. Und nun heilt der Arzt den Versuch, Entfremdung auf eigene Faust rückgängig zu machen.

Die Ergebnisse seiner subtilen Dechiffrierung des in der literarischen Tradition wie in der bildenden Kunst überlieferten christlichen Mythos von der Empfängnis der Jungfrau Maria durch das Ohr (S. 37—128) hat Jones in der »Studie über den Heiligen Geist« weiter verarbeitet. Hier geht es ihm darum, die spezifisch christliche »mythische Tendenz« (S. 132) aus ihren Resultaten, dem christlichen Dogma (und der Geschichte seiner Umbildungen), zu erschließen. Ausgangspunkt ist die Lehre von der Trinität, die in Abweichung von anderen »ins Kosmische projizierten« Familienkonflikten neben Vater und Sohn keine Muttergottheit, sondern die merkwürdige Ersatzbildung des Heiligen Geistes kennt. In blasphemischer Konzentration auf den »erotischen Ursprung«, das erotische Thema der Religion arbeitet Jones heraus, daß in der Heiligen Schrift die Mutter durch den Heiligen Geist verdrängt ist, dieser aber zugleich den Vater als Erzeuger relativiert, da er in Gestalt von »Wort« und »Segen« dort erscheint, wo wir »logischerweise« (S. 133) Phallus und Samen erwarten würden.[21] Der Heilige Geist ist weder Weib noch Mann, vielmehr ein »androgyner Kompromiß« (S. 138). In männlicher Funktion erscheint er in Gestalt der Taube, »einem der weibischsten phallischen Symbole« (S. 136). Das »hermaphroditische Ideal« charakterisiert die spezifisch christliche Lösung des Ödipuskonflikts: Die versucherische Muttergottheit wurde durch »Zerlegung« (in die nur menschliche Maria, die außerhalb der Trinität steht, und den Heiligen Geist, der zugleich den Vater in den Hintergrund drängt) neutralisiert. Verdrängung der Mutter und Verstärkung der erotischen Bindung an den Vater, demütige Unterwerfung des Sohnes statt Auflehnung und Überwindung des Vaters wurden zum christlichen Ethos. Jones erklärt den »enormen zivilisierenden Einfluß des Christentums« aus der Tendenz zur Selbstkastration und aus der durch Versagung verstärkten Homosexualität der Anhänger der Religion der Liebe. »Denn das Zivilisieren des primitiven Menschen bedeutet im wesentlichen das Meistern des Ödipuskomplexes und das Verwandeln eines großen Teiles davon in sublimierte Homosexualität . . . ohne welche keine soziale Gemeinschaft bestehen kann« (S. 139). Er zeigt, daß es in der Geschichte des Christentums an Revisionsversuchen der einmal erreichten Lösung des Konflikts nicht gefehlt hat, auch nachdem der melchitische Versuch, die Dreieinigkeit von Vater, *Mutter* und Messias zu verteidigen, vom Nizäischen Konzil abgewiesen worden war. »Das menschliche Bedürfnis für die Mutterverehrung war zu stark, so daß man sie wieder einsetzen mußte . . . Diese Tendenz führte in der katholischen Kirche zum Siege und ist noch nicht vollendet . . .« (S. 142 und 143)

Das Licht, das von solchen Analysen auf »die innere Natur der psychologischen Revolution . . ., die sich in der Entwicklung vom Judaismus zum Christentum zeigt« (S. 131), sowie auf die Geschichte des Christentums selbst fällt, erhellt freilich nur »Tendenzen des Mythus«. Die Kritik, die Erich Fromm im Zusammenhang seiner eigenen Analyse der »Entwicklung des Christusdogmas« gegen Theodor Reik vorgebracht hat[22], trifft auch die Versuche von Jones. Das hypothetisch unterstellte Subjekt »Christenheit« verstellt beiden Autoren die sozial-

[21] »Denn hier war das Ohr die Gattin und das Wort des Engels der Gatte«, heißt es bei St. Eleutherius (Jones, S. 133).
[22] Fromm, a.a.O., S. 81–89.

historische Aussicht auf die in der europäischen Geschichte unter verschiedenen christlichen Ideologien miteinander kämpfenden sozialen Gruppen, Stände und Klassen, deren Siege, Niederlagen und Kompromisse die Richtung der »mythischen Tendenz« in Wahrheit bestimmt haben. Jones' analytische Religionspsychologie hält sich noch im Rahmen bloßer geistesgeschichtlicher Interpretation (auf neuer psychologischer Grundlage). Das detektivische Verfahren aber, das seine Deutungen ermöglicht, ist im Kampf gegen private und öffentliche Institutionen der Unmündigkeit entwickelt worden. Im Unterschied zu anderen Weisen der Traditionsaneignung hat die psychoanalytische Deutung für ihren Gegenstand, ob Neurose oder Religion, nicht affirmative, sondern destruktive Konsequenz. Sie rückt ihn einzig dazu in das rechte Licht, um seine Aura gründlich zu zerstören. Das letzte Wort der Freudschen Religionskritik ist darum die Forderung, die Illusionen aufzugeben: »Dadurch, daß er (der Mensch) seine Erwartungen vom Jenseits abzieht und alle freigewordenen Kräfte auf das irdische Leben konzentriert, wird er wahrscheinlich erreichen können, daß das Leben für alle erträglich wird und die Kultur keinen mehr erdrückt.«[23] (1. 6. 1970)

[23] Freud, Die Zukunft einer Illusion, S. 373 f.

Notizen zu Karl Abrahams psychoanalytischen Schriften

Karl Abraham, berühmt als psychiatrisch geschulter Kliniker und Organisator der Psychoanalyse (in Deutschland), hat man — im Unterschied zu Ferenczi, dem spekulativen Kopf der Psychoanalyse — ihren ›Klassiker‹ genannt. Seine wichtigsten Arbeiten, bisher verstreut über die berühmten alten psychoanalytischen Zeitschriften, findet man nun in einem Sammelband unter den ersten Bänden der neuen Reihe des S. Fischer Verlags, ›Conditio humana‹.[1] Zentralstück des Abraham-Bandes ist der in den frühen zwanziger Jahren konzipierte, 1925 veröffentlichte ›Versuch einer Entwicklungsgeschichte der Libido aufgrund der Psychoanalyse seelischer Störungen‹, der dritte große Entwurf der Libidotheorie nach Freuds ›Drei Abhandlungen zur Sexualtheorie‹ (1905) und Ferenczis ›Versuch einer Genitaltheorie‹ (1914/1924). Die ›Psychoanalytischen Studien zur Charakterbildung‹ (ebenfalls 1925 veröffentlicht) bilden das »ich-psychologische« Pendant dazu. Weniger bekannt sind die großen Studien zur ›Völkerpsychologie‹, die im III. Abschnitt des von Johannes Cremerius edierten Bandes wieder zugänglich gemacht werden. Die frühen psychoanalytischen Arbeiten aus den ersten drei Jahrzehnten des Jahrhunderts sind, obwohl durchweg in deutscher Sprache geschrieben und veröffentlicht (um ein paar Namen zu nennen: Rank, Reik, Schilder, Tausk, Reich, Pfister, Simmel, Landauer, Fromm, Bernfeld, Fenichel . . .), durch die faschistische Diktatur für das heutige wissenschaftliche Bewußtsein noch immer wie von einem Erdrutsch verschüttet. Zögernd nur machen sich deutsche Verlage daran, dies Pompeji auszugraben, das — in anderer sprachlicher Gestalt — in den Ländern des psychoanalytischen Exils wenigstens teilweise wiedererstanden ist.

Seine kleineren klinischen Arbeiten zeigen den psychoanalytischen Empiriker Abraham bei der Arbeit, der sich »die narzißtisch so beglückende Spekulation« versagt und in einem Stil, den Cremerius mit der Charakteristik »Genauigkeit«, »Knappheit . . . bis zur Wortkargheit« versieht (S. 32), »auf dem Wege rein induktiver Forschung« (S. 184) Stein auf Stein zum Gebäude der neuen psychologischen Wissenschaft fügt, dessen

[1] Karl Abraham; Psychoanalytische Studien zur Charakterbildung und andere Schriften. Herausgegeben und eingeleitet von Johannes Cremerius. Frankfurt (Fischer) 1969.

Grundriß von Freud vorgezeichnet worden war. Die wunderliche psychoanalytische Empirie hat es allüberall mit gordischen Knoten zu tun, mit den pathogenen Endprodukten lebensgeschichtlicher Konflikte, mit zensorisch verrätselten Tages- und Nachtmanifestationen unbewußter Tendenzen, mit den illusionären Überbauten der Kulturgeschichte der Gattung. Sie entwirrt solche Knoten Zug um Zug, gestützt »auf das unanfechtbare, weil assoziativ gewonnene Material« (S. 251), mit dessen Hilfe der Therapeut ein Deutungsnetz herstellt, das er dem Patienten zur Überbrückung der Verdrängungsabgründe leiht, die den Weg in dessen eigene Vergangenheit sperren. Die ›Daten‹ der analytischen Erfahrung sind nicht einmal metaphorisch jenen der empirisch-analytisch verfahrenden Naturwissenschaften gleichzustellen. Handelt es sich doch um Fragmente eines zerrissenen Erinnerungszusammenhangs, zu deren Produktion der Patient sich die Freiheit nehmen muß, die ihm zuvor unterm Druck der Sozialisation ausgetrieben wurde. Erleichtert wird ihm solch münchhausenhafte Selbstbefreiung dadurch, daß er nicht zu wissen braucht, was er da sagt. Erst der Therapeut stellt ja das fragmentierte Material, dessen geheimes, inneres Band er aufzuspüren weiß, durch *Deutung* in den verpönten Zusammenhang, der, annehmbar geworden, Heilung bringen kann. Die frühen Analytiker wußten freilich methodologisch kaum anzugeben, was sie taten; die naiv-positivistische Fehlinterpretation ihrer Praxis, wie wir sie bei Abraham, Freud und anderen finden, wann immer sie methodologische Erklärungen abgeben, ist vom materialistischen Impuls der psychologischen Aufklärung bestimmt: Psychoanalyse ist keine Geisteswissenschaft, wennschon eine ›*talking cure*‹. Nach einem halben Jahrhundert wissenschaftstheoretischer Diskussion erscheint sie uns heute als Prototyp jener ideologiekritischen Disziplinen, die die relative Wahrheit von Szientifik und Hermeneutik dialektisch vermitteln (K. O. Apel) und damit die Ent-Verdinglichung unserer Sozialgeschichte befördern.

Rückt so die Psychoanalyse in die Nähe kritischer Gesellschaftstheorie, so ist es von höchstem Interesse, genau zu verfolgen, auf welche Weise gesellschaftliche Verhältnisse in analytischen Arbeiten ihren Niederschlag finden. Die wenigsten Analytiker waren (sind) politische Menschen. Man gewinnt oft den Eindruck, daß sie ihre Patienten gleichsam als Periskop verwenden, um nicht nur in deren Psychologie, sondern auch in die politische Welt zu schauen. Diese Optik bedingt, daß ihre Beschreibung gesellschaftlicher Tendenzen häufig mythisches Gepräge zeigt, selbst wieder einer Übersetzung in die Sprache der Politik und der Ökonomie bedarf. In die Schriften Karl Abrahams findet, um mit dem Einfachsten zu beginnen,

Zeitgeschichte nur in Anspielungen Eingang, soweit sie zum Gerüst der Lebensgeschichte von Patienten gehört oder zum Material, mit dem deren Neurose arbeitet. In Patiententräumen tauchen die »Bolschewisten« (S. 225 f) als zeitgemäße Projektionsfigur ebenso auf wie der Zeppelin als modernes Symbol. Eine Schicht tiefer wird das Verhältnis von (individueller) Triebstruktur und Gesellschaft in den charakterologischen Studien zum Problem. Die ›Ergänzungen zur Lehre vom Analcharakter‹ sind noch in voller psychologischer Naivität geschrieben. Der heutige Leser liest sie — belehrt durch die sozialcharakterologischen Studien Erich Fromms oder Norman O. Browns bzw. Adornos Theorie des autoritätsgebundenen Charakters — mit anderen Augen, stößt überall auf Transparenzen, Aussichten auf die Sozialphilosophie.
Wo die Analyse positiv werden will, verliert sie ihre Wahrheit. Obwohl Abraham, der Empiriker, seine Beschreibung des ›genitalen‹ Charakters mit vielen Kautelen versehen hat, die ein wildes Ideologisieren, wie es sich ein Jahrzehnt später bei Reich oder Fomm findet, ausschließen, gestattet er sich doch die These, daß Charakterbildung auf genitaler Stufe Interessenharmonie zwischen Individuum und Gesellschaft »innerhalb gewisser Grenzen« verbürge (S. 220). Dies »Zusammenfallen« individueller und kollektiver Interessen kommt auf dem Wege der — genital vermittelten — »vollkommenen Einordnung des Individuums in den Interessenkreis der Gesamtheit« (S. 218) zustande (— eine Behauptung, die in schärfstem Gegensatz zu der Theorie Wilhelm Reichs steht, die der Genitalität ein revolutionäres Potential unterstellte, woran sich immerhin die Beliebigkeit derartig abstrakter Zuordnungen zeigt). »Gesamtheit« ist Abrahams Terminus für Gesellschaft, die ihm als bloße Vielzahl von Individuen vorschwebt. »Als normal im sozialen Sinne dürfen wir eine Person betrachten, die nicht durch besondere, extreme Ausprägung bestimmter Charakterzüge daran gehindert wird, sich den Interessen der Gesamtheit anzupassen« (S. 223). Die letzteren sind fiktiv, und die pädagogischen Maximen, die sich aus dieser psychoanalytischen Charakterlehre ableiten lassen, laufen — trotz Abrahams gegenteiliger Versicherung (S. 223) — auf das leere Ideal der »goldenen Mittelstraße« hinaus, von der man nicht weiß, wohin sie in Wahrheit führt.
»Es bestehen, wie bekannt, außerordentliche Variationen des Charakters nach sozialer Schicht . . .« (S. 222) Der Entwicklung einer klassenspezifischen Psychologie, die den »sozialen Ort« der Individuen in Rechnung stellt, wie Freud sie gelegentlich antizipierte und Siegfried Bernfeld sie zu entwickeln begann, kam Abraham nie so nahe wie in der »Geschichte eines Hochstaplers im Lichte psychoanalytischer Erkenntnis«

(S. 29–83), einer klinischen Beobachtung, die »nicht der psychoanalytischen Praxis im strengen Sinne des Wortes entstammt« (S. 69). Die (hochstaplerische) »Abweichung von der Norm«, die das letzte von vielen Kindern »einer kärglich lebenden Beamtenfamilie«, das die Aschenbrödel-Kindheit eines unerwünschten Spätlings durchlebte, aufwies, »lag ausschließlich im sozialen Verhalten ...« (S. 72, 74) Der Hochstapler N. versuchte seit früher Kindheit, seine Stellung in der Geschwisterreihe wie die soziale Herkunft, die ihn unverschuldet schweren narzißtischen Kränkungen aussetzten, zu verleugnen. Nach einer Reise durch die Gefängnisse mehrerer Länder bot ihm der Krieg neue Entfaltungsmöglichkeiten. N. wählte – den Sozialtechniken seines Herkunftsmilieus getreu – den Weg des individuellen Aufstiegs (mit betrügerischen Mitteln). 1919 versuchte er, durch Anschluß an die »Freikorps« nach oben zu kommen. Abraham, der den Patienten 1916, 1918 und 1923 untersuchte, konstatiert einen höchst erstaunlichen »Umschwung seines sozialen Verhaltens« (von Kriminalität zu Rechtschaffenheit), dessen Wendepunkte mit solchen der politischen Geschichte ironisch zusammenfallen: »Im Jahre 1918 ... befand er sich noch zu sehr in einer trotzig-aufrührerischen Einstellung zu jedem Repräsentanten der väterlichen Gewalt, und damals war ich sein militärischer Vorgesetzter. Im Jahre 1923 dagegen machte er den Eindruck eines Menschen, der es sich in den gegebenen Verhältnissen wohl sein läßt« (S. 76). Es ist zweifellos mehr als Zufall, daß die psychische Wandlung des unzufriedenen Beamtensohns getreulich dem Gang der deutschen Geschichte folgt, daß er Kompensation zuerst auf kriminellem Wege, dann mit Hilfe der Militärorganisation, darauf in »trotzig-aufrührerischer Einstellung«, später bei der Konterrevolution und schließlich im »Idealzustand bürgerlicher Zufriedenheit« sucht (S. 78). Wie kam es zu diesem letzten Wandel? N. wurde zum Geliebten, dann zum Ehemann einer Frau, die »Teilhaberin eines industriellen Unternehmens« war (S. 78). Abraham meint, daß der Hochstapler »durch diese Frau neben(!) der plötzlichen Versetzung in günstige soziale und finanzielle Verhältnisse eine restlose Erfüllung aller seiner dem Ödipuskomplex entstammenden Kindheitswünsche« (S. 79) erlebte – eine »Heilung durch Liebe«. Das merkwürdige Phänomen sei »nur von der psychoanalytischen Libidotheorie zu erfassen«. Wir wollen hinzusetzen: nur von einer Libidotheorie, die sich gegen die Einsicht nicht blind macht, daß es die *individuelle Liebesbedingung* des hochstapelnden Beamtensohns war, eine dauerhafte Objektbeziehung nur dann zustande bringen zu können, wenn sie zugleich den zeitlebens mit kriminellen Mitteln erstrebten sozialen Aufstieg verbürgte. Eine Liebestherapie ohne Aufstiegschance hätte schwerlich das Wunder vollbracht, den routinierten Hochstapler zum ehrlichen Bürgersmann werden zu lassen. Die sozialtherapeutische Hoffnung, durch pure Liebeszuwendung die psychischen Folgen sozialer Ungleichheit kompensieren zu können, die Abraham (S. 81 ff.) an die erfolgreiche Heilung des Hochstaplers knüpft, bleibt eine psychologische Illusion. (8. 10. 1969)

Kassiber vom Marquis de Sade

»Die Kämpfe der Klassen
Die Kämpfe zwischen Alt und Neu
Rasen auch im Innern des einzelnen.«
(Brecht)

De Sade (1740–1814), ein Zeitgenosse von Matthias Claudius, verbrachte 30 Jahre seines Lebens im Gefängnis, weil er unbequem war, weil er das Pech hatte, durch ruchbar gewordene Ausschweifungen aufzufallen, weil die Familie seiner Frau sich vor schlechtem Ruf und ihn vor der Mitgift bewahren wollte, weil schon das ancien régime über die Möglichkeit verfügte, mißliebige Personen ohne Verfahren verschwinden zu lassen, also über eine Art »Schutzhaft«. Auch die Revolution sperrte ihren radikalen Anhänger und Propheten im Dezember 1793 ein, – wegen »Moderantismus«. De Sade, in dessen Romanen die sexuellen Orgien so oft mit (Massen-)Mord enden, war ein unerbittlicher Gegner der Todesstrafe. Im Jahre 1948 wurden Briefe des unglücklichen Marquis aufgefunden, Hilferufe aus der Bastille, aus Vincennes und Charenton.[1]

»Atheist bis zum Fanatismus«, mit dem »Système de la Nature« von d'Holbach als Basis seiner Theorien, »von einer beispiellosen Zügellosigkeit der Phantasie und der Lebensführung« vertritt er da das *Menschenrecht auf Lasterhaftigkeit.* Wie später Fourier ist er der Meinung, daß *alle* Triebe gut sind, daß aber viele von der Befriedigung versagenden Gesellschaft abgebogen werden, nur auf Schleichwegen destruktiv sich äußern dürfen, und dann als »böse« gelten. Eine wohl beschaffene Gesellschaft gebe jedem Trieb seine adäquate Befriedigung und werde ihren Nutzen aus dem Glück der Bürger zu ziehen wissen. »Nicht die Meinungen und Laster einzelner schaden dem Staat . . .«

»Sie wissen«, schreibt Sade im November 1783 an seine Frau, »ich respektiere *die Neigungen, die Launen,* wie barock sie auch sein mögen, ich finde sie alle achtenswert, weil man ihrer nicht Herr ist . . .«; – das ist die Gegenposition zu allen *rationalistischen* Theorien von der Willensfreiheit. Und der Marquis fährt »psychoanalytisch« fort: ». . . weil sich das Seltsamste, Bizarrste genaugenommen stets auf ein Prinzip der Delikatesse zurückführen läßt. Wenn es Ihnen beliebt, werde ich das beweisen: Sie wissen, daß niemand die Dinge analysiert wie ich.« Dem korrespondiert aufs Genaueste

[1] D. A. F. Marquis de Sade, Briefe. Ausgewählt und mit einem Vorwort hg. von Gilbert Lely. Frankfurt (Fischer) 1965. (Übers. von Hilda v. Born-Pilsach.)

Freuds Bericht über die Aufdeckung der sexuellen Ätiologie der Neurosen: »Die Frau, fügte er (Breuer) hinzu, benehme sich in Gesellschaften in so auffälliger Art, daß man sie ihm als Nervöse zur Behandlung übergeben habe. Das sind immer *Geheimnisse des Alkovens,* schloß er dann ...; ... *Charcot* brach plötzlich mit großer Lebhaftigkeit in die Worte aus: Mais dans ces cas pareils c'est toujours la chose génitale, toujours ... toujours ... toujours ...«

Die arbeitsteilige, technische Beherrschung der äußeren Natur wird erkauft durch Herrschaft über die Menschennatur, durch den Zwang, den alle sich antun – und ist doch auf nichts anderes gerichtet, als auf Emanzipation von äußerer Notwendigkeit. Die aus Not gefesselte Menschennatur treibt in den produktiven Kräften, sträubt sich gegen die herrschende Triebkanalisierung und entwirft neue Muster des Kompromisses von individuellem Glück und jener Einschränkung, die das Überleben des Kollektivs nötig macht. Hinter diesen Kompromißentwürfen steht immer das Endziel völliger Befreiung oder »Versöhnung« zwischen Einzelnem und Gesellschaft, Gesellschaft und äußerer Natur. Die Utopien des Leibes geben Modelle gelockerten Zwangs, kollektiver Selbsterhaltung trotz (und wegen) Aufhebung der Triebrepression. Ihre historische Chance liegt in der technisch und sozial heranreifenden objektiv realen Möglichkeit der Veränderung der Produktionsweise, der Klassenstruktur der Gesellschaft. Ist eine Veränderung der gesellschaftlichen Verkehrsformen nicht in Sichtweite, bleiben die Utopien des Leibes ohnmächtig. Das Ziel der sozialen Revolution ist es, die Fortexistenz des Lebens der Gattung zu sichern, das Leben der Menschen leichter zu reproduzieren, es bequemer zu machen, es zu steigern. »Leben ist mehr als leben« (G. Simmel). So ist der Abbau des Zwangs, der Wunsch nach mehr Triebbefriedigung als Triebfeder in die großen gesellschaftlichen Bewegungen eingelassen. Dessen *unmittelbare* Parteigänger aber sind stets unzeitgemäß und auch die Revolutionen haben sie immer nur kurze Zeit toleriert. Sie bleiben der realen Möglichkeit des individuellen Glücks hart auf den Fersen, indem sie jederzeit die *ganze* Befreiung fordern. Die Leidenschaften der Einzelnen treiben in der in Klassen gespaltenen Gesellschaft den Klassenkampf voran und bringen die »Vernunft« der Produktivitätssteigerung zustande. Die politischen Ideologien, unter denen diese Kämpfe ausgetragen werden, formulieren aber kaum jemals offen als Ziel den Abbau von Triebunterdrückung. Ihr Realismus stellt »Glück« zeitgemäßer vor. Man sieht das im Gegensatz der Thesen de Sades und Babeufs, des radikalsten Ausläufers der Französischen Revolution. Nach siegreichem Aufstand wird die revolutionäre Regierung, so heißt es in einem der Projekte der »Verschwörung der Gleichen«, jedem Mitglied der nationalen Gütergemeinschaft »einen mäßigen und bescheidenen Wohlstand« garantieren. Obwohl man ihm Sympathien für Babeuf zuschreibt, geht de Sades Interesse auf anderes und auf mehr: nicht die »verallgemeinerte Not«, sondern das uneingeschränkte individuelle Glück, verstanden in seiner verpönten Urgestalt, als Lust. Hier rüttelt die ihrer selbst bewußte Leidenschaft eines Einzelnen am Klassenschicksal der auf-oktroyierten Triebstruktur. Den unzeitgemäßen Marquis läßt man unterm ancien régime wie unter Napoleon im Gefängnis verschwinden, aus dem ihn die Revolution nur für kurze Zeit befreit. Über diese bis heute bewährte Art, sich der Anpassungsunfähigen zu entledigen, hat de Sade klassische Zeilen verfaßt:

»So bessert man hierzulande einen Menschen. So zerreißt die Gesellschaft alle Bande, statt sie fester zu knüpfen ... Wie willst Du, daß man die Tugend liebt, wenn sie einem in so himmlischen Farben dargeboten wird! ... Es sei zu meinem Besten, heißt es. Ein göttlicher Satz, die simple Sprache triumphierenden Schwachsinns spricht aus ihm. Zum Besten eines Menschen setzt man ihn der Gefahr aus, wahnsinnig zu werden, zu seinem Besten zerstört man seine Gesundheit« (18. IV. 1777). »Tausendmal habe ich es schon gesagt und geschrieben, daß sie, statt zu gewinnen, nur verlieren, statt Gutes zu tun, mir nur das Schlimmste zufügen, daß diese Behandlung gegen meine Natur ist, daß man mir die Möglichkeit und den guten Willen nimmt, mich zu besinnen und also aus der Lage Nutzen zu ziehen. Ich versichere und bescheinige heute, am Ende von zwei furchtbaren Jahren, ... daß ich, wenn ich hier herauskomme, in einem Wald werde leben müssen, weil ich in dem Zustand, in dem ich mich befinde, unmöglich unter Menschen wohnen könnte!« (17. II. 1779)

Über seinen eigenen Fall, über Perversion und Normalität, zur Genese seiner literarischen Produktion notiert de Sade am 25. VI. 1783: »Ich wette, Sie glauben zum Beispiel, etwas Großartiges getan zu haben, indem Sie mir eine entsetzliche Enthaltsamkeit des *Fleisches* auferlegten. Nun, da haben Sie sich getäuscht: Sie haben mir den Kopf erhitzt, haben mich Phantome erdichten lassen, die ich realisieren muß ... Sie wissen, wenn man eine Kanne zu heiß macht, springt sie.

Wenn ich Monsieur le 6« (sich selbst — in Zelle 6) »zu kurieren gehabt hätte, würde ich es ganz anders angefangen haben, denn statt ihn zu den Menschenfressern zu sperren, hätte ich ihn mit Mädchen zusammengesteckt; ... Monsieur le 6 inmitten eines Harems wäre der *Freund der Frauen* geworden; er hätte erkannt und *empfunden*, daß nichts schöner, nichts *grö-*

ßer ist als das Geschlecht und daß es außer dem Geschlecht kein Heil gibt.«

Am 4. Juli 1789 wiegelt de Sade das Volk vor der Bastille zum »Sturm« auf und wird daraufhin nach Charenton verlegt. Die Erstürmung und Plünderung des Gefängnisses am 14. Juli bedeutet die Vernichtung der gesamten literarischen Arbeit der ersten 13 Haftjahre; 15 druckfertige Manuskriptbände verschwinden auf Nimmerwiedersehen. 1793, auf dem Gipfel der Revolution, wird de Sade abermals für ein knappes Jahr inhaftiert, entgeht durch Zufall der Guillotine und arbeitet auf dem Friedhof der Guillotinierten. »Von ihnen haben wir, lieber Freund, in fünfunddreißig Tagen achtzehnhundert beerdigt, davon ein Drittel aus unserem Unglückshaus.«

Im Jahre 1801 setzt man ihn neuerlich gefangen, weil er auch dem Regime Napoleons unbequem wird. Im Irrenhaus von Charenton, wohin ihm seine Freundin Marie-Constance Quesnet folgt, spielt er mit den Irren, dem Abfall von Revolution und Restauration, Theater, um so im Imaginären die unerledigten Probleme zu reproduzieren und zu reflektieren. Im Dezember des Jahres 1814 ist er gestorben. Peter Weiß hat ihm kürzlich ein Denkmal gesetzt.

(26. 3. 1965)

Sittlichkeit und Kriminalität

»Und die Parteien des politischen Umsturzes sind viel zu sehr in der vorhandenen und an allen Übeln der Welt beteiligten Geschlechtsmoral befangen, um auch nur zu ahnen, daß allein hier die wahre Revolution anzusetzen hat.« Karl Kraus

Vor kurzem ist eine Neuauflage des Frühwerks von Karl Kraus – »Sittlichkeit und Kriminalität« (1908) – im Langen-Müller-Verlag herausgekommen. Vierzig Jahre nach der zweiten Auflage ist das Buch von gesteigerter Aktualität; damals galt in Sowjetrußland noch die befreiende Sexualgesetzgebung der Oktoberrevolution (vgl. Wilhelm Reich, »Die Sexualität im Kulturkampf«, Kopenhagen 1936), die Herausgabe der (12 bändigen) »Gesammelten Schriften« Freuds wurde in Angriff genommen, die Freud-Revisionisten waren noch nicht am Werk, Krieg und Revolution schienen auch in Deutschland den sexualmoralischen Überbau erschüttert zu haben. Heute jedoch repräsentiert er sich, die Regressionen deutscher Geschichte bezeugend, unbekümmert um die Fortschritte der Sozialwissenschaften als »Regierungsentwurf eines Strafgesetzbuches«, der »die weitaus überwiegende Auffassung der deutschen Bevölkerung« zum Ausdruck bringen will – als wäre gar nichts geschehen.

Dieser Gesetzentwurf, der unter seinen menschenrechtswidrigen Eingriffen in die Intimsphäre der Bürger noch immer die Paragraphen 193, 221 und 140 mitschleppt, geht davon aus, daß »die Reinheit und Gesundheit des Geschlechtslebens eine außerordentlich wichtige Voraussetzung für den Bestand des Volkes und die Bewährung der natürlichen (?) Lebensordnung ist«, und verpönt infolgedessen sexuellen Genuß – abgesehen von dem fragwürdigen im Ehebett, von dem er schweigt, – als »Unzucht«. Das klingt dann so: »Es besteht kein zwingendes Bedürfnis, die uneigennützige Förderung der Unzucht erwachsener oder nahezu erwachsener Menschen mit Strafe zu bedrohen« – und selbst das ist noch ein »Fortschritt« gegenüber einschlägigen Gerichtsurteilen der letzten Jahre. Der Gesetzgeber entpuppt sich in den unsäglichen Formulierungen immer neuer, immer differenzierterer sittlich-krimineller Tatbestände als Zwangskranker, der – im Stil des »Hexenhammers« – im Jahre 1962 noch Sodomie (§ 218) und Geschwisterliebe (§ 192) als Delikte von gesellschaftlichem Interesse verfolgt.

In der Sowjetunion werden heute – in der Nachfolge des Stalinismus – für sogenannte »Orgien« Todesurteile verhängt. Daß die Befreiung des Sexus in unserer Gesellschaft bloßer Schein, tiefere Verdrängung ist, – von dieser These Th. W.

Adornos legt, entgegen der empfohlenen Praxis des »healthy sex life«, die geplante Strafrechts-»Reform« ebenso Zeugnis ab wie die »Fälle« Ward, Keeler, Brühne, Dohrn es, jeder in seiner Weise, tun.

Mit ebensolchen »Fällen«, Sittlichkeitsprozessen, die in Wien zu Anfang des Jahrhunderts veranstaltet wurden, hat es der Leser des Buches von Karl Kraus zu tun. Er sieht den Autor, einen modernen Wahrsager, die Eingeweide von Richtern und Opfern von k. u. k. Skandalprozessen befragen, welche Frist noch gegeben ist, bevor »Die letzten Tage der Menschheit« und »Die dritte Walpurgisnacht« anbrechen, bevor Natur sich gegen ihren Mißbrauch auflehnt, »der Drache losgelassen ist und mir eine Stimme aus den Wolken ruft: ›Flieg'n m'r, Euer Gnaden?‹«. Kraus' Methode, aus dem (sprachlichen) Abklatsch des Alltagslebens, aus Druckfehlern, Phrasen, grammatischen Schnitzern, Paragraphen, Delikten, Details auf Charakter und Tendenzen der europäischen Kultur zu schließen, hat ihm Prognosen ermöglicht, die die Geschichte des Jahrhunderts grauenvoll bestätigte.

Auf der Anklagebank der Krausschen Prozeßkritiken, Gegen-Prozesse, saß das Recht selber und mit ihm die bürgerliche Gesellschaft, deren ökonomischer Struktur es seinen Charakter verdankt. Hier traf die Kraussche Verteidigung der Privatsphäre gegen die uniformierenden Eingriffe des Strafrechts mit dem realen Humanismus zusammen. »Um alle diese Mißstände zu vermeiden, müßte das Recht, statt gleich, ungleich sein« (Marx) — und solange die »ökonomische Gestaltung der Gesellschaft« dies nicht zuläßt, muß man wenigstens darauf dringen, »Sittlichkeit und Kriminalität, die wir so lange für siamesische Begriffszwillinge hielten, voneinander getrennt zu sehen.« Der Staatsanwalt darf nicht Agent einer verlogenen, zum Glück nie praktizierten, offiziellen Moral sein, die noch die »eheliche Pflicht« des Spießers mit projizierbaren Schuldgefühlen belastet und aus Versagung und Neid geboren ist. Diese Minimalforderung steht im Dienste einer maximalen: »Viele werden einst Recht haben. Aber es wird Recht von dem Unrecht sein, das ich heute habe.« (Karl Kraus, zit. nach W. Benjamin, »Karl Kraus«.)

Indem Kraus, entgegen der herrschenden gesellschaftlichen Entwicklung, an einem schon Vergehenden, Ausgehöhlten, vielleicht nie existent Gewesenen festhält, wird »das seltsame Wechselspiel zwischen reaktionärer Theorie und revolutionärer Praxis . . . , dem man bei Kraus allerorten begegnet«, deutlich (W. Benjamin). Es tritt ebenso in gelegentlichen, merkwürdig läppischen Äußerungen über die Psychoanalyse zutage, die dort widerlegt werden, wo Kraus Freud als Kampfgenossen zitiert oder wo seine eigene Theorie dem Freud der

»Drei Abhandlungen zur Sexualtheorie« so nahe ist wie keine andere.

Das »Wechselspiel« erscheint schließlich in der Krausschen »Anthropologie«, in seiner Typisierung der Geschlechter. Das Weib ist ihm das »an sich sexuelle und antisoziale Wesen«, seine »freie Sinnlichkeit der volle Wert, durch den es die Natur entschädigt hat, als sie dem Mann die Phantasie gab«. Eine Verteilung der Begabungen auf die Geschlechter, die den Frauen »habituelle Sexualität« zuspricht, den Männern Geist, Phantasie und »funktionelle Sexualität«, verleiht den sexuellen Charaktermasken der bürgerlichen Gesellschaft (und ihrer Vorgänger) Naturcharakter, indem die Einsicht überspannt wird, daß Glück, wenn überhaupt, dann eben nicht als »reines«, sondern allein in seiner historischen Verschränkung mit den Strukturen der Klassengesellschaft zu haben ist; daß, was den Individuen einer Epoche als »Glück« gilt, nicht abzutrennen ist von Unrecht und Leid, sondern eben darin, wie auch immer entstellt, erfahren wird. Auch das erfahrbare Glück ist durchzogen vom Unglück der anderen, von dem es sich abhebt. Die Hypostasierung solcher Erfahrung, wie sie in dem Satze »Alles Gewähren würde Gefahr und Lust mindern, alles Verbieten ist erogen«, zum Ausdruck kommt, wird vermieden nur durch den Krausschen Nachsatz ... »leider auch hysterogen«. Entsprechend erscheint bei Kraus Prostitution als eigentliche Naturmöglichkeit der Frau (hierin ist er, wenngleich mit anderem Vorzeichen, Weininger verwandt), nicht als soziale Deformation. »Da ist das Naturrecht der Frau, die Summe ihrer ästhetischen Vorzüge an wen sie will zu verschwenden oder von wem sie will sich in eine geltende Währung umsetzen zu lassen.«

Die Prostituierte ist ihm letztes Zeugnis dessen, daß es einmal in der Welt »eine unbefleckte Empfängnis der Wollust gegeben haben muß«, letztes Zeugnis einer nicht von (christlicher) Sexualmoral entstellten und verstoßenen Natur — Ursprung und Ziel der Geschichte. Die Vergewaltigung der menschlichen und außermenschlichen Natur, »Einbruch der Sexualmoral« und imperialistische Naturbeherrschung machen für Kraus den Inhalt der bisherigen Geschichte aus. »Und das Chaos sei willkommen — denn die Ordnung hat versagt! Eine gelbe Hoffnung färbt den Horizont im Osten und alle Glocken läuten Sturm.«

Angesichts einer Emanzipation, die vom Profitinteresse befördert wurde und nur die Einbeziehung auch der weiblichen »Natur« in den industriellen Arbeitsprozeß brachte, setzte Kraus seine Hoffnung auf den unreglementierten Sexus in Gestalt der Prostitution, darauf, daß die Welt mit den Weibern nicht fertig wird.

Gegen die herrschende Ordnung einer »lebensfeindlichen Asketik, die die Last für menschenwürdiger als die Lust erklärt hat«, vertritt Kraus den Glücksanspruch der Menschen im Sinne eines revolutionär gewendeten Hedonismus. Seine Plädoyers für die Erniedrigten und Beleidigten waren, obschon sie keine der Voraussetzungen der Richter anerkannten, von solcher Gewalt und Präzision, daß er die österreichische Justiz allein durch die »Fackel« mehrfach zu Revisionen zwang.

Die Lust gegen die Moral verteidigend, rechtfertigte Kraus, wie Freud, die Partialtriebe in dem bedeutendsten Stück des vorliegenden Bandes, das er »Perversität« überschrieb. Sexualität, praktiziert nach dem Motto »und weiche keinen Fingerbreit vom rechten Wege ab«, ist ohne Glück. »Daß die süße Speise in einem Hexenkessel bereitet wird – wer uns das sagte, verdiente gesteinigt zu werden. Alles, was sich neben der Liebe begibt, fließt, ihn zu verstärken, in den Hauptstrom der Sexualität.«

Kraus hätte, konfrontiert mit der bundesrepublikanischen Strafrechtsnovelle, die Abschaffung der Unzuchts-Paragraphen gefordert, unter Hinweis auf deren Ressentiment-Charakter und darauf, daß Unsittlichkeit von der Sittlichkeit produziert werde. Er meinte, daß in dieser Sphäre lediglich die Rechtsgüter der freien Willensbestimmung, des Seelenfriedens, der Gesundheit und der wirtschaftlichen Sicherheit zu wahren seien. Seine Aphorismen bilden heute wie gestern den kritischen Kommentar zur deutschen Sexualgesetzgebung:

§ 193 (Ehebruch)	»Die Furcht vor dem Landesgericht so offen als die Tugend des Weibes gepriesen zu sehen, ist erquickend.« »Der Geschlechtsbesitz ist jener, aus dem die besitzende Klasse vor allem zu verjagen ist, und der Posten, wo sie sich am unsichersten zu fühlen hat, ist das Bett!«
§ 220/221	»Sexuelle Aufklärung ist insoweit berechtigt, als die Mädchen nicht früh genug erfahren können, wie die Kinder nicht zur Welt kommen.«
§ 140 (Abtreibung)	»Sexualparagraphen treiben auch dann zu, wenn sie das Abtreiben verbieten.« »Das Naturrecht, wenn schon nicht die Erzeugung, so die Nichterzeugung vor dem staatlichen Zugriff zu schützen, muß für alle Mütter wiedererobert werden, auch für solche, die nicht die materielle und technische Möglichkeit besitzen, die Aufsicht zu betrügen.«
§ 216/217	»Perversität gibts nicht.« »Kriminelle Belastung des Sexualtriebs ist staatliche Vorschub-

leistung zu Verbrechen. Der Denunziant und der Erpresser sind Bundesgenossen des Sittenjuristen.«

§ 223/224 »Grauenerregend und weit grauenerregender als die entgeltliche Hingabe des weiblichen Körpers an mehrere Männer ist seine schlecht bezahlte Hingabe an den Dienst in einer Zündhölzchenfabrik.«

§ 226/228 »Man muß es immer wieder sagen, daß die Gelegenheitsmacherei als bloße Vermittlung oder Vermietung einer Gelegenheit für den geschlechtlichen Verkehr zwischen zwei willigen und mündigen Menschen kein wirkliches Rechtsgut verletzt, daß ihre Bestrafung eine Dummheit ist, daß eine Gerichtsverhandlung über dieses Delikt nicht die sittliche Läuterung der beteiligten Kreise, sondern höchstens das Bedauern über das zu späte Bekanntwerden einer Adresse zur Folge hat.«

(15. 12. 1963)

Die Schule der Freiheit[1]

»Summerhill« liegt in dem Dorf Leisten, etwa 150 Kilometer von London entfernt und besteht seit dem Jahre 1921. Die Schule wird durchschnittlich von 60 Jungen und Mädchen verschiedener Nationalität besucht, die zwischen 5 und 16 Jahren alt sind; Ankunftsalter und Dauer ihres Aufenthalts in Summerhill schwanken. Waren es zunächst vorwiegend schwer erziehbare Kinder, die nach Summerhill geschickt wurden, so entspricht die jetzige Schülerschaft einem normalen Querschnitt durch die betreffende Altersgruppe. Es handelt sich jedoch durchweg um »Mittelklassenkinder«, da Eltern der unteren Klassen die erforderlichen Finanzmittel nicht aufbringen können. Es gelang Neill im Laufe der Zeit, das Vertrauen der staatlichen Schulinspektion zu erringen, deren wohlwollender Bericht aus dem Jahre 1949 in sein Buch mit aufgenommen worden ist.

Die pädagogische Methode Neills bricht mit allen traditionellen Erziehungslehren. Sie besteht darin, keinerlei Druck auf die ihm anvertrauten Kinder auszuüben, denen — abgesehen von wenigen Sicherheits-Rahmenbedingungen — die Einrichtung ihres individuellen und kollektiven Lebens selbst überlassen bleibt. Es gibt in Summerhill weder Schul- noch Waschzwang, weder Sexualverbote noch Disziplinarmaßnahmen. Hier wird mit der individuellen Freiheit Ernst gemacht, und das Ergebnis ist nicht — wie jeder Untertan fürchtet — ein Chaos, sondern vernünftige Selbstorganisation der von keiner Zwangsmoral gegängelten, genuß- und arbeitsfähigen Individuen. Summerhill wird — ohne Bürokratie — von den Schülern selbst demokratisch regiert. Die Schulinspektoren rühmen die »Atmosphäre eines ständigen Ferienlagers«, und Neill berichtet, die Schulversammlung verfahre mit Kindern, die gegen kollektive Interessen verstoßen haben, nach dem Grundsatz ›leben und leben lassen‹.

In der Reihe der großen revolutionären Erzieher des Jahrhunderts nimmt Neill einen besonderen Platz ein. A. S. Makarenko errichtete im nachrevolutionären Rußland der zwanziger Jahre Arbeitskolonien zur Resozialisierung verwahrloster Jugendlicher, die nach dem Bürgerkrieg das Land unsicher mach-

[1] Alexander S. Neill, Erziehung in Summerhill. Das revolutionäre Beispiel einer freien Schule. München (Szczesny). 1965.

ten (und mit denen Stalins GPU in den dreißiger Jahren wenig Federlesens machte). August Aichhorn hatte es in Wien ebenfalls mit Verwahrlosten zu tun, die er einer individuellen »Nacherziehung« unterzog, da er von der psychoanalytischen These ausging, daß »Verwahrlosung« und Jugendkriminalität hilflose Reaktionen auf mangelnde Liebeszuwendung (in der frühen Kindheit) darstellen. Neills Theorie und Praxis hat diesen Modellen unorthodoxer Erziehung gegenüber den Vorteil, daß sie auf die Lebensverhältnisse unserer gegenwärtigen, prosperierenden Gesellschaft zugeschnitten ist, daß seine Schüler »normalen« Familien entstammen, daß sie in ihrer Mehrzahl weder straffällig noch verwahrlost sind, kurz: daß seine Methoden zum größten Teil direkt in die Erziehungspraxis innerhalb der Familie übernommen werden können. Das Buch hat also unmittelbar praktische Bedeutung, und es ist zu wünschen, daß es bald als Taschenbuch für alle Eltern erschwinglich wird. (Inzwischen unter dem Titel »Theorie und Praxis der antiautoritären Erziehung« als rororo Nr. 6707/08 erschienen. Anm. d. Red.)

Unsere Gesellschaft – antiquierte Produktionsverhältnisse, die auf Ausbeutung und Unterdrückung beruhen – reproduziert sich psychologisch durch charakterliche Strukturierung der in den familialen Prägestöcken Heranwachsenden. Die Erziehungs-Agentur der kleinen Familie begünstigt die Bildung braver Konformisten, die imstande sind, sich (moralisch) selber in Schach zu halten und die Grundlagen der sozialen »Ordnung« nicht in Frage zu stellen. Ohnmächtige und enttäuschte Eltern geben nolens-volens die erlittene Deformation, ihren unterdrückten Haß an die nächste Generation weiter. »Wir sind lebensfeindlich und todesfreundlich, solange wir Bauern auf dem Schachbrett der Politiker, der Geldleute und Ausbeuter bleiben. Wir sind nur Bauern auf dem Schachbrett, weil man uns dazu abgerichtet hat, das Leben negativ zu betrachten, uns unterwürfig in die Unterdrückungsgesellschaft einzuordnen und bereitwillig für die Interessen unserer Herren zu sterben.« »Unsere Gesellschaft ist krank und unglücklich, und ich behaupte, daß die Wurzel dieses Übels die unfreie Familie ist.« Von den ersten Stunden und Tagen seines Lebens an wird das kleine Kind im Schoße der unfreien Familie schweren Versagungen und Ängsten ausgesetzt: Nahrungsverweigerung, Einsamkeit, Nörgeln und Schlagen, Unterdrückung infantiler Sexualität (Onanie, Daumenlutschen, Reinlichkeitsdressur). »Das Leben eines Menschen ist die Geschichte seiner Ängste ... Die Erwachsenen haben Angst vor der Freiheit der Jugend, weil die Jugend gerade das tun könnte, was sie, die Erwachsenen, selber gern getan hätten ... Man kann Kinder nicht ... zwingen, ... ohne sie damit in einem gewissen Ausmaß zu willenlosen

Erwachsenen zu machen. Man macht sie zu Konformisten — eine gute Sache für die Gesellschaft, die gehorsame Diener an trübseligen Schreibtischen und hinter Ladentischen braucht, die jeden Morgen mechanisch mit dem 8-Uhr-30-Vorortzug in die Stadt fahren, eine Gesellschaft also, die auf den armseligen Schultern des völlig eingeschüchterten Konformisten beruht.« Neill hat Werdegang und Haltung des unfreien Kindes typologisch skizziert — die Genese des uns vertrauten braven Staatsbürgers und Biedermanns, der sich dafür einsetzt, daß Tiere auf humane Weise getötet und daß Haustiere ordentlich gepflegt werden ... »Doch wenn es um die Unmenschlichkeit des Menschen gegenüber dem Menschen geht, machen sie schlapp. Gedankenlos billigen sie ein grausames, unchristliches Strafrecht, billigen sie den Mord an anderen Menschen in einem Krieg als Naturereignis ... Sie sind zuverlässige Stützen des patriarchalischen Staates, selbst wenn sie diesen Begriff noch nie gehört haben. Ihre Emotionen sind eher Massenemotionen als individuelle Gefühle. Lange nachdem sie die Schule verlassen haben — die sie als Jungen haßten —, erklären sie: ›Ich bin in meiner Schule geprügelt worden, und es hat mir sehr gut getan!‹ Und mit dieser Behauptung jagen sie ihre Söhne in die gleiche oder eine ähnliche Schule. Psychologisch gesehen heißt dies, daß sie den Vater ohne konstruktive Auflehnung akzeptieren. Und so wird die Tradition der Vaterautorität von Generation zu Generation weitergegeben.«

Könnte man den Funktionszusammenhang von Sozialstruktur und familialer Charakterprägung durch Beseitigung der systemkonformen Erziehungspraktiken aufbrechen — dies ist Neills pädagogischer Gedanke —, so würden die frei erzogenen Subjekte der »wahnsinnigen Gesellschaft« ein rasches Ende bereiten. »Hebt die Unterdrückung der Sexualität auf«, sagt Neill, »und die Jugend wird für die Obrigkeit verloren sein.«

»Das Ziel unseres Lebens ist Glück. Alles Übel im Leben besteht in der Einschränkung oder Zerstörung des Glücks. Unglücklichsein bedeutet im Extremfall Antisemitismus, Folterungen von Minderheiten oder Krieg.« »Ein glücklicher Mensch hat sich noch nie zum Störenfried hergegeben, Krieg gepredigt oder einen Neger gelyncht. Eine glückliche Frau nörgelt nicht an ihrem Mann oder ihren Kindern herum. Kein glücklicher Mann hat jemals einen Mord begangen. Ein glücklicher Chef terrorisiert seine Angestellten nicht. Verbrechen, Haß, Krieg können auf Unglücklichkeit zurückgeführt werden ...«

Was kann eine Schule wie Summerhill inmitten einer unfreien Gesellschaft leisten? Sie beweist die Möglichkeit einer antiautoritären Erziehung, einer Erziehung ohne Zwangsmoral, Religion und Disziplin. Neills Arbeit bestand darin, die Fehler der Eltern, die Charakterdeformationen, die ihr Herkunftsmilieu seinen Schülern zugefügt hatte, zu korrigieren. Sein Heilverfahren ist ein dialektisches: »Man kann dem Kind nur etwas abgewöhnen, indem man es sein Interesse abreagieren läßt.« Und das gilt für das Kind, das sich nicht waschen möchte, ebenso wie für das Kind, das onanieren will. »Wahre Freiheit in der Gemeinschaft, wie sie in Summerhill herrscht, scheint bei vielen das gleiche zu bewirken wie Psychoanalyse bei dem einzelnen.« Neill ist skeptisch gegenüber der Kraft des guten Beispiels. Er hat den Widerstand der psychisch Verkrüppelten kennengelernt, die sich fanatisch gegen Freiheit für die Kinder — und Freiheit für sich selber — wehren. Und er weiß: »Wissen allein nützt nichts. Die Eltern müssen emotional fähig sein, dieses Wissen aufzunehmen, und sich der neuen Erkenntnis entsprechend verhalten können.« Doch er hält fest daran: »Psychotherapeutische Behandlung einzelner ist nur ein Tropfen auf den heißen Stein; die Massen haben davon gar nichts. Die Lösung für die Menschheit liegt in der richtigen Erziehung der Jugend, nicht in der Heilung der Neurotiker.« Pädagogik ist Reformismus, doch ohne freier erzogene Individuen gelingt es nicht, den Teufelskreis der Unterdrückung zu sprengen.« Ich sage und schreibe zwar, was ich von der Gesellschaft halte, wollte ich aber versuchen, die Gesellschaft aktiv zu reformieren, sie würde mich als öffentliche Gefahr umbringen. Ich sehe meine Aufgabe in erster Linie darin, wenigstens einige Kinder glücklich zu machen.« »Glück könnte als ein Zustand minimalster Unterdrückung definiert werden.« Unterdrückung aber ist in erster Linie Unterdrückung sexueller Bedürfnisse; umgebogene Sexualenergie speist alle autoritären Bindungen. »Ich habe keinen Schüler gehabt, der nicht eine krankhafte Einstellung zur Sexualität und zu den Körperfunktionen mitbrachte . . . Das sexuelle Tabu ist bei der Unterdrückung der Kinder das Grundübel.« Da Neills Schule kein Utopia, sondern nur eine antithetische pädagogische Insel ist, muß er in dieser Frage Kompromisse eingehen. »Ich weiß, daß die sexuelle Betätigung der Jugendlichen heute praktisch unmöglich ist. Dabei ist sie nach meiner Ansicht der einzige Weg in ein gesundes Morgen. Ich kann das *schreiben*, doch wenn ich zuließe, daß meine jugendlichen Schüler in Summerhill miteinander schlafen, dann würden die Behörden meine Schule schließen . . . Die Erfindung empfängnisverhütender Mittel muß letzten Endes zu einer neuen Sexualmoral führen.«

Es gibt keine problematischen Kinder, meint Neill, sondern nur problematische Eltern. Für diese hat er sein Lehrbuch der freien Erziehung geschrieben. Haben sie den Mut, inmitten einer Gesellschaft, die aufs Leistungsprinzip eingeschworen ist und von einer Katastrophe in die andere taumelt, die

Glücksfähigkeit ihrer Kinder als einzigen Maßstab der Erziehung zu akzeptieren — und damit Menschen heranzubilden, die für totalitäre Systeme, für Folter und Krieg untauglich sind, dann müssen sie persönliche Opfer bringen. Die ersten Tage, Wochen, Monate und Jahre entscheiden über Entwicklungsmöglichkeiten und Charakter des Kindes. Es darf nicht allein gelassen werden, sich nicht »müde schreien«, muß alle Bedürfnisse dann befriedigen können, wenn es sie verspürt.
»Die ersten Jahre muß man nichts als wachsam sein, weil die ganze Umwelt unfrei ist und einen zwingt, sich bewußt und intensiv für das Kind einzusetzen. ›Das können Sie uns aber nicht antun!‹, werden manche Eltern sagen. ›Wir haben ja schließlich auch ein Recht im Leben!‹ Ich antworte: Nein, nicht in den ersten zwei oder sogar vier Lebensjahren Ihres Kindes.« Gegen Verwandte und Nachbarn muß das »Recht des Kleinkindes auf freie Entfaltung« verteidigt werden. »Das Kind bekommt zu essen, wenn es hungrig ist, es wird selber sauber und nur, weil es dies wünscht, es wird weder angebrüllt noch geschlagen, sondern immer geliebt und beschützt.« Wer das — aus inneren oder äußeren Gründen — nicht leisten kann, sollte besser keine Kinder in die Welt setzen. — Die älteren Kinder brauchen psychische Selbständigkeit gegenüber den Eltern; Mutterschaft ist keine Lebensaufgabe. Sie brauchen einen eigenen Raum, die Möglichkeit, ihr Leben unkontrolliert zu verbringen. Sie müssen ihre Kleidung selber wählen können, sie brauchen kein Nörgeln, keine Sprachzensur, kein Lektüreverbot. »Schlagen ist ein buchstäblicher Haß gegen den Körper mit all seinen Bedürfnissen und Begierden. Wenn Sie ihren eigenen Körper lieben, dann werden Sie dem Ihres Kindes keinen Schmerz zufügen wollen ... Zu Hause oder in der Schule Kinder zu schlagen, ist grundsätzlich das gleiche, wie in Belsen Juden zu foltern ... Prügelstrafe ist eine unbewußte sexuelle Perversion.« »Man kann vielleicht sogar sagen, daß eine strenge Familiendisziplin auf eine Kastrierung im weitesten Sinne abzielt: auf die Kastrierung des Lebens selbst. Kein gehorsames Kind kann je ein freier Mensch werden. Kein Kind, das wegen Onanie bestraft wurde, kann jemals volle orgastische Potenz entwickeln.« »Der Begriff sexuelle Aufklärung existiert, weil sexuelle Aktivität gehemmt und zu einem Geheimnis gemacht wird ... Das Kind ist nicht so sehr an Vatis Erklärung interessiert, daß er sein Pipi in das Pipi der Mutter steckt, als vielmehr daran, warum Vati das tut. Ein Kind, dem sexuelles Spiel erlaubt ist, hat diese Frage nicht nötig. Onanie befriedigt den Wunsch nach Glück ... Das Spiel mit den Genitalien muß als etwas Gutes, Normales und Gesundes akzeptiert werden. Jeder Unterdrückungsversuch ist gefährlich ... Beseitigung des Onanie-Schuldgefühls ist das

beste, was wir tun können, um aus einem Problemkind ein glückliches Kind zu machen.«

Neill unterstellt als »natürlich« das Verhalten von Mittelklassenkindern im England der Jahrhundertmitte, die bereits durch den Prägestock ihrer Herkunftsfamilien gegangen sind und später in Summerhill »freigelassen« wurden. Er reflektiert nicht, daß solche Kinder und ihre lange, arbeitsfreie Kindheit Produkte einer bestimmten Gesellschaft mit hoher Arbeitsproduktivität und langdauernder Sozialisation sind, — daß ihr Habitus einstweilen nur für die Kinder bestimmter sozialer Schichten typisch ist. Er beschreibt sie aber ohne Ressentiment und ohne Illusion: Kinder leben nur für die Gegenwart, sie verhalten sich egoistisch, lieben Lärm und Schmutz, haben keinen Sinn für Eigentum, Geld, für Sparen, für Theoretisches; sie sind pornographisch, haben kein Interesse an langweiliger körperlicher Arbeit, an den üblichen Schulfächern; sie sind Primitive, Kindheit ist Spielzeit. — Wo diese Faktizität nicht respektiert wird, wo sich diese kindliche Natur nicht ausleben kann, beginnt der Zwang.

Neill, der »den Himmel auf Erden haben möchte, nicht in den Wolken«, hält das tagträumende, introvertierte Kind für eine Fehlentwicklung. Sein Kriterium, nur *die* Träume seien wert, bewahrt zu werden, die man in Wirklichkeit umsetzen kann, ist positivistisch, denn über die Verwirklichungschance entscheidet nicht der träumende Einzelne, sondern der Stand der produktiven Kräfte. Ohne utopisches Denken, ohne »Introvertiertheit« gäbe es weder die Psychoanalyse noch Summerhill.

Ein anderer bedenklicher Punkt ist Neills Ablehnung des »Bücherwissens«. Die Ablehnung des Lernzwangs schießt hier übers Ziel hinaus. Zeitgenosse unserer Gesellschaft ist nur, wer die kulturelle Tradition rezipiert hat; diese aber lebt in Büchern fort. Das Prinzip des »Wachsenlassens« hat hier seine Grenze. Der »Primitive« wird nicht aus eigenen Stücken zum »Menschen«; es ist angewiesen aufs *»Vormachen«*, er braucht jemanden, der ihm — ohne Vergewaltigung — zeigt, vorlebt, wie man mit Brot und Wein, Menschen und Tieren, Musik und Literatur umgeht. Neills Plädoyer für die künftige Schneiderin, die man nicht unnötig mit quadratischen Gleichungen oder dem Boyleschen Gesetz quälen soll, ist anachronistisch. Die neue Gesellschaft braucht Schneiderinnen, die mathematisch-naturwissenschaftlich auf der Höhe ihrer Zeit leben, die Zugang zur literarischen Kultur haben und politische Strukturen durchschauen können. Anders bliebe den freien Menschen die Kontrolle über ihre Gesellschaft auf immer versagt!

Neills Lehrer waren Sigmund Freud, der Erzieher Homer Lane, der ähnlich wie Aichhorn mit kriminellen Jugendlichen arbeitete, und Wilhelm Reich, der Protagonist der »linken«

Freud-Schule. Ihre Theorien sind bei Neill zu pädagogischer Praxis geworden, und die Schilderung dieser Praxis, ihrer einfachen und verblüffenden Lösungen, macht den Reiz und die Bedeutung seines Buches aus. Destilliert man die Prinzipien der neuen Pädagogik aus den über 300 Seiten, so zeigt sich, daß die große atheistisch-materialistische Tradition der Aufklärung, die in die Psychoanalyse eingegangen ist, in Neills Praxis fortlebt:

1. »Der Mensch ist gut. Er will lieben und geliebt werden. Haß und Rebellion sind nur verhinderte Liebe . . .«
2. »Wir sind auf Seiten des Lebens — wir bejahen das Fleisch.«
3. »Es sind die Ideen der Nichteinmischung in das Heranwachsen des Kindes und des Verzichts auf jeglichen Druck, die Summerhill zu dem machen, was es ist.«
4. Moral erzeugt Unmoral, »das Gesetz erzeugt Verbrechen«. »Moralische Belehrung wirkt ihrem eigenen Ziel entgegen«, da sie das Verbotene fixiert und das Kind in einen lebenslänglichen, energieraubenden, vergeblichen Kampf gegen das einst Verbotene verwickelt. »Ich glaube, daß erst die moralischen Vorschriften ein Kind böse machen. Ich habe festgestellt, daß ein schlimmer Junge gut wird, wenn ich die Vorschriften, denen er unterworfen war, negiert habe.«
5. »Es gibt keinen Grausamkeitsinstinkt. Grausamkeit ist pervertierte Liebe.«
6. »Neurose ist das Ergebnis eines Konflikts zwischen Verboten und wirklichen Wünschen.« Psychoanalyse wirkt befreiend, weil sie einen immer größeren Teil des Unbewußten bewußt werden läßt. Neill fordert den Abbau der angsteinflößenden Zwangsmoral, die kritische Auflösung der Über-Ich-Instanz. »Ich finde, daß die Schwächung dieses unrichtigen Gewissens das Kind glücklicher und besser macht.«
7. Neill tritt für irreligiöse, ideologiefreie Erziehung ein: »Es ist die Pflicht der Eltern, dafür zu sorgen, daß keine Gespenster in die Seele des Kindes eindringen.« Religion unterdrückt, postuliert Sünde, wo es keine gibt. »Im Grunde ist Religion Furcht vor dem Leben, eine Flucht. Sie tut das Erdenleben als bloße Einleitung zu einem erfüllteren Leben im Jenseits ab. Mystizismus und Religion besagen, daß das Erdenleben ein Fiasko und der selbständige Mensch nicht gut genug ist, um die Erlösung zu erreichen. Freie Kinder halten das Leben jedoch nicht für ein Fiasko; denn niemand hat sie gelehrt, zum Leben nein zu sagen.«

»Man sagt mir immer: ›Wie sollen sich Ihre Schüler jemals der Plackerei des Lebens anpassen?‹ — Ich hoffe, daß diese freien Kinder als Pioniere bei der *Abschaffung* der Plackerei vorangehen werden.« (21. 9. 1965)

Innen und Außen — sozialpsychologisch[1]

Der status quo ist umstritten. Wer die Scheuklappen sozial gesteuerter, selektiver Wahrnehmung abnehmen lernt, wird dessen inne, daß das allen gemeinsame Bild der sozialen Wirklichkeit eine trügerische Komposition darstellt, deren Einheitlichkeit mittels Ausblendungen und Verleugnungen hergestellt wird. Sie gleicht einer Landkarte, die wohl die Kontinente, nicht aber die Meere zeigt. Es ist das Geheimnis des status quo, daß Millionen von Menschen in ihm nur leben können, indem sie eine beschränkte, aber »heile« Welt auf die bedrohliche, irrationale, schwer verständliche ganze Wirklichkeit projizieren. Die Realität, deren wir uns durch Verleugnung und Überblendung wie Kinder zu erwehren trachten, zerfällt dem naiven Blick in eine äußere, »objektive«, und eine innere — die Welt unserer Wünsche, Gefühle, Leiden und Freuden. Jede Fälschung der Wahrnehmung trifft beide Sphären: Wir wissen um so weniger von uns selbst, je weniger wir uns getrauen, die Außenwelt anzuschauen, und unser Verständnis der sozialen Realität endet, wo wir uns den Blick nach Innen, auf uns selbst, versagen müssen. Was wir verleugnen, verleugnen wir aus Angst, und was wir nicht zur Kenntnis nehmen können, bedroht uns übermächtig. Zur menschlichen Realität des Landes, das den meisten ausländischen Besuchern eine fröhliche, leistungsfähige Jugend, neue Straßen, Sauberkeit und Ordnung präsentierte, gehörten im Olympiajahr 1936 auch die Lager für die Oppostion, die eingefrorenen Löhne der Arbeiter, die wachsende Produktion von Destruktionsmitteln; in der UdSSR bildeten gleichzeitig die »demokratischste Verfassung der Welt« und die Moskauer Schauprozesse widersprüchliche Komponenten der damaligen sowjetischen Wirklichkeit. Die meisten Reisenden schrieben nur über den freundlichen Aspekt, den sie von beiden Ländern gewannen, und taten ihr Möglichstes, mit seiner Hilfe den unerfreulichen Rest der Wirklichkeit zum Verschwinden zu bringen. 1969 gehört zur Waldeseinsamkeit im deutschen Mittelgebirge nicht nur das Reh im Tann und das Buchengrün, sondern — als Komplement — der Radarschirm, der sich lautlos über Bergen und Tälern dreht. Abends starren Millionen Men-

[1] Notizen bei der Lektüre von Angriffen in der Provinzpresse auf die pädagogisch-politische Arbeit des »Landesjugendhofs Dörnberg«.

schen auf Bilder, die sich von Dürers Mutter und van Goghs Bäumen, vom Porträt des Großvaters und allem, was sonst noch an deutschen Wänden hängen mag, radikal unterscheiden. Millionen gucken durch die Informationslöcher der Fernsehgeräte wie durch Kanäle allabendlich in konkurrierende Wirklichkeiten, die die sichere Teilwelt, das allen gemeinsame Bild unserer Wirklichkeit relativieren. Und es kostet sie große Anstrengungen, die Realität, die Gleichzeitigkeit dieser Bilder von Hunger und Elend, Folter und Krieg, die über die Kommunikationskanäle zu uns kommen, zu leugnen, sie den übrigen erfundenen Spielen, fiktiven Abenteuern gleichzustellen.

Das zur ganzen Wirklichkeit aufgespreizte, mit unserem Seelenfrieden verträgliche Bild der Realität ist wahrlich bedrohlich. Es beruht auf einer (kollektiven) Schwächung jener Instanz, die uns um so mehr Selbständigkeit verschafft, je besser sie ihrer Funktion, der Realitätsprüfung, gerecht wird: des Ichs. Es ist Träger des Bewußtseins, und nur, was uns zu Bewußtsein kommt, ist von uns kontrollierbar, statt uns als vis a tergo gewaltsam anzutreiben. Die Verleugnung derjenigen Teile der Wirklichkeit, die unsere habitualisierten Verhaltensweisen in Frage stellen, verleiht dem, was im Schatten des Bewußtseins liegt, unkontrollierbare Übermacht. Die ältere Generation hat ihren Frieden mit dem »Dritten Reich« gemacht, indem sie bis heute darauf verzichtet, dessen »Schattenseiten« zur Kenntnis zu nehmen. Freilich waren die Schattenseiten das Wesen der Sache. Die jetzt bestimmende Generation tut alles, um den Preis zu leugnen, der für die Fortexistenz der sattmachenden, restaurativen Ordnung gezahlt werden muß. Die Minderheit der außerparlamentarischen Opposition kennt den Preis, und er ist zu hoch. Die Scherben, die sie gelegentlich produziert, sind die Gestehungskosten für Löcher im Gehäuse der allen gemeinsamen Welt, durch die der Blick auf die unerfreulichen, konkurrierenden Realitäten fallen soll, statt an den spiegelnden Fassaden abzugleiten. Ein Zustand wird wesentlich durch seine Extreme definiert; und *nur das Ganze ist das Wahre.*

Beide, die zugelassene wie die verleugnete Wirklichkeit, die gemeinsam – in ihrem Gegensatz – erst die Realität ausmachen, verdecken ihrerseits die Dimension ihrer Entstehung und ihrer Zukunft. Menschliche Wirklichkeit ist, so wie sie hier und jetzt besteht, hervorgegangen aus den Kämpfen von Klassen-Individuen um die bessere (und schlechtere) Möglichkeit des Lebens. Die hier und jetzt herrschenden Formen des Verhaltens, Fühlens und Denkens stehen als Sieger anstelle eines Multiversums alternativer Möglichkeiten menschlichen Lebens. Der status quo ist die Verhinderung aller seiner Alternativen. Und der Kampf der Generationen und der sozialen

Klassen geht wesentlich darum, die eingefahrene Lebensweise, die je bestehende soziale Lebenswelt zugunsten der durch sie hintangehaltenen Möglichkeiten größerer Freiheit, intensiveren Glücks aus den Angeln zu heben.

Es ist die Erfahrung der Geschichte unseres Jahrhunderts, daß wir mit aller Kraft daran arbeiten müssen, die Leugnung der »Schattenseiten« unserer sozialen Wirklichkeit zu durchbrechen, wenn das verhohlene Unwesen seine Wirklichkeit nicht in neuen barbarischen Durchbrüchen behaupten soll; und: daß uns vor solchen »Rückfällen« nur jene »Fortschritte« bewahren, die ohne unser Zutun nicht zustandekommen.

Politisch-pädagogischen Experimenten, die darauf abzielen, politische Apathie, Realitätsblindheit und Illusionen zu attackieren, antworten soziale Abwehrmechanismen, die die kollektive Illusion der heilen Welt verteidigen sollen. Im provinziellen Milieu werden jene Individuen zu Sprechern der nichtöffentlichen Meinung, deren prekäres psychisches Gleichgewicht sie gegen jederlei Modifikation der Realitätswahrnehmung hoch empfindlich macht. Sie bekämpfen – um ihrer Selbsterhaltung willen, denn jede Änderung der Welt- und Personperspektive jagt sie in Angst und Schrecken – jede nonkonforme Regung, erfüllt von Furcht vor der Freiheit. Aber es läßt sich zeigen, daß nur die rasche Entfaltung nonkonformer Denk- und Verhaltensformen bei der jüngeren Generation eine Chance bietet, jenen Regressionen, die sich ereignen, wenn alles seinen »normalen« Gang geht, zu entgehen.

Der status quo umfaßt die politische wie die psychische Realität. Seine zwangshaften Verteidiger haben ein gutes Gespür dafür. Sie sitzen als Spinne im Netz, und wo immer am einheitlich strukturierten Gewebe der herrschenden Wirklichkeit gerissen wird, erscheinen sie, um den Anfängen zu wehren. Ob der Angriff der verhängnisvollen politischen Apathie oder der ebenso verhängnisvollen, geltenden Sexualmoral gilt – sie sind zur Stelle, überzeugt vom Zusammenhang beider Formen der Praxis. Und hierin haben sie recht: Logos und Eros sind in der Tat Feinde des status quo, der beide in Fesseln schlägt.

(1969)

Eine neue Wissenssoziologie[1]

Berger und Luckmann haben ein schon vor mehreren Jahren in der »Sozialen Welt« skizziertes Projekt[2] ausgeführt und — unter dem Namen einer »Wissenssoziologie« — eine allgemeine soziologische Theorie der gesellschaftlichen Wirklichkeit (genauer: ihrer Konstitution durch sinnhafte, objektivierende Interaktionen) vorgelegt, deren Taufpaten Alfred Schütz, Karl Marx und George Herbert Mead heißen. Es handelt sich, im Unterschied zur älteren deutschen Wissenssoziologie Schelers oder Mannheims, die eine Enklave interessefreier, gültiger Erkenntnis vorm Ideologieverdacht zu retten suchten, um »eine Wissenssoziologie des guten Gewissens« (so Helmut Plessner in seinem Vorwort, S. XVI), — vielleicht eines allzu guten Gewissens Marx gegenüber. Wollen die Autoren doch verstehende (Max Weber) und nichtverstehende (Emile Durkheim) Soziologie »vereinigen . . . ohne die innere Logik beider anzutasten« (S. 197). Solche Vereinigung erscheint ihnen als möglich im Medium einer phänomenologischen Analyse der »Urphänomene des gesellschaftlichen Seins« (Schütz), der *Verdinglichung* als »Modalität des Bewußtseins« (S. 96), als Fehlinterpretation gilt, die in der Generationenfolge sich einstellt, sobald der »ursprüngliche Sinn« der tradierten (internalisierten) Institutionen nicht mehr bekannt ist (cf. S 62 ff.). Ihr Unternehmen, die soziale Konstitution der Wirklichkeit phänomenologisch zu rekonstruieren, kennzeichnen die beiden Autoren zu Recht als »Erbe philosophischer Fragestellungen« (S. 201), die, nachdem die philosophische Zunft das Interesse daran verloren hat, der Soziologie zugefallen sind. Das von der Philosophie ererbte »Wirklichkeitsproblem« ist aber nicht nur ein sachliches, bezeichnet nicht nur ein Thema, sondern ebensowohl ein Methodenproblem: Wie läßt sich soziale Realität adäquat beschreiben und analysieren. Dieser Teil des Erbes bleibt undiskutiert: »In unserer ganzen Studie haben wir jede erkenntnistheoretische und methodologische Frage nach den Möglichkeiten soziologischer Analyse entschlossen unterlassen . . .« (S. 15)

[1] Zu: Peter L. Berger und Thomas Luckmann, Die gesellschaftliche Konstruktion der Wirklichkeit. Eine Theorie der Wissenssoziologie. (Mit einer Einleitung von Helmuth Plessner.) Frankfurt (Fischer) 1969.

[2] P. L. Berger und Stanley Pullberg: Verdinglichung und die soziologische Kritik des Bewußtseins, in: Soziale Welt, 16, 1965, S. 97–112.

Das phänomenologische Verfahren, durch Bewußtseinsanalyse den Aufbau der sozialen Welt zu rekonstruieren, setzt bei der Alltagswelt an, die – in Zonen abnehmender Relevanz – »um das ›Hier‹ meines Körpers und das ›Jetzt‹ meiner Gegenwart herum angeordnet« ist; sie gilt als »Wirklichkeit par excellence« (S. 24 f.). Der eigene Leib ist in doppelter Weise (»exzentrisch«) gegeben: Wir sind Leib und haben ihn (S. 53). Die damit gesetzte menschliche Weltoffenheit wird durch Habitualisierung und Institutionalisierung von Handlungen kompensiert. »Die Vis-à-vis-Situation ist der Prototyp aller gesellschaftlichen Interaktion« (S. 31). Die intersubjektive Alltagswelt, deren Sosein wesentlich von pragmatischen Motiven bestimmt ist, ist sprachlich verfaßt. Im gemeinsamen Horizont der Routinewelt stehen sprachliche Typisierungen zur Verfügung, mit deren Hilfe »ich den Anderen erfassen und behandeln kann« (S. 33), und durch deren Vermittlung sich Individualität (in einem komplizierten Spiegelungsprozeß) erfährt und bekundet. Einmal verfestigte Handlungszusammenhänge (Institutionen) werden durch Legitimationen, die die von den Handelnden entworfenen symbolischen Sinnwelten stützen und integrieren, in ihrem Bestand (gegenüber konkurrierenden Wirklichkeitsentwürfen) gesichert. In der Generationenfolge spielt sich eine gesellschaftliche Fundamentaldialektik ein, als deren Momente sich die Entäußerung subjektiv gemeinten Sinnes (die »Produktion« von »Gesellschaft«), die Objektivierung und »Entfremdung« dieser Produkte zu naturförmiger Sozietät und die Internalisierung dieser »selbst«-produzierten Objektivität angeben lassen (S. 65). Das Bild der sozialen Wirklichkeit, wie es aus solchen Analysen sich aufbaut, wird vielfältig ergänzt (und oft nachträglich korrigiert) durch Einsichten der philosophischen Anthropologie (Plessners) und von außen herangetragene historisch-materialistische Kategorien.

Der »Theorie« wie den von ihr beschriebenen vergesellschafteten Menschen gilt die »alltägliche Wirklichkeit« als »oberste Wirklichkeit« (S. 24, 105, passim), ihre imperiale Präsenz wird als stärkste Evidenz erfahren. Tragende Säule der Alltagswelt und der »natürlichen« Erfahrung ihrer Wirklichkeit ist das symbolische Zeichensystem der Sprache. Deren generalisierende Kraft vermittelt individuelle und allgemeine Erfahrung. Sie determiniert das Sensorium der Subjekte und »verwirklicht« die soziale Welt, indem sie sie begreift und »erzeugt« (S. 164). Sprache wird bei den Analysen der Autoren in gleichsam fertiger Gestalt vorausgesetzt, ihre Genese aus Zusammenhängen der Praxis wird nicht analysiert (abgesehen von einem Hinweis auf die »instrumentale Grundlage« der [Reiter-]Sprache). Die sprachlich verfaßte Alltagswelt um-

hüllt als oberste Realität sogar die umgrenzten »Sinnprovinzen« von Kunst und Religion. Ihr Anspruch ist total. »Ihre Grenzen sind markiert durch fest umzirkelte Bedeutungs- und Erfahrungsweisen« (S. 28). Vielfältig sind die Techniken der Verteidigung des status quo dieser unproblematisch gehaltenen Alltagswelt und ihrer Legitimationen; als die wichtigsten nennen die Verfasser »Therapie« und »Nihilierung« (Seite 121ff.). Die im »natürlichen« Alltagswissen gegebene soziale Lebenswelt erscheint als *eindimensional.* Wie eine soziologische Theorie, die das Alltagswissen als »oberste Wirklichkeit«, als Matrix aller übrigen Wissensformen akzeptiert, zu einer »Kritik des Bewußtseins . . . das den Inhalt des Alltagslebens ausmacht«, kommt (Berger und Pullberg, a.a.O., S. 112), bleibt ungeklärt. Chancen der »Entverdinglichung« (S. 98), eines kollektiven Ausbruchs aus dem Reich der Verdinglichung und der Pseudokonkretheit, der »wirklichsten aller möglichen Welten« (S. 160), sehen Berger und Pullberg in Situationen katastrophischer Desintegration von Gesellschaftsstrukturen, im durch das Zusammentreffen zweier Kulturen ausgelösten »Schock« und in der möglichen katalysatorischen Wirkung, die von gesellschaftlichen Randgruppen ausgeht (Berger und Pullberg, S. 109 f.) — allgemein in »erfolgloser Sozialisation« (S. 175), die zu einer Inkongruenz von objektiver und subjektiver Wirklichkeit führt, die freilich in der Regel keine »strukturellen Folgen« zeitigt, »weil dieser Asymmetrie eine gesellschaftliche Basis fehlt . . .« (S. 177) Ohne den materialistischen Kontext, dem Kategorien wie »Basis«, »Arbeitsteilung«, ja gelegentlich »Klasse« entlehnt sind, bleiben solche Hinweise freilich abstrakt; sie gewinnen für die ausgeführte Theorie kaum Relevanz. Im Kapitel über »Organismus und Identität« (S. 191 ff.) wird dann als ein Korrektiv des eindimensionalen Gesellschaftsbildes angeführt, daß der Organismus dem Sozialisationszugriff der gesellschaftlichen Wirklichkeit Grenzen setzt: »Was die innere Seite betrifft, so zeigt sich die Dialektik als Widerstand des biologischen Substrats gegen seine gesellschaftliche Formung« (S. 194).
Führt ihre Analyse vom subjektiven Bewußtsein her Berger und Luckmann mit Notwendigkeit auf ein Verhältnis von Individuum und Gesellschaft, wie Durkheims Soziologie es paradigmatisch formulierte, so halten sie methodologisch gleichwohl am Postulat potentieller Verstehbarkeit der »von Menschen produzierten Wirklichkeit« fest (S. 64). Es entspringt ihrem (methodologisch nicht diskutierten) phänomenologischen Verfahren der Bewußtseinsanalyse und soll die — wie immer aktuell unzugängliche — Wahrheit gegenüber einer Ideologie der naturförmigen Sozietät festhalten. Ihrer eigenen Theorie zufolge ist der soziale status quo die organisierte Ver-

hinderung aller seiner Alternativen. Die Verstehbarkeit der sozialen Institutionen endet, wo die Grenzen der allen gemeinsamen Wirklichkeit durch Gewalt und Verdrängung aufrechterhalten werden, sie bleibt partikular: »Obgleich der gesellschaftliche Wissensvorrat die Alltagswelt integriert und nach Zonen der Vertrautheit und Fremdheit differenziert darbietet, macht er sie *als Ganzes* doch *nicht durchsichtig* ... Es geht immer etwas ›hinter meinem Rücken‹ vor ... Mein Alltagswissen ist wie ein Instrument, mit dem ich mir einen Pfad durch den Urwald schneide. Er wirft einen schmalen Lichtkegel auf das, was gerade vor mir liegt und mich unmittelbar umgibt. Überall sonst herrscht weiter Dunkelheit« (S. 46; meine Hervorhebung).

Gesellschaftliche Wirklichkeit ist ein Projekt, eine kollektiv akzeptierte Deutung. Abweichler und Randgruppen mögen sie in Frage stellen. Sollten sie sich durchsetzen, wäre eine allgemeine Re-Interpretation der Realität denkbar. Da diese konkurrierenden Deutungen sich nur dadurch voneinander unterscheiden, wie gut sie institutionalisiert sind und von wie vielen sie geteilt werden, ihr fundamentum in re dagegen allenfalls vage angedeutet wird (cf. S. 128 f.), ist nichts objektiv wahr oder falsch, verschmelzen die Begriffe Ideologie, Täuschung und Betrug. Es gibt kein *notwendig* falsches Bewußtsein. Verdinglichung ist nicht gerade ein anthropologischer Imperativ, wohl aber »die de facto Wirklichkeit der meisten sozio-historischen Situationen« (Berger und Pullberg, S. 109).

Das Postulat der Verstehbarkeit (»Da gesellschaftliche Wirklichkeit immer aus sinnhaften Handlungen besteht, behält sie ihren Sinn auch, wenn er dem Individuum jeweils undurchsichtig ist«, S. 64) verkennt, daß menschliche Geschichte noch keine bloßen Geistes, subjektiv vermeinten Sinnes und seiner Verkennung ist, sondern Naturgeschichte, deren wesentliche Strukturen sich noch immer jenseits des Alltagswissens konfigurieren, als soziale »Naturgesetze« und »objektive« Entwicklungstendenzen ohne Wissen und Zutun der Betroffenen sich durchsetzen, wo statt Kommunikation Sprachlosigkeit, statt Realitätsprüfung Verdrängung herrscht. Freud, der Psychologe, hat in Gestalt der Psychoanalyse (die von Berger und Luckmann vorschnell samt anderen »Therapien« dem Verteidigungsinstrumentarium des status quo zugeschlagen wird) ein konkreteres Modell der »Fundamentaldialektik« von Naturgeschichte, provozierter Reflexion und politischer Praxis entworfen, als es der neuen Wissenssoziologie gelungen ist.

(6. 10. 1969)

Psychoanalyse als kritische Theorie[1]

1. Gegenstand der psychoanalytischen Psychologie wie der Theorie der Gesellschaft sind die (in historisch-spezifischer Weise) vergesellschafteten Individuen. »Gesellschaft« ist der Inbegriff jener *Verhältnisse,* die die in ihrer Auseinandersetzung mit der äußeren Natur arbeitsteilig kooperierenden Menschen je nach dem Entwicklungsstand der produktiven Kräfte miteinander eingehen müssen: Verhältnisse, die Ungleichheit, Herrschaft und Knechtschaft fixieren — in der modernen Gesellschaft in der Form von Tauschverhältnissen. Die moderne bürgerliche Produktionsweise ist bestimmt durch Gesetze des Austauschs, und der Austausch dient der Aneignung des Mehrprodukts. Diese Verhältnisse realisieren die als Warenkäufer und -verkäufer auf dem Markt auftretenden Individuen unwissentlich. Und doch ist die *Form* ihres Bewußtseins selber von diesem ihrem bewußtlosen Tun abhängig. Das Bewußtsein der im Tauschverkehr stehenden Individuen wirft Licht auf die als Material technischer Beherrschung vergegenständlichte (äußere) Natur, nicht aber auf den gesellschaftlichen Zusammenhang, der diese Naturwissenschaft ermöglicht.[2] Gesellschaftliche Verhältnisse erhalten in der Folge der Generationen, die sie voneinander als Institutionen, Formen der Lebenspraxis übernehmen, den Charakter von Naturgegebenheiten. Die sie legitimierenden Traditionen (Illusionen, Ideologien) lassen die Genese der sozialen Welt aus dem Bewußtsein der Lebenden verschwinden, so daß ihnen erste (äußere) und zweite (gesellschaftliche) Natur ununterscheidbar zusammenfallen. Gesellschaft entsteht wie ein Korallenriff: durch Ablagerung; Generation auf Generation baut auf den Produkten der vorangehenden auf. Die Gliederung der Gesellschaft nach Klassen und Schichten, das sprachliche Schema der Weltauslegung, Institutionen der Natur- und Menschenbeherrschung werden jeweils schon vorgefunden, sind Bedingungen der Möglichkeit des Lebens, Denkens und Handelns der Folgegeneration. Deren Triebe, Fähigkeiten, Bedürfnisse werden in der Matrix schicht- und gesellschaftsspezifischer Sozialisationsagenturen primär struktu-

[1] Vgl. zur Begründung dieser Thesen den I. Teil meiner »Studien über Freud und die Freudsche Linke«. In: Libido und Gesellschaft. Frankfurt (Suhrkamp) 1973.
[2] Vgl. A. Sohn-Rethel, Geistige und körperliche Arbeit. Zur Theorie der gesellschaftlichen Synthesis. Frankfurt (Suhrkamp) 1970, S. 125 ff.

riert, partiell entwickelt, kultiviert, partiell unterdrückt; stets aber in Begriffen der (herrschenden und häretischen) Tradition interpretiert. In diesem Sinne kann man von einer gesellschaftlichen Ökonomie der Libido und Aggression sprechen.

2. Sozialisation gelingt nie total. Libido (und Aggression) sind primär a-soziale, im System kollektiver Selbsterhaltung nicht ohne Rest aufgehende Triebe, die sich auch in den realen oder illusionären Kompensationen, die (schichtspezifisch gestaffelt) zum kulturellen Inventar gehören, nicht erschöpfen. Soziale Institutionen lassen sich nicht unmittelbar auf Triebbedürfnisse (von denen wir nur durch sprachliche Interpretation wissen) zurückführen. Sie sind im Kampf um Selbsterhaltung gegenüber der Natur, die in der uns bekannten Geschichte an die Unterdrückung von Mehrheiten durch Minderheiten gebunden war, entstanden, — sind eher Schutzdämme gegenüber individuellen oder kollektiven Triebwünschen als deren Instrumente oder materialisierte Projektionen. Bestenfalls können sie als Kompromißlösungen zwischen Triebwünschen (der gesellschaftlich interpretierten inneren Natur) und Notwendigkeit (der gesellschaftlich vermittelten äußeren Natur) verstanden werden. In der Generationsfolge tritt der Zusammenhang mit individuellen Bedürfnissen noch weiter zurück. Die Triebwünsche der Nachgeborenen werden an die Triebwerke der kollektiven Selbsterhaltung jeweils bloß *angeschlossen*, werden partiell (und indirekt) mitbefriedigt, als gebrochene, verwandelte Lust, aufgehaltene Begierde, kanalisierte Aggression. Darum läßt Soziologie sich nicht auf (angewandte) Psychologie reduzieren, wie Freud glaubte; darum behauptet die Theorie der Gesellschaft in der Erklärung des gesellschaftlichen Schicksals den Vorrang gegenüber der Psychologie. Unsere Gesellschaft ist — wie alle ihre Vorgänger und Zeitgenossen — eine, in der es auf die einzelnen Menschen, ihre Antriebe, ihr Glück, ihre Vernunft, ihren Willen *noch nicht* ankommt. Die Weltgeschichte ist nicht der Boden des Glücks, lehrt Hegel. Freud pflichtet dem bei. Er formuliert die Einsicht, »daß jeder einzelne virtuell ein Feind der Kultur ist«[3]. Der reale Antagonismus zwischen Individuum und Gesellschaft bedingt die Inkongruenz, den Widerspruch von Psychologie und Gesellschaftstheorie.

3. Psychologie und Gesellschaftstheorie sind arbeitsteilig auf unterschiedliche Aspekte desselben »Objekts« (die unvollständig vergesellschafteten Individuen) konzentriert: Die eine richtet die Aufmerksamkeit auf die Bildungsprozesse von Individuen, deren »Natur« sich gegen Sozialisation sträubt — auf ihr Leiden und ihre innere, psychische Organisation (ihren in der Matrix bestimmter gesellschaftlicher Verhältnisse aus-

[3] Die Zukunft einer Illusion (1927). GW XIV, S. 326 f.

kristallisierten »Reizbewältigungsapparat«); die andere rekonstruiert den objektiven (d. h. im Rücken der Individuen, nicht ohne ihr Zutun, aber plan- und bewußtlos sich herstellenden) Zusammenhang der Institutionen von Arbeit, Herrschaft und Sozialisation – die versteinerten Verhältnisse, in die die Klassenindividuen eingespannt sind, die Entwicklungstendenzen der Gesellschaft und die Chancen, den vorgegebenen institutionellen Rahmen (Privateigentum an Produktionsmitteln, bürgerliche Familie, Nationalstaat) umzubauen. Gesellschaftstheorie erzählt die Geschichte der Entstehung, Entwicklung und Krise der bürgerlichen (Aneignungs-)Gesellschaft, analysiert die Prinzipien der Organisation dieser spezifischen Form von Vergesellschaftung und macht den unterdrückten Klassen Situationen und Institutionen kenntlich, die sie für eine qualitative Änderung der eigenen wie der allgemeinen Lebenspraxis nutzen können.

4. Freud, der Psychologe, verfolgt die Bildungsgeschichten von Individuen zurück auf die familäre Matrix und begnügt sich mit einer *allgemeinen* Geschichtstheorie, die er aus der Projektion von aus Patientenbiographien erschlossenen typischen frühkindlichen Konflikten auf den dunklen Horizont der Frühgeschichte der Menschengattung gewinnt. Diese projektive Geschichtsphilosophie gestattet zwar, die bisherige Geschichte der Menschheit als eine Geschichte der Unterdrückung, als *Mordgeschichte*, als Geschichte befreiender Untaten und kollektiver Regressionen zu charakterisieren, entbehrt aber unmittelbar jeder historischen Spezifität. Freuds Psychologie sagt uns nichts über die kapitalistische Produktionsweise und deren Entwicklungstendenzen, ist sozialhistorisch unaufgeklärt – aber sie sagt viel darüber, was unter diesen Gesellschaftsverhältnissen aus den Menschen wird.

Freuds Psychologie ist ein Stück *indirekter* Geschichtsschreibung der bürgerlichen Gesellschaft. So sehr sie sich selbst als *allgemeine* Theorie versteht, so deutlich führt sie ihren historischen Index mit. Aufschlußreich dafür ist etwa die Passage aus den für Freuds gesamte Theorie höchst wichtigen beiden ersten Kapiteln von »Die Zukunft einer Illusion«, in denen er exemplarisch den theoretischen Übergang von Ökonomie zu Psychologie vollzieht (a.a.O., S. 330) und die Verschränkung der »beiden Richtungen« der Kultur (a.a.O., S. 326), der produktiven Kräfte und der Produktionsverhältnisse, durch drei Argumente verständlich macht: a) durch den Hinweis auf die Kulturfeindschaft der Individuen, b) durch den Hinweis auf die Abhängigkeit der jeweils möglichen Triebbefriedigung vom Stand der Naturbeherrschung, und schließlich c) durch den Hinweis darauf, daß »der einzelne Mensch *selbst* zu einem anderen *in die Beziehung eines Gutes treten kann*, insofern

dieser seine Arbeitskraft benützt oder ihn zum Sexualobjekt nimmt« (a.a.O.; von mir hervorgehoben). Mit der Formulierung dieser Möglichkeit, die Freud schlechthin als gegeben unterstellt, erweist sich seine psychologische Theorie der vergesellschafteten Individuen als spezifisch moderne. Denn die allgemeine Möglichkeit, daß Menschen auf dem Warenmarkt selber als Waren auftreten — also die Existenz frei verfügbarer Arbeitskraft —, ist die sozialhistorische Basis der kapitalistischen Entwicklung; und die Analyse der Warenform der menschlichen Arbeitsprodukte liefert, sobald sie auf die eigentümliche »Ware Arbeitskraft« ausgedehnt wird, den Schlüssel zum Verständnis der kapitalistischen Produktionsweise und ihres Schicksals. Freud erzählt die Geschichte der erzwungenen Selbst-Instrumentalisierung der Menschen des kapitalistischen Zeitalters, der formell freien Lohnarbeiter und ihrer in innerweltlicher Askese Kapital akkumulierenden Unternehmer-Herren, als Geschichte der fortschreitend rigider gefaßten kulturellen Sexualmoral bzw. des wachsenden Unbehagens in der Kultur.
Die psychoanalytische Therapie entstand historisch offenbar als eine Reaktion auf die anthropologischen Folgen des Niedergangs des kleinen und mittleren Eigentums. In den ersten Jahrhunderten der kapitalistischen Entwicklung entstand, von den großen bürgerlichen Freiheitsbewegungen gefördert, das kleine und mittlere Privateigentum, das den Eigentümern — jenseits von feudaler Abhängigkeit — historisch erstmals in großem Maßstab individuelle *Selbständigkeit*, Autonomie (gegenüber Grund und Boden, Herrengunst, Privilegien und Tradition) gewährte und ihre individuelle Existenz ebenso wie die der Tauschgesellschaft insgesamt faktisch in ihre Hände legte. Alle Begriffe, mit denen wir von »Persönlichkeit« sprechen, mit denen wir uns selbst verstehen (Autonomie, Gewissen, Selbständigkeit, Spontaneität, freier Wille — in der psychoanalytischen Theorie besonders die Begriffe der Ich-Psychologie) entstammen (in ihrer heutigen Bedeutung) jener Phase der kapitalistischen Entwicklung. Mit der schwindenden gesellschaftlichen Bedeutung des kleinen und mittleren Eigentums verloren diese Selbstinterpretationen ihre reale Basis und lebten als Ideologie, als »cultural lag« fort — im Ichideal von Bürgern, die weder der autonomen Selbsterhaltung mehr fähig, noch dessen mehr sicher sein durften, daß ihre »solipsistische« Wirtschaftspraxis automatisch zum sozialen Fortschritt, zum harmonischen Anwachsen des gesellschaftlichen Reichtums führen werde. Die durch die Entwicklung der Gesellschaft hervorgebrachte Diskrepanz zwischen Selbstverständnis und Lebenspraxis, zwischen Autonomieforderung und realer Ohnmacht, gibt den Rahmen ab, in dem die individuellen Neurosen sich entfalten, als deren gemeinsamen

Nenner Fenichel, Nunberg und andere die »Ich-Schwäche« erkannt haben.

5. Psychoanalyse und Theorie der Gesellschaft sind nur als *kritische* Theorien möglich. Sie entzünden sich am Konflikt der seelischen Instanzen bzw. der sozialen Klassen. Beide verstoßen gegen den »gesunden Menschenverstand«, den Engels (mit Hegel) den »ärgsten Metaphysiker« nannte – der die vielfältig vermittelten Erscheinungen des sozialen und psychischen Lebens zum Nennwert nimmt, in einer Welt ein für allemal fixierter Daten und gültiger Bedeutungen zu Hause ist und die Frage nach den Hintergründen der ihm vertrauten Erscheinungen, nach den Faktoren hinter den Fakten, für eine hinterwäldlerisch-metaphysische hält, da sie ihm keinen unmittelbaren Nutzen bringt. Freud degradiert den König im Reiche des bon sens, das bewußte Ich, zum hochstaplerischen Clown: »Das Ich spielt ... die lächerliche Rolle des dummen August im Zirkus, der den Zuschauern durch seine Gesten die Überzeugung beibringen will, daß sich alle Veränderungen in der Manège nur infolge seines Kommandos vollziehen. Aber nur die Jüngsten unter den Zuschauern schenken ihm Glauben.«[4] Die manifesten Trauminhalte, die faktischen Fehlleistungen erweisen sich vor dem analytischen Blick als verhüllender Schein, als (verräterische) Endresultate komplizierter psychischer Prozesse, die in diesen Produktionen selbst unkenntlich geworden sind. Was dem gesunden Menschenverstand der allernatürlichste, unbegriffene und fraglos geltende Sachverhalt ist – daß Dinge (Produkte) und Menschen (Produzenten) als Waren gehandelt werden –, wird in der Marxschen Theorie zum Ausgangspunkt einer Analyse, die hinter dem Warenfetischismus den geschichtlichen Kampf sozialer Klassen aufdeckt, von dem in der (klassischen wie modernen) politischen Ökonomie nicht die Rede ist. Aus der Widerspruchsanalyse der Traumtexte und Alltagsrationalisierungen bzw. aus den Texten der klassischen politischen Ökonomie, in denen die bürgerlich-kapitalistische Gesellschaft erstmals zu einem (ökonomisch beschränkten) Bewußtsein ihrer selbst kam – aus der Analyse also des ideologischen (falschen) Bewußtseins gewinnen kritische Theorien in immanenter Kritik das *wahre*. Ausgangspunkt sind nicht so sehr Fakten als Interpretationen und Vorstellungen: der Traum und die freien Assoziationen bzw. die (unvermeidlichen) Selbsttäuschungen der großen bürgerlichen Ökonomen. Das verkennen die populären Fehlinterpretationen der Psychoanalyse (etwa die naturalistische Auffassung der »Triebe«) und des historischen Materialismus (etwa die Abbildtheorie). Nur wo es notwendig falsches Bewußtsein gibt, kann durch Kritik Wahrheit entstehen.

[4] S. Freud, Zur Geschichte der psychoanalytischen Bewegung (1914); GW X, S. 97.

Die beiden kritischen Theorien analysieren ihren Gegenstand als Objekt unter psychologischen bzw. gesellschaftlichen Naturgesetzen. Der ätiologische Zusammenhang zwischen Traumen und Symptomen läßt sich ebenso in allgemeinen Wenn-Dann-Sätzen (»Gesetzen«) formulieren wie der tendenzielle Fall der Profitrate oder der Ablauf des Krisenzyklus. Beide Theorien zielen aber nicht auf die technische Manipulation ihrer Gegenstände vermöge der Kenntnis von Gesetzen ab, sondern fassen diese Gesetze als solche auf, die auf der *Bewußtlosigkeit* der Beteiligten[5] beruhen. Ihre Anstrengung geht darauf, die Theorie selbst (eine unzureichende, doch einstweilen gültige Formulierung eines defizienten Modus jenes Objekts, dessen Eigentümlichkeit es ist, daß es unter günstigen Umständen Subjekt werden kann, womit die Anfangsbedingung – Bewußtlosigkeit – verändert ist, an deren Existenz die Wirkung der Gesetzmäßigkeit gebunden ist) ins Bewußtsein der Objekt-Subjekte der Neurosen wie der Waren einwandern zu lassen – mittels Aufklärung bzw. politischer Aktion. Die Aufklärung über den Zustand selbst-»verschuldeter« Unmündigkeit soll – im Bunde mit dem psychischen und sozialen Leidensdruck – dazu führen, diesen Zustand, der so miserabel ist, daß er der Illusion bedarf, aufzuheben. Ziel der kritischen Theorie ist demnach, die den von ihnen konstatierten Gesetzmäßigkeiten einer gesellschaftlich-unbewußt hergestellten *Pseudonatur* Unterworfenen dem Bann jener Gesetze durch methodische Aufklärung zu entziehen. Psychoanalyse wie Gesellschaftsanalyse möchten die denkenden und leidenden Menschen, deren Bündnis allein die Kraft entwickeln kann, die Einrichtung des gesellschaftlichen Lebens qualitativ zu ändern, dazu anleiten, die *Verdinglichungen* des persönlichen wie des kollektiven Lebens zuerst kritisch-antizipatorisch, dann auch praktisch aufzuheben; die Fetische des Über-Ichs wie die des Markts und des Staates respektlos betrachten zu lernen; die Routinezwänge der Abwehrmechanismen wie der politischen Apathie zu durchschauen, um sie abzuschütteln und die Herrschaft über die eigenen unter dem Druck der Notwendigkeit verselbständigten Produkte wieder zu erringen.

Die Verdinglichungen des individuellen psychischen Lebens nennt Freud Neurosen (Privat-Religionen), die des kollektiven sind ihm verallgemeinerte, gesellschaftlich geltende Illusions-, also Wahnsysteme. Herrschende Religion des bürgerlichen Zeitalters blieb der christliche Monotheismus: die Glaubensgewißheit von der Existenz eines einzigen Gottes, der die Einheit in der Verschiedenheit, die Identität oder Gleichsetzung des Verschiedengestaltigen darstellt (die heilige Dreifal-

[5] F. Engels, Umrisse zu einer Kritik der Nationalökonomie (1844). Marx-Engels-Werke, Bd. 1, Berlin (Dietz) 1961, S. 515.

tigkeit); vor dem alle Menschen, so ungleich sie von Natur und Gesellschaft auch sein mögen, als gleich gelten; der ihr Herr und Schöpfer ist und dem sie sich demütig unterwerfen müssen.[6] Noch ganz abgesehen von den wirtschaftsethischen Gehalten, an denen Max Weber, Ernst Troeltsch und ihren Nachfolgern der Zusammenhang von Calvinismus und Luthertum mit dem »Geist des Kapitalismus« aufging, verraten schon diese wenigen Grundbestimmungen die strukturelle Identität der herrschenden Religion des bürgerlichen Zeitalters mit dem Modus bürgerlicher Vergesellschaftung. Ludwig Feuerbach, Moses Hess und Karl Marx haben auf den Zusammenhang zwischen dem christlichen Monotheismus und dem Geld als der reinen Wertform in dinglicher Gestalt, die die gesellschaftliche Synthesis in der kapitalistischen Aneignungsgesellschaft gewährleistet, hingewiesen. »Zellenform« der bürgerlichen Gesellschaft ist die Ware, die widersprüchliche Einheit von Gebrauchs- und Tauschwert. Die immaterielle Wertform der Waren stellt sich rein im Gelde dar, das sich gegen alle Dinge unter der Sonne austauscht, das die Tauschakte vermittelt, in denen stündlich millionenfach Ungleiches gleichgesetzt wird – im Wege einer praktischen Abstraktion, die die Tauschenden unwissentlich vollziehen.

6. Freuds Neurosenpsychologie ist in ihrem Kern selbst ein Stück Gesellschaftstheorie. Nichts ist darum unsinniger als die (gerade von »marxistischen« Autoren) stets wiederholten Versuche, mit der Psychoanalyse »fertig zu werden«, indem Freuds Kulturtheorie als phantastischer Übergriff in das Reich der Gesellschaftstheorie ohne nähere Prüfung verworfen und allenfalls der Kliniker und Therapeut Freud (mit gegewissen Vorbehalten) akzeptiert wird. Die Basis von Freuds Kulturtheorie liegt gerade in seinen scheinbar »nur« klinisch-technischen Schriften. Ist die Neurose wesentlich »Sprachzerstörung«[7], so heißt das, daß in jedem Verdrängungsakt Triebimpulse bewußtseins- und damit kommunikationsunfähig gemacht werden, die mit aktuellen Erfordernissen der individuellen Selbsterhaltung im Rahmen der jeweiligen gesellschaftlich konstituierten Realität konfligieren. Sofern es sich dabei um generelle Konflikte vom Typus des Ödipuskomplexes handelt, die für die Menschen bestimmter Kulturen wesentlich die gleichen sind, setzt sich in den scheinbar nur individuellen Neurosen die Vernunft kollektiver Selbsterhaltung durch. Gesellschaftliche Pseudonatur herrscht durch die symbolischen Mittel des Geistes[8], entzieht die anstößigen, mit der bestehenden Einrichtung von Gesellschaft und der Zurich-

[6] Vgl. im vorliegenden Band S. 215–223.
[7] Vgl. A. Lorenzer, Sprachzerstörung und Rekonstruktion. Frankfurt (Suhrkamp) 1970.
[8] J. Habermas, Erkenntnis und Interesse. Frankfurt (Suhrkamp) 1968, S. 312.

tung von Natur nicht ohne weiteres zu vereinbarenden, weitertreibenden Triebwünsche dem inneren Monolog der Individuen, der sich auf die (potentielle) Kommunikation aller Menschen stützt. Worüber man nicht mehr reden kann, davon muß man schweigen; was sich sprachlichem Ausdruck, dem Bewußtsein, der reflektierenden Bearbeitung entzieht, das herrscht wie blinde Natur und wird nur wie diese beherrscht. Psychoanalyse, die an der Rekonstruktion der unter sozialem Druck zerrissenen Bindungen zwischen Sach- und Wortvorstellungen (Freud), Primär- und Sekundärprozeß, Es und Ich arbeitet, ist subversiv.

Freuds Religionskritik ist Kritik an einem gesellschaftlich schon nicht mehr *notwendig* falschen Bewußtsein, an einer der objektiven Möglichkeit nach schon entbehrlich gewordenen Illusion. Der historisch mögliche Ausbruch aus dem religiös befangenen, vom Fetischkult (von Verdinglichung) bestimmten Bewußtsein wird (kollektiv-)neurotisch sistiert, kann aber therapeutisch gefördert werden. Der kollektive Verzicht auf Illusionen, für den Freud eintrat, die Ableitung der gesellschaftlichen Verhaltensregeln allein von der transparent gewordenen Notwendigkeit, die aus dem (jeweiligen) Kräfteverhältnis zwischen Natur und Gesellschaft resultiert, setzt freilich eine Gesellschaft voraus, die jenseits der Not, jenseits der klassenmäßigen Ungleichheit stünde, und darum auch der Notwendigkeit enthoben wäre, einen staatlichen Zwangsapparat und ein System ideologischer Pseudolegitimationen zu unterhalten. Solange ein solcher gesellschaftlicher Zustand nicht erreicht ist, hat die Illusion eine Zukunft, bleibt der psychoanalytische Ikonoklasmus ein sozial folgenloses Privileg weniger Auserwählter. Die psychoanalytische »Grundregel« der Mitteilung freier Assoziationen ist ein Vorgriff auf eine Assoziation freier Produzenten, in der alle Menschen miteinander angstfrei kommunizieren können, in der es keiner Tabus mehr bedarf, weil nicht mehr Not, Ungleichheit und Gewalt die Formen der Vergesellschaftung diktieren.

(15. 4. 1971)

Hinweise zu den Texten

Zur Geschichte der »Permanenten Revolution«. Einleitung zu L. Trotzki, Die permanente Revolution. Frankfurt (Neue Kritik) 1965, 1968, S. 1—XXIII. Ferner in: Trotzki, Ergebnisse und Perspektiven und Die permanente Revolution. Frankfurt (Europäische Verlagsanstalt) 1971.

Hoffen auf Kuba. In: Express International (Frankfurt), 1. 8. 1964.

Chruschtschow und die Künstler. In: Sozialistische Politik (Köln), 10. Jg., Nov./Dez. 1963, S. 12.

Der Sturz Chruschtschows. In: Neue Kritik (Frankfurt), 1964, Nr. 27, S. 3/4.

Prozesse — von Kirow bis Chruschtschow. In: Express International, 19. 12. 1964.

Die Zukunft des sowjetischen Kommunismus. (Aug./Sept. 1965; unveröffentlicht.)

Goldstücker und Kafka. Einleitung zu einem Vortrag Eduard Goldstückers anläßlich der Tschechoslowakischen Woche in Frankfurt am 9. 4. 1968. In: Express International, 6. 5. 1968.

»Das Kollektiv liegt schief«. In: Express International, 20. 8. 1968.

Die sowjetische Intervention in der ČSSR. In: Arbeiter Schüler Studenten Zeitung, Diskus-Extrablatt Nr. 5, Sept. 1968.

Parvus-Helphand: Revolutionär und Spekulant. In: Express International, 22. 2. 1965.

Was war »Nationalbolschewismus«? In: Gewerkschaftliche Monatshefte, Mai 1963, S. 293—297.

Zum Tode von Georg Lukács. In: Express International, 11. 6. 1971.

Trotzkis »Schriften über Deutschland« (1929—1940). Nachwort des Herausgebers in: Trotzki, Ges. Werke 1, Schriften über Deutschland (1929—1940), hg. von H. Dahmer, eingel. von E. Mandel. Frankfurt (Europäische Verlagsanstalt) 1971, 2. Halbband, S. 753 bis 759. (Auszug)

»Der Student von Prag«. In: Express International, 22. 1. 1964.

»Vietnam-Diskurs«. In: Express International, 6. 4. 1968.

Zeit haben ... wozu? In: Express International, 20. 3. 1964; ferner in: Sozialistische Politik, 12. Jg., 1965, Nr. 8/9.

Politisierung der »Unbefangenen«. In: Werkhefte, Oktober 1967; ferner in: Heidelberger Blätter, November 1967. Frz. in: Partisans, 1968, Nr. 41.

Thesen zur politischen Jugendbildungsarbeit der Gewerkschaften. In: Heidelberger Blätter, November 1967.

Schule und soziale Schichtung. Diskussionstext für ein schulsoziologisches Seminar an der TH Darmstadt im WS 1971/72. (Unveröffentlicht)

Politik im Unterricht. Rundfunkmanuskript für die Sendung »Ge-

danken zur Zeit«. Westdeutscher Rundfunk, 1. Programm, 20. 2. 1972.
»Emanzipation« und »Demokratisierung«. Diskussionstext für eine Veranstaltung im WS 1971/72. (Unveröffentlicht)
Ziele der außerparlamentarischen Opposition. Manuskript für einen Vortrag im Mai 1968. (Unveröffentlicht)
Die ApO und die sozialdemokratische Linke. In: JUSO Hessen-Süd. Zs. der hess. Jungsozialisten. 1969, Heft 1, S. 15—21.
Psychoanalyse und Marxismus. In: Psyche, 24. Jg., 1970, S. 172 bis 177. Ferner in: H.-U. Wehler (Hg.), Soziologie und Psychoanalyse. Stuttgart (Kohlhammer) 1972, S. 111—116. Engl. in: The Int. Journal of Psycho-Analysis, vol. 51, 1970, S. 40—42.
Psychologie und gesellschaftliche Wirklichkeit bei Otto Fenichel. Einleitung zu: Fenichel, Psychoanalyse und Gesellschaft. Aufsätze. Frankfurt (Roter Druckstock) 1972, S. 7—15.
Psychoanalytische Religionskritik — Freud und Jones. Nachwort zu: Ernest Jones, Zur Psychoanalyse der christlichen Religion. Frankfurt (Suhrkamp) 1970, S. 145—158.
Notizen zu Karl Abrahams psychoanalytischen Schriften. In: Neue Rundschau, 1969, Heft 4, S. 797—800.
Kassiber vom Marquis de Sade. In: Express International, 27. 7. 1965.
Sittlichkeit und Kriminalität. In: Express International, 18. 12. 1963.
Die Schule der Freiheit. In: Express International, 25. 9. 1965.
Innen und Außen — sozialpsychologisch. Geschrieben 1969, unveröffentlicht.
Eine neue Wissenssoziologie. In: Soziale Welt. Zs. f. sozialwissenschaftliche Forschung und Praxis (Göttingen). Jg. 21/22, 1970/71, Heft 1, S. 121—123.
Psychoanalyse als kritische Theorie. Vortrag vor dem Stuttgarter DGPT-Kongreß am 17. 4. 1971. Veröffentlicht in: Individuum und Gesellschaft, Stuttgart (Klett) 1973, S. 124—132. Ferner Anhang zu meinem Aufsatz: Wilhelm Reich. Seine Stellung zu Freud und Marx. In: Psyche, 26. Jg., 1972, S. 236—244, sowie in: H.-P. Gente (Hg.), Marxismus, Psychoanalyse, Sexpol. Bd. 2, Frankfurt (Fischer Taschenbuch Verlag) 1972, S. 103—111. Frz. in: Les Temps Modernes (Paris), 29. Jg., 1972, Nr. 314—315, S. 386—395.

Fischer Taschenbuch Verlag

›Informationen zur Zeit‹ — Darstellungen, Materialien, Analysen

Veränderung der Gesellschaft

Veränderung der Gesellschaft
Sechs konkrete Utopien
Hg. v. Hendrik Bussiek
Bd. 1092/Originalausgabe

Wege zur veränderten Gesellschaft
Politische Strategien
Hg. v. Hendrik Bussiek
Bd. 1205/Originalausgabe

Svetozar Stojanović
Kritik und Zukunft des Sozialismus
Bd. 1264

Weltfrieden und Revolution
Hg. v. Hans-Eckehard Bahr
Bd. 1102

Politik der BRD

Wilfried v. Bredow
Die unbewältigte Bundeswehr
Zur Perfektionierung eines Anachronismus
Bd. 1353/Originalausgabe

Peter Brückner
Freiheit, Gleichheit, Sicherheit
Von den Widersprüchen des Wohlstands
Bd. 1324

Harold Rasch
Politik mit dem Osten
Von der Abschreckung zum Frieden
Bd. 1165/Originalausgabe

Probleme der Arbeiterklasse

Anpassung oder Widerstand?
Gewerkschaften im autoritären Staat
Hg. v. Sven Papcke
Bd. 1094/Originalausgabe

Erwin Breßlein
Drushba! Freundschaft?
Von der Kommunistischen Jugendinternationale zu den Weltjugendfestspielen
Bd. 1358/Originalausgabe

Schwarzbuch: Ausländische Arbeiter
Hg. v. Siegmar Geiselberger
Bd. 1325/Originalausgabe

Gewerkschaften und Klassenkampf
Kritisches Jahrbuch 1972
Hg. v. O. Jacobi/W. Müller-Jentsch/E. Schmidt
Bd. 1312/Originalausgabe

Fischer Taschenbuch Verlag

Texte zur politischen Theorie und Praxis

Die Reihe sammelt Beiträge zur Bildung politischer Theorie und Reflexion politischer Praxis.

Autoren und Herausgeber gehen davon aus, daß Wissenschaft von der Gesellschaft neuer, selbstkritischer und differenzierter Entwürfe bedarf, wenn sie ihren emanzipatorischen Anspruch erfüllen soll.

Gleiss/Seidel/Abholz
Soziale Psychiatrie. Zur Ungleichheit in der psychiatrischen Versorgung. (Bd. 6511)

Walter Hollstein/Marianne Meinhold (Hg.)
Sozialarbeit unter kapitalistischen Produktionsbedingungen. (Bd. 6512)

Rolf-Peter Calliess
Theorie der Strafe im demokratischen und sozialen Rechtsstaat. (Bd. 6513)

In Vorbereitung:

Hubert Rottleuthner
Rechtswissenschaft als Sozialwissenschaft. (Bd. 6514)

Gerhard Grohs/Bassam Tibi (Hg.)
Zur Soziologie der Dekolonisation in Afrika. (Bd. 6516)

In Planung:

Alternativen zur Schule

Familie und Klasse

Literaturproduktion im Spätkapitalismus

Marx und das moderne Recht

Psychologie in der BRD

Fischer Taschenbuch Verlag

Psychologie.

Alfred Adler
Menschenkenntnis (Bd. 6080)
Über den nervösen Charakter (Bd. 6174)
Der Sinn des Lebens (Bd. 6179)
Individualpsychologie in der Schule (Bd. 6199)
Heilen und Bilden (Bd. 6220) (Sept. '73)

C. H. Bachmann (Hrsg.)
Psychoanalyse und Verhaltenstherapie (Bd. 6171)

S. A. Barnett
Instinkt und Intelligenz
Rätsel des tierischen und menschlichen Verhaltens (Bd. 6067)

K.-J. Bruder (Hrsg.)
Kritik der bürgerlichen Psychologie
Zur Theorie des Individuums in der kapitalistischen Gesellschaft (Bd. 6198)

Werner Correll
Lernen und Verhalten (Bd. 6146)
Grundlagen der Optimierung von Lernen und Lehren

Johannes Cremerius (Hrsg.)
Psychoanalyse und Erziehungspraxis (Bd. 6076)

Erik H. Erikson
Einsicht und Verantwortung (Bd. 6089)

Sigmund Freud
Darstellungen der Psychoanalyse (Bd. 6016)
Abriß der Psychoanalyse/
Das Unbehagen in der Kultur (Bd. 6043)
Drei Abhandlungen zur Sexualtheorie (Bd. 6044)
Totem und Tabu (Bd. 6053)
Massenpsychologie und Ich-Anlayse / Die Zukunft einer Illusion (Bd. 6054)
Über Träume und Traumdeutungen (Bd. 6073)
Zur Psychopathologie des Alltagslebens (Bd. 6079)
Der Witz und seine Beziehung zum Unbewußten (Bd. 6083)
»Selbstdarstellung«
Schriften zur Geschichte der Psychoanalyse (Bd. 6096)
Brautbriefe
Briefe an Martha Bernays aus den Jahren 1882–1886 (Bd. 899)

Sigmund Freud / Josef Breuer
Studien über Hysterie (Bd. 6001)

Sigmund Freud / Wilhelm Jensen
Der Wahn und die Träume in W. Jensens »Gradiva« mit dem Text der Erzählung von Wilhelm Jensen (Bd. 6172)

FISCHER WELTGESCHICHTE

Die neue Weltgeschichte für eine neue Welt

* 1 Vorgeschichte
* 2 Die Altorientalischen Reiche I
* 3 Die Altorientalischen Reiche II
* 4 Die Altorientalischen Reiche III
* 5 Griechen und Perser [Die Mittelmeerwelt im Altertum I]
* 6 Der Hellenismus und der Aufstieg Roms [Die Mittelmeerwelt im Altertum II]
* 7 Der Aufbau des Römischen Reiches [Die Mittelmeerwelt im Altertum III]
* 8 Das Römische Reich und seine Nachbarn [Die Mittelmeerwelt im Altertum IV]
* 9 Die Verwandlung der Mittelmeerwelt
*10 Das frühe Mittelalter
*11 Das Hochmittelalter
*12 Die Grundlegung der modernen Welt
13 Byzanz
*14 Der Islam I
*15 Der Islam II
*16 Zentralasien
*17 Indien
*18 Südostasien
*19 Das Chinesische Kaiserreich
*20 Das Japanische Kaiserreich
*21 Altamerikanische Kulturen
*22 Süd- und Mittelamerika I
*23 Süd- und Mittelamerika II
24 Das Zeitalter der Glaubenskämpfe 1550–1648
25 Das Zeitalter der Aufklärung und des Absolutismus 1648–1770
*26 Das Zeitalter der europäischen Revolution 1780–1848
27 Das bürgerliche Zeitalter
*28 Das Zeitalter des Imperialismus
*29 Die Kolonialreiche seit dem 18. Jahrhundert
30 Die Vereinigten Staaten von Amerika
31 Rußland
*32 Afrika
*33 Das moderne Asien
*34 Das Zwanzigste Jahrhundert I 1918–1945
35 Das Zwanzigste Jahrhundert II 1945–1965

Fischer Taschenbuch Verlag

* bereits erschienen